Siggi Weidemann

Amsterdam
mit Nord- und Südholland

Mit Ausflügen zwischen Nordseeküste,
Rhein und IJsselmeer:
Rotterdam, Den Haag, Leiden,
Haarlem, Utrecht, Alkmaar

DuMont Buchverlag Köln

Umschlagvorderseite: Montelbaanstoren an der Oude Schans
Umschlagklappe vorn: An der Keizersgracht
Umschlagklappe hinten: Casino und Hotel American
Umschlagrückseite: Rijksmuseum
Frontispiz Seite 2: Sloterdijkbrug, Prinseneiland
Abb. Seite 3: Wappen an der Centraal Station

Siggi Weidemann, geboren 1943 in Leipzig, studierte Kunstgeschichte und Archäologie. 1986 ITB-Journalistenpreis, schrieb drei Jahre für die ›FAZ‹, seit 1988 arbeitet er als Korrespondent in den Niederlanden mit Wohnsitz in Amsterdam und berichtet für die ›Süddeutsche Zeitung‹. Buchveröffentlichungen über Belgien, Irland, Spanien und Holland.

Stadtpläne: Amsterdam vordere Umschlagklappe und S. 107, 130, 183, 203, Den Haag S. 262, Delft S. 271, Haarlem S. 280, Leiden S. 286, Rotterdam S. 292, Utrecht S. 304

Kunstgeschichtliche und andere **Fachbegriffe**, die im Text erscheinen, werden auf den Seiten 340–343 erläutert.
Vorschläge für **Kurzaufenthalte** befinden sich auf Seite 319.

Die Deutsche Bibliothek – CIP-Einheitsaufnahme

Weidemann, Siggi:
Amsterdam mit Nord- und Südholland: Mit Ausflügen zwischen
Nordseeküste, Rhein und IJsselmeer: Rotterdam, Den Haag,
Leiden, Haarlem, Utrecht, Alkmaar. Siggi Weidemann.–Köln: DuMont, 1994
    (DuMont-Dokumente: DuMont-Kunst-Reiseführer)
    ISBN 3-7701-2931-8

© 1994 DuMont Buchverlag, Köln
Alle Rechte vorbehalten
Satz: Fotosatz Harten
Druck und buchbinderische Verarbeitung: Boss-Druck, Kleve

Printed in Germany   ISBN 3-7701-2931-8

Inhalt

Vorwort

Amsterdams Tore standen immer offen, und die Menschen kamen aus allen Kontinenten, Ländern und Provinzen. Amsterdam, die ›grote stad‹, hat sie ausgebeutet, aber auch beschützt und reich gemacht. Die Widersprüche zwischen calvinistischer Strenge und katholischer Lebensart bestimmten Ruf und Anziehungskraft. Mühelos vereinigte sie die Anschauungen einer repressiven und einer liberalen Gesellschaft. So entstand jenes ›venezia hollandia‹, das eine Epoche lang alle Weltmeere beherrschen sollte. In der Grachtenstadt mit dem exotischen Flair ist auch heute noch das Wasser das bestimmende Element.

Amsterdam, eine überschaubare Stadt mit rund 720 000 Einwohnern, ist Hauptstadt der Niederlande und Teil der ›Randstad‹, jener großstädtischen Region, die durch das Zusammenwachsen der Hafenstadt Rotterdam, von Leiden, Haarlem, Utrecht und dem Regierungssitz Den Haag entstanden ist. ›Randstad Holland‹ liegt im westlichen Teil der Niederlande, den Provinzen von Noord- und Zuidholland, und weil sich dort seit Bestehen der Republik im Jahre 1581 Kapital und Macht konzentrieren, wird heute noch Holland mit dem Rest des Landes identifiziert: In der ›Randstad‹ leben rund zwei Drittel der Bevölkerung, gibt es die größten Industriekonzentrationen, aber auch weite Nordseestrände und ausgedehnte Naturgebiete.

Zwei Vokabeln stehen für die Lebensart der Amsterdamer: ›Gezelligheid‹ – und ›moet kunnen‹. ›Gezelligheid‹ – Behaglichkeit und Gemütlichkeit – kennzeichnet das kleinbürgerliche Wohlbehagen und das Lebensglück in den Cafés oder innerhalb der eigenen vier Wände, die für Holländer sehr wichtig sind. ›Moet kunnen‹ – es muß möglich sein – ist die Zauberformel, mit der das tagtägliche Leben als vernünftig organisiertes Chaos bestanden werden kann.

In Amsterdam haben sich Toleranz und Kleinbürgertum und Weltläufigkeit und Lebensfreude vermengt. Eine Stadt von Licht und Wasser, eine kosmopolitische Welt, deren Zentrum innerhalb der Grachtengürtel noch immer vom Turm der Westerkirche mit der Kaiserkrone überragt wird. Noch heute spürt man in der Geschlossenheit des klassizistischen Ensembles die prägende Kraft einer humanistischen Idee.

Geschichte und Handel, Kultur und Kunst in 750 Jahren

*Eine schöne Stadt, Amsterdam. Auch der Verbannte bewundert
die nobelschlichte Architektur der alten Patrizierhäuser,
spürt den etwas verwunschenen Reiz der Grachten mit ihren
venezianischen Gerüchen und Perspektiven. Das stehende
Gewässer dieser pittoresken Kanäle hat mich stets auf umheim-
liche Art fasziniert.*

Klaus Mann, 1935

Eine Stadt auf Wäldern erbaut

Am 3. September 1638 findet der Staatsbesuch von Maria de Medici, der französischen
Königsmutter statt, willkommener Anlaß zum Feiern. Triumphbögen werden errichtet,
die Schützen stehen Spalier und Rembrandt porträtiert sie, Feuerwerke werden gezün-
det, Theaterstücke auf dem Wasser inszeniert, und Joost van den Vondel trägt kryptische
Botschaften vor. »Drehe um die Stadt, es steht ein Wald darunter, auf Bäumen, unlängst
noch geholt aus nordischen Wäldern«, so beschreibt der berühmteste niederländische
Dichter der Renaissance die ›große Stadt‹, die zu Vondels Zeiten auf dem Höhepunkt
ihrer Macht steht. Im Stadttheater spielt man Vondels Stück ›Gijsbrecht van Amstel‹, ein
Trauerspiel vom Edelmann Gijsbrecht, der im 13. Jh. lebte.

In diesem Jahrhundert wird Amsterdam zum ersten Mal erwähnt. Am 12. Oktober
1275 meldet eine Urkunde, daß Graf Floris V. »den Menschen, die in Amesteledamme
(auch Amstelledamme und Amstelredam) wohnen, die Zollfreiheit auf ihre Handelswaren« gewährt. Dordrecht (1220), Haarlem (1245) und Delft (1245) waren längst im Genuß
städtischer Privilegien. Um 1300 bekam der Ort weitere Rechte, 1307 drehte sich die erste
Windmühle am Nieuwezijds Kolk, um 1400 verlieh der in München geborene Albrecht
von Beiern und Graf von Holland der Stadt Autonomie. In den folgenden Jahren baute
Amsterdam seine Vormachtstellung zielstrebig aus – nicht durch Krieg, sondern durch
Diplomatie und Handel. Amsterdam, nie Mitglied der Hanse, unterbot jeden Konkurrenten und konnte seine Monopolstellung ausbauen. Den Fischverkäufern, so wird vermu-
tet, entstammen die ersten bürgerlichen Regenten. Nicht adlige Bevorzugung, sondern
Spezialisierung und Initiative sind die Merkmale der seefahrenden Handelsnation.
Regiert wurde sie von einem Patriarchat, dessen Mitglieder in erster Linie aus Kaufleuten
bestanden. Diese aristokratische Oligarchie hatte sich erst 1795 überlebt, als Holland
unter Napoleon Königreich wurde.

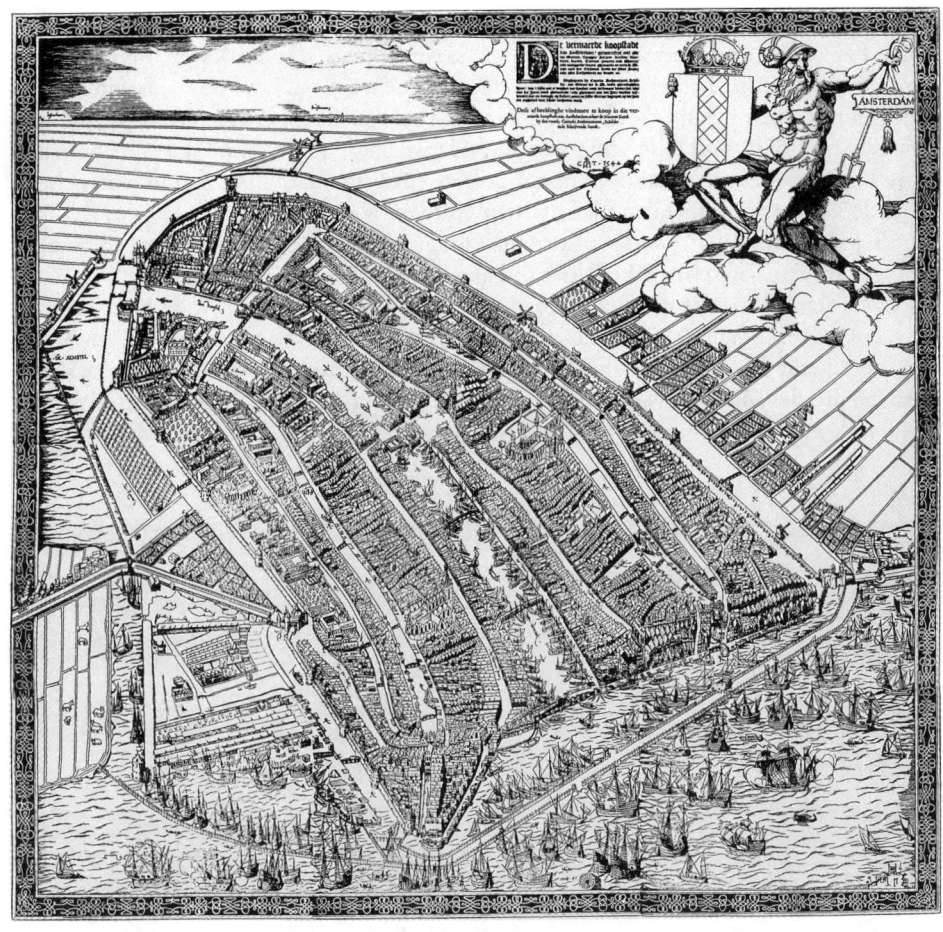

Karte von Amsterdam, Cornelis Anthonisz., 1544

Die Entwicklung der Stadt ist von Beginn an bis heute gekennzeichnet durch den fruchtbaren Dialog mit dem Wasser. Dank seiner günstigen Lage, gut geschützt und weltoffen, wuchs Amsterdam schnell zur ›großen Stadt‹ heran. Was aber waren die Gründe, daß diese Stadt innerhalb der Republik rund 150 Jahre eine so einflußreiche Rolle spielen konnte? Mit all seinen natürlichen Wasserwegen verfügte Holland über ein lückenloses Verkehrsnetz. Die Republik mit den mächtigen Provinzen Friedland, Utrecht und Zeeland lag an drei Meeren, dem Wattenmeer, der Zuidersee und der Nordsee, im Deltagebiet der drei großen Ströme Waal, Schelde und Rhein. Bereits im 14. Jh. entstanden zahlreiche Orte an deren Ufern. Früh hatte sich ein Gleichgewicht zwischen den Städten und dem

11

Land entwickelt; es gab keine Großgrundbesitzer, die Bauern waren frei, Adel und Klerus übten keinen bestimmenden Einfluß aus. Die eigentliche ›Klasse‹ waren die Kaufleute, aus denen im 16. Jh. die herrschende Oberschicht hervorging. Und obwohl man sich im Krieg mit Spanien befand, konnte der Handel weitergeführt werden. Mit dem ›Fall von Antwerpen‹ (1585) und dem Untergang der Hanse hatte die Republik auch keine ernsthafte Konkurrenz mehr. Landgewinnung sorgte für fruchtbare Böden, und der vorherrschende Westwind schließlich förderte den Bau von Mühlen, die nicht nur das Bild der Landschaft bestimmten, sondern Korn mahlten, Holz sägten, das Polderland entwässerten und so den wirtschaftlichen Aufschwung entscheidend förderten.

Nachdrücklich wurde die Gesellschaft von der Nederduits Hervormde Kerk geprägt, dem niederländischen Zweig der calvinistischen Kirche, die zwar eine Kirche im Staate war, aber keine Staatskirche wie etwa die anglikanische Kirche. Die Calvinisten, deren Prediger aus der Mittelklasse kamen, hatten besonderen Anteil an der Demokratisierung des Landes und trugen mit ihrer antiaristokratischen Haltung dazu bei, daß die Unter-

Karte der Grafschaft Holland, Nicolaas Visscher, 1648

schiede innerhalb der Gesellschaft nie zu groß wurden. Im Gegensatz zu anderen calvinistischen Kirchen lebte man nach den humanistischen Grundsätzen des Erasmus von Rotterdam, und calvinistische Tugenden wie Glaubenseifer, Mut, Vertrauen und Standhaftigkeit trugen maßgeblich zum Aufbau des Staates bei.

Die Regenten, weder durch die Kirche noch durch ein Königshaus in ihrem Aufstieg behindert, bilden die bürgerliche Aristokratie. Sie sind großzügig und clever. Sie schließlich sind es, die dafür sorgen, daß der Wohlstand gleichmäßig verteilt wird und wenig Gewalt und Unterdrückung ausgeübt wird – für das Europa jener Epoche die Ausnahme. Diese neue Elite von Kaufleuten profitierte von der Periode der sich ändernden gesellschaftlichen Verhältnisse und stützte sich auf das Ideal der Renaissance von Gelehrsamkeit, Kunstgenuß und Verantwortung. In dieser Epoche ist die Republik das einzige Land Europas, das als Staat und Handelsmacht auf dem Gebiet des Handwerks und als Zentrum der Wissenschaften einen Höhepunkt erreicht. Der Magistrat fördert die Ansiedlung tatkräftig. So wirkt das wohlhabende Amsterdam auf Ausländer anziehend, und mit ihrer Anwesenheit tragen sie zur letzten Stadtkultur bei. Durch den ständigen Zuzug von Fremden erhält die aufstrebende Metropole eine Dynamik, die bis heute ebenso kennzeichnend ist wie ihr kosmopolitischer Charakter. Für Diderot war Amsterdam »das Warenhaus des Universums«, und über Europas letzten Stadt-Staat schrieb der französische Philosoph Descartes, der von 1629–35 am Westermark 6 im Exil lebte: »Wo sonst auf der Welt könnte man einen Ort finden, an dem die Annehmlichkeiten und die Merkwürdigkeiten des Lebens so einfach zu finden sind wie in dieser gigantischen Stadt und in der jederman vom Profitmachen so gefesselt ist wie hier.« Geschäftssinn, Gewinnstreben und friedlicher Handel waren die Antriebskräfte. Stets profitierte der Handel vom Pragmatismus, und Toleranz hatte stets einen wirtschaftlichen Hintergrund. Eines war sie jedoch nie, eine Stadt mit Tradition. Amsterdam ist kein Bischofssitz und kein Ort, an dem es Adel oder Könige lange hielt. Auch das prägte.

Jene Epoche ist auch die Zeit der großen Pilgerfahrten nach Jerusalem, nach Santiago de Compostela und die Zeit der Wunder. Konnte ein Platz ein Wunder nachweisen, so war das auch ein Segen und ein Stimulans für die örtliche Wirtschaft, denn einen Wallfahrtsort besuchen Pilger, die Geld ausgeben müssen. In Amsterdam ereignete sich ein Hostienwunder am Dienstag, dem 15. März 1345, in der Kalverstraat. In einem Archivstück, aufgezeichnet von Floris van Boeckhorst, Ritter des Grafen von Holland und Waterland, Ratsherr in Amsterdam, wird es bezeugt. Der Bischof von Utrecht beglaubigte das wunderbare Ereignis: Amsterdam war Wallfahrtsziel und Touristenort. Auch die Prominenz ließ sich sehen: Kaiser Maximilian I. von Habsburg und Kaiser Karl V. Maximilian (1459–1519). Er verlieh der Stadt für ein Darlehen 1484 das Recht, die Kaiserkrone über dem Stadtwappen zu führen. Weithin sichtbar strahlt noch die deutsche Kaiserkrone, eine Kopie der Krone von Kaiser Rudolf II., auf dem Turm der Westerkerk.

Erste Holzhütten standen an der heutigen Warmoesstraat, an der Kalverstraat und auf dem Nieuwen Dijk, erste Häuser am heutigen Oude Kerkplein. Die östliche Seite, die alte oder Oudezijds, und die Nieuwezijds, auf der die Windmühlen stehen, werden erhöht.

Die Stadt wird befestigt, der Schreierstoren und die Waage auf dem Nieuwmarkt sind die letzten Zeugnisse jener Epoche. Das älteste Bild von der damaligen Ansiedlung, die ›Vogelflugkarte‹ von Cornelis Anthonisz aus dem Jahre 1538, hängt heute im Historischen Museum der Stadt und zeigt eine Momentaufnahme: den Stadtwall, die Obstgärten zwischen Barndesteeg und Koestraat, die Klöster an den Mauern, die Mühlen auf den Bastionen, die Giebelhäuser am Zeedijk, an der Kalver- und Warmoesstraat. An diesem Plan hat sich so viel nicht verändert, und ein wenig von jener Atmosphäre kann man erleben, wenn man an einem Sonntagmorgen dort entlang spaziert.

Der Hauptbahnhof, auf einer künstlichen Insel gegen den Willen der Amsterdamer 1889 an Het IJ erbaut, trennt das Zentrum von der IJ. Und was sah einst der Reisende an dieser Stelle? Segelschiffe, große und kleine Fischerboote, die an der Prins Hendrikkade, an der Ecke zur Martelaarsgracht, ihren Fang abluden: Heringe, die ›groote visscherij‹ und Fässer mit Tran und Speck aus der ›kleinen visscherij‹, dem Walfang. Grundlage der Wirtschaft bildete der Ostseehandel. Vor allem der Getreidehandel war von Bedeutung. Die Schiffe der Stadt – finanziert von Genossenschaften, die sich rederij nannten – kamen nach Riga und Gotland, nach Litauen und Danzig. Im norwegischen Bergen und im schwedischen Schonen unterhielt Amsterdam Niederlassungen. Die Fleuten, wendige Dreimaster mit geringem Tiefgang und großer Ladekapazität, transportierten Kühe und Pferde, Butter und Käse, Leinen und Salz, Wein und Gewürze nach Norden und kamen mit Getreide, Pottasche, Waffen, Fellen, Bernstein oder Bier zurück. Den Rhein herunter kamen Treidelflöße, Meeresflöße über die Nordsee von Norwegen. Holz wurde für den Schiffs- und Hausbau und für die Fundamente der Gebäude benötigt.

Zur Stabilisierung des Staatswesens trugen das Meer und die Seefahrt bei, der das ganze Volk schicksalhaft verbunden war. Mehr noch als die Landmacht trug die Seemacht einen nationalen Charakter, verherrlicht durch See- und Marinebilder. Nutznießer spanischer und portugiesischer Entdecker wurden Holländer, die den Spuren ihrer Vorgänger folgten und deren Erkenntnisse nutzten. Durch das Vordringen der Türken waren die Handelswege zum Orient gesperrt. 1487 erreichte Bartolomeo Diaz die Südspitze Afrikas, 1492 entdeckte Kolumbus Amerika, den Seeweg nach Ostindien um Afrika herum fand der Portugiese Vasco da Gama (1498) und Fernão de Magalhães (Magellan) brach 1519 zur ersten Umseglung der Erde auf. Mit ihren Kolonialgründungen legten Holländer die Grundlage für eine neue Weltpolitik, deren Folgen auch eine Europäisierung jener Länder war und in Europa die endgültige Auflösung der mittelalterlichen Ordnung bedeutete.

Spanische Herrschaft und Freiheitskampf

Der in Gent geborene Habsburger Kaiser Karl V., seit 1515 Herrscher der Niederlande, tritt zugunsten seines Sohnes Philipp II. 1555 in Brüssel ab und zieht sich in das Kloster San Yuste nach Spanien zurück. Die Reformation hatte inzwischen in den Niederlanden

Willem I. van Oranje-Nassau, der ›Schweiger‹ (1533–84). Atlas von Stolk, 1623

zahlreiche Anhänger gewonnen. Am 10. August 1566 bricht im flämischen Kloster Sint Laurentius der Bildersturm aus, der sich rasant ausbreitet. Statthalterin Margarethe von Parma kann die Unruhen nicht eindämmen, daher schickte Philipp II. Herzog Alba in die Niederlande, mit dem Auftrag, die alte Ordnung wieder herzustellen. Margarethe war gegen die Entsendung von Herzog Alba, da sie eine Eskalation der Gewalt vorhersah. Tief enttäuscht, nicht gehört zu werden, kehrte sie Ende 1567 nach Italien zurück. Fernando Alvarez de Toledo, Herzog von Alba (Alva), Feldherr Karls V. im Schmalkadischen Krieg, danach Generalgouverneur von Mailand und Vizekönig von Neapel, kam 1566 in die Niederlande.

Der deutsche Fürst Willem I. van Oranje-Nassau, der ›Schweiger‹ genannt, versuchte anfangs, den religiösen Konflikt friedlich zu lösen. Nach langem Zögern, welche Seite er wählen sollte, entschloß er sich, der Statthalter von Utrecht, Zeeland und Holland einschließlich Amsterdam, für die Sache des Volksglaubens. Willem trat daher als Statthalter ab, floh nach Deutschland auf den Stammsitz Dillenburg, um sich 1572 mit den ›Geusen‹ gegen Spanien zu erheben.

Der Befreiungskampf der holländischen Nation war kein glorreicher Feldzug, sondern eine sich durch die Jahrzehnte hinziehende Auseinandersetzung. Nach mehreren vergeblichen Versuchen, die Spanier zu vertreiben, konnte Willem mit der Eroberung von Brielle am 1. April 1572 einen ersten Erfolg verbuchen. Daraufhin schlossen sich weitere zeeländische und holländische Städte den Geusen an. Die Geusen, es gab die Meer- und die Waldgeusen, wurden Willems schlagkräftigste Truppe, und die Seele des Widerstandes war der Calvinismus. Die enge Verbundenheit von Politik und Religion, charakteristisch für die Habsburger, war von nun an auch für die niederländische Geschichte typisch. Der Geist dieser protestantischen Nation drückt sich im *Wilhelmuslied,* anfangs ein Gebet, aus. Um 1568 wurde es, heute noch Nationalhymne, erstmals erwähnt:

> *Wilhelm van Nassau*
> *bin ich, von deutschem Blut,*
> *dem Vaterland getreu*
> *bleib' ich bis in den Tod.*

> *Ein Prinz von Oranien*
> *bleib' ich, äußerst unerschrocken.*
> *Den König von Spanien*
> *hab' ich immer geachtet.*

Die Truppen schwören dem spanischen König Philipp und dem Prinzen van Oranje die Treue, da der Kampf nicht gegen den König geführt wurde, sondern gegen Herzog Alba. Die spanischen Truppen erobern 1573 Haarlem und Naarden, belagern vergeblich Alkmaar und Leiden. Um den Belagerungsring von Leiden zu sprengen, ließ Willem van Oranje die Deiche durchbrechen, um mit seinen Wassergeusen die Spanier zu verjagen. Für seinen heldenhaften Kampf erhielt Leiden am 6. Juni 1575 die erste Universität Hollands. Unterdessen hatten die Amsterdamer Herzog Alba gastfreundlich aufgenommen, der von hier aus seine Feldzüge gegen die anderen holländischen Städte führte. Am 4. November 1576 bricht über Antwerpen die ›Spanische Furie‹ herein. Spanische Soldaten, die keinen Sold mehr bekommen haben, brandschatzen und plündern die wohlhabende Handelsstadt an der Schelde. Eine Aktion, die als der Höhepunkt aller Greueltaten während des 80jährigen Krieges gilt.

Im Frieden von Gent unterzeichnen am 8. November 1576 die 17 Provinzen die ›Pazificatie van Gent‹. Darin wurde ein heiliger Eid geschworen: Nicht eher zu ruhen, bis alle Spanier vertrieben waren. Frühjahr 1577 verlassen die Spanier das Land. 1599 schließen sich die protestantischen Nordprovinzen Friesland, Gelderland, Groningen, Holland,

SPAENSCHE TIRANNYE IN NEDERLANDT

Nederlanders wilt aenschouwen
En wilt in memory houwen
T'geen u hier is afgebeelt
Hoe men met u heeft gespeelt
Hoe aen galgen staecken Boomen
Haer het leven wert benomen
En vergoten is haer bloet
Daer ghy van syt op gevoet

Hoe de landen syn bedurven
Wat daer menschen syn gesturven
Daer den bloethondt hem vermeet
Dat hy achtien Duysent weet
Die syn Beulen nederhielen
En tot lust der Spaensche fielen
Van het leven syn ontbloot
En ontschuldich syn gedoot

*Spanische Herrschaft
in den Niederlanden.
Atlas von Stolk*

Overijssel, Utrecht und Zeeland zu einem Schutzbündnis zusammen, die Utrechter Union. Die katholischen, wallonischen und flämischen Südprovinzen schließen sich der Union von Arras an und bleiben bei Spanien. Die Trennung zwischen den Nördlichen und Südlichen Niederlanden war vollzogen.

Antwerpen galt während der Renaissance als caput mundi, als ›Metropole der Welt‹, die mit Venedig, die ›Metropole des Neuen‹, wetteiferte. Der venezianische Kaufmann Giovanni Zonca schreibt 1563 über die sinnenfrohe Stadt, »die Fremden werden hier sehr geachtet, es ist eine sehr tolerante Metropole«. Künstler, die aus ganz Europa an die Schelde kamen, hatten die flämische Stadt zu einem kulturellen und internationalen Zentrum gemacht. 1552 arbeiteten in Antwerpen 169 Bäcker, 91 Fischverkäufer und 101 Barbiere, aber 124 Goldschmiede, 300 Kunstmaler und 594 Kleidermacher. Der Luxuscharakter wird noch dadurch unterstrichen, daß Seide aus Italien mit 20 Prozent Anteil der wichtigste Importartikel vor englischem Tuch, portugiesischen Gewürzen und Getreide aus dem Baltikum war. Die damaligen Niederlande waren um 1550 neben Oberitalien die am weitesten entwickelte Region Europas.

☐ Dageraad – die Morgenröte von Amsterdam

Am 17. August 1585 unterzeichneten Abgeordnete Antwerpens und der Herzog von Parma, Alexander Farnese, die Übergabe an die Spanier. Die größte und reichste Stadt der Niederlande wurde nun zu einem Bollwerk der Gegenreformation. Der Abstieg wäre jedoch nicht so dramatisch verlaufen, wenn die Holländer nicht die Lebensader der Stadt, die Schelde – bis 1792 – für jeden Handel abgeschnitten und somit eine Wirtschaftsblockade verhängt hätten: aus einem gemeinsam begonnenen Glaubenskrieg wurde nun ein wirtschaftlicher Bürgerkrieg, der Flanderns blühende Städte zugrunde richtete. Zehntausende packten ihr Bündel und siedelten nach Amsterdam über. Rund 45 Prozent der Neubürger kamen aus Antwerpen. Die Immigranten aus den Südlichen Niederlanden brachten Kapital, Kenntnisse und Kultur in den Norden der Niederlande – ohne diese Invasion aus dem Süden hätte es das ›Goldene Jahrhundert‹ von Amsterdam nicht gegeben. Die Jahre – etwa von 1580–1620 – in denen die Stadt zur ›Venezia hollandia‹ wurde, nennt man ›Dageraad‹ die Zeit der Morgenröte. 1678 hatte sich Amsterdam den Aufständischen angeschlossen.

Willem van Oranje hatte geahnt, daß es mit der Toleranz in seinem Land nicht gut bestellt war. Er, der katholisch erzogen worden war, später zum Calvinismus konvertierte, hatte stets für eine Versöhnung zwischen beiden Parteien gefochten. Den Calvinismus als Staatsreligion mit seiner starren Ideologie wollte er ebenso wenig wie eine Herrschaft ohne den Adel. Am 10. Juli 1584 wird der Prins van Oranje von dem königstreuen Attentäter Balthazar Gerards im Prinsenhof von Delft vor den Augen seiner Frau Louise de Coligny erschossen. Ihr erster Mann, der junge Hugenotte Charles de Téligny, wurde in der Pariser ›Bartholomäusnacht‹ ebenfalls vor ihren Augen umgebracht. Die Mutter von Willem, Juliana von Stolberg und Wernigerode, erlebte den Mord an ihrem Sohn nicht mehr. Die Stammutter des Hauses Oranje-Nassau, die 1580 als 74jährige starb, wurde als Tochter der Gräfin Anna von Stolberg und ihres Mannes Graf Otto am 15. Februar 1506 geboren und hatte aus zwei Ehen 17 Kinder. Die Frau, die sich früh für die Gedanken der Reformation begeisterte, unterstützte ihren Sohn Willem im Kampf gegen die Spanier auch finanziell.

☐ Zwei Jahre Religionsfreiheit: Unie van Utrecht

In der ›Unie van Utrecht‹ (1579) ist die Religionsfreiheit garantiert. Die ›Generalstaaten‹ waren das einzige Gebiet in Europa, in dem Glaubensfreiheit garantiert wurde. Dieses Ideal, für das ›der Schweiger‹, Willem van Oranje, gekämpft hatte, war nur von kurzer Dauer, weil die Calvinisten (obwohl noch immer eine Minderheit) die alleinige Gültigkeit ihres Glaubens durchsetzten. Bis in das 19. Jh. hinein wurden die Katholiken diskriminiert. In der Unabhängigkeitserklärung vom 26. Juni 1581 setzte die Union von Utrecht den spanischen König ab. Begründung für den spektakulären Schritt: Die Stände hätten ein Recht auf Widerstand gegen einen ungerechten, selbstherrlichen Herrscher. Eine Auffassung, die im krassen Gegensatz zum Absolutismus stand. Der 26 Artikel umfassende Unionsvertrag erhielt erst nach 1585 die Funktion eines Grundgesetzes für die Republik.

Der Utrechter Union, besser bekannt unter dem Namen Generalstaaten, ging es trotz der kriegerischen Auseinandersetzungen wirtschaftlich hervorragend. Seit der Handelsblockade gegen Antwerpen blühte Amsterdam auf. Die Bevölkerung von Holland nahm von 275 000 (1514) auf 620 000 (1622) zu. Die Flüchtlinge aus dem Süden waren ein kultureller und wirtschaftlicher Gewinn. Die Textilindustrie von Leiden stieg von 27 000 Stück Tuch (1584) auf das Vierfache um 1620. Der Ostseehandel wurde seit dem Niedergang der deutschen Hanse von holländischen Schiffen beherrscht. In Asien wurden die Holländer zur ersten Handelsmacht der Welt.

☐ Religionsstreit um die calvinistische Prädestinationslehre

Dem Prinzen Maurits van Oranje, Sohn des ermordeten Willem, Statthalter und Feldherr, war es gelungen, nach der Eroberung der Städte Breda, Nijmegen und Groningen am 9. April 1609 in Antwerpen einen zwölfjährigen Waffenstillstand (Twaalfjarig Bestand) mit Spanien abzuschließen. In dieser Zeit sollte die ›Republik der sieben Vereinigten Niederlande‹ gefestigt werden. Da nun keine Gefahr mehr von außen drohte, traten innerhalb der Republik die alten Gegensätze in aller Schärfe hervor. Die zentralen Personen in dem Streit waren Statthalter Maurits und der Sprecher der Generalstaaten und höchste Beamte des Landes, der raadpensionaris, Johan van Oldenbarnevelt. So war Maurits gegen den Frieden mit Spanien, ebenso wie Amsterdam und Zeeland, die nun keine spanischen Schiffe mehr kapern konnten. Van Oldenbarnevelt befürwortete den Frieden, weil er eine Atempause und dem Volk eine Verminderung der Steuern wünschte. Aber dieser wirtschaftliche und politische Streit führte zu einem Religionskonflikt.

Einer der Streitpunkte war das Verhältnis zwischen Kirche und weltlicher Obrigkeit. Die Städte und Provinzen achteten sehr darauf, daß Statthalter Maurits (Moritz) sich

Maurits (1567–1625), Prinz van Oranje und Graf von Nassau

nicht in ihre Angelegenheiten mischte. Die Auseinandersetzungen fanden zwischen den Regenten, den ›staatsgezinden‹ und den ›prinsgezinden‹ statt, deren Anhänger sich aus Adel, protestantischen Predigern und Bürgern zusammensetzten. Maurits war ebensowenig wie sein Vater ein absoluter Herrscher, kein König, sondern der Anführer eines rebellischen Volkes, das sich erfolgreich gegen die spanische Herrschaft und gegen die Bevormundung der katholischen Kirche zur Wehr gesetzt hatte. Der Glaube der Niederländer war ursprünglich von einheimischen theologischen Strömungen und durch Erasmus von Rotterdam geprägt. Calvinismus und Luthertum wurden hingegen als etwas Fremdes betrachtet, das die nationale Entwicklung des niederländischen Christentums störte. Der Calvinismus mit seiner Prädestinationslehre, der wenig Interesse für das praktische Leben zeigte, hat die Gläubigkeit der niederländischen Nation nie befriedigen können. Die Geschichte des Landes ist eine ständige Auseinandersetzung zwischen Kirchen und Sekten, Liberalen, Humanisten und Sozialisten andererseits.

Es kam zum Machtkampf zwischen Maurits, der die strenge calvinistische Richtung vertrat, und Van Oldenbarnevelt, der für Religionsfreiheit und Humanismus eintrat. Anlaß war der theologische Disput über die calvinistische Prädestinationslehre, der 1604 durch Jacobus Arminius und Franciscus Gomarus ausgetragen wurde. Die eine Richtung, die Contra-Remonstranten, waren für die Prädestinationslehre (Gomarus). Die Remonstranten hingegen lehnten die Vorherbestimmung entschieden ab und favorisierten den freien Willen (Arminius). Die Orthodoxen und Anti-Papisten gingen aus diesem Konflikt siegreich hervor, der auf der Synode von Dordrecht ausgetragen wurde. Die Regeln und Bestimmungen, die damals festgesetzt wurden, prägen das politische Leben und die Gesellschaft bis in die Gegenwart. Auf der Synode wurde die Übersetzung der Bibel, die künftige ›Statenbijbel‹ (1637 vollendet), beschlossen, die von großem Einfluß auf die niederländische Sprache war.

☐ Das Schisma auf der Dordrechter Synode

Die Wirtschaftslehre des Calvinismus stand einer aufstrebenden Wirtschaftsnation nicht im Wege. Auch das Schisma unter Hollands Reformierten und den orthodoxen Calvinisten auf der Synode von Dordrecht (1618–19) hatte bei allen Gegensätzen nicht die gravierenden Auswirkungen wie in anderen Teilen des europäischen Kontinents. Die erste Nationale Synode bedeutete jedoch ein vorläufiges Ende der religiösen Freiheit im Sinne der Humanisten. Der Vorsitzende der ›Dordtse Synode‹, Johannes Bogerman, verurteilte

19

Die Synode von Dordrecht setzte den calvinistischen Kirchenstaat durch. Atlas von Stolk

in einer einseitigen Rede die Lehre der Remonstranten, mehr als 200 Kirchenlehrer und Prediger werden entlassen, 80 müssen ins Exil flüchten. Außerdem wurde beschlossen, daß Beamte und Lehrer der orthodoxen calvinistischen Kirche angehören müssen; Kindern aus armen Familien wurde das Schulgeld gestrichen. Die Schulen wurden regelmäßig kontrolliert.

In den Kirchen wurde das Orgelspiel während des Gottesdienstes verboten und die orthodoxe Richtung als die einzige offizielle Lehre zugelassen. Aber bereits 1630 wurde die religiöse Unfreiheit beendet, da man vor allem in Amsterdam schnell erkannt hatte, daß dies schädlich für den Handel war.

Auf der Synode wird Van Oldenbarnevelt zu acht Monaten Gefängnis verurteilt. Die Orthodoxen hatten gehofft, er werde sich des Landesverrats für schuldig bekennen, aber den Gefallen tat er dem Prinzen Maurits nicht. Am 13. Mai 1619 wird Van Oldenbarnevelt enthauptet. 1849 malte Simon Opzommer ›Het laatste ochtendgebed van Johan von Oldenbarnevelt‹. Das Gemälde hängt im Südflügel des Rijksmuseums und zeigt den dramatischen Moment vor der Enthauptung: Oldenbarnevelt, seinen Diener Jan Francken und drei Prediger.

Völkerrechtslehrer Hugo de Groot, genannt Grotius

Hugo de Groot, Begründer der Völkerrechtslehre, verteidigte in seinem Werk ›Mare Liberum‹ (1609) die Freiheit der Meere. Seiner Meinung nach war das Kapern von Handelsschiffen gerechtfertigt. Der Remonstrant war gegen die Errichtung eines calvinistischen Gottesstaates, wie er auf der Synode von Dordrecht (1618/19) festgelegt wurde. Wegen seiner unbeugsamen Haltung wurde er zu lebenslänglichem Kerker verurteilt (er konnte jedoch entfliehen).

Bekannt wurde der Rechtsgelehrte (französisch Grotius) mit seinem Grundsatzwerk über Krieg und Frieden ›De iure belli ac pacis‹ (1625). Darin ging er ausführlich auf die Frage nach dem ›gerechtfertigten Krieg‹ ein. Als ›Vater des internationalen Rechts‹ gab Grotius damit Anstöße, die bis zur Entwicklung der Genfer Konventionen, des Völkerbundes und der Vereinten Nationen führten.

Die Erneuerung des Naturrechtes war eine Reaktion auf den blutigen 80jährigen Spanisch-Niederländischen Krieg und die Gottesdienstkriege, die im 16. und 17. Jh. weite Teile Europas verwüsteten. Die christliche Einheit Europas war durch die Reformation auseinandergefallen, die hierarchische Macht von Kaiser und Papst gebrochen. Nach Grotius' Ansicht mußte sich auch der Staat den universellen Gesetzen unterordnen. Der französische Philosoph Rousseau warf De Groot in seinem Werk ›Du contract social‹, 1762, vor, aus seinen Gedanken würden nur Tyrannen Nutzen ziehen.

Hugo de Groot wurde am 10. April 1583 in Delft geboren. Als Elfjähriger

Hugo de Groot, genannt Grotius (1583–1645), Begründer der Völkerrechtslehre. Kupferstich nach einem Gemälde von M. van Mierevelt, 1632

begann er das Studium an der Universität von Leiden, und mit 15 Jahren war er Ratgeber von Johan van Oldenbarnevelt, Mitglied der Staten-Generaal. In Orleans (1599) promovierte Grotius und ließ sich anschließend in Den Haag nieder, wo er sich mit den juristischen und verwaltungstechnischen Problemen der jungen Republik befaßte. Weitere Arbeiten: ›De antiquitate reipublicae batavicae‹ (1610), ›Christus patiens‹ (1626), ›Bewijs van de ware godsdienst‹ (1627), ›Inleijdinghe tot de Hollandsche rechtsgeleertheijdt‹ (1631). De Groot starb am 28. August 1645 in Rostock.

Auch Hugo de Groot wurde zusammen mit seiner Frau Maria van Reigersbergen und der Magd Elsje van Houweningen im Juni 1619 auf Schloß Loevestein eingekerkert. Während seiner Gefangenschaft wurde De Groot von seinen Bewachern gemartert. Freunde aus Leiden schickten dem Gelehrten regelmäßig Bücher, verpackt in Kisten. Anfangs war die Kontrolle sehr streng, da man geheime Dokumente vermutete. Bald aber wurde nicht mehr kontrolliert, und Maria bereitete ihren Mann auf die Flucht vor. Am 21. März 1621 war der Schloßvogt nicht anwesend und de Groot entkam in einer Bücherkiste. Als Maurer verkleidet erreichte er Antwerpen, reiste weiter nach Paris, um dort vom französischen König als Freiheitsheld gefeiert zu werden. Später kehrte er nach Amsterdam zurück. Während seiner Verbannung lebte De Groot 1631 unter dem Decknamen Neef Van der Linde im Haus ›Het witte paard‹ an der Herengracht Nr. 376. Sein Amsterdamer Schutzherr Joost Brasser ermöglichte es De Groot, dort zahlreiche Gelehrte und Freunde zu empfangen. Der Amsterdamer Dichter Joost van den Vondel, der De Groot das ›Orakel von Delft‹ genannt hatte, widmete sein 1637 geschriebenes Trauerspiel ›Gijsbrecht van Amstel‹ dem großen Gelehrten. Da man damals die liberalen Ideen von De Groot fürchtete, mußte er die Stadt verlassen. 1634 wurde er Gesandter der Königin von Schweden, Christina, am französischen Hof. Während einer Reise von Frankreich nach Schweden starb der Völkerrechtler am 28. August in Rostock.

›Marktplatz der Welt‹ – kulturelle und wirtschaftliche Metropole

Amsterdam hatte den Höhepunkt seiner Macht erreicht, als am 28. Oktober 1648 der Grundstein, ein weißer Marmorblock, zum neuen Rathaus gelegt wurde. Von Tagelöhnern waren genau 13 659 Baumstämme in den morastigen Grund getrieben worden. Das Stadhuis sollte den Wohlstand demonstrieren und eine Geste des Friedens sein. Auf dem Dach trägt Atlas die Weltkugel: Symbol des Welthandels in der Stadtrepublik.

Der Frieden von Münster (1648) beendete die spanische Periode, die 1492 begonnen hatte. Neben Holland war die französische Monarchie neuer politischer Machtfaktor. Der neue Feind hieß nun England. Die Philosophie der Republik leitete sich von Hugo de Groots ›De iure praedae‹ (1605) ab, deren Kernsatz »Das Recht hat der Stärkste« lautet. Amsterdam wurde zum Zentrum jener Ideologie, aus der sich der Kapitalismus entwickeln sollte. Es kam zur Verbindung von Geld und Freiheit, von Handelsgeist und Toleranz, von Unternehmungslust und Mobilität. Die Immigranten brachten außerdem Kultur und Geschmack, Händlerfleiß, handwerkliche Fertigkeiten und Bürgertugend mit. All dies zusammen verschaffte Amsterdam den Aufstieg zum Stapelmarkt der Welt, zum ›Goldenen Zeitalter‹. Ein Name, so Johan Huizinga, der falsch gewählt wurde. In seinen berühmten Vorträgen, in Köln 1932 gehalten, sagte der Historiker: »Wenn unsere Blüteperiode einen Namen haben muß, laßt sie dann benennen nach Holz und Stahl,

Amsterdam – Venedig: Dialog mit dem Wasser

Die Bezeichnung Amsterdams als dem »Venedig des Nordens« ist keine Erfindung der Tourismusbranche, sondern wurde erstmals im 15. Jh. von einem Amsterdamer Chronisten erwähnt. Der Florentiner Ludovico Giucciardini gebrauchte 1567 in seinem Buch über die Niederlande ›Descrittione dei tutti i Paesi Bassi‹ zum ersten Mal den Vergleich: »Die Luft, das Wasser, die Lage, die Gemächlichkeit, die zahlreichen Kanäle, die man an nahezu allen Straßen findet, und viele andere Gründe lassen diese Stadt zu Recht als ein zweites Venedig erscheinen.«

Beide Patrizierstädte sind am und im Wasser erbaut, werden von Kanälen und Grachten durchzogen, ihre Brücken verbinden Inseln, beide Städte waren mächtige Finanzplätze und übermächtige Handelszentren. Beide Städte wurden von Oligarchien regiert und waren durch ihre Toleranz, die zu Beginn nicht so sehr für die geistige, sondern vielmehr für eine ökonomische Liberalität sind, Zufluchtsorte für Glaubensflüchtlinge aus ganz Europa. Beide hatten dieselben Feinde: Spanien, die Seeräuber und den Papst. Sowohl Amsterdam als auch Venedig – poetisch verklärte Metaphern des Verfalls – leben dank jener Epoche nicht schlecht vom Tourismus, leiden aber auch unter dem massiven Andrang.

In den Reisebeschreibungen aus jener Zeit findet man keinen Neid, sondern Bewunderung. Viele Venezianer sahen in dem neu erbauten Amsterdam das klassische Schönheitsideal verwirklicht: breite Kanäle und Grachten, Straßen und Plätze. Am Stromarkt 9 sieht man einen Giebelstein mit dem Markuslöwen: Symbol eines Gewürzhändlers mit Handelsbeziehungen zu Venedig.

Während kaum italienische Maler nach Norden kamen, zog es niederländische Architekten und Maler in großer Zahl nach Venedig. Rembrandt ließ sich durch Tizians Frauenakte inspirieren und kopierte dessen Landschaften. Andererseits galt der aus Amersfoort stammende Caspar van Wittel als Vorläufer der Vedutenmalerei. Van Wittel (Van Vytel oder Vanvitelli) – er gilt als der wichtigste Wegbereiter der Maler Antonio Canaletto und Luca Carlevarijs – malte 1595 die ersten venezianischen Veduten.

Giebelstein mit dem Markuslöwen am Stromarkt

Pech und Teer, Farbe und Tinte, Wagemut und Frömmigkeit, Geist und Phantasie. Goldenes Jahrhundert soll besser ins 18. Jahrhundert passen, als das Gold gemünzt in den Geldkisten lag.«

Amsterdam und Leiden waren von jenen 18 Städten, die Vertreter zu den Staaten van Holland entsenden durften, die größten und mächtigsten. In Leiden lebten 45 000 Einwohner, und in Amsterdam war die Bewohnerzahl innerhalb eines halben Jahrhunderts auf rund 110 000 angestiegen. Amsterdam war die Stadt des hochspezialisierten Handwerks und der wohlhabenden Kaufleute, ein Ort des Geisteslebens und des Reichtums, ein freier und offener Markt. In den Kirchen wurde Niederländisch, Französisch, Deutsch und Englisch gepredigt. Es gab Theater, das Athenaeum, Druckereien, und jeder der materiell gesichert lebte, konnte sich den ›schöngeistigen Dingen‹ widmen.

Die Stadt an der Amstel war europäische Metropole, das wirtschaftliche Machtzentrum der Welt und Mittelpunkt einer Region, die Haarlem, Leiden, Rotterdam, Den Haag, Utrecht und Zaandam umfaßte und sich heute ›Randstad‹ nennt. Von diesem ›Laboratorium der Moderne‹, so der französische Philosoph Henry Mechoulan, profitierten auch die Sephardim, die portugiesischen Juden, die in die ›Stadt ohne Paläste‹ kamen.

Innenhof der Amsterdamer Börse. J. Berckheijde, 1678

Am 30. Januar 1648 wurde mit dem Frieden von Münster nicht nur der 30jährige Krieg beendet, sondern auch der 80jährige Spanisch-Niederländische Krieg. Die Republik und da vor allem Amsterdam – es hatte von Antwerpen das Zepter übernommen, um es Ende des 17. Jh. an London weiterzureichen – stand auf dem Höhepunkt seiner politischen und wirtschaftlichen Macht. Der Frieden von Münster bedeutete eine Wende, langsam und unmerklich verlagerte sich die Geopolitik. Die Kluft zum Nachbarn Deutschland, zu Anfang des Freiheitskampfes ein zuverlässiger Partner, wurde breiter: Man fühlte sich weder verwandt noch zu ihm hingezogen.

In dem Vertrag von Münster erkannte der spanische König die Unabhängigkeit vom Reich und von Spanien auch völkerrechtlich an. Beide Parteien behielten an Gebieten, was sie gerade in ihrem Besitz hatten. Auch das war von Vorteil für Amsterdam, da es ihm ein Monopol im gesamten europäischen Zwischenhandel mit den überseeischen Kolonien und Handelsplätzen verschaffte. Amsterdam wurde zum Zentrum des Geldmarktes und der Börse Europas. Inzwischen war die Handelsgesellschaft V.O.C. zum weltumfassenden Unternehmen aufgestiegen. Die Amsterdamer Regenten und Kaufleute begrüßten das Ende der Kriegshandlungen. Die Calvinisten waren gegen einen Frieden mit Spanien. Sie sahen voraus, da nun der spanisch-habsburgische Gegner ausgeschaltet war und Holland kein Feindbild mehr hatte, es zu religiösen und politischen Spannungen innerhalb des Landes kommen mußte; denn solange das Land in Kriege verwickelt war, konnte sich der Calvinismus als jene Kraft darstellen, die den Bewohnern die Idee vermittelten, sie seien das auserwählte Volk.

Die Provinzen von Zeeland, Friesland und Groningen betrachteten den Vertrag als Verrat an ihrem calvinistischen Auftrag und als Wortbruch gegenüber Frankreich, da kein separater Friedensvertrag geschlossen werden durfte. Außerdem waren sie gegen den Vertrag, weil er die einträgliche Kaperfahrt verbot – Zeeland hat bis heute keinen Friedensvertrag mit Spanien unterzeichnet. Nirgendwo in Europa besaßen Piraten soviel Prestige wie in Holland und England: Kaperkapitäne waren nationale Helden.

Der Handel mit den Ländern an der Ostsee war für die holländischen Kaufleute wichtiger als der gesamte Handel mit Asien, Afrika oder Amerika. In der ersten Hälfte des 17. Jh. wurden wöchentlich rund 600 Schiffe im dänischen Sund registriert. Der Getreidehandel bildete die Grundlage. In Italien kaufte man Marmor für die Stadtpaläste, Wein und Seide. Die Fleuten brachten Getreide, Heringe, Stockfisch, Pelze, Leder und Holz nach Holland und transportierten Salz, Wein, Öl, Käse, Leinen, Seife, Glas, Gewürze und andere Luxusartikel nach Norden. Aus Norwegen wurden ganze Wälder nach Holland über die Nordsee gebracht. Im Hamburg, Danzig, aber auch in Venedig und Genua besaß die Stadt Konsulate, Gesandte gab es in Algier und anderen nordafrikanischen Städten. Sie hatten auch die Aufgabe, von Seeräubern gefangengenommene Kaufleute und Seeleute freizukaufen. In Kriegszeiten wurde auch der Feind mit Munition und Kanonen ausgerüstet, und das einträgliche Sklavengeschäft wurde erst auf Druck der Engländer beendet.

Außer der V.O.C. und der W.I.C. gab es eine dritte Handelsgesellschaft, die 1614 gegründete und 1642 aufgelöste ›Noordse Compagnie‹. Die Staten-Generaal hatten ihnen das alleinige Fangrecht auf Walfisch und Robben im Nördlichen Eismeer verliehen. Am lukrativen Walfang beteiligten sich auch Hamburg, Lübeck und Bremen. In den Rekordjahren von 1661–90 fuhren rund 500 Schiffe aus, die insgesamt 2500 Wale töteten. In Amsterdam erinnern die Groenlandse-Speicherhäuser (Keizersgracht 38–44) an den Walfang.

☐ Entweder Käse oder Butter – forderten die Prediger

Während im übrigen Europa, vor allem aber in den deutschen Landen, der Dreißigjährige Krieg (1618–1648) Zerstörungen, Seuchen und Hungersnot brachte, war Amsterdam eine Insel des Wohlstands. Die Stadt konnte sich aus einem fruchtbaren Hinterland mit Fleisch, Obst und Gemüse versorgen. Dank des Fernhandels kamen auch Luxusgüter, Gewürze und exotische Früchte in die Stadt. Erst nach 1667 entdeckte man in breiten Kreisen der Bevölkerung den Tee als Getränk. Ende des 17. Jh. wurden die ersten Koffiehuizen, die Kaffeehäuser, gegründet, in denen man zum Mokka aus langen Goudsen, Tonpfeifen, Tabak rauchte. Obwohl die calvinistischen Prediger gegen den Genuß von Zucker wetterten, waren Süßigkeiten, Gebäck und Marmeladen, vor allem Puderzucker, ungeheuer beliebt. Um 1740 zählte die Stadt rund 40 Zuckerfabriken. Alle Maler, von Jordaens bis Rembrandt, haben den Überfluß, der sich in Küchen und auf Tischen stapelte, auf ihren bekannten Genrestücken verewigt. Gemälde, Radierungen und preiswerte Drucke schmückten Häuser und stellten die Fülle des Lebens in seinen festlichen und schönen Momenten dar. Vom 1640–59 produzierten die niederländischen Maler schätzungsweise 1,3 Millionen Bilder!

Man aß täglich bis zu viermal. Ein Frühstück bestand aus Brot, Butter, einem Stück Käse, hin und wieder einem Hering mit Zitrone, runtergespült mit Bier. Zu Mittag gab es Suppe, Fisch oder Fleisch und Gemüse. Ein Zwischengericht bestand aus Brot und Käse. Edamer und Gouda war bereits damals bekannt. Moralisten meinten, man versündige sich, wenn man zwei Milchprodukte zu gleicher Zeit genieße – entweder nur Käse oder nur Butter; sie verurteilten den Genuß ›heidnischer Produkte‹ wie Ingwer, Vanille oder Gewürznelken und das starke Würzen von Fisch oder Fleisch.

Von Ausländern, den Hoogduytschen, Franschen und Flamen, wurde heftige Kritik an den ungehobelten Manieren bei Tisch geübt. Im ›Manierenboekje‹ von 1664 wurde festgelegt, wie man nicht essen sollte: mit offenem Mund, rülpsend und spuckend. Auf den Märkten gab es von allem im Überfluß: Erdbeeren, Aprikosen, Birnen, Apfelsinen, Zitronen, Spargel, frisches Gemüse, Fisch, Fleisch und Wurstwaren, Käse und Butter. Lachs und Austern gab es zeitweise in solchem Überfluß, daß Diener sich weigerten, mehr als dreimal in der Woche Lachs oder Austern zu essen. Makrelen und Muscheln galten als Armenspeisung.

Ein Weber oder Schiffszimmermann verdiente 1648 am Tag 18 Groschen, 1682 waren es 24 Groschen, stuiver genannt. Ein Matrose erhielt einen Monatslohn von 10 bis 13 Gulden. Ein Pfund Butter kostete vier, ein Pfund Käse zwei, ein drei Pfund schweres Roggenbrot vier und ein halbes Dutzend Heringe einen Groschen. In dieser Zeit gibt es auch zum erstenmal ›stoofschotel‹, ein langsam köchelndes Eintopfgericht, das aus Gemüse und Fleisch bestand und als ›vaderlandse voedsel‹ angesehen wird. Ein weiteres nationales Eintopfgericht war ›hutsepot‹, das ebenfalls aus Gemüsen der Saison, aus Fleisch und aus fernöstlichen Gewürzen bestand. Gerichte, die auch heute noch zubereitet werden und in Restaurants mit holländischer Küche angeboten werden. Berühmt waren die Festmahle der Patrizier und der Stadtschützen, der Schutters.

Das neue Rathaus wurde am 29. Juli 1655 eingeweiht, im Hintergrund (links) die Nieuwe Kerk und Hafen am Dam

Zum Feiern gab es stets einen Anlaß, da waren Tauf- und Hochzeitsessen, traf man sich zur Einweihung eines neuen Hauses, zum Geschäftsabschluß, zum Spiel. Es gab Straßenfeste, Zunftfeiern und der ganze Reigen christlicher Festtage, von den Predigern als ›papistische Götzenverehrung‹ verteufelt. Als sie versuchten, das Sinterklaasfest, den Nikolaustag am 5. Dezember, zu verbieten, kam es zum Aufstand der Kinder. Der Rat der Stadt beugte sich ihrem Willen. Noch heute kommt der Nikolaus, Schutzpatron der Schiffer und Kaufleute, mit dem Boot auf Het IJ an, reitet auf seinem Schimmel über den Damrak und verteilt Pfefferkuchen und Bonbons.

☐ Tourismus im 17. Jahrhundert

Amsterdam mit seinen Grachten, Brücken und Giebelhäusern war bereits im 17. Jh. eine touristische Attraktion. Ausländer, die die Niederlande besuchten – Diplomaten, Kaufleute, Studenten, Gelehrte –, statteten den Prunkgräbern von Willem van Oranje, von Tromp oder Piet Hein einen Besuch ab. Aber auch das Denkmal von Erasmus von Rotterdam oder die Mühlen standen auf ihrem Programm. Die Reisenden studierten Wasserbaukunde, Religion, Verwaltung oder soziale Einrichtungen wie Waisenhäuser und Gefängnisse. Das Amsterdamer Rathaus, das Ostindisch Huis der V.O.C., die Kaufmannspaläste an den Stadtkanälen hatten ihre Bewunderer. Viele Reisende schrieben ihre Erfahrungen nieder, etwa der Engländer Samuel Pepys, 1660, oder der Arzt Edward Browne 1677 in seinem Buch ›An Account of Several Travels‹. In all den Beschreibungen wird darüber berichtet, was die Holländer essen (Zwiebeln, Milch, Heringe, Möhren), wie ihre Häuser eingerichtet sind (anständig), wie die Frauen (oft herrisch) und Männer (häufig betrunken) waren oder wie sie sich fortbewegten (Kutsche, Schiff oder Pferd).

Georg Forster, Delegierter der rheinisch-deutschen Republik, der mit Alexander von Humboldt 1790 nach Amsterdam kam, notierte: »In einer kleinen Stadt fällt das Gewühl mehr auf als hier, wo man Raum hat, einander auszuweichen; allein es gibt auch in Amsterdam Gegenden, wo man sich nur mit Mühe durch das Gewimmel in den engen Gassen durchdrängen kann. Den ganzen Tag herrscht überall ein unaufhörliches Getöse; die unzähligen Equipagen der Bürgermeister und Ratsherren, Staatsbeamten, Direktoren der Ostindischen Kompagnie, Ärzte und üppig gewordenen Reichen, der ununterbrochene Warenstrom und die deshalb so oft aufgezogenen Zugbrücken sperren den Weg. Des Abends wandern Leiermänner und singende Weiber umher.«

Flüsse und Kanäle bildeten das Rückgrat des Transportwesens. Nachdem im Jahre 1595 die Achslängen der Kutschen und Planwagen genormt wurden, konnte man auf den noch unbefestigten Wegen bequemer fahren. Der erste befestigte Weg wurde 1662 zwischen Den Haag und dem Fischerdorf Scheveningen angelegt. Wenn möglich, wie etwa zwischen Leiden und Den Haag, wurde der Strandweg entlang der Nordsee genommen. Um 1630 wurde die ›trekschuit‹ eingeführt, ein überdachtes Boot, das von Pferden gezogen wurde. 1650 reisten jährlich 290 000 Personen zwischen Amsterdam und Den Haag. Um 1750 gab es wöchentlich 800 Bootslinien ab Amsterdam, bestanden nach Hamburg und Brüssel Postverbindungen.

Holländische Ingenieure legten in Norddeutschland und Italien Land trocken, bauten Windmühlen und Häuser. Maler lernten bei Kollegen in Nürnberg und Italien. Italienische Ingenieure erbauten in Holland Festungen, italienische Stukkateure und Musiker arbeiteten in niederländischen Städten. Die niederländisch-italienischen Kontakte reichen bis ins 15. Jh. zurück und hatten ihren Ursprung in Gent und Brügge. Italiener kauften flämische Malerei. Beliebt waren wegen ihrer »frischen Intensität und naturgetreuen Detailliertheit« Bilder von Jan van Eyck, Hans Memling und Hugo van der Goes. Die Kontakte verstärkten sich im Goldenen Zeitalter, nachdem Cosimo III. von Medici zweimal Amsterdam besucht hatte. Begehrt waren Bücher und Karten aus der Druckerei der Familie Blaeu, die Seebilder von Van der Velde und die Gemälde Rembrandts.

Die Regenten und das gesellschaftliche Ständesystem

Während bis zum 15. Jh. die Geburt aus einem adligen Geschlecht automatisch auch Zugehörigkeit zu einer höheren, mit Privilegien ausgestatteten Klasse bedeutete, konnte man nun durch erfolgreichen Handel und den damit erworbenen Reichtum gesellschaftliche Karriere machen und sich Häuser an Grachten oder Sommersitze an der Amstel oder der Vecht leisten. Die Reichsten der Reichen wohnten nicht in Amsterdam, sondern in den Vororten, am Ufer der Vecht oder in Den Haag. Zu den Wohlhabenden gehörten mehr hohe Beamten als Kaufleute.

Die Macht in den nordholländischen Städten besaßen jedoch die Regenten, die Bürgermeister und Mitglieder des Magistrats, die dem Kaufmannspatriarchat entstammten, bis ins 18. Jh. eine geschlossene Kaste bildeten, in denen alle wichtigen Ämter untereinander verteilt wurden. Sie, die auch die ›Könige der Stadt‹ genannt wurden, hatten unumschränkte Macht innerhalb der Stadtmauer. Die Zahl der Regenten beschränkte sich auf eine bestimmte Anzahl mächtiger Familien. Eine der einflußreichsten war die Bickersche Liga, sie übte die Kontrolle im Getreidehandel aus und war führend im Rußlandgeschäft. Die vier Söhne von Gerrit Bicker teilten sich das Geschäft: Jacob handelte mit Getreide, Cornelis machte ein Vermögen mit der Handelsgesellschaft W.I.C., Jan war Schiffsbauer und gründete Bickerseiland, Andries Bicker war Gesandter und zwischen 1627 und 1649 zehnmal Bürgermeister, setzte sich für einen Frieden mit Spanien ein, verhinderte, daß Willem II. die Stadt angriff. Amsterdam erreichte während seiner Regierungszeit seinen wirtschaftlichen Höhepunkt.

Auf allen Weltmeeren waren holländische Schiffe unterwegs, in England beklagten sich die Kaufleute, daß auf ein englisches Schiff zehn holländische Schiffe kamen. Es war auch ein holländischer Segler, der die ersten Negersklaven zur britischen Kolonie Virginia brachte. Als Bicker zum Rücktritt gezwungen wurde, übernahm die befreundete Familie De Graeff den ›Magistrat‹. Allen war daran gelegen, daß vor allem Freunde, Verwandte und Familienmitglieder mit Posten bedacht wurden, Fremde mußten eine Art Anerkennungsgebühr zahlen, die recognitiegelder. Das Idealbild war der wohlhabende und kluge

Die schwarze Seite: Sklavenhandel

Der Rotterdamer Schiffer Pieter van der Haagen kann für sich den zweifelhaften Ruhm beanspruchen, 1596 die ersten 130 schwarzen Sklaven nach Middelburg, Provinz Zeeland, an Land gebracht zu haben. Der Rat der Stadt aber verurteilte den Sklavenhandel und ließ die Menschen frei. Erst 1621, mit Gründung der West-Indischen Compagnie (W.I.C.) änderte sich die Einstellung. Nachdem die W.I.C. 1637 zuerst das portugiesische Fort St. George d'Elmina an der ghanesischen Küste erobert hatte, wurde der Sklavenhandel zu einem lukrativen Erwerbszweig. Holländer waren es, die die ersten Sklaven in der englischen Kolonie Virginia (Nordamerika) an Land brachten.

In Ghana stehen noch die Sklavenforts der Niederländer, die zu touristischen Attraktionen ausgebaut werden – mit finanzieller Unterstützung der Niederländer. Berüchtigt waren die Ashanti, die mit holländischer Hilfe auf Menschenjagd gingen.

Von einem britischen Offizier der niederländischen Söldnertruppe, die 1792 nach Surinam kam, ist ein Bericht bekannt, demnach Sklaven dort bei lebendigem Leib von Pferden zerrissen oder an brennende Öfen gekettet worden seien. Die Kolonie war wegen ihrer Greuel in ganz Westindien, der heutigen Karibik, verrufen. Nach einer Studie des Königlichen Tropen-Instituts, Amsterdam, ist die Sklaverei in der Neuen Welt »nirgendwo so sehr in persönlichen Sadismus ausgeartet wie in Surinam«. Wer sich auflehnte, wurde zum ›Spanischen Bock‹ verschnürt, in Tonnen ersäuft, auf kleinen Feuern eingeäschert, lebend in Kisten eingenagelt oder mit Fleischerhaken im Brustkorb bei Fort ›Zeelandia‹ in Paramaribo aufgehängt.« Das *Surinaams Historische Museum* in Amsterdam, in dem u. a. auch dieser Aspekt der niederländischen Kolonialgeschichte dokumentiert worden war, wurde im Frühjahr 1994 geschlossen, weil es keine Subventionen mehr erhielt.

Schätzungsweise 15 Millionen afrikanischer Sklaven wurden nach Übersee verkauft. Holländer belieferten nicht nur ihre eigenen Kolonien, sondern auch den Süden der Vereinigten Staaten. Hollands Kaufleute verkauften zehnmal mehr Sklaven als ihre größten Konkurrenten, die Engländer. Allein von 1636 bis 1645 verkauften sie 23 000 Sklaven im Wert von 6,7 Millionen Gulden. Unter Druck der progressiven Protestanten wurde in England 1807 der Sklavenhandel und 1833 die Sklaverei abgeschafft. Erst 1863, auf englischen und amerikanischen Druck, folgte Holland.

Handelsherr, der Bilder sammelt, Dichter und Gelehrte unterstützt. Bei aller Weltoffenheit blieb man national, das Wort ›gezellig‹ verkörpert den bürgerlichen Lebensstil. Nach den Kaufleuten, zu denen man auch Gelehrte, Prediger, Doktoren, Unternehmer und Großbauern rechnete, kamen selbständige Händler, Handwerker, Kapitäne und Schiffer, ihnen folgten auf der Rangliste die angestellten Gildehandwerker, Matrosen, Nachtwächter, Landleute, Weber, Färber und Lohnarbeiter. Maler waren geachtet, einigen gelang der gesellschaftliche Aufstieg, etwa wenn sie in wohlhabende Familien einheirateten, Rembrandtvorgänger Jan Tengnagel etwa und Rembrandt, der die Bürgermeistertochter Saskia van Uylenburgh heiratete. Auch die Rembrandtschüler Govert Flinck und Ferdinand Bol heirateten Töchter vornehmer Familien. Aber echte ›Herren‹ wie es Rubens, Velázquez oder Van Dyck waren, wurden Hollands Maler nie.

Am Ende der sozialen Skala standen jene, die von der Hand in den Mund lebten und auf städtische oder kirchliche Unterstützung angewiesen waren. Das Stadtwesen schottete sich bereits damals von Lumpengesindel, Zigeunern, Habenichtsen, Soldaten und ›liederlichem‹ Volk ab. Auch ehemalige Priester, Mönche und alleinstehende Frauen gehörten dazu. Dirck Volckertsz. Coornhert (1522–90), Theologe und moralischer Philosoph, der wegen ›ketzerischer Umtriebe‹ mehrmals im Gefängnis einsaß, in Kleve und in Xanten im Exil lebte, hatte ein alternatives Strafsystem entwickelt. Demnach sollte ein Krimineller im Gefängnis arbeiten und erzogen werden. Für Frauen gab es das 1596 eingerichtete ›Spinhuis‹, an der O. Z. Achterburgwal. Ein Jahr vorher war das ›Tuchthuis‹ für Männer am Heiligeweg eröffnet worden. Im Tor zum ›Rasphuis‹ steht das Wort ›Castigato‹ (Züchtigung).

Die Immigration aus den Spanischen Niederlanden, aus dem vom Bauernkrieg verwüsteten Deutschland, aus den armen Landprovinzen Hollands, und die Welle der Juden aus Osteuropa und später der Hugenotten aus Frankreich machte aus Amsterdam die ›große Stadt‹. 1570 lebten in Amsterdam 30 000, 1648 zählte die Stadt 160 000 Einwohner, und am Ende des 17. Jh. gehörte sie mit 200 000 Bewohnern zu den drei Großstädten Europas. Nur in Paris und London lebten mehr Menschen. Mit über 50 000 Zuwanderern waren Deutsche die stärkste Immigrantengruppe. Um ihnen Unterkunft bieten zu können, wurde die Stadt 1612, 1663 und 1682 erweitert, entstanden Jordaan, das Judenviertel und die Plantage. Die Zuwanderung wurde gefördert, es gab finanzielle Zuschüsse, oft wurden Umzugskosten bezahlt.

1631 schrieb der französische Philosoph Descartes, der von 1629–35 am Westermarkt lebte, die tolerante Haltung der Amsterdamer beziehe sich lediglich auf Handel und Geld, und die Jagd nach Reichtum beschäftige sie so stark, daß da keine Zeit für andere Dinge sei. In jenen Tagen wurden die Amsterdamer wegen ihres Respekts gegenüber dem Gesetz gerühmt, ihres Gehorsams und ihres Ordnungssinns wegen. Auch der englische Philosoph John Locke emigrierte 1683 in die ›grote stad‹ und publizierte hier ›Bibliotheque universelle et historique‹. 1697 kam Zar Peter der Große, um den Schiffsbau zu erlernen.

Mokum, das Jerusalem des Nordens

Gemessen an der Lage anderswo war Amsterdam eine Insel der Toleranz. Die ersten Juden, die nach Amsterdam kamen, waren gemeinsam mit den protestantischen Kaufleuten vor den Spaniern aus Antwerpen geflohen. Rasch gesellten sich zu jenen Flüchtlinge,

Baruch de Spinoza

Baruch Spinoza, der am 24. November 1632 in der Amsterdamer Vlooienburg geboren wurde, neugierig darauf, was die undogmatischen Christen lehrten, schrieb sich in der Lateinschule ein, an der der Jesuit Dr. Franciscus van den Enden Rektor war. Ein Mann, der sich nicht nur kritisch zu Fragen des Glaubens äußerte, sondern auch von den neuen Wissenschaften des Galilei, Hobbes und Descartes wußte – im Amsterdam jener Zeit ein universeller Geist.

Der Vater von Baruch, Michael Despinoza, hatte mit dem Import von Trockenobst ein Vermögen verdient. Nach dem Tod des Vaters 1654 übernimmt Baruch gemeinsam mit seinem Bruder Gabriel das Geschäft und läßt es unter dem Namen ›Bento y Gabriel Despinoza‹ eintragen. Aber die Geschäfte gehen schlecht. Baruch Spinoza, der sich später den Namen Benedictus zulegt, wendet sich dem Studium der Wissenschaften zu und wird einer der eifrigsten Schüler an der christlichen Lateinschule. Franciscus van den Enden (1602–1674), der sich ›Meister der freien Künste‹ nannte, unterrichtete den 23jährigen auch privat. Durch den engen Kontakt mit den christlichen Lehrern kam Spinoza in Konflikt mit den Autoritäten der jüdischen Gemeinde, denen der Einfluß des ›papistischen Lehrmeisters‹ und des ›Prinzen der Dunkelheit‹, wie sie den Ex-Jesuiten nannten, unheimlich war.

Spinoza, der die jüdische Mystik mit dem Rationalismus verknüpft, vertritt die Theorie, Traditionen seien wenig wert, er fordert die Trennung von Wissenschaft und Gottesdienst, betrachtet den christlichen Gottesdienst als eine vorübergehende historische Erscheinung und leitet seine metaphysischen Anschauungen mittels präziser Beweisführung aus Definitionen und Axiomen ab. Er will die Welt als ›sub specie aeternitatis‹, im Licht der ewigen Gesetze sehen. Das Universum ist für Spinoza letztlich ein Individuum. Auch der Mensch ist Teil dieser großen Maschine, alles was er macht,

die direkt aus Portugal oder Spanien kamen, die sogenannten Marranen. Ihre Aufnahme hatte nicht nur humanitäre Gründe. Die Sephardim hatten im Handel mit Portugal einen großen Vorsprung gegenüber ihren christlichen Kollegen, da sie noch über enge Beziehungen zu ihren Glaubensbrüdern und Familienangehörigen in Portugal verfügten. Wurden ihnen Beschränkungen auferlegt, zogen sie nach Hamburg weiter, das sie gern aufnahm.

Außer im Geldgeschäft waren Juden auch im Diamantenhandel tätig. Es sind auch Vorfälle bekannt, wo reiche Juden Opfer von Betrügern wurden. Als Gegenleistung für ihre Dienste erhielten sie Privilegien. Juden waren auch Anteilseigner der Handelsgesellschaften V.O.C. und W.I.C. und beteiligten sich am Ausbau der Handelsbeziehungen. Juden

Baruch de Spinoza. Zeitgenössisches Porträt

wird angetrieben und sein Wille ist mechanisch verursacht. So kommt es zur Umdeutung des Sündenfalls: »Nicht die Sünde erklärt die Schwachheit, es ist unsere ursprüngliche Schwachheit, die den Mythos der Sünde erklärt.«

Diese freisinnigen Denkbilder werden von den orthodoxen Calvinisten verurteilt, bringen ihn in Konflikt mit seiner Gemeinde. 1656 wird über den 24jährigen der Bann ausgesprochen. Nach dem Bannspruch muß Spinoza die Stadt verlassen. Auf dem Landgut ›Tulpenberg‹ seines Freundes Dr. Tulp bei Ouderkerk findet er Zuflucht. Später zieht er nach 's-Gravenhage, wo er vom Schleifen von Brillengläsern lebt. Einen Ruf an die Universität Heidelberg lehnt er ab. In seinem bekanntesten Werk, die ›Ethica‹, will er durch die Ratio das Denken von Gefühlen und Vorurteilen säubern. »Er quält sich nicht analytisch mit der Frage über die letzten Gründe unserer Erkenntnis. er gibt uns seine große Synthese, seine Erklärung von Gottheit«, meint Heinrich Heine dazu. Benedictus de Spinoza starb am 21. Februar 1677 in 's-Gravenhage, dem heutigen Den Haag.

aus Amsterdam siedelten sich in den Kolonien Asiens und Amerikas, in Brasilien und Surinam an.

Da Juden nicht in die Gilden oder Zünfte aufgenommen wurden, standen ihnen nur wenige Berufe offen, etwa die der Chirurgen und Apotheker, der Klein- und Straßenhandel und der Handel mit Geld. Sie fanden auch Arbeit in den Diamantenschleifereien, in Zuckerraffinerien, der Seiden- und Tabakverarbeitung. Bekannt ist die ›Brasilianische Connection‹ der Familien Pereira und Pina, die zu den ersten Siedlern der holländischen Kolonien (1624–54) in Brasilien gehörten und ihr Vermögen im Tabakhandel machten.

Der Erfolg der Juden und ihrer weitverzweigten Familienbande in Europa beruhte auch auf der Tatsache, daß die jüdischen Gemeinden festgefügte und in sich geschlossene

Portugiesische Synagoge. Stich von J. Bulthuis, um 1784

Gemeinschaften waren. Sie wurden mit strenger Hand regiert. Ausdruck jüdischen Selbstbewußtseins sollten die Synagogen werden, die in den 70er Jahren des 17. Jh. erbaut wurden – so die vier Synagogen der hochdeutschen Juden, ferner die Portugiesische Synagoge, in der sich noch heute die Gemeinde trifft. Nicht nur im Handel, auch auf kulturellem Gebiet, in der Architektur und im Verlagswesen waren Juden tätig. So wurde in der sephardischen Druckerei von Rabbi Menasseh-ben-Israel 1627 die erste Heilige Schrift in hebräischer Sprache gedruckt. Andere Werke waren theologischer, philosophischer und juristischer Art. Dabei handelte es sich vor allem um Texte, die anderswo auf dem Index standen. Zahlreiche Bücher – nicht nur die aus der hebräischen Druckerei – trugen den Vermerk »veröffentlicht in der Stadt der Freiheit«. Die Druckerei von Menasseh-ben-Israel, der mit den Gelehrten Grotius, Vossius und Barleus disputierte, war bis zum Ende des 18. Jh. weltberühmt. Die zweite Gruppe von Juden, die nach Amsterdam kamen, waren die Aschkenasim, Opfer religiöser und kriegerischer Auseinandersetzungen in Polen, Böhmen, Litauen oder in Deutschland. Mit Ankunft der französischen Revolutionsarmee erfolgte ihre Gleichstellung, die Bürgerrechte wurden ihnen jedoch immer noch nicht verliehen.

Die Juden nannten Amsterdam nach dem hebräischen Wort *makoom* (Stadt, Ort) *Mokum*. Sie wohnten vor allem in der Nieuwe Kerkstraat, Leprozenburgwal, Vlooyenburg, Jodenbreestraat. Auch Rembrandt wohnte dort und war Nachbar des Rabbi Menasseh. Rembrandt machte für dessen philosophische Arbeit ›La Piedra Gloriosa‹ (Der siegreiche Fels) vier Radierungen. 35 Porträts jüdischer Mitbürger sind von ihm bekannt.

Eroberung der spanischen ›Silberflotte‹ – Piet Hein

Kein anderes Ereignis hat den Verlauf des Kampfes gegen Spanien so beeinflußt wie die Eroberung der spanischen ›Silberflotte‹ durch Admiral Piet Hein. Rund 15 Millionen Gulden betrug die Beute (nach heutigem Wert etwa 157 Millionen Dollar), die den Spaniern in jenem entscheidenden Augenblick fehlten, als es gemeinsam mit Österreich und der Katholischen Liga die junge Republik vernichtend schlagen wollte. Der Republik kam dieser plötzliche Geldsegen hingegen gelegen, da sie nun die Möglichkeit hatte, 120 000 Zeitsoldaten, ein stehendes Heer von ebenfalls 120 000 Mann und eine Flotte von rund 120 Schiffen auszurüsten.

Der nationale Seeheld Piet Hein wird 1577 in Delfshaven geboren, fährt mehrere Jahre auf Handelsschiffen, geriet zweimal in spanische Gefangenschaft, kommt auf die Galeeren, wird freigekauft. Als Vizeadmiral nimmt Hein 1624 an der Eroberung von San Salvador teil, erbeutet in den folgenden Jahren als Kaperfahrer mehrere portugiesische und spanische Schiffe. Sein Ziel: die Silberschiffe der Spanier. Diese Flotte, die die Spanier Galjoenen nannten, bestand aus acht bis zwölf 800 bis 900 Tonnen großen Kriegsschiffen, jede mit 200 Soldaten bemannt. Von 1590 bis 1600 brachten die Silberflotten mehr Gold und Silber nach Spanien als in allen Jahren zuvor. Die Begehrlichkeit der Holländer war also geweckt. Am 3. Juni 1621 wurde der erste Kaperbrief ausgestellt. Am 26. Mai war Piet Hein mit einer Flotte, die aus 31 Kriegsschiffen bestand, bestückt mit 689 Kanonen und bemannt mit 4000 Soldaten und Matrosen von Amsterdam in die Karibik gesegelt. Nach mehreren vergeblichen Versuchen gelang es ihm am 8. und 9. September 1628, die Silberflotte des Admirals Juan Benavidez y Bazan in der Bucht von Matanzas, Kuba, zu erobern, und was noch wichtiger war, sie nach Holland zu überführen.

Als Piet Hein im Januar 1629 in Hellevoetsluis anlegte, läuteten die Kirchenglocken, und es sollte fünf Tage dauern, bis alle Schätze an Land gebracht worden waren. Der Triumphzug ging über Den Haag, Leiden nach Amsterdam. Allein 500 Wagen waren notwendig, um das Edelmetall nach Amsterdam zu transportieren. Handelswaren wie Seide, Zucker, Schokolade, Gewürze u. a. wurden auf dem Wasserweg nach Amsterdam geschafft, um im Keller des West Indisch Huis gelagert zu werden: Silberstangen, Edelsteine, Goldstücke, Perlenkisten, vergoldete Trinkbecher, Kirchenschätze. Äußerst geizig zeigten sich die Herren der W.I.C. beim Verteilen der Prämien. Hein wurde mit 7000 Gulden abgespeist, dafür konnte er sich gerade ein einfaches Haus in Delft kaufen. Zehn Prozent der Beute nahm sich dagegen Statthalter Frederik Hendrik, der sich davon das Schloß Honselaarsdijk baute. Viele Seeleute gerieten über den Geiz und die Habgier des Magistrats in Wut und stürmten das West Indisch Huis.

Geldgeschäfte, Waffenhandel und Kriegsflotte

Nach dem Vorbild der ›Banco di Rialto‹, Venedig, wurde 1609 in Amsterdam die erste Wechselbank gegründet. Sie unterhielt u. a. Giroverkehr mit Bankhäusern in Europa und betrieb das Wechseln von Münzen – allein in Holland hatten 14 Städte eigene Münzen. Nach dem Frieden von Münster (1648) wurde Amsterdam zum wichtigsten Finanzplatz in Europa und blieb es bis zum Ausbruch des Vierten Englischen Krieges 1780.

Die mächtige und scheinbar überall einsetzbare holländische Flotte garantierte den Erfolg. Und doch war es um die Kriegsmacht Holland zur See nicht so großartig bestellt. Der Historiker für Seegeschichte, Jaap Bruijn, stellte fest, daß für eine Heldenverehrung kein Anlaß besteht. Hollands Freiheitskampf, so Bruijn, wurde zum Glück nicht zur See ausgetragen. Korruption und Vetternwirtschaft kennzeichneten bis in die jüngste Vergangenheit die Geschichte der holländischen Marine. Eine Art Ausbildung oder Schulung, die Kenntnis der Navigation fehlte vielfach. Umgebaute Handelsschiffe wurden bei Kriegsanbruch angemietet und zu Kriegsschiffen umgebaut. Die Organisation war umständlich, fünf Admiralitäten konkurrierten miteinander. Im Februar 1653 trafen die Generaal-Staten eine historische Entscheidung: Aufbau einer Kriegsmarine. In der Seeschlacht 1673 von Kijkduin (an der Nordseeküste vor Den Haag) konnte die Republik gegen England 65 Kriegsschiffe und 15 Fregatten einsetzen, die mit insgesamt 4233 Kanonen ausgerüstet waren. Der Sieg konnte den Niedergang nicht aufhalten. Kriege kosteten viel Geld, ein großer Teil wurde dank der gekaperten spanischen Silberschiffe bezahlt. Allein 1641 gab die Republik dafür rund 23 Millionen Gulden aus. Holland verfügte über das größte Waffenarsenal der Welt und hatte eine starke Position als Waffenhändler und Waffenproduzent. Aus den Kolonien und Überseegebieten kamen die notwendigen Grundstoffe. Gewehrläufe lieferten die Waffenschmiede von Lüttich, der Lübecker Kanonenmacher Albert Benningh Geschützrohre.

Nur vier Jahre, nachdem Frieden mit Spanien geschlossen wurde, beginnt 1652 der erste von vier Kriegen gegen England, der in die wirtschaftliche Rezession und zum Ende des ›Goldenen Zeitalters‹ führt. Von »kummervollen Zeiten für das liebe Vaterland« ist die Rede, und nicht nur Rembrandt, sondern der gesamte Kunsthandel gerät in wirtschaftliche Schwierigkeiten. Die Schiffe – ein segelfertiger Neubau kostet etwa 90 000 Gulden– veralten. England wird mächtiger, auch Dank jenes Goldes, das der Kaperfahrer Francis Drake nach London gebracht hatte. Das Ende der Spanischen Niederlande und der spanischen Vorherrschaft in Übersee öffnet Frankreich und England den Weg in die koloniale Welt – und die Amsterdamer erweisen sich dabei als lästige Konkurrenten, denen man mit protektionistischen Maßnahmen das Leben schwer macht. Die englische East India Compagny war der größte Konkurrent der Handelsgesellschaft V.O.C. Daneben erfuhr sie auch Konkurrenz von Portugiesen, Franzosen, Schweden, Dänen und Flamen. So erhielt Oostende 1715 vom deutschen Kaiser Karl VI. (1685–1740) die Erlaubnis, die Oostindische Compagnie te Oostende zu gründen. Diese Handelsgesellschaft unternahm bis 1732 55 Expeditionen nach Asien.

Vier Seekriege gegen England – das Katastrophenjahr 1672

Zum Schutz seiner Schiffahrt hatte England unter Cromwell die ›Act of Navigation‹ (1651) erlassen. Sie sollte die ›Magnus Intercursus‹ aus dem Jahre 1496 ersetzen, in der festgelegt worden war, daß englisches Tuch nicht mit Steuern belegt wird und die Nordseefischerei ebenfalls frei von Abgaben sein sollte. Am 29. Mai 1652 kam es bei Dover zu einem Streit zwischen dem holländischen Admiral Maarten H. Tromp (1598–1653) und dem englischen Admiral Blake über das Hissen der Flaggen. Die Weigerung des Holländers war Anlaß für den *Ersten Englisch-Holländischen Krieg* (1652–54). In diesem Krieg debütierte Michiel Adriaansz. de Ruyter (1607–76) erfolgreich, der die Engländer bei Plymouth schlug, während Tromp die Seeschlachten bei Portland und Ter Heyde verlor, dabei kam er selbst um. Die Gemälde sind im Rijksmuseum (Saal 235) zu sehen. Nach diesem für die Holländer ungünstig ausgegangenen Ersten Englischen Seekrieg wurde im Frieden von Westminster am 15. April 1654 festgelegt, daß für alle Zeiten kein Oranje-Prinz Statthalter werden sollte (Acte van Seclusie), denn Cromwell fürchtete ihren Einfluß auf das englische Königshaus.

Auf den *Zweiten Englischen Krieg* (1665–67) war die Republik besser vorbereitet, da sie über eine starke Kriegsflotte verfügte und von Frankreich Rückendeckung erhielt. Der Krieg wurde in Nordamerika, Westindien, vor der afrikanischen Küste und in der Nordsee ausgefochten. Der von den Dänen geadelte Admiral De Ruyter gewann die erste viertägige Seeschlacht im Juni 1662 bei Noord-Voorland. Die Engländer wiederum siegten bei der Schlacht von Duinkerken und zerstörten rund 150 Handelsschiffe, die vor Vlieland Schutz gesucht hatten; 1664 eroberten die Engländer Curacao und Nieuw-Nederland. Zu Land wurde die Republik 1665 von dem Bischof aus Münster angegriffen. Die Pestepidemie und der große Brand von London 1666 waren entscheidende Ereignisse, die beide Parteien zwangen, an den Verhandlungstisch in Breda zurückzukehren. Im Frieden von Breda 1667 bekommt England New York, Surinam bleibt den Niederlanden.

Das Jahr 1672 wird als das Katastrophenjahr der Republik betrachtet. Aus allen Himmelsrichtungen flatterten den Regenten die Kriegserklärungen ins Haus. Der

Admiral Michiel Adriaansz. de Ruyter (1607–1676). Radierung, 17. Jh.

Dritte Englische Krieg brach aus, an dem sich auch Frankreich und die Bischöfe von Münster und Köln auf der Seite Englands gegen Holland beteiligten. Die Beleidigung des englischen Königs durch Pamphlete und die Mißachtung der britischen Flagge durch holländische Schiffe galten als aktueller Kriegsanlaß. Während zur See Admiral Ruyter über die englische Flotte am 7. Juni 1672 bei Solebay, ein Jahr später bei Schooneveld und am 21. August 1673 bei Kijkduin siegte, verlief der Landkrieg zuungunsten der Republik. Für Frankreich war es nicht nur ein Handelskrieg gegen Holland, Frankreich wollte auch seine Macht nach Norden ausdehnen. Die französischen Truppen – mit rund 120 000 Soldaten war es das größte Heer jenes Jahrhunderts – marschierten bei Kleve ins Land. Holland konnte sich vor einer Niederlage nur durch die ›Wasserlinie‹ bei Utrecht und Amsterdam retten – die Deiche wurden durchstochen und das Land unter Wasser gesetzt. Von Osten kamen die Truppen des Bischofs von Münster, Christoph Bernhard von Galen, und eroberten die Städte Kampen, Zwolle und Deventer. Willem III. gelang es, die englisch-französische Koalition auseinanderzutreiben. Der Kampf gegen den katholischen König Ludwig XIV. war zum Lebenswerk von Willem III. geworden. Anfang 1674 schlossen England, Münster, Köln und die Republik einen separaten Frieden. Der kostspielige Krieg mit Frankreich sollte noch bis 1678 dauern. Die Brüder Johan und Cornelis de Witt aus Dordrecht wurden im Gefängnis von Den Haag gelyncht, ihre Leichen von der Volksmenge verstümmelt. Ob Willem III. hinter dem Mordanschlag stand, ist nicht bekannt, wohl, daß er die Täter mit seiner Gunst belohnte. Willem III., Prins van Oranje, Graf von Nassau und König von England und Irland (1689–1702), war der unumstrittene Herrscher der Republik.

Der *Vierte englische Krieg* (1780–84) hing mittelbar mit dem Amerikanischen Freiheitskrieg zusammen. Die Patrioten und mit ihnen die Franzosen, bewunderten und unterstützten den Aufstand gegen die Engländer, die ›Oranjetreuen‹ wählten die Seite der Engländer. Die Staten Generaal wollten einen Vertrag der ›bewaffneten Neutralität‹ abschließen, begrüßten amerikanische Freiheitshelden herzlich – das gefiel London nicht und es erklärte am 20. Dezember 1780 Den Haag den Krieg, der zum Nachteil der Republik ausging. Die Engländer erbeuteten zahlreiche holländische Handelsschiffe, Sint Eusebius in der Karibik und entschieden die Seeschlacht in der Doggerbank für sich. Holland war keine führende Seemacht mehr.

Glorious Revolution von 1688 – Willem III., König von England

Am 29. Oktober 1688 setzte Statthalter Willem III. mit einer Invasionsflotte, die aus 49 Kriegsschiffen und 250 Transportschiffen bestand und auf denen 11 090 Soldaten, 4092 Pferde und 3280 Reiter transportiert wurden, nach England über. Wilhelm III. segelte auf Einladung sieben abtrünniger protestantischer Parlamentarier nach England, um den

Willem III. van Oranje (1650–1702), König von England, Schottland und Irland. Gemälde von P. Lely, 1677

katholischen König Jacob II., seinen Schwiegervater, zu stürzen. Zum Dank bot man ihm und seiner Frau, Maria Stuart, die Königskrone von England an. Eine gute Chance, seine Machtposition gegenüber dem französischen Sonnenkönig zu stärken. Auch die Amsterdamer Regenten, die sonst kein Geld in derartig kostspielige Unternehmen steckten, finanzierten den Großteil der Expedition, da sie nun auch eine Chance sahen, die aggressive Handelspolitik Frankreichs stoppen zu können. Den Großteil der Söldner kauften holländische Diplomaten bei schwedischen und deutschen Fürsten, u. a. beim Kurfürsten von Brandenburg, dem Landgrafen von Hessen-Kassel und dem Herzog von Braunschweig-Wolfenbüttel. Die Schiffe transportierten nicht nur die Waffen und Munition, sondern auch 368 000 Liter Bier, 320 000 Pfund Zwieback, 64 000 Pfund Heu und für jeden Soldaten 40 Heringe. Am 29. Oktober fuhr die Flotte von Hellevoetssluis, am Haringsvliet bei Rotterdam, aus. Der erste Versuch scheitert im Sturm, aber dann treibt der berühmte ›Protestantische Wind‹, der Ostwind, die Schiffe über den Kanal, und unter dem Klang der Trommeln und Trompeten konnte Willem III. mit der ›Glorious Revolution‹, der ruhmreichen Revolution, beginnen. Auf einer Druckpresse, die Willem III. mitgebracht hatte, wurden Zeitungen gedruckt, in denen der Kampf der Protestanten für die Freiheit Englands propagiert wurde.

Die Engländer fühlten sich sehr beschämt, da es ausgerechnet ein Ausländer war, und noch dazu der holländische Erzfeind, das »Volk der Biertrinker und Betrüger«, wie es in der ›History of England‹ steht, der die absolute Macht des Königs auf der Insel brach. Aus dieser Zeit stammen auch Ausdrücke in der englischen Sprache, die andeuten, wie negativ über den Rivalen gedacht wurde: Dutch courage (angetrunkener Mut), Dutch treat (getrennte Kasse), Dutch gold (falsches Gold), Dutch bargain (Geschäft, mit Alkohol besiegelt). Das Mißtrauen der englischen Elite begleitete Willem III. während seiner gesamten 13jährigen Herrschaft. Für die adlige Klasse waren Holländer Barbaren.

Am 21. April 1688 werden Willem III. zum König und Maria zur Königin von England, Schottland und Irland gekrönt. Bevor sie aber in der Westminster Abtei gekrönt werden können, mußte das Paar die ›Bill of Rights‹ akzeptieren. Mit dieser schriftlichen Erklärung erhält das Parlament die Souveränität, wird die konstitutionelle Monarchie eingeführt. Die ›Glorious Revolution‹ und die Anerkennung der ›Bill of Rights‹ wird als wichtiger Schritt auf dem Weg zur parlamentarischen Demokratie angesehen. Die Allianz mit England sicherte auch den Fortbestand der Republik. Nach dem Tod seiner Frau Maria, 1694, zog Willem III. nach Kensington Palace und sechs Jahre später ins Hampton Court

Palace. Um den Krieg gegen Frankreich finanzieren zu können, wurde nach dem Vorbild der Amsterdam Bank die Bank of England gegründet und im Café von Edward Lloyd das Versicherungshaus Lloyd's of London.

Während England, aber auch Preußen ihre Macht ausweiteten, verlor Amsterdam seine zentrale Rolle als Handelsstadt und hatte mit den Häfen von London und Hamburg eine ernstzunehmende Konkurrenz erhalten. Als einer der Gründe wird angenommen, daß der Calvinismus an Einfluß einbüßte. Noch war das Land wohlhabend, das Leben sicher und galt die Republik als ›bürgerlicher Garten Eden‹. Aus Kaufleuten, Regenten und Patriziern waren Pensionäre und Aktionäre geworden, die vom Ruhm des ›Goldenen Zeitalters‹ zehrten. Die Tuchindustrie von Leiden und Haarlem, die Keramikfabrikation von Delft und Gouda verfielen. Kaufleute und Handwerker emigrierten nach Rußland und Hamburg. Die Ideen der Französischen Revolution und noch mehr die amerikanische Revolution fanden Sympathisanten. Die Gruppe der Bürgerdemokraten, die sich dem Herrschaftsanspruch der Calvinisten und dem der Regenten widersetzten, bildeten die Partei der ›Patriotten‹. Ihr Anführer war Joan Derk van der Capellen tot den Pol. Van der Capellen veröffentlichte 1781 sein anonymes Pamphlet ›An das Volk der Niederlande‹, in dem er die Nachteile des Hauses von Oranje aufzählte, einen demokratischen Staat und Freiheit für das Volk forderte. Die Provinzen Holland, Groningen und Overijssel wurden patriotisch, in Zeeland, Gelderland und Friesland blieb man jedoch oranjetreu. Willem V. ruft England und Preußen um Hilfe, und Tausende von Patrioten flüchten nach Frankreich.

Die Neuzeit beginnt als Vasallenstaat Frankreichs

Am 1. Februar 1793 erklärt Frankreich England und der Republik den Krieg und marschiert in den Niederlanden ein. In Amsterdam werden die Franzosen bejubelt. Am 19. Januar 1795 wird das Herrscherhaus Oranje abgesetzt, die Revolution auf dem Dam ausgerufen und der Platz in ›Plein der Revolutie‹ umbenannt. Die alte Republik war untergegangen, im Schein von Fackeln wurden die französischen Husaren im Rathaus empfangen, und um den ›Freiheitsbaum‹ wurde getanzt. Es war eine Revolution, die friedlich, ohne Blutvergießen und Plünderungen, verlaufen war. Willem V. floh nach England und sollte sein Vaterland nie mehr wiedersehen.

Nach rund 200 Jahren hatte sich die niederländische Republik aufgelöst, und der Preis für die Freiheit war hoch. Am 17. Mai 1795 wurde mit Frankreich der ›Haagse Vertrag‹, eher ein Diktat, unterzeichnet. In diesem Friedensvertrag erkannte Frankreich die Bataafse Republiek (1795–1806) an. Von 1795 bis 1806 waren die sieben niederländischen Provinzen Vasallenstaat Frankreichs. Von 1806 bis 1810 gehört Holland als Königreich ganz zu Frankreich. 1798 erhielt die Republik ihr erstes Grundgesetz. Nach dem Vorbild des Code Civil oder Code Napoleon wird für das Land ein einheitliches Verwaltungs- und Rechtssystem eingeführt, nach denen eine bürgerliche, auf den Grundsätzen religiö-

Multatuli: »Aber der Javaner wird mißhandelt!«

Edouard Douwes Dekker (1820–87), als Sohn eines Handelskapitäns geboren, war Angestellter der Königlichen Kolonialverwaltung Niederländisch-Ostindien. Im Mai 1860 veröffentlichte er den Roman ›Max Havelaar‹, fiel in Ungnade und starb als Emigrant am 19. Februar 1887 in Ingelheim (Rheinpfalz), heute Sitz der ›Multatuli-Gesellschaft‹. Sein *Geburtshaus,* Korsjespoortsteeg 20, wurde zum bescheidenen *Museum.*

Multatuli (lat. multa tuli = Vieles habe ich getragen) ist der Autorenname von Dekker, der mit seinem ›Max Havelaar oder die Kaffeeversteigerungen der Niederländischen Handelsgesellschaft‹ zu literarischem Ruhm gekommen ist. Das autobiografische Werk ist eine leidenschaftliche Anklage gegen Korruption, Unterdrückung und Ausbeutung skrupelloser holländischer Kaufleute und Beamten (»Es liegt eine Räuberstaat an der See, zwischen Ostfriesland und der Schelde« in Niederländisch-Indië. Zum erstenmal seit 300 Jahren erfuhr die entsetzte Öffentlichkeit von den Mißständen in den Kolonien.

Dekker diente im heutigen Indonesien, 1856 war er Assistent-Resident in Lebak im Gouvernement Batavia. Dort protestierte er gegen die Korruption der Kolonialbehörde und die Ausbeutung der Einheimischen. 1859 wurde er deswegen unehrenhaft aus dem Dienst entlassen.

Dekker prangerte vor allem das ›cultuurstelsel‹ an, eine Steuer auf den erzwungenen Anbau von Indigo, Tabak und Kaffee, Zucker und Tee. Das ›cultuurstelsel‹ war 1830 in Niederländisch-Indië eingeführt worden. Rund 800 000 indonesische Familien arbeiteten fast unentgeltlich für die Staatskasse, 823 Millionen Gulden nahm Den Haag ein, die wichtigste Einnahmequelle Hollands. 1870 wurde das ›cultuurstetsel‹ aufgehoben, aber die Ausbeutung war nicht beendet. Der umstrittene Roman wurde ein Bestseller, wurde früh auch ins Deutsche übertragen, 1993 kam eine neue deutsche Übersetzung heraus. Multatuli schließt seine literarische Provokation: »... Gut, gut, alles gut! Aber ... der Javaner wird mißhandelt!«

Auf der breitesten Grachtenbrücke, der Torensluis (Singel) steht das Denkmal Multatulis

41

ser Freiheit und sozialer Gleichheit beruhende Gesellschaft leben sollte. Die Gleichheit vor dem Gesetz und die Aufhebung aller Standesunterschiede wird vollzogen, die Steuern neu geordnet, die Schulpflicht eingeführt, die Lehrerausbildung und die Verwaltung neu organisiert. Eine Erste und Zweite Kammer wird eingerichtet, ein Kataster und ein Bevölkerungsregister angelegt, die Häuser numeriert, die Trennung von Kirche und Staat offiziell durchgeführt und die Gleichberechtigung von Juden und Katholiken angeordnet.

Der Name des Platzes Dam war in Place Napoleon umbenannt worden, und Ludwig, der Bruder Napoleons, wurde König von Holland. Am 20. April 1808 fand der triumphale Einzug in die Hauptstadt statt. 1810 mußte Ludwig auf Druck seines Bruders zurücktreten, das Königreich Holland wurde mit Frankreich vereinigt und Amsterdam drittwichtigste Stadt im neuen Staat. Am 15. November 1813 kommt es in Amsterdam zum Aufruhr, und die Franzosen verlassen die Stadt.

Als Periode des Stillstands der kulturellen, politischen und wirtschaftlichen Entwicklung gilt die Zeit zwischen 1815 und 1870. Die Französische Revolution regte in ganz Europa Anhänger liberaler Ideen zu deren konkreten Umsetzung an, aber in den Niederlanden hat die Obrigkeit wieder alles fest im Griff, Streiks und Gewerkschaften bleiben verboten. Das erfolgsverwöhnte Handelsvolk verträumte die industrielle Revolution, Bank- und Kreditwesen veralteten, die Vorzüge der Dampfschiffahrt und der Eisenbahn werden erst spät erkannt. Die Revolution in Belgien gegen die Niederlande (1830) und der verlustreiche Java-Krieg (1825–30) bringen das Land an den Rand des Ruins. Um die zerrütteten Staatsfinanzen zu sanieren, wird 1830 in der Kolonie Java das sogenannte cultuurstelsel, ein neues Steuersystem, eingeführt. Durch den Zwangsanbau von Kaffee, Indigo, Tee, Tabak, Zimt u. a. wurden zusätzliche Einnahmen von 823 Millionen Gulden in 50 Jahren erzielt; damit bezahlten die Niederlande ihre Schulden, bauten Deiche, Eisenbahnen, Schulen und Straßen. Die Menschen in den Kolonien von Niederländisch-Indien mußten mit Armut und Hungerkatastrophen bezahlen. Allein in Zentraljava starben 1849/50 rund 250 000 Menschen an Hunger. Zahlreich waren auch die Kolonialkriege. Von 1850 bis 1863 wurden auf Borneo 200 Militäraktionen durchgeführt, fünf Jahre dauerte der Unterdrückungskrieg auf Java, 30 Jahre (1873–1903) der Kolonialkrieg gegen den Sultan von Atjeh. Strafexpeditionen wurden immer wieder auf Timor, Celebes, Ceram, Banka und anderen Inseln der Kolonie Nederlands-Indië durchgeführt. Die kolonialen Mißstände deckte erstmals Multatuli in seinem Buch ›Max Havelaar‹ (1860) auf. Der niederländische Schriftsteller verurteilte die Ausbeutung von 30 Millionen Menschen (»Schandfleck nationaler Geschichte«) und klärte im Mutterland ein breites Publikum über die koloniale Wirklichkeit auf. Ein besonders unrühmliches Kapitel war auch die Sklaverei. Erst 30 Jahre, nachdem England die Sklaverei abgeschafft hat, entschließt sich Den Haag 1862 auch zur Abschaffung.

Die erste Eisenbahnstrecke wurde 1839 zwischen Amsterdam und Haarlem eröffnet. Amsterdam entwickelt sich zu einem Distributionszentrum, denn es hatte ein neues Hinterland erhalten, das Industrierevier Ruhrgebiet. Im Jahr 1889 wird der Bahnhof, erbaut auf einer künstlichen Insel, in Betrieb genommen. Seine Lage wird noch heute als städteplanerisches Fiasko betrachtet, da er das Zentrum vom Hafen trennt. Der Nordseekanal, der 27 km lange Verbindungsweg zum Meer, wird 1876, nach elfjähriger Bauzeit, eingeweiht. 1883 wurde die erste Weltausstellung eröffnet. Zwischen Mai und Oktober sahen rund 1,3 Millionen Besucher die Exponate der Industrieschau, die unter dem Thema ›Internationale koloniale Ausstellung‹ stand. Eine zweite Weltausstellung fand 1895 statt. Schwerpunkte waren Reisen, Hotels und Transportmittel. Die größte Attraktion aber war das Dorf ›Alt-Holland‹, in dem historische Gebäude, u. a. die alte Stadtwaage von Amsterdam, nachgebaut worden waren und Musik aus Drehorgeln die Geräuschkulisse bildete.

Neue Impulse – kulturelle und wirtschaftliche Hauptstadt

Literatur, Malerei und Musik erhalten neue Impulse, die sich in der Bewegung der ›Tachtiger‹, den Achtzigern, zusammenfinden. Der Einfluß Englands, Deutschlands und Frankreichs auf das kulturelle Leben der Stadt ist bedeutend. 1879 wurde Johannes Brahms eingeladen, seine dritte Symphonie zu dirigieren. Der Klangkörper war jedoch den Anforderungen nicht gewachsen. Brahms: »Ihr seid liebe Leute, aber schlechte Musikanten.« Diese Kritik des Hamburger Komponisten nahmen Musikliebhaber zum Anlaß, um das N. V. Concertgebouw zu gründen. Die Konzerthalle wurde in den damaligen Polderwiesen errichtet. Ein 65 Mann starkes Concertgebouw-Orchester wird Mittelpunkt einer avantgardistischen Musikergeneration. Brahms stellte hier 1888 sein zweites Klavierkonzert vor, und der 24jährige Wilhelm Mengelberg, der 1895 Dirigent wurde, führte das Haus zum Welterfolg. Claude Debussy, Maurice Ravel, Gustav Mahler und andere Dirigenten traten hier auf. 1883 wurde die Wagner-Vereinigung gegründet. Hatten deutschsprachige Komponisten und Musiker vor allem im Concertgebouw ihre Auftritte, so waren es die französischen Impressionisten in der Malerei, von denen die ansässigen Künstler inspiriert wurden und wieder Anschluß an die Tradition der niederländischen Malerei fanden. Ihre bekanntesten Vertreter, die unter dem Namen ›Maler von 80‹, die Zeitspanne von 1880–95, zusammengefaßt werden, waren Jacob Maris, Willem de Zwart, Willem Witsen, Jozef Israels, Jan Toorop, Georges und Hendrik Breitner. Ein weiterer Maler jener Epoche, der Weltruhm erlangte, war Vincent van Gogh. Als 24jähriger kam er, im Mai 1877, nach Amsterdam. Ein exzentrischer und einsamer Mann, mit auffallend roten Haaren, dessen Berufsziel Prediger war. Er blieb ein Jahr.

An bedeutenden Bauwerken entstanden das Stedelijk Museum (1895) und das Rijksmuseum (1885). Nach dem Vorbild des Louvre in Paris gründete Louis Napoleon, König von Holland, das ›Koninklijk Museum‹, das im Königlichen Schloß am Dam untergebracht wurde. Den Grundstock der Sammlung bildete der Kunstbesitz der Hauptstadt Amsterdam, Schenkungen und Legate. Von 1814 an war die Kollektion im Trippenhuis zu sehen, das den Namen ›Rijks Museum‹ trug. Der Bestand vergrößerte sich rasch, u. a. wurden Gemälde aus den Sammlungen Dupper und Van de Pol aufgenommen. Das Trip-

Ehemalige Macht- ▷
zentrale der welt-
umspannenden
›Nederlandsche Han-
delsmaatschappij‹,
1919–27 erbaut, heute
Sitz der ABN-Amro-
Bank, Keizersgracht/
Vijzelstraat

American Hotel von
Willem Kromhout am
Leidesplein, um 1900

penhuis wurde in jener Zeit bekannt und war vor allem auch bei französischen Malern beliebt. So trug sich u. a. Claude Monet am 22. Juni als Besucher ins Gästebuch ein. Mit dem neuen Museum ließen sich Lokalstolz und nationale Identifikation erzeugen. Die Besucherzahlen waren erstaunlich, denn Kulturreisen war noch nicht in Mode.

Am Rand des organisch gewachsenen innerstädtischen Wohnquartiers, das auch bei den vielen Häutungen der Stadt seine renaissanceartigen Züge nie verloren hat, entsteht ein neues Amsterdam. Der Aufschwung setzt mit dem Bau der Berlage Beurs, dem Scheepvaarthuis, dem Bijenkorf und dem Hotel American ein. Die Stadt veränderte durch den Bau der Vijzel- und Raadhuisstraat ihr Aussehen. Dutzende von Kanälen wurden zu Straßen, Hunderte von historischen Bauten wurden abgerissen. Um 1870 zählte Amsterdam 270 000 Einwohner, gegen 1900 hatte sich die Zahl bereits verdoppelt, und 1920 lebten 680 000 Menschen in der Stadt. Es herrschten Elend, Wohnungsnot und Armut. 1881 wird die Sozialdemokratische Arbeiterpartei (SDB) gegründet, die 1888 ins Parlament gewählt wird. Wichtigster Programmpunkt der Partei, die sich ab 1894 SDAP nennt, ist der Wohnungsbau. Amsterdam ist die erste Stadt des Landes, die eine Bauverordnung (1905) erhält, Arbeiterwohnungen werden subventioniert und müssen hygienischen Mindestanforderungen genügen. Es entstanden geschlossene Wohnsiedlungen, von denen die *Amsterdamer Schule* eine stilistische und konstruktive Einheit bildete. Die Architekten, die die neuen Stadtviertel bauten, gehörten durchweg einer idealistisch-sozialistisch geprägten Gruppe an. Ausreichend Licht, Luft und Freiraum gelten als Vor-

aussetzungen für einen verantwortlichen Städtebau. Von 1915 bis 1930 galt Amsterdam als das Laboratorium für experimentellen Wohnungsbau. Der Name ›Amsterdamer Schule‹ wurde erstmals 1916 von dem Architekten Jan Gratama geprägt. Bedeutende Pioniere waren Hendrik Petrus Berlage, Van der Pek, De Klerk, Van der Mey, La Croix und Wijdeveld. Hunderte von Gebäuden, Brücken, Schulen wurden nicht nur in Amsterdam, sondern im gesamten Land im Stil der ›Amsterdamer Schule‹, deren Losung ›Bauen in Backstein‹ war und deren Kennzeichen sind: erst die Form, dann die Konstruktion und die Materialien. Es wurde überwiegend Klinker verbaut, abwechslungsreich gemauert, so daß dekorative, schmückende Formen entstanden; die Giebelfront wurde als Einheit gesehen, in der Fenster und Türen durch ihre speziellen Formen ebenfalls Schmuckelemente bildeten. Die neuen Viertel, die einen monumentalen Charakter ausstrahlen, bilden eine Einheit, die Durchgangsstraßen mußten als Hauptstraßen sichtbar werden, die Wohnräume hingegen fielen kleiner und intimer aus. So entstanden neue geschlossene *Wohnviertel* in *Amsterdam Zuid* mit Vrijheidslaan und Amstelkanaal, Roelof Hartplein und Van Baerlestraat; ferner *Amsterdam West* rund um Mercatorplein, Sparndammerbuurt – zwischen Hafen und Eisenbahnlinie – Indische Buurt und Transvaal Buurt, Betondorp und die sogenannten *Gartendörfer* in *Amsterdam Noord* – am anderen Ufer von Het IJ – Oostzaan (erbaut 1922–30), *Nieuwendam* (1924–27) und *Buikersloterham* (1926/27).

An der Vijzelstraat steht das *Grand Hotel Centraal* (1919–1926), am Overtoom/Stadhouderskade das ehemalige Bürogebäude der Städtischen Straßenbahnen (1924), aber eines der phantasievollsten Gebäude erhebt sich an der Prins Hendrikkade: das von Van der Mey errichtte *Scheepvaarthuis*, das Haus der Schiffahrt, ist ein faszinierendes Beispiel für die frühe ›Amsterdamer Schule‹ (1913–16), eine Hommage an die große Zeit der niederländischen Seefahrt.

Engagierte Journalisten vermittelten einer interessierten Öffentlichkeit die Ideen des Liberalismus, griffen die verkrusteten Traditionen an und forderten eine sozial bestimmte Politik. 1913 erhielten die Sozialdemokraten erstmals die Mehrheit, seitdem ist Amsterdam ein Zentrum der

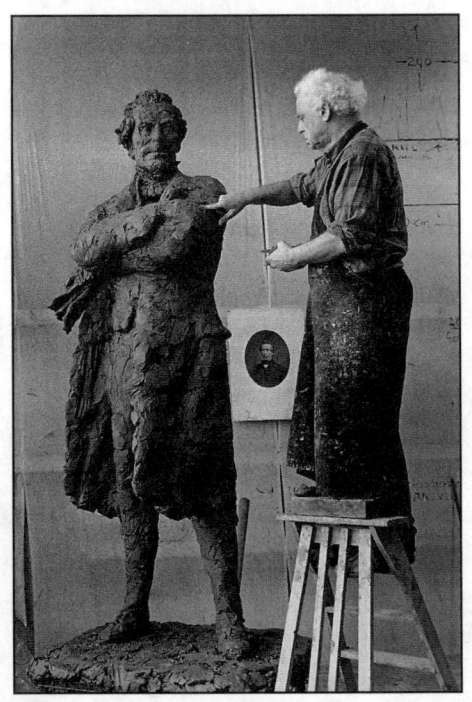

Der Bildhauer Hans Bayens arbeitet am Standbild des Politikers Johan Rudolf Thorbecke (1798–1872)

46

Sozialisten. 1917 dürfen alle Männer wählen, zwei Jahre später auch Frauen, und die Kinderarbeit wird verboten. Hervorragender Politiker war *Johan Rudolf Thorbecke* (1798–1872), der u. a. in Göttingen und Gießen Geschichte gelehrt hatte, und entschiedener Verfechter einer liberalen Politik war. Während seiner Regierung wurde die Sklaverei abgeschafft, das Post- und Telegrafenwesen eingeführt und die Grundlagen der Demokratie gelegt. Mit seiner Verfassungsreform von 1848 forderte Thorbecke auch Verantwortlichkeit der Minister gegenüber dem Parlament. Die Antirevolutionäre Partei wurde 1878 von dem protestantischen Theologen Abraham Kuypers (1837–1920) gegründet, der u. a. Chefredakteur der Zeitung ›De Standaard‹ war und 1880 die Vrije Universität von Amsterdam gründete, Zentrum der protestantischen Wissenschaft. 1896 entstand die Katholische Staatspartei, gegründet von dem demokratisch gesinnten katholischen Priester Hermanus Aloysius Schaepman (1844–1903). Aus den Antirevolutionären, der Katholischen Volkspartei und der Christlichen Historischen Union entsteht der Christen-Democratisch Appel (CDA). Bei den Parlamentswahlen 1994 erleidet CDA eine ›historische Niederlage‹, erstmals seit 1917 bilden konfessionelle Parteien keinen Machtfaktor mehr.

Das Phänomen der ›Versäulung‹ entsteht, die Abschirmung gegen die Außenwelt. Die Gesellschaftsstruktur der ›Verzuiling‹ forcierte eine klare Trennung zwischen den verschiedenen konfessionellen und weltanschaulichen Gruppen. Es formten sich verschiedene Machtblöcke, der katholische, der calvinistische, der sozialistische, der liberale u. a., und alle verfügen über eigene Parteien, Zeitungen, Gewerkschaften, Versicherungen, Krankenhäuser, Rundfunkanstalten u. a., deren Programm und Inhalt ›gefärbt‹ sind. Ein Bürger war lebenslang Teil einer bestimmten ›Säule‹, in der sich nationalistische Gefühle manifestierten und kleinbürgerliche Ideale gepflegt wurden. Jede ›Säule‹ hatte ihren Gesangsverein, den Fußballclub, das Heiratsbüro, den Tauben- oder Hundezuchtverband. Selbst das Rote Kreuz war ›versäult‹. Die ›Entsäulung‹ begann in den 60er Jahren.

Die Schockwelle des Ersten Weltkriegs erreichte das Land nur in geringem Umfang, da es erfolgreich seine Neutralitätspolitik verteidigte. Wegen des Kriegs Englands gegen die beiden Burenrepubliken Transvaal und Oranje Vrijstaat (1899–1902) in Südafrika, die die Niederländer als Verwandte betrachteten, gab es starke antibritische Ressentiments. Das Königshaus Oranje war deutschgesinnt. Es entsprach der Tradition des Königshauses: »Es darf nur ein deutscher Prinz eine Oranjetochter heiraten.« Vorbildlich reagiert die Nation auf die Aufnahme von mehr als einer Million Belgier, die vor dem Krieg geflohen waren.

Wirtschaftlich wird das Land schwer getroffen. Die Fischereiflotte wird von den Engländern beschlagnahmt, der Schiffsverkehr mit den Kolonien kommt fast zum Erliegen. Wenn trotzdem Gewinne gemacht werden, der Goldvorrat sich mehr als verdoppelte, so dank der überseeischen Handelsbeziehungen und durch die Hilfe der Alliierten. Der letzte deutsche Kaiser Wilhelm II. (1859–1941) erhielt nach der Niederlage in den Niederlanden, im Haus Doorn, Asyl. 1945 wird das 1780 erbaute Landhaus, 1919 von Wilhelm II. erworben, Eigentum des niederländischen Staates und ist heute Museum.

Nach Kriegsende bildeten sich einflußreiche kulturelle Bewegungen. Die liberalen Kräfte gruppieren sich rund um die Kunstzeitschriften ›De Stijl‹, ›Mecano‹, ›i 10‹ und die Literaturzeitschrift ›Het Getij‹. Amsterdam wurde kulturelle Hauptstadt, ein Zentrum internationaler Strömungen und Veränderungen auf künstlerischem und intellektuellem Gebiet – und ist das bis heute geblieben. Die Stadsschouwburg, das Stadttheater und das Concertgebouw spielten die zentrale Rolle. ›Forum‹ war die wichtigste Literaturzeitung (1932–35). Beeinflußt wurde das kulturelle Leben auch durch Emigranten, die u. a. bei den Verlegern Allert de Lange und Querido ihre Werke in ihrer Sprache veröffentlichen konnten.

Zeitschrift ›De Stijl‹, Nr. 1 des ersten Jahrgangs, 1917

Auch die Wirtschaft belebte sich schnell, der Goldvorrat der Niederländischen Bank in Amsterdam steigt von 289 Millionen auf 635 Millionen Gulden, und Amsterdam ist das Diamantenzentrum. Der starke Mann war der Politiker *Hendrik Colijn*, der durch seine Sparpolitik als Finanzminister 1923–25 zum Retter der Währung wird, von 1933–39 Ministerpräsident war und während dieser Zeit, in starker Anlehnung an das Dritte Reich, das Land wieder stabilisierte: der Export steigt, die Arbeitslosenzahlen sinken und die industrielle Produktion wächst.

Die 30er Jahre waren auch die Wachstumsjahre der auch heute noch vorherrschenden multinationalen Unternehmen wie Algemene Kunstzijde Unie, Unilever, Royal Dutch Shell oder Philips. 1920 eröffnet die Koninklijke Luchtvaart Maatschappij, KLM, den ersten Linienverkehr zwischen London und Amsterdam, die letzten Pferdebahnen werden abgeschafft. Höhepunkt der ›happy twenties‹, der sogenannten goldenen 20er Jahre, war die Ausrichtung der IX. Olympischen Spiele 1928. Zu diesem Zweck wurde das Olympische Stadion in Amsterdam Zuid erbaut. Die Auswirkungen des New Yorker Börsenkrachs erfassen auch Amsterdam, das finanzielle Zentrum. In den überseeischen Gebieten wächst die Radikalisierung der Bevölkerung gegenüber den Kolonialherren.

Die Jahre des Alptraums – Vorkriegszeit und Besatzung

Unter dem Druck holländischer Plantagenbesitzer wird 1934 zwischen Den Haag und Berlin ein Handelsabkommen abgeschlossen, in das die Kolonie Nederlands-Indië einbezogen wird. Vor Kriegsbeginn sind die Einfuhren (Asbest, Kautschuk, Zinn, Öl u. a.) aus den holländischen Kolonien ebenso umfangreich wie die Agrarexporte. Früher als in anderen Ländern wurde aber auch die Gefahr des politischen Extremismus erkannt. Einer der ersten, der seine warnende Stimme erhob, war Johan Huizinga, Professor für mittelalterliche und neue Geschichte an der Universität Leiden (während der Besatzung geschlossen). Huizinga versuchte mit seinen Reden und Schriften die Welt auf die Gefahren für die christlich-humanistische Kultur Europas aufmerksam zu machen, die von den extrem rechten politischen Bewegungen zu erwarten sei.

Anton Adriaan Mussert (1894–1946) gründete zusammen mit seinem Freund Cornelis van Geelkerken (1901–76) 1931 die Nationalsozialistische Bewegung (NSB). Ihre Anhänger kamen sowohl aus den Landbaugebieten von Drenthe als auch aus den Villenvierteln von Den Haag und Amsterdam. 1935 zählte die Partei rund 50 000 Mitglieder, und bei den Wahlen zum Parlament im April erreichte sie 7,94 Prozent der Stimmen. ›De Groene Amsterdamer‹: »Hitlers Partei ist als Bremsblock für den Kommunismus in Deutschland nützlich gewesen«; Der ›Telegraaf‹ pries Hitler, weil er »die bolschewistische Gefahr in Deutschland vernichtet hatte, noch bevor er Reichskanzler wurde«, und ›De Tijd‹ stimmte Hitler zu, »als er erklärte, daß der begonnene Kampf gegen den Marxismus ein Kampf auf Leben und Tod sei«. Alle Blätter erscheinen noch heute. Ein Hirtenbrief der katholischen Kirche gegen den Faschismus wird am 2. Februar 1934 verlesen.

In Deutschland findet ab 1933 der politische und kulturelle Kahlschlag statt. Unter den schätzungsweise 50 000 bis 60 000 Menschen, darunter rund 23 000 Juden, die zwischen 1933 und 1940 in die Niederlande emigrierten, befanden sich Kommunisten, Sozialisten, zahlreiche Intellektuelle und viele Künstler, die das städtische Kulturleben nachhaltig beeinflußt haben. 1938 wird die Stiftung Jüdischer Rechte (SJR) gegründet, die auch illegalen Flüchtlingen half. Zahlreiche Emigranten sahen Holland als Zwischenstation und blieben nicht lange.

Viele wählten das Land, weil sie annahmen, es sei geistig mit Deutschland verwandt, und sie glaubten, bald wieder in ihre Heimat zurückkehren zu können. Ein Irrtum, denn mit der Eroberung von Europa wurden die Flüchtlingsströme hin- und hergetrieben: von Wien nach Prag, dann nach Amsterdam und Paris, ab 1940 nach Spanien oder Portugal. Der Telegraaf: »Haben wir an unserer eigenen Last nicht genug? Bei uns schöpfen über 70 000 Flüchtlinge das spärliche Fett von unserer Suppe?« Ob die Zahl der Flüchtlinge wirklich so groß war, muß bezweifelt werden. Die Politik in Den Haag hatte 1934 eine Beschränkung der Emigrantenzahl eingeführt und aus Angst vor ›Überfremdung‹ einen Zulassungsstopp erlassen. ›Het Liberale Weekblad‹ schrieb am 15. Juli 1938: »Die natürliche Sympathie, die wir jüdischen Emigranten entgegenbringen . . . wird durch diejenigen Emigranten beeinträchtigt, die uns unsympathisch sind, nicht, weil sie deutsche ›Juden‹, sondern weil sie ›deutsche‹ Juden sind.

Eine unverzeihliche, bisweilen fahrlässige Beflissenheit gegenüber der Besatzungsmacht wirft der Historiker Lou de Jong, der die amtliche Kriegsgeschichte des Landes geschrieben hat, den damaligen Behörden vor. Nach Darstellung von De Jong bestand die mittlere Bürokratie in den Regierungsstellen und die Polizei aus Kollaborateuren, die

›Onderduikers‹, die Untergetauchten (links), und Widerstandskämpfer, 1943 fotografiert von Cas Oorthuys

bereitwillig mit den Deutschen zusammenarbeiteten. Das Kolonialministerium teilte Anfang 1938 mit, daß Emigranten nicht in die Kolonien einreisen dürfen, und die Regierung verlangte eine Million Gulden vom Jüdischen Flüchtlingskomitee als Unkostenvergütung. 1939 wollte Innenminister Van Boeyen ein Internierungslager auf der Veluwe, bei Ermelo, bauen. Königin Wilhelmina ließ wissen, daß Ihre Hoheit es bedauere, wenn Flüchtlingslager in der Nähe ihres Sommerpalastes errichtet werden sollten. Das Lager wurde in Westerbork in Drenthe gebaut, heute Gedenkstätte.

Obwohl das Land neutral ist, überschreiten am Morgen des 10. Mai 1940 deutsche Truppen die Grenze. Am 13. Mai fliehen Königsfamilie und Regierung auf einem britischen Kriegsschiff mit dem Staatsschatz nach England, und die hiesigen Kunstschätze werden in Bunkern verwahrt. Am 20. Mai wird der Österreicher Arthur Seyß-Inquart Reichskommissar im besetzten Land.

Am 25. Februar 1941 kam es zum Streik gegen Maßnahmen, die die deutsche Besatzungsmacht gegen Juden erlassen hatte. Obwohl es zahlreiche Fälle von uneigennützigem Heldentum gegenüber Juden gegeben hat, war die allgemeine Haltung widersprüchlich. Der Polizeioffizier Lages gab nach dem Krieg zu Protokoll, ohne die uneingeschränkte Hilfe der niederländischen Behörden wären die Maßnahmen gegen die Juden nur zu »zehn Prozent durchführbar gewesen«. Andererseits konnten schätzungsweise 6000 Kinder bei Pflegefamilien ›untertauchen‹. Von den rund 140 000 Juden, die am

6. Januar 1941 registriert worden waren, wurden 107 000 deportiert, die höchste Prozentzahl in Westeuropa. Im benachbarten Belgien überlebte etwa jeder zweite Jude.

Die Familie Frank, die sich im Hinterhaus an der Prinsengracht verstecken konnte, erlangte durch Annes ›Tagebuch‹ Weltruhm. Dort, so Bruno Bettelheim, der die Konzentrationslager von Buchenwald und Dachau überlebte, fand man alle Elemente des Ghettodenkens: »Es ist diese Art, die ich kritisiere, nicht gegenüber der Familie Frank, auch nicht gegenüber Anne, aber gegen die positive Aufnahme, die ihr Buch in der westlichen Welt erhalten hat. Vielleicht betrachten wir dies als eine Form von Größe, wenn sich jemand passiv dem Schwert unterwirft, wenn jemand sein Haupt beugt auf eine Art, die einen Menschen zum Ding erniedrigt.« – Nach dem Generalstreik der Eisenbahner 1944 schlug die Zivilregierung brutal zurück und versuchte, die Bevölkerung auszuhungern. Bis zum Kriegsende gab es in der Stadt weder Gas, Kohlen noch Elektrizität. Die Anzahl der täglichen Kalorien, die jedem Stadtbewohner zugeteilt wurden, betrug 510, rund ein Sechstel dessen, was ein Mensch benötigt.

Am 5. Mai 1945 kapitulierte die deutsche Wehrmacht im Hotel ›De Wereld‹ in Wageningen. Das jüdische Leben war ausgelöscht worden, der von den Besatzern angerichtete Schaden wurde mit knapp 26 Milliarden Gulden angegeben: eine halbe Million zerstörte Gebäude, 9000 Karat gestohlene Diamanten, 4000 Kirchenglocken, Schiffe, Autos, Stra-

Gemeindewappen von Amsterdam am Stadhuis: heldhaftig, vastberaden, barmhartig

51

ßenbahnen usw. Die Besatzung hat auch innerhalb der Bevölkerung einen tiefen Graben geschaffen, da es auch unter Holländern Kollaborateure gab. Das Concertgebouworchester wurde ›gesäubert‹, Dirigent Wilhelm Mengelberg wurde auf Lebenszeit verboten, in den Niederlanden aufzutreten. ›Gesäubert‹ wurde auch die Amsterdamer Universität, da der Lehrkörper zu deutschfreundlich war; Mitarbeiter von ›Radio Hilversum‹ ebenso wie mehr als 150 000 Menschen kamen in Internierungslager, rund 50 000 mußten sich vor Sondergerichten verantworten. Zahlreichen Holländern wurden das Bürgerrecht und ihr Eigentum aberkannt, es kam zu Vorfällen von Selbstjustiz. 1948 verlieh Königin Wilhelmina der Stadt aufgrund ihrer Haltung die ehrenden Worte: ›heldhaftig, vastberaden, barmhartig‹ (heldenhaft, entschlossen, barmherzig).

Das Ende des Krieges brachte auch den Einsturz des Imperium Batavorum mit sich. Zuerst ging 1942 der ›Smaragd-Gürtel‹ Niederländisch-Indien, das heutige Indonesien, verloren. Die Japaner, die die Niederländer aus dem Inselreich vertrieben, wurden von den Bewohnern als Befreier von 350 Jahren holländischer Kolonialherrschaft und als asiatische Brüder bejubelt. Die indonesischen Nationalisten übernahmen den Ruf der Japaner ›Asien den Asiaten‹. Nach der japanischen Kapitulation riefen Sukarno und Mohammed Haat am 17. August 1945 die Unabhängigkeit des Landes aus. Die Niederländer entsandten das größte Expeditionsheer ihrer Geschichte in das abtrünnige Indonesien. Was in Den Haag als ›Polizeiaktion‹ bezeichnet wurde, war ein verlustreicher und grausam geführter Kolonialkrieg. Erst auf internationalen Druck mußte Den Haag den Staat 1949/50 in die Unabhängigkeit entlassen. Surinam wurde 1975 unabhängig. Nur die sechs karibischen Inseln ›über und unter dem Wind‹ – die heutigen Sorgenkinder der Regierung in Den Haag – erinnern daran, daß das Königreich die Weltmeere beherrscht hatte.

Eine neue Weltordnung – Zentrum der Jugendkultur

Noch Jahrzehnte nach dem Ende des Krieges waren die Niederländer eine stockkonservative Gesellschaft, statisch und in sich geschlossen. Die Ständegesellschaft blieb bis Mitte der 60er Jahre erhalten, danach brachen die gesellschaftlichen Formen auf und Amsterdam wurde zur fast mythischen Attraktion. »Diese Periode«, so der Schriftsteller Harry Mulisch, »hat uns vielleicht mehr verändert als der Zweite Weltkrieg.«

Namen wie Grüne, Kabouter, Dolle Minnas und Provos machen Schlagzeilen. Ideologische und andere Tabus fallen. Wissenschaftler, Künstler und Journalisten arbeiten mit Kaufleuten zusammen und bilden einen Block gegen den nationalen Fundamentalismus der Politiker. Das neue Denken richtet sich gegen Atomkraft und Vietnamkrieg, gegen Gesetze und Regeln, gegen Kapital und Spekulanten und nicht zuletzt gegen die Vätergeneration, der man zu wenig Widerstand gegen die deutsche Besatzung vorwirft. Zum Sturz korrupter Regime wurde aufgerufen und gegen Immobilienspekulanten protestiert. Es war die Epoche der großen Verheißungen. Diejenigen, die sich in Amsterdam im Vondelpark, dem Dam oder auf dem Spui trafen, träumten von einer besseren Welt.

Im Sommer 1964 besuchen die Beatles (Jimmy Nichol, John Lennon, Paul McCartney, George Harrison) das internationale Zentrum der Jugendkultur. Zum spektakulären Happening wird die Grachtenrundfahrt

Rund um das Standbild ›Lievertje‹ versammelt sich die protestierende Jugend gegen Vietnamkrieg, Wohnungsnot, Atombewaffnung und erstmals fällt das Wort ›Provo‹; es erscheint das Kampfblatt ›Provokaties‹, in dem der künftige Mann der künftigen Königin, ›Hitlerjunge‹ Prinz Claus von Amsberg, zur ›persona non grata‹ erklärt wird. Für die Berufsprovos war Prinz Claus *die* Provokation – ein Deutscher als Prinzgemahl. Prinz Claus wurde als Beleidigung für das Land angesehen und beflügelte die republikanischen Gedanken jener, die zum Sturz des Königshauses von Oranje aufriefen.

Amsterdam sah sich als Gegenkultur zur bestehenden Ordnung. Kabbalistische Weissagungen und apokalyptische Visionen vermengten sich mit dem süßen Duft von Haschisch. Provos zogen 1966 ins Stadtparlament, fünf ›Heinzelmännchen‹ 1970. Die Provos – eine typische Amsterdamer Erscheinung – waren der Katalysator des Fortschritts. Der raschen Verbreitung ihrer Ideen, die sie werbewirksam umsetzten, diente auch das neue Medium Fernsehen und mobilisierte die Jugend im Lande. Aus allen Richtungen kamen Künstler, Abenteurer, Sektierer, Intellektuelle in die Hauptstadt und blieben. Hier erhofften sie sich Inspiration, lebten sie einen neuen Lebensstil. 1967 versammelten sich erstmals 8000 Hippies aus aller Welt, 1968 wurde das neue Jugendzentrum ›Paradiso‹ eröffnet, zahlreiche andere Zentren und noch mehr Sex Shops folgten. Die Stadt galt von nun an als Modell der vaterlosen Gesellschaft im Sinne des Frankfurter Soziologen Alexander Mitscherlich. Nicht nur die Jugend emanzipierte sich, sondern auch die Arbeiter. Zu spüren bekamen das in erster Linie die sozialdemokratisch geprägten Medien. Unter der schwindenden sozialdemokratischen Solidarität hatte u. a. die Zeitung ›Het Vrije Volk‹ zu leiden (1991 eingestellt).

☐ Kabouterstadt – alles geht

Was nun in Amsterdam geschah, schockte die Nation, eben weil alles neu war und an die Wurzeln des alten Systems ging. Die Jugend kleidete sich grell und ungewohnt, es gab fröhliche Happenings und grimmige Aufmärsche, wie etwa der Sturm am 14. Juni 1966 auf das Gebäude der Boulevardzeitung ›Telegraaf‹. Es kam zu Straßenschlachten, und die Polizei mußte es sich gefallen lassen, als ›Faschisten‹ ausgebrüllt zu werden. Es bildeten sich auch Protestbewegungen gegen den Abbruch historischer Bausubstanz. Die Feministinnen finden sich in den ›Dolle Minnas‹ zusammen. Am 5. Februar 1970 wird von den Provos der Oranjevrijstaat ausgerufen – mit eigenem Botschafter und Briefmarken. 1975 war Amsterdam zahlungsunfähig, und nicht nur finanziell, sondern auch demographisch macht die Stadt eine Krise durch. Von 1965–84 sank die Einwohnerzahl von 860 000 auf 670 000 Personen. Vor allem Familien mit Kindern verlassen die Stadt, dagegen kommen viele Jugendliche und Immigranten – vor allem aus der ehemaligen Kolonie Surinam in die Stadt. Jeder vierte Bewohner ist auf öffentliche Unterstützung angewiesen. Die Stadt

Für den Bau einer Metrolinie soll 1975 der historische Stadtteil am Nieumarkt abgerissen werden. Gewaltsame Proteste verhindern das Schlimmste.

erlebt ein neues Phänomen: ›Kraken‹. 1965 wird das erste Haus besetzt, die Provos fördern das Kraken, und der 5. Mai 1970 wird von den Kaboutern zum ›nationalen Kraktag‹ ausgerufen: »Euer Rechtsstaat ist nicht der unsere.« Ein Jahr später urteilte der Hoge Raad, daß Kraken nicht gegen das Gesetz verstößt. Die Gemeinde schätzte, daß 1981 rund 15 000 Personen in gekrakten Häusern oder Wohnungen ein Unterkommen gefunden haben. Die Hausbesetzerszene zählt in den 80er Jahren rund 10 000 Sympathisanten. Ein bekanntes Krakhaus ist der Groote Keyser an der Keizersgracht, die sechs historischen Gebäude wurden 1978 von der Stadt erworben. Ein anderes ist ein imposantes Gebäude am Spui, in unmittelbarer Nachbarschaft zum Königlichen Palast, früher Sitz der liberalen Zeitung ›Handelsblad‹. Es wurde 1903 erbaut, am 3. März 1978 gekrakt, später kaufte es die Stadt, renovierte es und vermietete die Appartements.

Auf dem Höhepunkt der Kraker-Unruhen war die Rede davon, daß »die Kraker in der Stadt die Macht übernommen haben«. Die Kraker verfügten über eine eigene Schutztruppe, illegale Radiostationen, Druckereien, und ihren Juristen gelang es, die Besetzer bei den Aktionen gegen den Staat vor Strafe zu schützen. Reporter und Beamte des Staatssicherheitsdienstes BVP versuchten immer wieder, in die Szene einzudringen – ohne Erfolg.

Der Amsterdamer ist nicht in Amsterdam zu Hause, sondern in dem Stadtteil, in dem er wohnt. In den dichtbevölkerten Vierteln wie Indische Buurt, Pijp, Bos und Lommer oder am Mercatorplein führt das Zusammenleben von Allochtonen (Ausländern) und Einheimischen zu Spannungen. Heute ist jeder vierte Amsterdamer ein Ausländer, der größte Teil von ihnen kommt aus islamischen Staaten. 1994 hat Amsterdam einen neuen und integren Bürgermeister erhalten. Von ihm erhofft man sich, daß Kriminalität, Drogenhandel, Arbeitslosigkeit und Schmutz auf ein erträgliches Maß reduziert werden.

Hilflos hatten die Erwachsenen zugeschaut, wie sich ihre Kinder eine neue Welt gestalteten, den moralisierenden Finger der Kirche und des Staates mißachtend. Toleranz und Alternativ, das waren die Zauberformeln. Hinter den Kulissen hatte das Beamtentum seine Macht wieder gefestigt. Nur hatte es niemand gemerkt, und als die Numerierung der Bürger begann und 1994 die Ausweispflicht eingeführt wurde, war der Traum von Aufbruch und Freiheit dahin. Die Paläste derer von Oranje waren inzwischen mit Steuergeldern für 500 Millionen Mark restauriert worden, und Königin Beatrix – mit einem Vermögen von schätzungsweise acht Milliarden Mark gehört sie zu den wohlhabendsten Frauen – kann seitdem stilvoll repräsentieren. Mitglieder des Königshauses erfüllen einen exklusiven PR-Auftrag, und ihre Staatsbesuche dienen diesen Interessen. Im Gegensatz zu Wirtschaftsdelegationen öffnet die Anwesenheit von Beatrix Türen, die sonst verschlossen bleiben. Noch mehr als Beatrix hat sich ihr Vater, Prinz Bernhard, für Wirtschaftsaufträge eingesetzt, geriet deswegen in Konflikte und mußte seine Ämter niederlegen.

Auf der Metrofahrt von der Centraal Station nach Bijlmer kann man an den Gesichtern der ein- und aussteigenden Mitreisenden ablesen, wie sich die Welt außerhalb der City verändert, wie der Anteil der dunkelhäutigen Amsterdamer zunimmt. Nahe der Station Ganzenhof, beim Einkaufszentrum Amsterdamse Poort, schert nur ein Gebäude aus der

Der Markt in der Albert Cuypstraat, Stadtteil de Pijp

gleichmäßigen Fassadenordnung aus: das 300 m lange, schlangenähnliche Bankgebäude, 1987 erbaut vom Architekten Ton Alberts, einem Bewunderer des Spaniers Antoni Gaudí und des Anthroposophen Rudolf Steiner. 1994 wurde es zum schönsten Gebäude des Landes gekürt, ein aus zehn ›Bürotürmen‹ bestehendes, weitläufiges und abwechslungsreich gestaltetes Bauwerk. Rund 80 Prozent der Räume werden mit natürlichem Licht versorgt, Regenwasser dient zur Bewässerung der Grünanlagen. Das Bankgebäude bietet ideale Arbeitsbedingungen für rund 2500 Menschen.

Links und rechts vom architektonischen Banksolitär breitet sich die *Trabantenstadt Bijlmermeer,* die Bijlmer, aus. Was private und öffentliche Spekulanten in den 70er Jahren rings um Amsterdam in die freie Polderlandschaft gesetzt haben, kann nur als bösartig empfunden werden. Längst ist man sich einig: Dieses Viertel in Zuidoost war ein Sündenfall der Amsterdamer Stadtplanung. 1966 wurde es als futuristischer Wohnort für diejenigen Amsterdamer gebaut, die in den sanierungsreifen Vierteln wohnten. Auf dem Modell erschien das Viertel gelungen: viel Grün zwischen den Hochhäusern, dazwischen kleinere Ein- und Zweifamilienhäuser, strikte Trennung zwischen Autoverkehr und Fußgängerwegen. So wuchs ein Stadtviertel, entworfen von Sachkundigen, die nur eines vor Augen hatten: Wohnen, Familien, Auto, Geschäfte, Schulen, Grün. Ein Idealbild, aber es funktionierte nicht, denn die Menschen, für die es gedacht war, blieben lieber in der alten Stadt wohnen. So verfiel die Trabantenstadt, wurde zum Symbol für Vandalismus und machte weltweit Schlagzeilen, als Ende 1992 ein Frachtjumbo auf zwei Wohnhäuser stürzte. Rund 40 Prozent der Bewohner kommen von den Antillen und aus Surinam, aus Ghana, Pakistan und Somalia. Im täglichen Nebeneinander häufen sich die Probleme. Holländische Jugendliche sitzen zwar mit marokkanischen oder surinamischen Jugendlichen in der Schulklasse, darüber hinaus gibt es kaum Kontakt. Jede Gruppe hat ihre eigenen Cafés, Geschäfte oder Kirchen.

Bereits 1935 war in Amsterdam mit dem ›ästhetischen Wohnungsbau‹ abgerechnet worden. ›Rationales Wohnen‹ war der Slogan. Zehntausende von Bewohnern wurden aus der Innenstadt vertrieben, ebenso wie zwischen 1870 und 1930 wurden auch nach dem Zweiten Weltkrieg zahlreiche historische Gebäude abgerissen, es entstanden und entstehen immer noch häßliche Bauten. So die alten Problemviertel Staatsliedenbuurt, De Pijp oder Indische Buurt. Die Straßen tragen Namen, die Bezug zu den niederländischen Kolonien in Asien haben: Java-, Madura-, Atjeh-, Celebes-, Borneo- oder Balistraat. Längst haben Niederländer Platz gemacht für die neuen Emigranten, Wohnungen wurden renoviert, das Straßenbild erneuert. Die Menschen aus den verschiedenen Kulturen, Religionen, Rassen und Hautfarben haben sich arrangiert. Zu einer Integration zwischen den verschiedenen Gruppen ist es bislang noch nicht gekommen, aber auch nicht zu Rassenkrawallen, zu Ausschreitungen oder Übergriffen. Die Menschen, die hier leben, wurden ebenso vom Ruf der toleranten und reichen Stadt angezogen wie jene Flüchtlinge, die sich 300 Jahre vorher in der Innenstadt angesiedelt hatten.

Seit Ende der 80er Jahre entsteht im östlichen Hafen auf 140 ha Land und 160 ha Wasser ein neues Wohnviertel für 16 000 Einwohner. Das ›neue Architektenviertel‹, das mit dem Stadterweiterungsplan Zuid von Berlage konkurrieren kann, erhebt sich dort, wo von 1876 bis 1927 ein neuer Hafen angelegt wurde und der, nachdem er in den 60er Jahren seine Funktion verloren hat, verfiel. Mittelpunkt sind die in Het IJ liegenden Inseln *Java-Eiland* und Koninklijke Nederlands Stoomboot Maatschappij, kurz *KNSM-Eiland*. Neben luxuriösen Wohnungen und Häusern entstehen auch Sozialwohnungen. Besonders ansprechend wird die Stadtarchitektur auf der Java-Insel ausfallen, denn nach dem Willen von Architekt Sjoerd Soeters soll hier das Wohnen, wie in der alten Innenstadt, wieder ›menschliche Proportionen‹ erhalten. Um den Stadtteil aufzulockern, werden vier Grachten, überspannt von Bogenbrücken, gegraben. Damit soll an den Charme der historischen Innenstadt angeknüpft werden, der nicht nur aus Kanälen und Giebelhäusern besteht, sondern auch aus mehrbogigen Brücken, die die Intimität der Grachtenarchitektur mitbestimmen. An den Ufern entstehen Häuser von 4,5 m Breite. Ähnlich wie im alten Zentrum sollen auch hier die zahllosen verschiedenen Giebel eine Einheit bilden. Die zahlreichen Architekten, die an diesem Projekt arbeiten, haben sich geschworen, nicht jene menschenfeindliche Architektur zu verwirklichen, von der die Innenstadt bis in die 90er Jahre hinein überzogen worden ist. Auf dem Zeeburgereiland, in Richtung Ijsselmeer, entsteht indessen eine weitere Wohnstadt: *Nieuw Oost*. Sollte irgendwann der Uferweg an Attraktion gewinnen und die Stadt mit den neuen Vierteln verbinden, dann wird Amsterdam wieder eine richtige ›Stadt am Strom‹.

Weltmacht von Indonesien bis Spitzbergen, die V.O.C.

Von den Festungsmauern der von den Portugiesen 1521 gegründeten und von den Holländern befestigten Kirche St. Paul hat man einen weiten Blick über die vielbefahrene Seestraße von Malakka. In ihrem Stützpunkt Malakka hatten sich die Holländer 154 Jahre lang behaupten können. Erst 1795, nachdem sie durch vier Seekriege gegen England geschwächt waren, wurden sie aus ihren asiatischen Besitzungen vertrieben. Noch heute erkennt man in Malakka das holländische Straßenmuster, ist ein Teil der Kanäle, an deren Ufer Gebäude mit den typischen niederländischen Sprossenfenstern stehen, erhalten geblieben. Das rote Stadhuys, einst Residenz des holländischen Gouverneurs, und der Dutch Square in der Innenstadt sind letzte Erinnerungen an die Kolonialarchitektur der holländischen Kaufleute in Malaysien.

Aber nicht nur hier, im fernen Malaysien, findet man Spuren aus jener Epoche, als die Holländer als europäische Macht den asiatischen Raum beherrschten. Auf Sri Lanka, dem damaligen Ceylon, gibt es bei Colombo noch den ›holländischen Kanal‹, ist die Stadt Galle noch von einer holländischen Festungsmauer umgeben. An der Küste von Ghana stehen noch sechs holländische Forts, die Amsterdamer Sklavenhändlern als Handelsstützpunkte dienten. Der Name der Insel Gorée, vor der Küste von Senegal, steht für den Stützpunkt der holländischen Sklavenhändler. Der Menschenhandel der bibelfrommen Kaufleute gehört zu den dunkelsten Punkten niederländischer und europäischer Kolonialgeschichte.

Im 17. Jh. war die Seerepublik die erfolgreichste Handelsnation. Von Arnhemland in Australien bis zur Hudson Bay in Nordamerika, von Batavia auf Indonesien bis nach Spitzbergen, von Willemstad auf Curaçao bis Kapstad in Afrika beherrschten sie die damals bekannte Weltkarte – ein Kolonialreich, in dem Hunderte unterworfener Völker den Reichtum erwirtschafteten, der in Hollands Städten, in Museen, den Patrizierhäusern und Schlössern noch zu sehen ist. Javaner und Molukker, Ambonesen und Indianer, Chinesen und Kreolen und viele andere Völker zwischen der Karibik und dem südchinesischen Meer arbeiteten für die ferne Republik.

Was waren die Ursachen, daß die Holländer sich ein Weltreich aufbauen konnten? Ein Grund lag darin, daß das liberale und kosmopolitische Antwerpen 1585 in spanische Hände fiel und rund 35 000 Menschen, vor allem Kaufleute, Künstler und Handwerker in die Republik übersiedelten. Von Bedeutung war auch die Einführung des Calvinismus, der mit seiner Prädestinationslehre – nach der die Unterwerfung und Erniedrigung unterprivilegierter Völker gottgewollt und daher gut sei – ins Konzept der frühkapitalistischen Regenten paßte.

☐ Die Verenigde Oostindische Compagnie (V.O.C.)

Der entscheidende Durchbruch zum weltweiten Handel wurde am 20. März 1602 gelegt. Auf Anraten des höchsten Staatsbeamten, Johan van Oldenbarnevelt, wurde die ›Ver-

De Paerrel een Oostindis Vaerder,   Den Dubbelen Arent een Westindis Vaerder,

Ostindien- und Westindienfahrer. Atlas von Stolk

enigde Oostindische Compagnie‹ (V.O.C.) in Amsterdam gegründet. Die V.O.C. erhielt von den Staten-Generaal die alleinige Erlaubnis, in der östlichen Hemisphäre vom Kap der Guten Hoffnung – jenem Weltteil, den der Papst den Portugiesen zugesprochen hatte – einen Wirtschaftskrieg gegen Portugal und Spanien zu führen. Außerdem erhielt V.O.C. das Recht, eine Kriegsflotte und ein Heer zu unterhalten, die Souveränitätsrechte, um Kriege zu erklären und Frieden zu schließen; sie durfte eigene Münzen prägen und mit dem ›Princen en de Potentanten in Azie‹ Verträge abschließen.

Die V.O.C. unterhielt Kontore in Amsterdam, Middelburg, in Maasmond (Rotterdam und Delft), West-Friesland (Hoorn und Enkhuizen); geleitet wurde sie von 73 (später 60) obrigkeitlichen Personen, aus denen das 17köpfige Direktorium, die ›Heren XVII‹ (Heren Seventien), gebildet wurde. Acht Mitglieder des Direktoriums stellte Amsterdam, vier die Stadt Middelburg (Zeeland), weitere Abgesandte kamen aus Rotterdam, Delft, Leiden, Hoorn und Enkhuizen. Jedes V.O.C.-Kantor arbeitete selbständig und auf eigenes Risiko. Während ihrer mehrwöchigen Konferenzen, die mehrmals im Jahr stattfanden, wurde beschlossen, wieviel Schiffe gebaut werden sollten, welche Ausrüstung sie erhielten, welche Route sie fahren mußten, wieviel Geld notwendig sei, wer anheuern konnte, welche Fracht man erwartete. Mit eiserner Hand führten die allmächtigen Regenten das Handelsgeschäft. Das V.O.C.-Stammkapital betrug 6 429 588 Millionen Gulden (nach heutigem Wert etwa 350 Mill. Mark). Unter den 1143 Anteilseignern, die Papiere zwischen 50 und 97 000 Gulden kauften, waren Handwerker, Prediger, Beamte und Kaufleute aus Antwerpen. Zu Beginn erhielten sie ihre Dividende in Naturalien ausgezahlt: Pfeffer, Zimt oder Muskatnüsse.

Am Kloveniersburgwal/Ecke Oude Hoog Straat wurde nach Plänen von Hendrick de Keyser das V.O.C.-Verwaltungshaus erbaut; das *Oostindisch Huis* – es wird heute von der Universität genutzt – war die Schaltzentrale. Dort tagten die Heren XVII, wurden Seeleute und Soldaten angeheuert, die Waren gelagert – das gesamte Viertel duftete nach Gewürzen. Als die V.O.C. am 31. Dezember 1799 formell aufgelöst wurde, stand ihr Name für ›Vergaan Onder Corruptie‹ – untergegangen an Mißwirtschaft, Überheblichkeit und Korruption. Ihre Besitzungen und ihre Schulden gingen an den Staat über. Zwischen 1602 und 1795 fuhren insgesamt 622 000 Personen – Seeleute, Kaufleute u. a. – auf 4510 V.O.C.-Schiffen nach Asien. Am 18. Dezember 1603 segelte die erste von der V.O.C. ausgerüstete Flotte unter dem Befehl von Steven van der Haghen in Richtung Mozambique und Goa. Diese und die Expeditionen von 1605, 1606 und 1607 waren nicht erfolgreich. Daher entschloß man sich in Amsterdam zu einer anderen Taktik, die Errichtung eines Stützpunktes in Asien fern von den noch starken Portugiesen. Der erste Stapelplatz wurde 1610 in Bantam errichtet, und der erste V.O.C.-Gouverneur-Generaal hieß Pieter Both. Both ertrank auf der Heimreise 1615 bei Mauritius.

□ Auf allen Weltmeeren flattert ›Oranje-Blanje-Bleu‹

Batavia, das heutige Jakarta, wurde Handels- und Verwaltungszentrum ›von ons indië‹, wie die Holländer ihre fernen Kolonien im asiatischen Raum nannten. Von dort breitete die V.O.C. ihren Aktionsradius weit über Ostasien aus, einschließlich der Küsten von China und Japan. Die Vertreter des Monopols, die Gouverneure, Kaufleute und Pflanzer, waren berüchtigt wegen ihrer skrupellosen Methoden. Etwa Jan Pieterszoon Coen, der 1619 Jakarta eroberte, dort Nieuw-Hoorn gründete, das später durch die ›Heren XVII‹ in

Oostenburg mit Zeemagazin. Gemälde von L. Bakhuysen, 1696

Batavia umgetauft wurde. Bekannt wurde Coen, seit 1618 Gouverneur-General für Asien, durch sein grausames Auftreten gegenüber den Bandanezen. Um das Monopol für Gewürznelken zu gewährleisten, wurde der Anbau auf Ambon konzentriert – entsprechende Pflanzungen auf anderen Inseln vernichtet. Ebenso wurde bei Pfeffer, Tee oder anderen exotischen Gewürzen vorgegangen. Neben Pfeffer und Nelken (Sumatra), Zimt und Vanille (Ceylon), Baumwolle (Bengalen), Parfüm und medizinische Pflanzen (Arabien), Seide, Tee und Porzellan (China und Japan) und Zucker (Java) dehnte die V.O.C. ihren Handel auch im innerasiatischen Raum aus. Die V.O.C. unterhielt Stützpunkte im Malayischen Archipel, ließ Hunderte von Völkern – Javaner, Ambonesen, Molukker, Papuas, Balinesen – für sich arbeiten. Auf Indonesien, in Malakka, am Kap der Guten

Suche nach versunkenen Schätzen

Die Katastrophe ereignete sich an einem Novembertag des Jahres 1752. Bei den Rio-uwa-Inseln nahe der indonesischen Küste sinkt während eines Sturmes der V.O.C.-Dreimaster ›De Geldermalsen‹ auf der Fahrt von Kanton nach Holland. Nach 233 Jahren wurde von Unterwasserarchäologen die fast komplette Schiffsladung aus dem Meer geborgen: rund 120 000 Stücke chinesisches Exportporzellan, verpackt in 203 Kisten, die bei Christie's in Amsterdam versteigert wurden. Die Ladung bestand u. a. aus 62 623 Teekannen und komplette Service für Gesellschaften bis zu 144 Personen, außerdem 1240 Rollen Seide und 125 Goldbarren. Schatztaucher Michael Hatcher erhielt vom Erlös 25 Millionen Mark, zehn Prozent das Finanzministerium als V.O.C.-Rechtsnachfolger

Das vollständig erhalten gebliebene Archiv der V.O.C. in Den Haag leistet den Schatzsuchern große Hilfe. Die holländische Küste ist für sie zu einem lohnenden Ziel geworden, denn im Laufe der Jahrhunderte strandeten dort Tausende von Schiffen. Allein vor Texel liegen schätzungsweise bis zu 800 Schiffswracks. Dank Archivunterlagen wurde bei Hastings (englische Südküste) die ›Amsterdam‹ entdeckt, Dutzende von weiteren Schiffen wurden vor der niederländischen Küste, darunter auch das 1735 bei Vlissingen (Zeeland) gesunkene ›'t'Vliegende Hert‹, gefunden.

Hoffnung, auf Ceylon, Japan und an der chinesischen Küste – an rund zwanzig strategischen Plätzen in Asien flatterte ›Oranje-Blanje-Bleu‹.

Trotz zahlreicher Rückschläge stiegen die Kurse der V.O.C. ständig: 1606 lagen sie bei 200 Prozent, um 1610 auf 75 Prozent zu fallen. Zeitweise wurden 300 bis 400 Prozent notiert, und 1720 standen sie gar bei 1500 Prozent. Insgesamt schüttete die V.O.C. 231 Millionen Mark an Gewinn aus. Erreicht wurde dies u. a. durch die Ausbeutung der einheimischen Bevölkerung, Vertragsbruch, niedrige Preise, Benutzung von falschen Gewichten und weil die V.O.C. miserabel bezahlte. Ein Werftarbeiter verdiente am Tag einen Gulden, Matrosen verdienten im Monat zwischen vier und sechs Gulden, ein Steuermann etwa 26 Gulden im Monat. Seeleute nannte man ›Herren von sechs Wochen‹, da sie in dieser Zeit ihre Heuer verjubelten.

Dreimal im Jahr – zu Ostern, September und Dezember – lief die Flotte aus. Von 1602 bis 1700 fuhren allein 324 000 Personen in Richtung Asien, von ihnen kehrten 113 000 zurück, zehn Prozent starben, andere blieben in den Kolonien, um als Soldaten, Werftarbeiter oder Kaufleute zu arbeiten. Viele, die anheuerten, erhofften sich durch Schmuggel zusätzlichen Gewinn, einen Aufstieg in die höheren Ränge und die Aussicht auf das Abenteuer. So schrieb Jan Huygen van Linschoten: »Mein Herz denkt bei Nacht und bei Tag an nichts anderes, als die fremden Länder zu sehen, dann weiß man etwas zu erzählen, wenn man alt ist.« Aus den Kirchenregistern wissen wir, daß in Amsterdam jeder fünfte Bräutigam ein Seemann war. Die Besatzungen kamen zum großen Teil aus Deutschland und Skandinavien. Auch Waisenhäuser lieferten preiswerte Arbeitskräfte. Die Heren XVII. hatten auch Einstellungskriterien. Jemand, der Pleite gemacht hatte, im Gefängnis war oder ein ›Papist‹, ein Katholischer war – sie wurden als Spione Spaniens verdächtigt – konnte nicht anheuern.

Die Kapitäne waren Herr und Meister. Damit daheim niemand erfuhr, was sich auf den gefürchteten Seereisen alles abspielte, war es verboten, Briefe zu schreiben. Wollte jemand nach Hause schreiben, so mußte er die Briefe in einen offenen Umschlag stecken. Die Zensur der V.O.C. in Amsterdam entschied dann, ob die Post weitergeleitet werden konnte. Es hieß, daß sich die Seeleute beim Trinken die Zähne zuhielten, damit sie keine Würmer schluckten. 1690 wurden Destillierapparate angeschafft, aber aus Kostengründen 1707 wieder abgeschafft. Verdorbenes Wasser, Sturm, Piraterie und Schiffbruch bedrohten die Mannschaften auf den rund 45 m langen Segelschiffen, auf denen nur der Kapitän und hohe Offiziere eine eigene Kajüte hatten. Im Durchschnitt befanden sich auf den Schiffen 200 bis 300 Personen.

Die V.O.C. unterhielt – als einzige europäische Nation – auf der japanischen Insel Deshima (1641 bis ins 19. Jh.) eine Handelsstation. Aber außer Prostitution war den Weißen der Kontakt mit der japanischen Bevölkerung verboten. Die Gewinne im Handel mit Seide, Wolle, Tee, Zucker und Porzellan waren gewaltig. Im 17. Jh. haben die Holländer mehr als drei Millionen Stück chinesisches Porzellan eingeführt, noch mehr wurde nach Batavia transportiert und verbreitete sich von dort nach Malaysien, Indien und Persien. In Delft wurde mit Erfolg das China-Porzellan kopiert.

Das Bild, das Kaufleute und Seefahrer aus Asien mit nach Europa brachten, muß stereotyp gewesen sein. Wie aber sahen die Asiaten die unerwünschten Eindringlinge. ›Mit anderen Augen‹, eine Ausstellung im Tropenmuseum, machte deutlich, daß für die asiatischen Völker Holländer und Europäer synonym waren. Die ›rothaarigen Barbaren‹ skizzierten die Indonesier so: »Er hat rotes Haar, eine lange Nase, trinkt, raucht, stinkt und hinter ihm läuft ein Hund.« Eine japanische Quelle charakterisierte sie so: »Zuerst wurde gesagt, Holländer haben keine Fersen, da sie Absätze tragen. Sie urinieren wie die Hunde, ihre sexuelle Potenz ist übernatürlich, Holländer rauchen immer und hinter ihnen läuft ein chinesischer oder javanischer Diener.«

☐ Die Westindische Compagnie (W.I.C.)

Noch heute kann man an den Klippen der Karibikinsel St. Eustatius, Kleine Antillen, Scherben von grünen Geneverflaschen, Delfter Blau und Chinaporzellan finden. Zeugen aus jener Zeit, da die Insel eines der bedeutendsten Bollwerke der Holländer in Westindien war. St. Eustatius und weitere Inseln in der Karibik waren Stützpunkte der Westindischen Compagnie (W.I.C.). Die W.I.C. wurde 1621 gegründet und erhielt das Handelsmonopol mit Süd- und Nordamerika, der Westküste von Afrika, den Inseln im Pazifik zwischen Amerika und Neu-Guinea. Anders als die V.O.C. hatte die W.I.C. keine eigene Charta. Ihre Leitung bestand aus 74 Beamten, der eigentliche Rat aus den ›Heren XIX‹; sie besaß Büros in Groningen, Hoorn, Middelburg, Rotterdam und Amsterdam. Die W.I.C. war im Gold-, Elfenbein- und Sklavenhandel tätig und als Kaperunternehmen berüchtigt. Sie erbaute das West Indisch Huis an der Prins Hendrikkade. 1645 machte sie bankrott und hob sich 1674 selber auf.

☐ Hollands Kaperfahrer

In England und in Holland gehörten die Kaperfahrer, die Seepiraten, zur Elite. Ihre Kapitäne waren von den Staten-Generaal mit sogenannten ›Commissie-Briefen‹ ausgestattet worden. Ein juristisches Dokument, in dem bestimmte Pflichten und Rechte aufgeführt waren und die den Anschein wecken sollten, alles gehe mit rechten Dingen zu. Bereits im 15. Jh. hatten die Holländer vier Kaperkriege gegen die nordische Hanse geführt. Die Kaperfahrer hatten das Recht, feindliche – vor allem aber spanische Schiffe – aufzubringen, die Ladung und das Schiff zu beschlagnahmen. Die Mannschaft wurde meist in die Sklaverei verkauft. Den ersten Kaperbrief hatte 1570 Diederick van Sonoy erhalten, ein Edelmann aus dem niederrheinischen Kalkar. Ebenso berüchtigt war der holländische Kaperfahrer, der Franzose Pierre le Turcq. Mit seinem schnellen Segler ›Zeeuw‹, ausgerüstet mit weitreichenden Kanonen, erbeutete er 1781/82 rund zwei Tonnen Gold. Die Seepiraterie war ein erfolgreiches Geschäft. Hollands Kaperfahrer erbeuteten von 1702 bis 1723 von spanischen Schiffen Waren im Wert von 23 Millionen Gulden (nach heutigem Wert 33mal soviel).

Zum nationalen Helden wurde Michael Adriaenszoon de Ruyter, der ein Vermögen mit kriegerischen Expeditionen gegen die Dänen erwarb. 1661 hatte er den Vertrag erhalten, in Nordnorwegen Handel zu führen und war Mitbegründer der ›Noortcaepse Compagnie‹, die sich auf den Walfang spezialisierte. De Ruyter besaß ein Patrizierhaus an der Prins Hendrikkade, starb während einer Seeschlacht 1670 vor Syrakus (Sizilien) und wurde als Nationalheld in der Nieuwe Kerk in Amsterdam begraben. Als nationaler Held ging auch der Kaperkapitän Piet Hein in die Geschichtsbücher ein. 1628 hatte er eine spanische Silberflotte in der Karibik erbeutet (s. Exkurs).

Aus der unrühmlichen Epoche der holländischen Kaperfahrer sind nur wenige Dokumente bekannt. Aus Angst oder um nicht an die Schandtaten ihrer Vorfahren erinnert zu werden, haben zahlreiche Familien die Aufzeichnungen vernichtet. So weigerte sich etwa der bekannte Kaperfahrer Claes Compaen (1587–1660) an einem Buch über seine Piratenfahrten mitzuarbeiten: »Wenn ich das tue, würden viele meiner Mitfahrenden an den Galgen kommen, denn wenn jene soviel wie ich zusammengeraubt haben, sollten sie gewiß die Schlinge bekommen.« Compaen, ausgerüstet mit einem Kaperbrief von Prinz Maurits, hatte nach 1621 nicht nur spanische, sondern auch holländische Handelsschiffe ausgeraubt. Kein Einzelfall. Holländische Kaufleute bezahlten englische und französische Piraten, die ihrerseits holländische Schiffe eroberten. Der letzte Kaperbrief wurde 1810 in Amsterdam ausgestellt. Aber erst 1856 wurde in Paris eine Seerechts-Deklaration unterzeichnet, die die Piraterie in Europa verbot.

Bedeutende Persönlichkeiten

Hendrick Petrus Berlage
(1856–1934)
Architekt aus Amsterdam, dessen bekanntestes Werk die Börse, ein Backsteinbau von 1897–1903, am Dam ist. Berlage, der in Frankfurt arbeitete, wurde stark beeinflußt von der italienischen Renaissance. Von ihm stammen auch der Stadtentwicklungsplan Süd und der Mercatorplein.

Andries Bicker
(1586–1652)
Mitglied der einflußreichen Bickersen Liga, der Amsterdamer Regentenfamilie. Gemeinsam mit der Familie De Graeff beherrschten sie das wirtschaftliche und politische Leben. War zehn Mal Bürgermeister und verdiente ein Vermögen im Rußlandhandel.

Ferdinand Bol
(1616–1680)
Der Rembrandtschüler war einer der wenigen Maler, die zu Lebzeiten zu Wohlstand kamen. Bol galt als nicht so eigenwillig wie Rembrandt, heiratete reich und malte vor allem Porträts Amsterdamer Patrizierfamilien.

Gerbrand Adriaensz. Bredero
(1585–1618)
Der Amsterdamer Schuhmachersohn hatte zuerst das Malerhandwerk erlernt, bevor er zum Dichter wurde. Er schrieb in seinem ›Spaansch Brabanter‹ spöttisch über die Immigranten, verurteilte aber auch die Fremdenfeindlichkeit. Gerbrand Adriaensz. Bredero war ein großer Liebhaber der Amsterdamer Volkssprache.

Georg Hendrik Breitner
(1857–1923)
Gehörte zu den Malern von ›Tachtig‹, einer Gruppe von niederländischen Malern gegen Ende des letzten Jahrhunderts. Bekannt sind seine dunklen Stadtansichten von Amsterdam und seine Charakterfiguren aus dem Jordaan. Breitner malte mit Van Gogh zusammen und beeinflußte seine Generation, insbesondere Isaac Israels, stark.

Simon Carmiggelt
(1913–1987)
Mit lakonischem Witz und seinem unvergleichlichen Augenzwinkern charakterisierte er die Amsterdamer. Schrieb als Kolumnist Tausende von Geschichten über das tägliche Leben in der Stadt. Der moderne Eulenspiegel war unbestechlicher und humorvoller Beobachter der Hauptstädter.

Petrus Cuypers
(1827–1921)
Seine berühmtesten Bauwerke sind das Rijksmuseum und die Centraal Station. Der überzeugte Katholik Cuypers baute zahlreiche Kirchen, von denen die Vondelkerk die bekannteste ist.

Norbert Elias
(1897–1990)
Der deutsche Soziologe verbrachte die letzten Jahre in Amsterdam. Schrieb das Standardwerk ›Über den Prozeß der Zivilisation‹ (1939), die vielbeachteten ›Studien über die Deutschen‹ (1989) sowie ›Über die Zeit‹ (1988).

Desiderus Erasmus
(1469–1536)

Erasmus aus Rotterdam war Priester, studierte in Paris und England, lehrte in Löwen und Basel. Die Auseinandersetzungen mit Luther führten zur Trennung zwischen Reformation und Humanismus.

Erasmus von Rotterdam. Kopie nach einem Gemälde von Hans Holbein, 1523

Anne Frank
(1929–1945)

Autorin des Weltbestsellers ›Tagebuch der Anne Frank‹. War mit ihrer Familie aus Frankfurt nach Amsterdam übergesiedelt; während der Besatzung lebte die Familie verborgen in einem Hinterhaus an der Prinsengracht und starb im KZ Bergen-Belsen.

Vincent van Gogh
(1853–1890)

Der Pfarrerssohn aus Brabant lebte in Den Haag und Amsterdam, bevor er nach Paris zog. Der Maler, der zu Lebzeiten nur ein Bild verkauft hatte, war auf die finanzielle Hilfe seines Bruders Theo angewiesen. Heute gehören seine Gemälde zu den teuersten der Kunstgeschichte.

Frans Hals
(1580–1666)

Der aus Antwerpen stammende Maler gilt als der bedeutendste Künstler der Niederlande. Hals, bekannt für seine impressionistisch anmutenden ›Momentaufnahmen‹, entwickelte Schützenbilder und Porträts zur Meisterschaft.

Pieter Cornelisz. Hooft
(1581–1647)

Sohn des gleichnamigen Amsterdamer Regenten und Heringshändlers. Seine Unbeugsamkeit war legendär. In seinem Schloß Muiderslot trafen sich die humanistischen Denker seiner Zeit. Hooft schrieb die ›Nederlandsche Historien‹ über die Epoche 1555–87.

Isaac Israëls
(1865–1934)

Sohn des Malers Jozef Israels; der Amsterdamer gehörte zur Gruppe der ›Tachtiger‹ und hatte sein Atelier an der Rozengracht. Beeinflußt von Degas und Manet, reiste durch Europa und arbeitete zehn Jahre in Paris. Bekanntgeworden durch seine expressionistischen Porträts, Prozessionen und Landschaftsbilder.

Cornelius Willem Lely
(1854–1929)

Der Wassserbauingenieur läßt den Abschlußdeich bauen, der das einst offene IJsselmeer zur Zuiderzee macht. Vorteile waren erhöhte Sicherheit, besseres Trinkwasser und Vergrößerung der Landbaufläche. Nach Lely, der liberaler Abgeordneter und Gouverneur von Surinam war, ist Lelystad, Hauptstadt von Flevoland, der zwölften Provinz, benannt.

Klaus Mann
(1906–1949)
Der älteste Sohn von Thomas und Katja Mann lebte in Amsterdam in der Emigration. Arbeitete im Exilverlag ›Querido‹, der zahlreiche Werke aus Deutschland geflohener Autoren herausgab. Gab 1935 die Zeitung ›Die Sammlung‹ heraus, emigrierte 1936 nach Amerika.

Piet Mondriaan
(1872–1944)
Zwischen 1892 und 1912 arbeitete Mondriaan in Amsterdam. Aus dieser Zeit sind rund 600 Arbeiten von ihm bekannt. Weltberühmt wurde er, nachdem er sich von der Landschaftsmalerei der Abstraktion zuwandte. Bahnbrechend sind seine Arbeiten mit den Farbflächen in Rot, Blau und Gelb und den schwarzen Linien. Lebte später in Paris und New York.

Piet Mondriaan, Selbstbildnis, 1913

Harry Mulisch
(geb. 1927)
Der Amsterdamer Schriftsteller, politisch engagiert, zählt zu den bedeutendsten Autoren niederländischer Sprache. In seinen Romanen, etwa ›Das Attentat‹, setzt er sich vor allem mit der Zeit der deutschen Besatzung auseinander. ›Die Entdeckung des Himmels‹ (1992) wurde in der Bundesrepublik zum Bestseller.

Multatuli
(1820–1887)
Edouard Douwes Dekker, Angestellter der Königlichen Kolonialverwaltung in Niederländisch-Ostindien, veröffentlichte unter dem Pseudonym Multatuli den Antikolonialroman ›Max Havelaar‹.

Johan van Oldenbarneveldt
(1547–1619)
Der höchste Staatsbeamte und Gegner der orthodoxen Calvinisten studierte in Löwen, Köln und Heidelberg, war Initiator der Handelsgesellschaft V.O.C. Der Anhänger der gemäßigten Remonstranten, der auch für einen Frieden mit Spanien eintrat, wurde deswegen zum Tode verurteilt.

Willem I. van Oranje
(1533–1584)
Im deutschen Dillenburg geboren, am Brüsseler Hof erzogen, übte er als niederländischer Statthalter eine führende Rolle im Unabhängigkeitskrieg gegen Spanien aus. Ihm gelang die Vereinigung der niederländischen Provinzen. Er wurde vom spanischen Herrscher Philipp II. geächtet und in Delft ermordet. Als ›Vater des Vaterlandes‹ ist er in die Geschichte eingegangen.

Rembrandt Harmensz. van Rjin
(1606–1669)

Bekanntester Maler des Goldenen Zeitalters, wurde in Leiden geboren und lebte von 1631 bis zu seinem Tod in Amsterdam. Rembrandt wohnte im Judenviertel, machte nach Jahren erfolgreichen Schaffens bankrott und starb verarmt.

Baruch de Spinoza
(1632–1677)

Der Philosoph wurde im Judenviertel geboren, wurde von der orthodoxen jüdischen Gemeinde aus der Stadt verbannt, da er sich mit seinen rationalistischen Denkbildern und metaphysischen Anschauungen zu weit vom Judentum entfernt hatte.

Jan Vermeer van Delft
(1632–1675)

Gemeinsam mit Hals und Rembrandt gehört Jan van der Meer zu den drei großen Malern des Goldenen Zeitalters. Von Vermeer sind kaum 40 Bilder bekannt, darunter ›Milchgießerin‹ und ›Ansicht von Delft‹.

Joost van den Vondel
(1587–1679)

Der in Antwerpen geborene und in Köln aufgewachsene Van den Vondel gilt als der größte Renaissancedichter des Landes, beteiligte sich an den politischen und religiösen Auseinandersetzungen seiner Zeit, hinterließ zahlreiche vaterländische Dramen. Gedichte schrieb er zur Einweihung des Rathauses, des Stadttheaters und zu anderen Gelegenheiten.

Joost van den Vondel. Radierung von Jan Lievens

Zeittafel

Ab 55 v. Chr.	Die Bataver, ein germanischer Stamm aus dem Taunusgebiet, Verbündete der Römer, siedeln ab 55. v. Chr. im Rheingebiet.
	Herrschaft der Römer und Christianisierung
69–71 n. Chr.	Bataveraufstand unter Claudius Civilis gegen die Römer

Merowingische und karolingische Zeit

Ca. 400–900 n. Chr.	Karl Martell besiegt 743 die Friesen, Utrecht wird 695 erster Bischofssitz. 800 Kaiserkrönung Karls des Großen in Aachen, 925 wird die Niederlande Teil des ›Heiligen Römischen Reiches Deutscher Nation‹.
Im 12. Jh.	entsteht die Grafschaft Holland. Da sich diese Grafschaft zur mächtigsten und einflußreichsten der Niederlande entwickeln soll, hat sich für die ›Niederlande‹ bis heute der Begriff ›Holland‹ eingebürgert.
Um 1200	Die ersten Bewohner, Heringsfischer, lassen sich am Ufer der Amstel nieder. Das Gebiet von ›Amstelland‹ beherrschten die ›Heren van Amstel‹; ihre Burg, ›Kastell van Amstel‹, soll am Kolksteeg (Amsterdam) gestanden haben.
1275	Den »Leuten, die zu Amstelredamme leben« gewährt Floris V., Graf von Holland, Zollfreiheit auf allen Wasserstraßen Hollands
1306	Der Bischof von Utrecht Guy van Hennegouwen verleiht dem Ort die Stadtrechte, Zoll- und Stapelplatz für Hamburger Waren. Die Oude Kerk wird eingeweiht.
1345	Mirakel van Amsterdam, das Wunder in der Kalverstraat; die Stadt wird Wallfahrtsort
1400	Albrecht, Erzherzog von Österreich und Souverän der Niederlande, bestimmt, daß Bürgermeister und Schöffen aus ihrer Mitte drei Bürgermeister wählen sollen. Aristokratische Oligarchie, die bis 1795 an der Macht bleibt

Burgundische und Habsburger Zeit

1428	Philip der Gute von Burgund zwingt Jacoba von Beieren Holland, Zeeland und Hennegouwen abzutreten. Die Niederlande kommen zum Spanischen Reich.
1489	Maximilian von Österreich, Kaiser des Heiligen Römischen Reiches Deutscher Nation, nimmt an einer Wallfahrt teil. Verleiht der Stadt das Recht, die Kaiserkrone im Wappen zu tragen
1492	Der genuesische Seefahrer Christoph Kolumbus (ital.: Cristoforo Colombo) erreicht Amerika. In Holland Aufstand des niederen Adels und der

69

	Landbevölkerung. Der Aufstand wird unterdrückt, das Land bekommt einen Statthalter und eine Rechenkammer mit Sitz in 's-Gravenhage
1517	Martin Luther verkündet am 31. Oktober seine Thesen
1521	Der Bau von Holzhäusern wird verboten. Reichstag zu Worms
1535	Wiedertäufer erklären Amsterdam zum ›zweiten Jerusalem‹
1541	Reformation in Genf. Die Lehre des sittenstrengen Johann Calvin gewinnt an Einfluß

Der 80jährige Krieg

1568–1648	80jähriger Krieg. Der größte Teil des Landes kämpft für seine Unabhängigkeit von Spanien. Anführer des Aufstands ist der deutsche Fürst Wilhelm I. von Nassau, ›de Zwijger‹ genannt. Amsterdam bleibt prospanisch
1574	In Leiden wird die erste Universität gegründet
1578	Nach einem blutigen Aufstand schließt sich die Stadt Willem van Oranje an. Mit der Alteratie vom 26. Mai werden die Katholiken vertrieben, Calvinisten übernehmen die Macht

Vertreibung der prospanischen Ratsherren und der katholischen Geistlichkeit aus der Stadt, 1578

1579	Gründung der Utrechter Union, Trennung der nördlichen und der südlichen Niederlande
1581	Der Norden der Niederlande erklärt sich als selbständig
1585	Fall von Antwerpen, die südlichen Niederlande bleiben Spanisch. Holländer verhängen eine Wirtschaftsblockade über Antwerpen. Mit dem Untergang

der Armada 1588 endet die spanische Seeherrschaft. Wirtschaft und Seehandel blühen auf. Amsterdam wird zum wichtigsten Handelsplatz Europas. Holland ist die einflußreichste Provinz in der föderalistischen Republik.

Das Goldene Zeitalter

1602	Gründung der Vereinigten Oost-Indischen Compagnie (V.O.C.). Die Stadt zählt mehr als 50 000 Einwohner
1609–21	Zwölfjähriger Friede mit Spanien (Twaalfjarig Bestand). Henry Hudson entdeckt 1609 Nieuw-Nederland
1611	Die erste Börse wird eröffnet. Zwei Jahre später wird mit dem Bau des Grachtengürtels, der Heren-, Keizer- und der Prinsengracht, begonnen.
1618–19	Synode von Dordrecht, die orthodoxen Kräfte siegen und die calvinistische Kirche wird zur staatstragenden Kraft. Der Ratspensionär und höchste Beamte der Republik, Johan van Oldenbarnevelt, wird verurteilt und in Den Haag hingerichtet
1621	Die Westindische Compagnie (W.I.C.) wird gegründet. Amsterdam zählt 100 000 Einwohner
1631	Rembrandt siedelt von Leiden nach Amsterdam über. Die Westerkirche wird eingeweiht
1632	Der Philosoph Baruch Spinoza wird geboren
1634–37	Die Tulpe blüht zum ersten Mal in Holland, die ›Tulpomanie‹, die Spekulation mit Tulpenzwiebeln, erfaßt das Land. Die ›Statenbijbel‹ ist übersetzt.
1648	Friede von Münster. Ende des 80jährigen Krieges mit Spanien; Unabhängigkeit des Landes. Ende des 30jährigen Krieges in Deutschland. Grundsteinlegung des Rathauses. Amsterdam ist auf dem Höhepunkt seiner Macht, die Malerei erreicht ihre Blütezeit
1652–54	Erster Krieg mit England, 1665–67 zweiter und 1672–74 dritter englischer Krieg, vierter englischer Krieg 1780–84
1695	Amsterdam zählt über 200 000 Einwohner, mehr als 4000 Handelsschiffe laufen den Hafen an. Handelsbeziehungen zu 625 ausländischen Häfen. In Holland leben zwei Millionen Menschen
1697	Zar Peter der Große wohnt in Amsterdam und erlernt das Schiffshandwerk
1763	Am Ende des Siebenjährigen Krieges, bei dem es um die koloniale Macht ging, verliert Amsterdam seine vorherrschende Rolle zur See. Börsenkrach

Niedergang und Vasallenstaat Frankreichs

1780–84	Vierter Englischer Krieg, der größte Teil der Flotte geht verloren. Die Bevölkerung verarmt, Hungersnot. Beeinflußt von der amerikanischen Revolution verlangen die ›Patrioten‹ demokratische Freiheiten.
1795–1806	Batavische Republik. Revolutionäre französische Truppen besetzen Amsterdam. Die Einwohnerzahl ist auf 180 000 gesunken. Wirtschaftliche Stagnation. Willem V. flüchtet nach England. Französischer Vasallenstaat
1798	Die Zünfte und die V.O.C. aufgehoben
1806–10	Königreich Holland
1810–13	›Französische Zeit‹, die Niederlande ist Teil Frankreichs

Befreiung und Gesellschaftswandel

1815   Amsterdam wird offizielle Hauptstadt der Niederlande, das Land verliert zahlreiche Kolonien an England.

1830   Aufstand der Belgier gegen Holland, Belgien wird selbständig

1839   Erste Bahnverbindung zwischen Haarlem und Amsterdam

1849   Choleraepidemie, der 2150 Einwohner zum Opfer fallen

Stadt und Hafen von Het IJ gesehen, Ansicht des 19. Jh.

1862   Gesetz zur Aufhebung der Sklaverei in Westindien

1876   Der Nordseekanal wird eingeweiht, der Hafen belebt sich wieder

1888   Der erste Sozialist, Domela Nieuwenhuis, zieht ins Parlament

1900   Die Stadt zählt eine halbe Million Einwohner. Soziale Unruhen und blutige Unterdrückung der Arbeiter- und Matrosenaufstände

1917   Eröffnung des Flughafens Schiphol. Bau der südlichen Stadtbezirke im Stil der ›Amsterdamer Schule‹

1928   Olympische Spiele; ein Jahr später Wirtschaftskrise, 400 000 Arbeitslose

1934   Im Juli findet der Aufstand im Jordaan statt, ausgelöst durch Kürzungen der Arbeitslosengelder. Militäreinsatz

Der Zweite Weltkrieg – die Besatzung

1940–45   Zweiter Weltkrieg. Das Land wird von deutschen Truppen besetzt. Die Amsterdamer Innenstadt wird unter Denkmalschutz gestellt. Königin Wilhelmina geht mit ihrer Regierung ins Londoner Exil. Rotterdam wird 1940 von der deutschen Luftwaffe bombardiert

1941   Am 25. Februar beginnen die Streiks aus Protest gegen die Behandlung und Verfolgung jüdischer Mitbürger. Der Krieg kostet etwa 200 000 Menschen das Leben

1945   Am 8. Mai ziehen kanadische Truppen in die Stadt ein

Nachkriegszeit – die Gegenwart

1946–49	Marschallplan zum Wiederaufbau. Inthronisierung von Königin Juliana. ›Polizeiaktion‹ gegen Aufständische in der Kolonie Niederländisch-Indien, dem heutigen Indonesien
1949	Indonesien wird unabhängig
1953	Sturmflut im Südwesten der Niederlande, etwa 1800 Tote
1964	Erste Demonstrationen anarchistischer Gruppen, Provos demonstrieren gegen das Bürgertum
1966	Zu heftigen Tumulten kommt es am Hochzeitstag von Prinzessin Beatrix und dem deutschen Diplomaten Claus von Amsberg
1970	Die Bauarbeiten zur ersten U-Bahn werden von heftigen Bürgerprotesten begleitet. Fünf Kabouter ziehen in den Stadtrat ein
1980	Wegen des aufwendigen Stils der Königin kommt es zu Krawallen aus Anlaß der Inthronisierung von Königin Beatrix. Krakerunruhen
1988	Der umstrittene Neubaukomplex von Rathaus und Musiktheater (›Stopera‹) wird fertiggestellt.
1992	Eine knappe Mehrheit der Bewohner stimmt in einem Referendum ›Auto-freie Innenstadt‹ für verkehrsberuhigende Maßnahmen. 15 Millionen Einwohner leben in den Niederlanden.
1993	Erste Pläne zur Gestaltung des Bauprojekts IJ-Ufer. Schiphol wird viertgrößter Flughafen Europas
1994	Die vier großen Städte der ›Randstad‹ wollen 110 000 neue Wohnungen bis zum Jahr 2005 bauen. Bei Bauarbeiten zu einem Hotelkomplex am Nieuwezijds Kolk wird ein 7 m langer Mauerrest der Burg ›Heren van Aemstel‹ entdeckt. Dieser Fund verweist darauf, daß Amsterdam 100 Jahre älter ist, als bisher angenommen. Die Stadt Amsterdam besteht seit dem 13. Juli 1994 nicht mehr. Die Gemeinde hat beschlossen, sich selber aufzulösen, um bis 1998 mit 14 Randgemeinden eine eigene Provinz zu bilden. Der Name ›Amsterdam‹ soll erhalten bleiben

Kulturstadt
Amsterdam

Die Grachtenstadt

Besucher, die im 16. und 17. Jh. nach Amsterdam kamen, erlebten einen Ort, an dem ständig gebaut wurde. Da entstanden Häuser aus roten Ziegeln, Bauwerke, wie die Waage auf dem Dam aus hellem Sandstein, Kirchtürme. Vor allem Türme wurden mit viel Phantasie erbaut. Seit 1638 erhebt sich 85 m hoch der Renaissanceturm der Westerkerk, Wahrzeichen der ›großen Stadt‹. Bekannte Baumeister waren Hendrick de Keyser, Jacob van Campen, Adriaan Dortsman, Philip Vingboons und andere. Inspiriert werden sie vom Klassizismus im italienischen Stil: eine Bauweise, die die ideale Harmonie zwischen den einzelnen Teilen mit dem Ganzen zum Ausdruck bringt. Kennzeichen ist die strenge Giebeleinteilung, der Verzicht auf überflüssige Dekorationen, die Verwendung von flachen Wandpfeilern und einem Giebelabschluß. Das schmale Grachtenhaus mit Treppengiebel gilt als das typische niederländische Wohnhaus.

Wirtschaftliche, militärische und demographische Gründe machten eine Vergrößerung der Stadt notwendig. Die erste Ausdehnung des mittelalterlichen Stadtkerns wurde 1425 abgeschlossen. Der bekannte dreifache Grachtengürtel wurde zwischen 1610 und 1700 gegraben. Mit dieser spektakulärsten Erweiterung vergrößerte sich die Stadt innerhalb der neuen Mauern um das Vierfache, und die Kaufleute zogen von der engen Oude Zijde an ›de Gracht‹ um.

Kern der Stadterweiterung aus dem 16./17. Jh. bildete die *Heerengracht* (erst seit 1947 gibt es die Schreibweise Herengracht): anfangs ein Kanal, der an der damaligen Stadtmauer angelegt worden war. Begonnen wurde mit den Ausgrabungsarbeiten an der Brouwersgracht. Die Herengracht erhielt erstmals steinerne Brücken mit fünf Bögen. Die Preise für die 8,4 m breiten Parzellen, die versteigert wurden, waren hoch. Die teuersten Grundstücke lagen zwischen der Leliegracht und der Hartenstraat. Dort kostete die Standardbreite von 30 Fuß fast 7000 Gulden. Ein Amsterdamer Fuß entsprach 28,3 cm. Am 24. Januar 1614 wurde beschlossen, auch die ›2e en 3e graft‹ zu graben, also die spätere Keizers- und die Prinsengracht. Die Keizersgracht sollte eigentlich eine Allee werden, davon wurde dann doch abgesehen. Der Name Herengracht (herengraft) taucht zum erstenmal am 4. Juli 1614 auf, benannt nach den Regenten der Stadt, den mächtigen und wohlhabenden Heren, die die Macht in der Stadt hatten. Die *Keizersgracht* wurde zu Ehren des deutschen Kaisers Maximilian so benannt, der der Stadt die Kaiserkrone verliehen hatte, und die *Prinsengracht,* dort wo die ›eenvoudige burgers‹ bauten, erhielt ihren Namen von Stadthalter Willem van Oranje. Analog dazu taufte man den Singel in Koningsgracht. Aber das ging den republikanisch gesinnten Bürgern zu weit, und es blieb bis heute bei *Singel.* Um der Herengracht ein noch nobleres Aussehen zu verschaffen, wurde 1614 auch festgelegt, daß die größeren Häuser eine Treppe von vier Fuß breit haben

◁ *Haus Leewenburg von 1580 am Oudezijds Voorburgwal*

können. Gewerbetreibenden, Brauern, Seifensiedern, Mälzern, Handwerkern u. a. war es verboten, an der Herengracht ihre industriellen Betriebe einzurichten: die 25,4 m breite Herengracht (die Keizersgracht wurde 3 m breiter) war ausschließlich für den Bau von Wohnhäusern bestimmt. Nur in den Seitengassen und an der Prinsengracht durften sich Handwerker ansiedeln. Auf der Übersichtskarte von Henricus Hondius aus dem Jahre 1640 erkennt man den fertiggestellten Halbmond des Grachtengürtels, der an der Brouwersgracht und an der Leidsegracht endet. Geistige Väter des genialen Grachtenplanes – jedes Haus mußte zu Fuß, mit dem Boot oder dem Wagen erreichbar sein – waren der Stadtzimmermann Hendrick Jacobsz. Staets, der Landvermesser Lucas Jansz. Sinck und Bürgermeister Frans Hendricksz. Oetgens. Der Grachtengürtel soll Peter den Großen zur Gründung von St. Petersburg inspiriert haben.

Die konzentrisch um die Amstel verlaufenden Kanalringe mit Quergrachten (dwaars) und Radialstraßen und -gassen haben eine Uferlänge von rund 25 km. Auf einer Fläche von 8 km² entstanden rund 160 Grachten (in Hamburg nennt man diese Kanäle Fleet), die von etwa 600 Brücken überspannt werden und an deren Ufern rund 75 000 Bäume, zumeist Ulmen, stehen. In den Grachten konnten gleichzeitig etwa 4000 Schiffe und Boote anlegen. Die Grachten wurden von Hand gegraben (das Wort leitet sich vom Verb graben ab); im aufstrebenden Amsterdam herrschte kein Mangel an billiger Arbeitskraft. Außerdem wurden Vagabunden, Landstreicher und Verbrecher in die Kanalgruben geschickt. Die ausgehobenen Erd- und Lehmmassen wurden zwischen den Grachten aufgeschichtet, um den Boden anzuheben. Auf den Lehmuntergrund wurde Sand verteilt, der aus den Dünen oder südlich von Hilversum mit Karren oder Booten, den zandschuiten, herangeschafft wurde. Sand durfte nur an der Zandhoek auf der Realeninsel abgeladen werden. Die künstlich geschaffenen Inseln, etwa 80 größere und Hunderte von kleineren Eilanden, mußten rund 60 cm über dem höchsten Stand der Flut liegen: so sollte das Risiko von Überschwemmungen gemildert werden. Waren die Grachten bis zu einer Tiefe von 1,80 m ausgegraben, wurde eine steinerne Ufermauer errichtet.

Die Regulierung des Wassers stellte die Baumeister vor besondere Schwierigkeiten. Der starke Bevölkerungsanstieg war auch Ursache für die Verschmutzung des Wassers, da alle Abfälle in die Grachten geworfen wurden. Es gab zwar Verordnungen, die Abfälle außerhalb der Stadtmauern zu deponieren, allerdings ohne erkennbare Resultate. An warmen Tagen verfärbte sich das Wasser von Achatgrün durch die Algenblüte ins Korallrot, und es stank gewaltig in der Stadt. Besonders wichtig war und ist auch noch heute der Austausch des schmutzigen mit sauberem Wasser aus Het IJ. Schleusen wurden an Het IJ gebaut, die Haarlemersluis und die Eenhorn Sluys. War Flut, so wurden diese Schleusentore geöffnet, und frisches Wasser floß durch die Kanäle in Richtung Amstel. Die Kunst lag nun darin, dafür zu sorgen, daß nicht zuviel Wasser in die Stadt floß, da sonst die Keller überflutet wurden, aber auch nicht zu wenig, da sonst die Pfähle, auf denen die Gebäude standen, verrotteten. Gelangte zu wenig Wasser in die Stadt, stank es erbärmlich. Hinzu kam, daß Amsterdam nicht überall auf gleicher Höhe lag. Gelöst wurde das Problem, indem die damaligen Wasserbauingenieure die Stadt in vier Gebiete mit einem

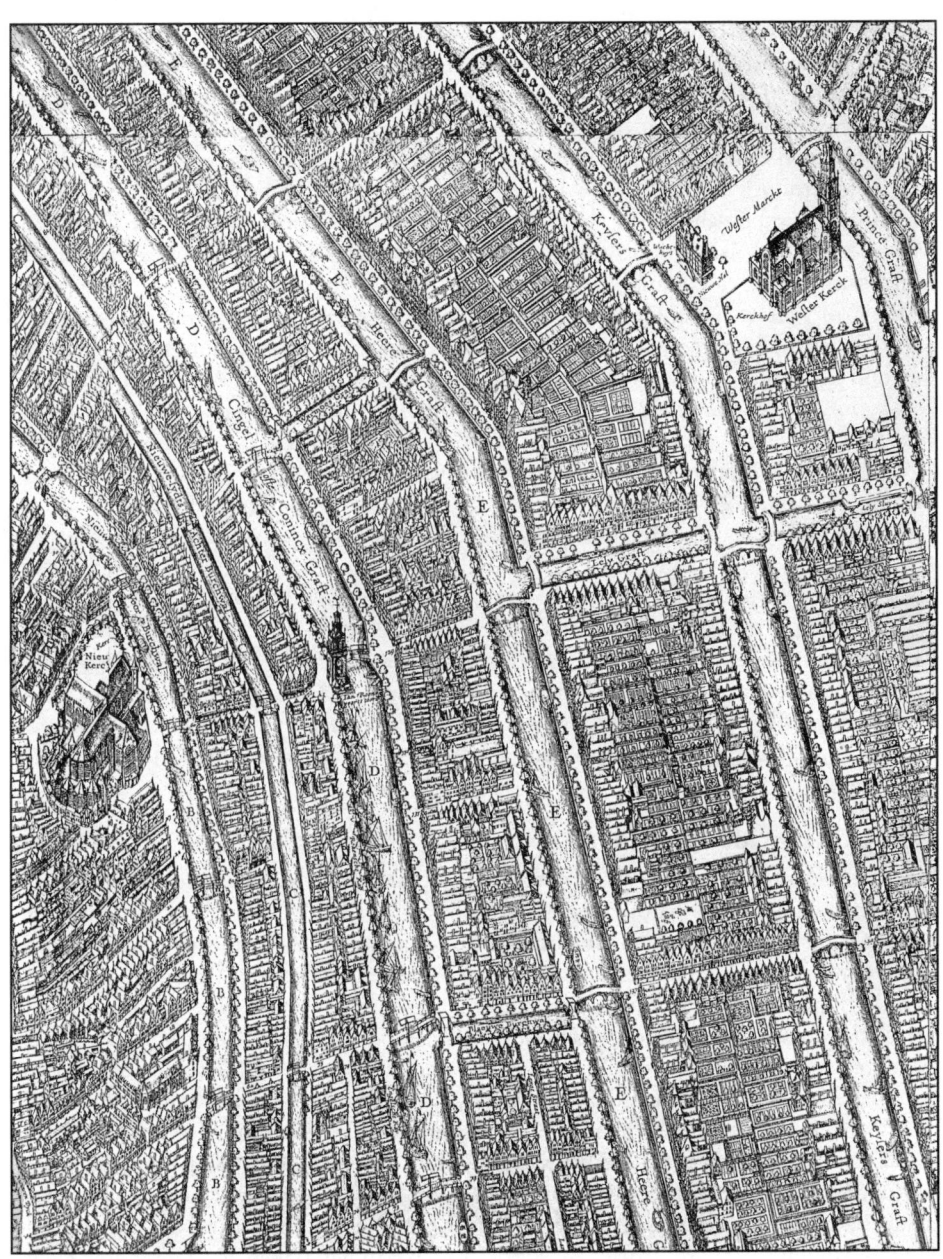

Der Grachtengürtel zwischen Nieuwe Kerk und Westerkerk im 17. Jh.

eigenen Wasserstand aufteilten, aber auch dieses System funktionierte nicht. Hinzu kam, daß Schleusenwärter nicht sorgfältig genug arbeiteten, und war der Wasserstand der Amstel zu tief, floß die Grachtenbrühe wieder zurück. Bis zum Bau von Pumpstationen 1872 kämpfte die Stadt mit diesen Schwierigkeiten. Seit der Abschottung sorgen die Pumpstationen dafür, daß innerhalb einer Woche das gesamte Wasser in den Kanälen erneuert wird. An fünf Abenden in der Woche wird ein Dutzend der 35 Schleusen geschlossen, und frisches IJwasser fließt in die Stadt und drückt das gesamte Grachtenwasser, 4 Mill. m^3, in Richtung Nordseekanal. 1987 wurde das letzte Grachtenhaus an die Kanalisation angeschlossen.

Mit dem Weiterbau der Grachten, die von der Leidsegracht zur Amstel durchgezogen wurden, begann man 1558. Rund fünf Jahre später waren die Ausgrabungsarbeiten beendet, und der Halbmond beschrieb einen Bogen von 90 Grad um die Altstadt. Die Herengracht mißt 3,5 km, die Keizersgracht 4 km, und die Prinsengracht ist rund 4,5 km lang. Begrenzt wurde das neue Stadtgebiet – die nächste Stadterweiterung erfolgte erst nach 1850 – durch die Lijnbaansgracht und einen Festungswall mit der Singelgracht. Auf den Bastionen standen 26 Windmühlen.

Die Grundstücke von Heren- und Keizersgracht wurden versteigert. So wurden für Herengrachtparzellen, zwischen Vijzel- und Spiegelstraat, 4802 bis 7600 Gulden gezahlt. Gleichwertige Grundstücke an der Keizersgracht kosteten 2600 bis 4200 Gulden. Gefördert wurde auch der Ankauf von zwei nebeneinanderliegenden Grundstücken, die Stadtväter wollten größere Häuser. Und so entstand in diesem Teil der Herengracht, dem sogenannten ›Goldenen Bogen‹, die bocht. »In de bocht van de Herengracht wonen« ist bis in dieses Jahrhundert hinein der Wunsch vieler Bürger gewesen. Aber längst sind die meisten Patrizierhäuser in ›de bocht‹ bevorzugte Adressen von Banken, Versicherungen oder Maklern.

☐ Architektur der Grachtenhäuser

Die beiden halbmondförmigen großen Grachten wurden bereits während der Bauzeit von vielen Malern und Kupferstechern abgebildet. Daher ist auch die Entstehungsgeschichte und Bauweise an den Grachten gut dokumentiert. Bis zum eigentlichen Hochbau war die Arbeit für alle Gebäude identisch. Mit dem Erwerb des Grundstückes hatte sich der Eigentümer auch zum Unterhalt des angrenzenden Kanalufers und des Weges verpflichtet. Der Untergrund besteht aus Moor, Sand und Kleie. Die tragenden Lagen befinden sich einmal in rund 12 m und dann wieder in etwa 20 m Tiefe. Bevor mit dem Bau begonnen werden konnte, mußten Baumstämme bis zu 13 m tief gerammt werden. Alle Gebäude stehen auf Fichtenstämmen. Heute werden Betonpfähle verwendet. Oft genug kam es vor, daß Gebäude wegsackten, etwa die Oude Kerk oder Montelbaanstoren; 1606 mußte der Stadtturm stabilisiert werden. Die Oude Kerk erhielt ebenfalls eine neue Fundamentierung, und 1738 wurde die Nordostfassade verstärkt. Nicht nur die Art des Fundaments war vorgeschrieben, sondern auch Baumaterialien wie gebrannter Ziegel oder Sandstein.

Jeder der 13 659 Baumstämme, auf denen der Königliche Palast steht, mußte 10 m tief in den Schwemmsand gerammt werden

Die ältesten Ziegel, 6,5 cm dick und 30 cm lang, sind in der Oude Kerk vermauert. Die Farbe der Backsteine wurde vom Ton bestimmt, aus dem sie gebrannt wurden. Die Ziegel, die aus der Gegend von Woerden und Leiden kamen, waren oft orangefarben, die entlang der IJssel bei Gouda gebrannten hatten eine gelbliche Tönung, aus der Gegend von Utrecht kamen graue Steine. Um die porösen Ziegel wasserabstoßend zu machen, wurden die Wände mit Leinöl, dem Caput mortuum (Venezianischrot) beigemischt war, gestrichen oder schwarz geölt. Im 19. Jh., als härter gebrannte Backsteine geliefert wurden, nahmen die Häuser eine dunkelbraune Farbe an. Rheinschiffe brachten aus Deutschland Basalt- und Tuffstein, Sandstein wurde aus Bentheim eingeführt. Für den Fußboden wurde schwarzer Kalkstein aus Belgien, weißer Marmor aus Italien oder landeseigene Kacheln genommen. Für die Verankerung von Balken mit der Fassade wurden schmiedeeiserne Anker benutzt. Ab 1521 durften keine Häuser mehr aus Holz gebaut werden, erlaubt waren lediglich hölzerne Dachgeschosse und Giebel. Auf die Gitter-Fundamentierung – meist zwei Stämme nebeneinander, die wiederum verbunden waren, um das Auseinanderdriften zu verhindern – wurden schwere Holzplatten festgenagelt und die tragenden Mauern aus Ziegeln hochgezogen. Je nach Grundstücksbreite waren die Gebäude zwischen 4 m und 6 m breit, später waren 15 m oder 20 m keine Seltenheit. Die Häuser hatten zwei bis vier Stockwerke, und der auffälligste Teil der Fassade waren die hohen Sprossenfenster mit dem typischen gemauerten Kreuzrahmen. Im unteren Stockwerk wurden die Fenster mit einem Rahmen geschlossen, da sie meist ohne Glas waren. Licht fiel dann durch die Öffnungen oberhalb des Fensterkreuzes. Minderwertiges Glas veränderte die Farbe und dunkelte nach. Die Sprossenfenster waren bleiverglast, dank ihrer Höhe fiel viel Licht in das Innere der Häuser. Im Parterre befanden sich meist Werkstätten oder Kontore, darüber die Wohnräume, und unterm Dach lagerten die Waren. Das typische Wohnhaus – zweite Hälfte des 15. Jh. bis zum 17. Jh. – hatte an der Straße ein bis zu 4 m hohes Voorhuis, der hintere Raum lag in der Regel 1,5 m über dem Straßenniveau

Häuser an der Herengracht (Nr. 388–394)

und verfügte sehr oft über einen Kamin. Das Säubern des Schornsteins besorgten in erster Linie die Söhne italienischer Schornsteinfeger, die durch den gesamten Schornstein krochen, um dann kohlenschwarz wieder aufzutauchen. So soll auch die Geschichte vom Schwarzen Peter, Zwarte Piet, entstanden sein, der mit Geschenken aus dem Kamin kam. Die meisten Häuser besaßen keinen Keller. Die größeren Grachtenhäuser verfügten über ein Souterrain, onderhuis, mit Dienstboteneingang. Dort befanden sich auch die Küche und die Zimmer für das Personal. Über eine große Freitreppe gelangte man in die Beletage.

Die Schräglage zahlreicher schmaler Giebelhäuser erweckt oft den Eindruck des Vornüberkippens. Dabei handelt es sich um einen Kunstgriff der Baumeister. Sie gaben dem Haus eine Neigung bis zu fünf Grad; auf diese Weise wurde verhindert, daß der Regen an der Fassade herunterläuft und damit auch in die offenen Fenster. So wurden auch das Mauerwerk und die Farbe geschützt. Ein weiterer Grund für jene ›vlucht gevel‹ war das Hochziehen oder Herablassen von Waren aus dem Speicher. Durch die Schräglage soll vermieden werden, daß die Gegenstände an der Mauer aufschlagen. Aus fast jedem Dach

Giebelsteine – bunte Hausschilder aus Sandstein

In der Vinkenstraat ließ Bäcker J. Reyns einen Giebelstein über seinen Laden anbringen, der die ›wunderbare Speisung‹ zeigt: vier Brote in einem Korb und ein fünftes Brot in der Hand von Jesus, um ihn herum eine Gruppe von Menschen. Der Spruch »Naar gunst van mensen moet men mee wensen/naar aan Gods segen is al gelegen« illustriert, wie die Kaufleute ihrer Gottesfurcht und ihren Handelsgeist zu vereinen wußten.

Giebelstein in der Egelantiersgracht 15

Mit einem Giebelstein wollte sich ein Händler von einem anderen unterscheiden. Ein Käufer konnte so auf einen Blick feststellen, woran er war. Außerdem wollte man zeigen, welche Herkunft man hatte und ob man gottesfürchtig war – dann brachte man einen frommen Spruch an.

Die Giebelsteine tauchten nach einem Großbrand von 1452 erstmals auf. Der rechteckige *Gevelsteen* ist eine Sandsteinplatte, in dem die Bewohner eine Szene oder etwas Typisches, das mit ihrem Beruf oder Namen zusammenhing, meißeln ließen. Die Darstellungen waren mit hellen roten oder blauen Farben bemalt und oft mit Blattgold belegt und wurden hoch über der Tür oder zwischen den Fenstern angebracht. Zahlreiche Giebelsteine sind künstlerisch gestaltet und kamen aus den Werkstätten bekannter Baumeister wie etwa Hendrick de Keyser. Ihren Höhepunkt erreichte die Kunst der Giebelsteine im 17. Jh.

Bis 1795 wohnte man in Häusern wie ›In de verkeerde pot‹, zu den ›De 2 Gecroonde Konynen‹, im ›In de swarte Kasstook‹, hinter der ›In de Arcke No‹ oder im ›De Vergulde Wagen‹. Ein Großteil der Giebelsteine verweist auf die Berufe der Hausbesitzer, etwa ›De Jonghe Timmerman‹, ›D Corendrager‹, ›De Visser‹ oder ›D'Brouwer‹. Motive wurden aus dem Alten und Neuen Testament entnommen, dargestellt wurden auch Tiere, die Gestirne, Evangelisten, Heilige und christliche Symbole. Zwei besondere Giebelsteine hängen in der Bethaniënstraat 14 und 16. So das einzige Exemplar, das den Evangelisten Lukas auf einem Klappstuhl zeigt: Der Mann sitzt halb nach vorn geneigt, seine rechte Hand hält den Pinsel und mit der linken Hand berührt er den Nacken eines Stiers. Der andere Stein zeigt den Evangelisten Markus. Ein hübsches Beispiel hängt in der Rapenburgerstraat 39: Eine Ente trägt die Erdkugel ›T. Endt draagt de last‹.

Von einst mehreren tausend Giebelsteinen in Amsterdam, allein in der Warmoesstraat wurden 230 gezählt, sind 636 Stück erhalten geblieben. In den letzten Jahren hat das Interesse an dieser städtischen Kleinkunst zugenommen und führte zur Gründung der ›Vereinigung der Freunde der Amsterdamer Giebelsteine‹.

Die Fassaden werden von phantasievollen Giebeln geprägt: Treppen-, Schnabel- und Halsgiebel, Kronenleiste

eines Amsterdamer Hauses ragt ein solcher Hijsbalken, mit dem man Güter und Waren takelte. Bei Häusern mit einem Treppengiebel war dies ein Hijsanker. Der Hijsanker kam im 17. Jh. auf, als die Häuser enge Treppen hatten und Möbel und Hausrat durch die Fenster gereicht werden mußte. Besonderer Wert wurde auch auf die Ausschmückung der Treppe und der großen Türen gelegt, hauptsächlich in dunklem Grachtengrün gestrichen. So sind die Türränder meist verziert, und damit mehr Licht in die Flure fällt, wurden zum Teil sehr kunstvolle Oberlichter eingebaut (Herengracht 51–53, 218–20, 274 u. a.).

Obwohl von dem fast einheitlichen Grachtenhausstil eine strenge Geschlossenheit ausgeht, präsentieren die Häuser an den Grachten eine bunte Vielfalt an **Giebeln.** (Farbabb. 16–20). Den Baumeistern, aber auch den Eigentümern bot sich in der Gestaltung der Fassadenabschlüsse die Möglichkeit, einen ganz besonderen Stil oder Geschmack zum Ausdruck zu bringen. Kaum ein Giebel gleicht im Detail dem anderen. Der **Treppengiebel,** der ursprünglich aus Flandern kommt, wurde bis zum 16. Jh. verwendet. Von zwei Seiten laufen die Kanten treppenförmig zur Spitze, die einzelnen Treppen sind mit weißem Sandstein abgedeckt (Herengracht 81) und verleihen dadurch auch einem kleinen Haus ein imposantes Äußeres. Dem Treppengiebel (um 1580–1640) folgte der **Schnabelgiebel** (um 1620–1720), der vor allem an Lagerhäusern (pakhuizen) zu erkennen ist. Der erste **Halsgiebel** entstand 1636 (Herengracht 168), typisch für ihn sind die zwei Ecken von 90 Grad. Da er nicht die gesamte Front abdeckte, wurden die Seiten mit Sandstein und Stuckwerk verziert; Arbeiten, die überwiegend von italienischen Stukkateuren ausgeführt wurden. Die Halsgiebel waren standardisiert und 5 x 5,65 m groß. Schöne Beispiele stehen an der Keizersgracht 606–608; die beiden Kaufmannshäuser gelten als die größten Giebelzwillinge, deren Giebelornamente im Stil Louis XIV. ausgeführt sind. Ein ausgesprochen hohes Halsgiebelhaus (62 m) befindet sich an der Keizersgracht 64. Eine Variation des Halsgiebels war der **Glockengiebel** (um 1660–1790), der einer Glocke ähnelt. Die Giebel vereinigten alle Stilelemente, die damals beliebt waren: vom strengen italienischen Klassizismus über den üppigen Barock (auffallend die zahlreichen Blattmotive) des Sonnenkönigs (Herengracht 166) bis zum kapriziösen Rokokostil Louis' XV. (Keizersgracht 546). Den festlichen Abschluß an den breiten Patrizierhäusern bildete die horizontal verlaufende Kronenleiste, meist mit aufwendigem Stuck verziert. Einige Prunkbeispiele sieht man an der Keizersgracht 244–46 und 317. Auf diesen sinnlichen Stil folgt die nüchterne Epoche, zahlreichen Hals- oder Glockengiebeln wurden Verzierungen abgeschlagen. Abgelöst werden sie durch die pflegeleichteren erhöhten **Kronenleisten** (18. Jh.), zwischendurch wird der reichverzierte **Leistengiebel** (17. bis 19. Jh.) im Stil des französischen Klassizismus Mode. Häuser aus der Zeit des Jugendstils findet man ebenso (u. a. Keizersgracht 329) wie die der ›Amsterdamer Schule‹, ein Baustil, der in den 20er Jahren sehr populär war. Seine Kennzeichen sind roter Klinkerstein und mit expressiver und dekorreicher, dabei einheitlicher Fassadengestaltung mit meist schmalen Fenstern in dichter Reihe.

☐ Herengracht

Die Amsterdamer bezeichnen die Herengracht als die deftigste aller Grachten. ›Deftig‹ steht für Ansehen, Würde und Eleganz. Die 1205 Gebäude, die an dem rund 3,5 km langen Kanal eine Hausnummer haben, bilden einen Querschnitt aus der Stadtgeschichte, vom Goldenen Zeitalter bis zur Gegenwart. Man findet dort nicht nur restaurierte Stadtpaläste und Giebelhäuser, sondern auch abbruchreife Spekulationsobjekte und Beispiele mißlungener Modernisierungen. Die bekannten Architekten aus jener Epoche würden heute vieles von dem wiederfinden, was vor rund 300 Jahren nach ihren Plänen erbaut wurde. Etwa Philip Vingboons, mit dem die ›Modernisierung‹ der Herengracht begann. Vingboons war ein Vertreter des gemäßigten Klassizismus, der die Nr. 138, 237, 386–388, 466 und weitere entwarf oder entscheidend daran mitgearbeitet hatte. Vingboons Beitrag zum architektonischen Bild war der Halsgiebel; Nr. 168, ein Jugendwerk, ist ein besonders schönes Beispiel. Allen diesen Gebäuden ist eine klare Linienführung und der Verzicht auf schmückende Pilaster und dekoratives Beiwerk gemeinsam. Vingboons Entwürfe konzentrieren sich auf die Blockform der Fassade, auf den Kontrast zwischen kleinen und großen Fenstern und eine veränderte Fronteinteilung; die erste Etage hatte häufig höhere Fensterrahmen als die untere Beletage. Die Ausschmückung der Fassade beschränkte sich bei Vingboons meist auf das hohe Portal und die hohe horizontale Giebelfront aus Sandstein. 1718 wurde das letzte Haus, Nr. 567/68 erbaut. Die *Kroomhouthuizen* (364–70) aus dem Jahre 1662 zeigen noch einmal die charakteristischen Halsgiebel, die dann aus der Mode kommen. Die strenge Gliederung der Vorderfront wurde von dem Architekten Adriaan Dortsman fortgeführt. Er setzte das Dach so weit zurück, daß es kaum mehr von der Straße aus zu sehen war. Die Monumentalität der Grachtenhäuser wurde bei ihm dadurch verstärkt, daß er die Fensterreihen so hoch ausführte, daß sie die Höhe eines kleineren Grachtenhauses erreichten. Dortsmans Häuser aus grauem Sandstein sind bis auf die Giebel – zumeist mit Gestalten der Antike und Mythologie verziert – schmucklos. Typisch für die radikale Symmetrie sind die Fassaden von Nr. 280 und 434, ferner die Hausnummern 448, 456, 462, 487, 491, 498, 619, 621–29. An der Keizersgracht 672 und 674 (Van Loon Museum) steht ein weiteres Beispiel. Als Beispiel für eine gelungene Restaurierung wird Herengracht 425–29 angeführt. Erbaut 1665, wurde es in Privatinitiative 1960 im ursprünglichen Stil restauriert. An der schiefen Tür zwischen 425 und 427 kann man noch heute erkennen, daß sich die Gebäude im letzten Jahrhundert gesenkt hatten.

Dem Einfluß der Hugenotten, die Asyl in Amsterdam suchten, verdankt das Stadtbild neue Stilelemente. Nach 1670 wurden zahlreiche strenge Fassaden ›modernisiert‹ und mit Verzierungen bereichert, etwa Treppen, Fenstersimse oder mit Ornamenten versehene Balustraden. Dem neuen Trend fielen auch einige Häuser von Dortsman zum Opfer. So erhielten die Gebäude Nr. 621, 629 und 592 neue Giebel. Weitere verzierte Halsgiebel der Louis-XIV-Periode sind erhalten geblieben an Nr. 1, 31, 211, 369 und auf der geraden Seite die Häuser 16, 148 und 378. Der Louis-XIV-Stil wurde bei den schmalen, aber vor allem bei den neuen Doppeltreppenhäusern im neuen Teil der Herengracht angewendet – mit eindrucksvollen Portalen, reich verzierten Mittelteilen und Fassadenabschlüssen mit schweren Simsen. Das *Willet Holthuysen-Haus*, Herengracht 605, fertiggestellt 1686/87, gehört dazu. Willem Gideon Deutz, Kaufmann, Bankier und Bürgermeister, kaufte das

Anwesen 1739 für 30 000 Gulden und ließ es modernisieren. So entstand der heutige Sandsteingiebel, die reich verzierte Eingangshalle mit Treppe und die prächtige Verzierung an den Sprossenfenstern. Das Gebäude wurde 1758 von dem Bankier Frederik Berewout für 83 000 Gulden gekauft. Die letzte Besitzerin, die Witwe Sandrina Louise Geertruida Holthuysen, vermachte das Anwesen der Stadt und die eröffnete 1896 das gleichnamige Museum. Haus Messina (Herengracht 164) und die Fassaden des Doppelhauses 244–46 weisen Einflüsse von Rokoko und Empire auf. Französische Stileinflüsse von Louis XVI. erkannt man auch am Giebel von Nr. 500 und am Doppelhaus Nr. 527.

Vom Ende des 19. Jh. bis noch nach dem Zweiten Weltkrieg wurden zahlreiche historische Grachtenhäuser abgebrochen oder modernisiert. Vor allem in der ›Goldenen Bucht‹ entstanden zahlreiche Neubauten, u. a. 1930 ein Bankgebäude (542–44); als weitere negative Beispiele für die sogenannte ›Anpassungsarchitektur‹ gelten Herengracht 330–32, 459–63, 501, 603, in geringerem Maße 546–54. Wie aber soll dieses Denkmal der Wohnkultur einer vergangenen Epoche bewahrt bleiben? Die einen plädieren für Modernisierung, andere für angepaßte Bauweise oder nachahmende Gestaltung. Zur Zeit wird eine zeitgerechte Modernisierung gewachsener Strukturen favorisiert. 1932 hatte Johan Huizinga bereits in seinen berühmten ›Kölner Vorträgen‹ festgestellt: »Unser Land könnte noch viel schöner sein, wenn man im 19. Jahrhundert nicht ruchlos und gefühllos abgebrochen hätte, was das 18. Jahrhundert verwahrlost hat.«

Bilderlust: Von der Morgenröte zum Goldenen Zeitalter

Gemälde und Zeichnungen hingen in allen Häusern, nur nicht in Kirchen. Allein zwischen 1640–59 sollen rund 1,3 Millionen Bilder in den Nördlichen Niederlanden gemalt worden sein. In der Republik entstanden nach einer Untersuchung des Historikers Van der Woude von 1580 bis 1800 etwa acht bis neun Millionen Bilder. Zum großen Teil handelte es sich jedoch um billige Produkte (cents-prent) und Kopien von Meisterwerken.

Herengracht (Nr. 158–186)

Bildhauerei, die vernachlässigte Kunst

Der ›Bildersturm‹, die gewaltsame Zerstörung von Gemälden, Kunsthandwerk und Bildhauerkunst in katholischen Klöstern und Kirchen durch die Calvinisten – der am 10. 8. 1566 im Kloster Sint-Laurentius bei Steenvoorde (Flandern) begonnen hatte –, hatte auch Auswirkungen auf die Arbeit der Steinmetzen in den Nördlichen Niederlanden. Bis in die Mitte des 19. Jh. wurde die Bildhauerei vernachlässigt, denn das ›Wort‹ (»Du sollst keine geschnitzten Bilder machen«) hatte von nun an mehr Gewicht als das ›Bild‹.

Gegen die Errichtung von Standbildern, wie man sie von Paris, Rom oder Berlin kannte, sprach auch die Enge der holländischen Städte, die Verwahrlosung von Plätzen und der sumpfige Grund. Noch 1867 protestierten die Calvinisten gegen das Standbild von Van den Vondel im Amsterdamer Vondelpark, weil der Architekt Petrus Cuypers im Sockel vier Schutzengel angebracht hatte.

Mit der Gründung der ›Amsterdamer Schule‹ wurde endlich die Steinmetzarbeit akzeptiert. Architekt *Petrus Berlage,* der nach einer Einheit von Architektur und Bildhauerei suchte, ließ die Fassaden seiner Bauwerke (u. a. die Beurs in Amsterdam) von bekannten Steinmetzen gestalten. Bildhauer wie *Lambertus Zijl* und *Joseph Mendes da Costa* konnten daher mit ihrer ›Neuen Kunst‹ einen extravaganten Steinmetzstil entwickeln: die Bildhauerkunst wurde Teil der Architektur. Ihre Inspirationen holten sie sich aus dem Archäologischen Museum in Leiden; dort hatten sie die ägyptische,

Standbild Joost van den Vondel

griechische und römische Bildhauerkunst kennengelernt und zum Vorbild genommen. Seitdem die ›Ein-Prozent-Regel‹ Gesetz ist – ein Prozent der Bausumme an öffentlichen Gebäuden muß für Kunst ausgegeben werden –, wird mit unterschiedlichem Erfolg probiert, Architektur und ›Kunst am Bau‹ zu verbinden.

Was waren die Gründe, die zu dieser außergewöhnlichen Produktion geführt haben? In jener Epoche herrschte politischer Elan und wirtschaftlicher Aufschwung, das Land hatte sich gegen die Feinde in Gestalt der Spanier und Franzosen durchgesetzt, im Handel die Konkurrenz überflügelt und war das reichste Land Europas. Die Bürger wollten ihre Häuser mit Dingen schmücken, die ihnen wertvoll erschienen und das tägliche Leben bestimmten: Bilder mit Motiven wie Landschaften, Tiere, Figuren und Hausrat in allegorischer Darstellung. Bildhauerkunst konnte sich nicht entfalten. Nicht nur, weil der Untergrund nachgiebig war und der geeignete Stein fehlte, sondern, weil es für derartig teure Kunstwerke an kirchlichen und adligen Auftraggebern mangelte.

Die selbstbewußte Republik besaß eine eigenständige Kultur und war voll visionärer Kraft. Die Verherrlichung des Besitzes tritt an die Stelle einer nicht greifbaren göttlichen Ewigkeit. Der Schriftsteller Cees Nooteboom beschreibt die Epoche als den Übergang von ›maniera zu materia‹, den Abschied von der Mythologie des Mittelalters.

Bevor sich die ›Hauptstadt Europas‹ zur ›Venezia hollandia‹ entwickelte, gab es noch den ›Dageraad der Gouden Eeuw‹, die ›Morgenröte des Goldenen Jahrhunderts‹ – die Zeit von 1580 bis 1620, in dem sich das gewonnene Selbstvertrauen u. a. in der Ausprägung der kulturellen Identität äußerte. Künstler suchten nach neuen Themen und Ausdrucksformen. Erst am Ende des ›Zwölfjährigen Friedens‹ (1609–1621), dessen Folge die Teilung der Niederlande war, kann von ›nordniederländischer‹ Malerei gesprochen werden.

Zahlreiche Maler hatten die Weichen gestellt in Richtung Manierismus, eine aus Italien importierte Kunst. In jenem unorthodoxen Stil, zwischen der Noblesse der Renaissance und dem vornehmen Ernst des ›Goldenen Jahrhunderts‹, wurde die Natur zum Vorbild genommen und ›naer het leven‹ und nicht mehr ›uyt den gheest‹ gemalt. Die Maler des Manierismus, als Zwischenstufe diskreditiert, hatten in den Museen nie einen bevorzugten Platz. Und daß die Flamen wesentlich zum Erfolg der nordniederländischen Malerei beigetragen haben, ist ernsthaft nicht zu bestreiten. Carel van Mander, Goltzius, Bloemaert, Spranker und Wtewael waren bekannte Manieristen, die die späteren Maler, auch Rembrandt, beeinflußten. Der Haarlemer Jan van Scorel, der italienische Stilauffassungen in den Niederlanden bekanntmachte, war für Van Mander ›der Laternenträger‹. Um 1600 entstanden Landschaften, Städteansichten, Gesellschaften, Hochzeiten, Stilleben oder realistische Porträts – eine Widerspiegelung des nationalen Stolzes und des neuen Wirklichkeitssinnes. Ihre Motive wurden ›nüchterner‹, so als sei die Welt zum Stillstand gekommen, deren letzte Konsequenz das Stilleben ist, ein echtes holländisches Genre – selbst in der Namensgebung: ›nature morte‹. Floris van Dijck, Ambrosius Bosschaert oder Roelant Saverij entwickelten sich zu Meistern dieser Disziplin; 1612 malte Saverij ›Blumenstilleben‹, möglicherweise für den kunstsinnigen deutschen Kaiser Rudolf II. Die fröhlichen und ausgelassenen Szenen, wie wir sie von den Flamen Jacob Jordaens oder Pieter Brueghel kennen, und die sich meist im Freien abspielen, finden sich im Norden nicht. Die Maler dieser Region zeigen das intime Leben in der Wohnstube, und weil die neue protestantische Religion keine Ausgelassenheit duldete, wurde zwischen die ›vrolijken gezelschapjes‹ warnende Zeichen gesetzt. Etwa Schmetterlinge oder ein umgekipptes Weinglas, Symbol für die Flüchtigkeit des Lebens; die Eule (Weisheit) oder ein Papagei, Ausdruck für Narretei. Dadurch erhielten die Bilder eine moralische Aussage, und die neuen Prediger waren zufrieden.

Die protestantische Kirche, die nur praktische Gebrauchsgegenstände bestellte, hatte dem Mäzenatentum der katholischen Kirche und des Adels ein jähes Ende beschert. Dennoch bildete sich in jenen Jahren ein Reichtum der Formen und Stilmittel heraus, der für die Zeitgenossen revolutionär gewesen sein muß. Die wohlhabenden Bürger waren Auftraggeber, ließen sich porträtieren: würdevoll und selbstbewußt durch Van Ravesteyn oder Cornelis Ketel, ließen Brustbilder in Marmor meißeln von Hendrick de Keyser. Große Gemälde, mit mythologischen Themen oder aus dem Alten Testament, werden – wenn auch nicht mehr so häufig wie vorher – noch ausgeführt. Die Mehrzahl der Maler jedoch hat sich auf kleinere Formate umgestellt. Was uns heute ein wenig hölzern anmutet, muß damals als Sensation gegolten haben. Einen Großteil jener Arbeiten aus der Periode ›Dageraad‹ besitzt das Rijksmuseum. Arbeiten von Pieter Lastman, ferner ›Winterlandschaft‹ von Hendrik van Avercamp, ein Motiv, das das Bild Hollands bis in unsere Zeit geprägt hat.

Nach Idyllen sucht man vergeblich. Die Motive muß man mit den Augen der Menschen aus jenen Jahren betrachten, die ein kurzes, hartes und arbeitsintensives Leben führten, das fest in den Ablauf der Jahreszeiten eingebunden war. Ein Symbol für die Epoche könnte jener Fisch sein, den Hendrick Goltzius gezeichnet hat, den Cruyckvis oder Snotolf. Ein sehr gefräßiger Raubfisch, umgangssprachlich steht er auch für ›Lump‹. Und denkt man an die holländischen Kaperfahrer, die Sklavenhändler, die Tuchhersteller, die kleine Kinder beschäftigten, die mächtigen Regenten, so könnte der Holländer des 17. Jh.

Floris van Dijck (ca. 1575–1651), Stilleben mit Käse, um 1615/20

dem ›snotolf‹ nicht unähnlich gewesen sein. In jener Epoche verlief die geistige und politische Entwicklung langsam, das Leben hingegen schnell. Kaum hatte die neue Religion Fuß gefaßt, begann bereits die Gegenreformation. Der Freiheitskampf gegen Spanien dauerte 80 Jahre, ein Mensch lebte durchschnittlich 35 Jahre. Kindliches Leben und Jugendkultur bestanden nicht, es gab nur kleine Erwachsene, wie etwa das berühmte Frans-Hals-Porträt von Catharina Hooft mit ihrer Amme (um 1620) zeigt. Ein Bild von überraschender Anmut und Eleganz. Als die kleine Catharina porträtiert wurde, ahnte sie nicht, daß sie in dem Haus sterben sollte, das der Familie jenes Mannes gehörte, der glänzender Mittelpunkt von Rembrandts ›Nachtwache‹ werden sollte, Frans Banning Cocq.

Dem Dageraad folgte der Tag, das ›Goldene Zeitalter‹. Und so fließend wie das Morgenrot in den hellen Tag übergeht, so fließend verlief auch der Übergang in die große Periode der niederländischen Kunst. Die Künstler der ›Morgenröte‹ bereiteten den Boden für Rembrandt, Ruisdael oder Vermeer. Die Bilder der Maler sind der farbige Abglanz jener Epoche, mehr noch: der Spiegel dieses Lebens, und das heißt primär des Kapitals und der Aufklärung.

Die Maler waren in erster Linie Handwerker, die in Zünften, der Sint Lucasgilde, zusammengeschlossen waren. Es wurde zwischen Grob- und Feinmaler unterschieden. In der Feinmalerei gab es zahlreiche Gruppen, die einen malten Porträts, die anderen Landschaften, die einen waren auf Winter spezialisiert, andere auf Obst oder Blumen. In jedem Haus, in den Läden und Werkstätten hingen Bilder; die einen konnten sich Gemälde für hundert Gulden leisten, die anderen einen Druck für einige Cent. Mit Bildern wurde gehandelt, sie waren wie Aktien. Maler, wie z. B. Vermeer, bezahlten damit Rechnungen. Die am Kanon der Antike, später auch an der niederländischen Geschichte ausgerichteten Themen genossen nach dem Anspruch der Renaissance die höchste Wertschätzung. Pieter Lastman, Jan Lievens, aber auch Govert Flinck und Ferdinand Bol waren als Vertreter jener Gattung die bekannten Historienmaler in Amsterdam. Landschaftsmalerei und Stilleben, bei dem Glas, Keramik, Blumen, Früchte, Wild oder Fisch dargestellt wurden, galten als minderwertig und waren entsprechend preiswert. In einer Nachlaßbeschreibung einer Amsterdamer Familie vom 27. März 1682 wurde offiziell taxiert: Stilleben mit Römer sechs Gulden, zwei kleine Landschaften sieben Gulden, Gemälde mit Zigeunerin zwei Gulden, Bordellszene und Bild mit Wassermühle je einen Gulden und zehn Cent. Erst später, als das Stilleben allgemein anerkannt war, wurde diese Kunstrichtung ernst genommen und teuer bezahlt.

☐ Stilleben

Zu den großen Meistern niederländischer Stilleben, der ›nature morte‹, zählen Jan Davidsz. de Heem (1606–83), Jacques de Gheyn II (1565–1629), Ambrosius Bosschaert (1573–1621) und Willem Kalf (1622–93). Auch Vincent van Gogh malte Stilleben, etwa ›Vase mit Blumen‹ (1886). Jene Malerei, die Liebe zum Detail, ihre Farbigkeit, hat eine große Faszination auf spätere Sammler ausgeübt. Hinter den dargestellten Motiven der

Stilleben steht die Überzeugung, daß sich die göttliche Schöpfung auch in den kleinsten Dingen offenbart. Die Stilleben, die massive Präsenz der Vanitas-Motive, gibt es als Tafel-, Blumen-, Küchen-, Tier- oder Bücherstücke, Früchte- und Konfektstilleben, aber auch als Garten- und Bankettbilder im Zeichen der fünf Sinne und der vier Jahreszeiten. Herausragend sind die Bücherstilleben, die im frühen 17. Jh. eine Spezialität aus Leiden waren. Mit ihren Landkarten, Folianten, Papieren, Kerzen, Uhren, Noten und Totenschädeln bieten sie eine Mischung von Gelehrsamkeit und Vergänglichkeit. De Heem malte ein Bücherstilleben mit Totenschädel im Sinne des calvinistischen Puritanismus, überwältigend sein Prunkstilleben mit Muscheln, Blumen, Möbeln und Musikinstrumenten (Privatbesitz). Die Malerei jener Stücke ist zugleich maßvoll und üppig, luxuriös und voll verborgener Symbolik. Erst im 17. Jh. wurde diese Art der Genremalerei auch bei den wohlhabenden Bürgern beliebt, vorher galt sie als zu boerse, zu ›bäuerisch‹. Als der materielle Wohlstand sich zum Luxus steigert und ein Bedürfnis nach Sublimierung des Genusses entsteht, erreicht dieses Genre seinen Höhepunkt. Nicht nur in den Niederlanden, sondern auch in Deutschland – u. a. mit Georg Flegel (1566–1638). Nun mußten kostbare Dinge abgebildet werden. Besondere Einblicke in das holländische Stilleben gibt das Blumenstück von Bosschaert (Mauritshuis, Den Haag). Statt Quantität wird die noble Tafelkultur der privilegierten Bürger gezeigt: wertvolles Porzellan aus China, kostbare Gläser aus Venedig, silberne Löffel, Bücher und Veduten. Blumen blühen verschwenderisch, Früchte und Blütenstengel bezaubern in delikaten Farbwundern; Schmetterlinge, Larven und Fliegen beleben die Stücke, exotische Muscheln wetteifern in ihrem Realismus mit der Landschaft im Hintergrund. Nicht Realitätsersatz, sondern ästhetische Form soll die Augenlust wecken.

☐ Landschaftsmalerei

Holländische Landschaft, ein stilles weites Land, meerumspült, mit hohem Himmel und satten Wolkenbergen: ein irdisches Paradies, eine kontemplative, geradezu andachtsvolle Landschaft. So haben es die Bilder der holländischen Maler vermittelt, und so hat sich das Klischee in den Köpfen der Betrachter bis heute festgesetzt. Paulus Potter, Adriaen van de Velde und Cornelis van Poelenburgh waren die bekanntesten Landschaftsmaler. Die Malerei jener Epoche wird gerühmt wegen ihres sogenannten Realismus. Aber fast alle Bilder sind sorgfältig zusammengestellte Kompositionen. Die einzelnen Motive wie Brücken, Bäume, Pflanzen, Schiffe, Häuser, Wolken u. a. hatte man im Atelier vorrätig, fügte sie zusammen und schuf so eine neue Wirklichkeit. So wurde von Meteorologen festgestellt, daß es die Wolkengebilde, die von Rembrandt oder Ruisdael gemalt wurden, nicht geben kann. Die Maler haben stets einen bestimmten Wettertyp gemalt, meist sonnig und bei Seebildern viel Sturm. Oft haben sie dabei Wolkenformen zusammen abgebildet, die nie gleichzeitig am Himmel erscheinen. Vom holländischen Land ist so ein falscher Eindruck übermittelt worden: Dies' Arkadien am Meer gab es nicht. Den Malern ging es allein um Perfektion. Den Höhepunkt des Scheinrealismus bilden die Blumenstilleben. Blumen und Pflanzen, die zu verschiedenen Jahreszeiten blühen, wurden zu einem

Jacob van Ruisdael (1628/29–1682), ›Windmühle von Wijk‹, um 1670

Strauß zusammengestellt. Auch bei Winterlandschaften (Rembrandt, Ruisdael, Van Goyen u. a.) klafft zwischen Phantasie und Realität eine große Kluft. Ebenso wurden bei zahllosen Marinebildern oder Seeschlachten Standardmotive zusammengefügt. Die Bilder wurden komponiert. Auch in der Landschaftsmalerei wurde ähnlich verfahren – eine komponierte Fiktion. »Ihr seid frei, etwas wegzulassen, aber fügt nichts anderes hinzu«, mahnte ein Auftraggeber. So entstand das Bild eines Landes, seiner tugendsamen und häuslichen Bewohner, seiner reinlichen Wohnungen, das es so nicht gegeben hat und zu zahlreichen falschen Interpretationen führen sollte. Das gemalte Goldene Zeitalter ist eine idealisierte, unkomplizierte, ja paradiesische Welt, unerreichbar für die Menschheit.

Eine Ausnahme bildeten die sorgfältig ausgeführten Dorf- und Städteansichten. Aber auch dabei wurde manipuliert. Nehmen wir eine Radierung von Piet Bast, der auf das Genre von Stadtporträts spezialisiert war. Im Rembrandthuis ist seine Ansicht von Franeker (1598) zu sehen. Der Ort liegt in der Sonne, die Kirche im Mittelpunkt, Mühlen und Stadttore – so muß es damals ausgesehen haben. Die Anwesenheit des Laute spielenden

Mannes und der Bürger scheint symbolisch gemeint. Diese topografischen Zeichnungen, die nicht mehr als einen Laib Brot kosteten, spiegeln nicht nur den nationalen Stolz auf das Land wider, sondern interpretieren auch die Lehre Johann Calvins, der darauf hingewiesen hatte, die Welt sei nicht verdorben, sondern eine Widerspiegelung des Himmels. Calvin hatte auch Naturtreue gefordert: »Men mag de Mejesteyt Godts, die onzienelijk (unsichtbar) is, door geen onbehoorlijke vertooningen vervalschen (durch keine unschicklichen Darbietungen verfälschen): maar alleenlijk machmen die dingen snijden, graveeren of schilderen die de oogen begrijpen kunnen.«

☐ Symbole – Malerei mit verborgenem Sinn

Die damals neue Bildgattung des Stillebens war sowohl Ausdruck eines ästhetischen Vergnügens als auch Träger religiöser und moralischer Botschaften. Mit Maßen genießen, Gott im Feinen und Kleinen huldigen, lautete die Devise. Der erworbene Reichtum wurde genossen, aber mit schlechtem Gewissen. Die Bilder spiegeln die Balance zwischen Völlerei und Askese, zwischen Wein und Brot. Die Malerei jener Epoche war auch eine Malerei der Anspielungen, der Symbole und geheimen Botschaften. Die Bildmotive legen das Illusionistische der Welt offen, lassen verborgenen Sinn durchschimmern. Der bibelfeste und humanistisch gebildete Niederländer liebte – und da unterschied er sich nicht von den Malern der ›Schule von Fontainebleau‹ – diese verschlüsselte Sprache – sowohl in der Literatur als auch in der Malerei. Oft barg ein Gemälde auch eine Botschaft von der Vergänglichkeit des Lebens, dargestellt an einem Totenkopf, einem abgestorbenen Baum oder einer ausgeblasenen Kerze. Ein Tabakstilleben stellte die Vergänglichkeit des Irdischen dar, ein Schmetterling Tod und Unsterblichkeit – etwa die Auferstehung Christi –, Vögel symbolisierten ewiges Leben und den Geschlechtstrieb, ein krabbelnder Käfer die zersetzende Kraft des Bösen; Nager bedeuteten Zerstörung, die Laute und der Hund eheliche Treue, und die Amme der Catharina erinnerte an die künftige Bestimmung der Frau, an ihre Mutterrolle. Ein Offizier, der mit einem jungen Mädchen zusammensteht, wurde als Symbol für Unzucht angesehen (›Soldat und lachendes Mädchen‹, Vermeer um 1658). Die verblühenden Blumen sollten den Menschen an seine Vergänglichkeit erinnern. Zahlreiche Symbole, die im Laufe der Zeit häufig ihre Bedeutung änderten, blieben unentschlüsselt.

☐ Das Porträt

Porträts hingen in fast jedem Haus, aber auch in öffentlichen Gebäuden, und in den Schlössern des Adels waren sie in großer Anzahl vertreten. Allein am Hof des Statthalters in Den Haag zählte man 1632 rund 170 Porträts von Angehörigen und Verwandten des Hauses Oranje-Nassau. Das ›conterfeytsel‹ zeigte nicht nur den Hausherrn mit Gemahlin, sondern auch deren Familienmitglieder. Es gab Einzel- und Gruppenporträts. Oft waren drei Generationen gleichzeitig abgebildet. Ein Verstorbener wurde mit einem Totenschädel in seiner Hand oder auf dem Tisch gemalt. Mit diesen Darstellungen sollte der Zusammenhalt der Familie zum Ausdruck gebracht werden. Einen Höhepunkt bildeten Porträts der Vorsteher (Regenten), die in den Regentenkammern, den von ihnen gestifteten und/oder geführten Kranken- und Waisenhäusern, Armenstiften oder Gefängnissen hingen. Bekannteste Vorbilder sind die Frans-Hals-Bilder von Haarlemer Regenten und Regentinnen, der ihnen mit ihren verlebten Gesichtern zu dauerhafter Popularität verhalf. Rembrandts Gruppenbild ›Staalmeesters‹ oder ›Nachtwache‹, die Schützenstücke von Frans Hals gelten als die ästhetischen Höhepunkte jenes Genres. Bei der ›Nachtwache‹, so der Historiker Johan Huizinga, vermisse er die Heiterkeit, daher glaubte er, Rembrandt hätte mit dem Bild, trotz »aller Schätze von Licht und Farbe« viel mehr zum Ausdruck bringen wollen als er geschaffen hat. Frauen mächtiger Regenten

Gerard van Honthorst (1590–1656), ›Der fröhliche Fiedler‹, 1623

wurden meist mit den großen runden Kragen, den ›Mühlsteinen‹, abgebildet. Rembrandt stellte Personen aus seiner Umgebung nicht in Kleidung der damaligen Zeit dar, sondern in Phantasiekostümen. Frans Hals hingegen, ein Meister der Momentaufnahme, porträtierte seine Auftraggeber in der Mode seiner Zeit, lediglich die Fahnenträger auf seinen fünf berühmten Schützenbildern, die im Haarlemer Museum hängen, malte er phantasievoller.

☐ Historienmalerei

Während die realistische Landschaftmalerei und das Stilleben erst später gewürdigt werden sollten, bildete die Historienmalerei, der Rückgriff auf die griechische und römische Antike und die Darstellungen nationaler Ereignisse, den künstlerischen Höhepunkt. Auffallend ist auch, daß es im Gegensatz zu Landkriegen beinahe von jedem berühmten Seegefecht Bilder gibt. Das Meer war eng mit der Entwicklung der Nation verbunden. Der repräsentative Höhepunkt der Historienmalerei ist im Amsterdamer Rathaus zu sehen. Aber auch die Ausstattung von Regentenzimmern oder des Oraniersaals von Huis ten Bosch in Den Haag mit großflächigen Historiengemälden erinnerte mehr an eine ständische Hofkultur als an eine bürgerliche Kultur. Cornelis Cornelisz. van Haarlem, Lastman, Rembrandt, Ferdinand Bol, Joachim van Sandrart oder Caesar van Everdingen gehören zu jener Gruppe, die eine monumentale und repräsentative Historienmalerei schufen.

Die Grenze zwischen dem Niedergang der Malerei im Goldenen Zeitalter wird zwischen 1679 und 1720 gezogen. Als Ursache werden der geldverschlingende Krieg mit England und die schlechte Wirtschaftslage angeführt. Spätere Maler identifizierten sich mit denen des Goldenen Zeitalters, kopierten die alten Meister oder fertigten Selbstporträts in rembrandtscher Manier. Die Niederlande lebten von der Substanz des Goldenen Zeitalters, dem sie auch ihr Nationalbewußtsein verdanken. »In der Kunst müsse Vaterlandsliebe anzutreffen sein, auf die jedes Reich, jedes Land, jede Provinz und selbst die Stadt ein Recht habe«, formulierte Goethe in ›Kunst und Alterthum am Rhein und Main‹ (1814) und stellte fest: »Die Niederländer bleiben Niederländer. Ja, der nationale Charakter beherrscht sie so sehr, daß sie sich am Ende wieder in ihren Zauberkreis einschließen und jeden fremden Einfluß abweisen.«

Monumentenzorg – 6850 Gebäude stehen unter Denkmalschutz

Zu ihrem unvergleichlichen, von Kriegen und Bränden verschont gebliebenen Stadtbild hatte die Gemeinde Amsterdam stets ein widersprüchliches Verhältnis. Weder Hauseigentümer von historischen Gebäuden noch Politiker einschließlich der letzten sozialdemokratischen Bürgermeister von Amsterdam haben sich, was Denkmalschutz betrifft, besonders interessiert gezeigt. Engagierte Privatleute waren es, die dem forschen Streben fortschrittsgläubiger Stadtplaner, Projektentwickler und Gemeindepolitiker ein Ende setzten – wenn auch nicht immer mit Erfolg. Aber gerade die historischen Baudenkmäler, das erhalten gebliebene Ensemble von Giebelhäusern, Grachten und Palästen sind es, was Amsterdam zu einer (fast) idealen Stadt macht.

Das historische Zentrum ist nicht museal, sondern ein Ort mit Lebensart und Lebensqualität. Leider wird noch manches, was den Charme der Altstadt ausmacht, abgebrochen. Von der Notwendigkeit des Schutzes historischer Bausubstanz war man bereits gegen Ende des letzten Jahrhunderts überzeugt. Aktueller Anlaß war das um 1900 geplante Zuwerfen (dempen) der Reguliersgracht, um dort eine Zufahrtsstraße zur Innenstadt zu bauen. Einhelliger Protest verhinderte dies, und heute zählt die idyllische Gracht mit ihren Bogenbrücken zu den meistfotografierten Sehenswürdigkeiten. In den 60er Jahren sollte die Singelgracht für eine Ringstraße beseitigt werden, und noch Anfang der 80er Jahre sollte das Jordaan-Viertel abgerissen werden! Seit 1856 wurden 21 Grachten in Straßen umgewandelt, u. a. die Anjeliers- und Houtgracht, Spui und Begijnensloet, Rozen- und Elandsgracht, der Overtoom und ein Teil vom Rokin.

1903 wurde erstmals vom Staat eine ›vorläufige Liste von Denkmälern aus Geschichte und Kunst‹ angelegt. 1928 kündigte Königin Wilhelmina in ihrer Thronrede ein Gesetz zum Denkmalschutz an, aber es sollte noch bis zum 20. Juli 1961 dauern. An diesem Tag wurde das Gesetz zum Denkmalschutz, ›Monumentenzorg‹, rechtskräftig.

Die Federführung beim Denkmalschutz liegt beim Staat. Rund 44 000 Objekte (etwa die Hälfte muß noch restauriert werden) im ganzen Land, davon knapp 7000 allein in Amsterdam, stehen unter Denkmalschutz. 1953 wurde bereits das Amt für Denkmalschutz eröffnet. Um den Erhalt der zahlreichen historischen Gebäude haben sich vor allem die privaten Stiftungen wie ›Hendrick de Keyser‹, ›Stadsherstel‹, ›Aristoteles‹, und ›Diogenes‹ verdient gemacht. Sie kaufen vom Verfall bedrohte Häuser, renovieren und vermieten sie. Diesem Beispiel folgten in den letzten Jahren zahlreiche Privatpersonen, denn Wohnen in historischer Umgebung ist beliebt geworden. Beim Erhalt historischer Bausubstanz geht es nicht nur um das einzelne Gebäude, sondern um das gesamte Ensemble von Bauten.

1954 wurde von ›Hendrick de Keyser‹ an der Zandhoek Nr. 4 das erste Halsgiebelhaus restauriert. Am 28. September 1978 war mit der Einweihung des Cafés ›De Gouden Real‹ durch ›Stadsherstel‹ die gesamte Straße restauriert; sie gilt heute als Prunkstück von Realeneiland. In den ersten elf Jahren ihres Bestehens rettete ›Stadsherstel‹ 100 Häuser vor dem Abbruch. Der Stiftung ›Diogenes‹ verdankt Amsterdam die Rettung des ›Pintohauses‹ in der Sint Antoniesbreestraat. Ebenso wie all die anderen historischen Gebäude in der Umgebung auch sollte es dem U-Bahn-Bau zum Opfer fallen. Der Nestor des Amsterdamer Denkmalschutzes, Geurt Brinkgreve, entriß diesen Patrizierpalast dem Zugriff kurzsichtiger Stadtplaner. Das Gebäude gehört zu den wenigen auffallenden Patrizierhäusern, denn in der republikanisch geprägten Stadt findet man kaum Denkmäler von imperialer Herrlichkeit.

›Diogenes‹ bewahrte mit dem Claes Claes Hofje im Jordaan – einem verschachtelten Wohnhof, in dem Künstler und Studenten wohnen –, dem Jan-Pietersz.-Huis, Heimstatt für Musiker, und dem Bethanienkloster, in dem heute u. a. Konzerte gegeben werden, Gebäude, die aus dem Stadtbild nicht mehr fortzudenken sind. ›Diogenes‹ besitzt 95 Häuser, die hauptsächlich an Künstler vermietet werden. ›Hendrick de Keyser‹ spezialisiert sich auf Bauten mit einem kulturhistorischen Hintergrund und besitzt rund 200 Gebäude, etwa 85 davon in Amsterdam. ›Stadsherstel‹ ist mit rund 360 Objekten die größte auf Restaurierung spezialisierte Gesellschaft, kauft vor allem baufällige Häuser und vermietet sie anschließend. Seit 1953 wurden mehr als 4500 Gebäude renoviert, nicht nur Wohnhäuser, sondern auch Speicher, Synagogen und Kirchen. Auffallend an allen unter Denkmalschutz stehenden Gebäuden ist – im Gegensatz zu anderen Ländern –, daß zwischen 80 und 90 Prozent des gesamten Bestandes Wohnhäuser sind. Ein Grund auch, warum die Amsterdamer Innenstadt so belebt und beliebt ist, denn ohne ein gewisses Maß an Geborgenheit – ein Grund auch, warum es in der Satellitenstadt Bijlmermeer zwar grün, aber doch unwohnlich ist – kann kein Mensch leben.

Wann aber ist ein Grachtenhaus ein Baudenkmal? Das ›stilechte‹ Gebäude findet man kaum, und so stellt sich den Restauratoren bei jedem Objekt immer wieder die Frage: »Wie weit können wir in die Baugeschichte zurückgehen?« Zumeist ist die Baustruktur aus dem 16. oder 17. Jh., die Giebelfront im Stil Louis XIV, der Giebel vielleicht Barock oder Empire, die Sprossenfenster stammen aus dem 19. Jh. und das Portal ist vielleicht erst 50 Jahre alt. So wird bei einigen Häusern der originelle Treppengiebel erneuert, bei anderen jedoch der Leistengiebel aus dem 18. Jh. nur restauriert. Etwa an der Herengracht 361, wo hinter einer Kronenleiste ein Treppengiebel aus dem 17. Jh. verborgen war. Da er noch vollständig erhalten geblieben war, wurde er in alter Pracht wieder hergestellt. Auch am Grachtengürtel sind zahlreiche Gebäude durch Modernisierung gefährdet: mit neuen Fassaden, hellen Farben oder praktischen Türen verlieren sie ihren Charakter. Die Denkmalschützer sind bemüht, die kulturgeschichtliche Aussagefähigkeit der Gebäude zu erhalten. Aber nicht immer gelingt dies. Es mangelt an ausgebildeten Architekten, Restauratoren und Handwerkern, es müssen Kompromisse mit den Bauherren geschlossen werden. Außerdem ist der Erhalt denkmalwürdiger Bauten von Investoren abhängig, und für viele Immobilienfirmen sind denkmalgeschützte Gebäude zum steuerlich subventionierten Markenartikel mit dem verkaufsfördernden Charme des Nostalgischen geworden. Andererseits würden viele Bauten ungenutzt verfallen.

Niederländische Literatur und Sprache

Die Literatur aus dem niederländischen Sprachraum – aus den Niederlanden, aus Flandern oder der niederländisch-karibischen Inselwelt – wird immer häufiger übersetzt. Ein vorläufig letzter Höhepunkt war die Frankfurter Buchmesse von 1993, bei der die Niederlande ›Schwerpunktland‹ waren und mit über hundert neuen Übersetzungen aus Flandern und Holland in Erscheinung traten. *Harry Mulisch* und *Cees Nooteboom* führten mit ihren Titeln ›Die Entdeckung des Himmels‹ und ›Die folgende Geschichte‹ monatelang die Bestsellerlisten an. Zwei Autoren, die gemeinsam mit *Hugo Claus*, dem sprachgewaltigen Erzähler aus Flandern, die Geltung der niederländischen Gegenwartsliteratur ausmachen. An literarischer Vitalität, darin sind sich die meisten Kritiker einig, übertrifft Hugo Claus aus Gent seine nordholländischen Kollegen. Zwei weitere Namen von Rang sind die im deutschen Sprachraum unbekannteren Romanciers *Willem Frederik Hermans* und *Louis Paul Boon*.

Harry Mulisch (geb. 1927), Sohn einer Jüdin und eines österreichischen Vaters, der sich »immer noch« mit Goethe beschäftigt, gilt als herausragender Autor niederländischer Zunge. Seine Bücher über Krieg und Besatzung (etwa ›Das Attentat‹, 1982) gehören im niederländischen Sprachraum längst zu den Klassikern und zur Schullektüre. Seitdem beschäftigen sich die Niederländer, insbesondere ihre sprachbegabtesten Autoren, kontinuierlich mit der Dramatik der Besatzungszeit. Die Zeit der deutschen Besatzung von 1940 bis 1945 spielte und spielt in zahllosen Büchern noch immer eine wichtige Rolle. Etwa bei *Willem Frederik Hermans* ›Die Dunkelkammer von Damokles‹ (seit 1958 in 26 Auflagen erschienen), *Jan Cramers* Trilogie ›Die Hunnen‹ (1984), *Abel Herzbergs* ›Amor Fati‹, *Jacque Pressers* ›Die Nacht der Girondisten‹ (deutsch 1991) oder das 1957 erschienene und 460 000mal verkaufte ›Das Bitterkraut‹ von *Margo Minco*, in dem vom eigenverantwortlichen Überleben erzählt wird.

In seinem berühmten Roman ›Tränen der Akazien‹ nimmt Hermans Abschied vom Heldentum, *Simon Vestdijk* ironisiert in ›Pastorale 44‹ die Bedeutung des Widerstandes, im ›Steinernen Kreuzbett‹ sieht Mulisch die Deutschen auch als Opfer. Schriftsteller wie *Armando* oder *Louis Ferron* beschreiben die Faszination des Bösen. Mulisch gilt als einer der wenigen niederländischen Autoren, der nuanciert über Deutschland schreibt, versäumt aber nicht, die Vokabeln des Dritten Reiches in kursiv zu schreiben, so daß doch wieder ein Bezug zum ›bösen‹ Deutschen hergestellt wird. Die Kollaboration spielte in beiden Ländern eine bedeutende Rolle. Aber im Gegensatz zu Belgien gibt es in den Niederlanden keinen Roman zum Thema Kollaboration mit den Deutschen, so wie ihn Hugo Claus mit seinem ›Kummer von Flandern‹ (1983) geschrieben hat. »Warum hat er, Harry Mulisch, nicht einen Roman über die vielfältige Kollaboration in Holland geschrieben?« Der Amsterdamer: »Dann würde ich Probleme bekommen.« Die Erfolge von Mulisch und Nooteboom (›Rituale‹) in der Bundesrepublik werden ihrem Wagemut, ihrer Risikofreude und ihrer offenen Art zugeschrieben.

Die Niederländer sind mit der jüngsten Vergangenheit noch längst nicht ins reine gekommen, auf die sie teils als allzu Unbeteiligte, teils Mitwirkende und teils als Opfer reflektieren. Autoren wie *Huub Beurskens* (›Das Verlöbnis‹, 1990) oder *Tessa de Loo* (›Zwillinge‹, 1994) widmen sich diesem Thema, von dem der Historiker Hermann von der Dunk sagt, daß die »Erinnerung an diese Zeit, die fundamentale, die gemeinschaftsbegründende Erfahrung, die seit dem Wegfall der weltanschaulichen Bindungen das nationale historische Bewußtsein« ersetze, ein »Band« sei, »das auch das Wegsehen von der eigenen Geschichte« erlaube. *Monika van Paemels* feministischer Kriegsroman ›Verfluchte Väter‹ (1985) schließt thematisch an.

Auch die mehr als 350jährige holländische Kolonialgeschichte hat ihre Spuren in der Literatur hinterlassen. *Multatuli* (s. S. 41) hat mit dem Roman ›Max Havelaar‹ (1860) als erster die Holländer mit schonungsloser Darstellung der Kolonialherrschaft provoziert. 40 Jahre nach Multatulis Pamphlet gegen die Ausbeutung der Javaner veröffentlichte *Louis Couperus* seinen Ostindienroman ›Die stille Kraft‹ (deutsch 1993), in dem er die Unvereinbarkeit der verschiedenen Kulturen beschreibt. Große Wirkung hat auch *Hella S. Haasse* (1918 in Batavia/heute Djakarta geboren) mit ihrer Novelle ›Oeroeg‹ (1948) erzielt, in der sie sich äußerst kritisch mit den westlichen ›Werten‹ auseinandersetzt. Inzwischen zählt man rund 250 Titel zum Thema Kolonialherrschaft.

Bedeutende Dichter holländischer Sprache tauchen erst mit dem wirtschaftlichen und kulturellen Niedergang der flandrischen Städte auf, die bis zur Renaissance kulturell führend waren. Etwa *Joost van den Vondel* (1587–1679), in Köln geboren und in Amsterdam gestorben, gilt als einer der bedeutendsten niederländischen Literaten. Vondels Werk ist eng mit Amsterdam verbunden. Zur Einweihung des Rathauses, des Athenaeum Illustre und des Stadttheaters schrieb er Verse und Dramen (›Lucifer‹), mit seinem Theaterstück ›Gijsbrecht van Aemstel‹ (1637) wurde das neue Theater eingeweiht. Van den Vondel übersetzte Ovid und Vergil ins Niederländische, beeinflußte die deutschen Dichter Andreas Gryphius und Martin Opitz, verfaßte eine Vielzahl an Spottversen, vaterländische und religiöse Gedichte, 32 Dramen und beteiligte sich lebhaft an den kirchlichen Auseinandersetzungen; 1641 konvertierte er zum katholischen Glauben.

Weitere Dichter der Renaissance sind *Constantijn Huygens* (1596–1687), Sekretär von Frederik Hendrik und Linsenschleifer. Zu seinen herausragenden Arbeiten gehören ›Hofwijck‹ und ›Dagh-werck‹; *Jacob Cats* (1577–1660), Staatsbeamter von Holland und Verfasser der Poesiesammlung ›Sinne- en minnebeelden‹. *Pieter Cornelisz. Hooft* (1581–1647), Bürgermeistersohn, der in Italien lernte und den literarischen Kreis ›Muiderkring‹ gegründet hatte, und *Gerbrand Adriaensz. Bredero* (1585–1618) sind mit Amsterdam verbunden.

Bredero war Mitglied der Amsterdamse Rederijkerskamer ›De Eglentier‹ (Die wilde Rose), und sein Wappenspruch war »'t kan verkeeren« (Etwa: Handel hat Wandel oder das Blatt kann sich wenden). In den Zusammenkünften von Rhetorikern, deren Hochburgen die flandrischen Städte Antwerpen und Brügge waren, übten sich deren Mitglieder in der Dichtkunst, in erster Linie ging es dabei um die Nachahmung komplizierter Reimschemata. Bredero, der bei dem Antwerpener Künstler François Badens malen gelernt hatte, wird 1617 Mitbegründer der neuen ›Nederduytse Academie‹. Bredero, Chronist des aufstrebenden Amsterdam, beschreibt in seinen Stücken das frivole, lebenslustige, fromme und freiheitsliebende Volk der Stadt. Erhalten geblieben sind auch seine Liebesbriefe an die 19jährige reiche Magdalena Stockmanns, die er mit »Ihr stets treuer Diener und Sklave« unterzeichnete. Bredero schrieb das ›Groot Lied-Boek‹ mit mehr als hundert, zum Teil amourösen Gedichten und Sonetten, die Schauspiele ›Moortje‹, ›Teeuwis de Boer‹, ›Warenar‹ und den bekannten ›Spaansch Brabanter‹, in dem er über die Asylanten und Immigranten spottet, sich über deren Prunksucht und Habgier erregt. Er wirft aber auch den calvinistischen Predigern und Sprachpuristen, die sich über den ›brabantse Einfluß‹ beklagen, Heuchelei vor. In Erinnerung an seinen Tod wird das Bändchen ‹Lijck-dichten‹ (Grabgedichte) herausgegeben.

Eine besondere Rolle sollte das Land nach 1933 in der Literatur spielen, nachdem es zum Boykott der Juden in Deutschland gekommen war. Zehntausende, einige

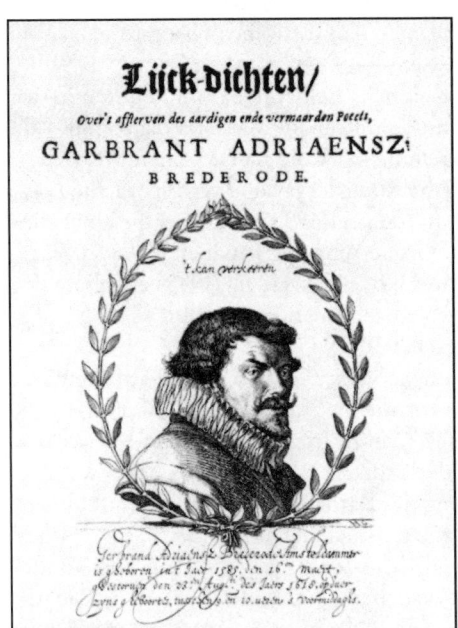

Titelseite des ›Lijck-dichten‹ mit dem Porträt Gerbrand Adriaensz. Brederos (1585–1618), Amsterdam 1619

Quellen sprechen von 40 000 Deutschen, kamen zwischen 1933 und 1940 nach Holland. Bei diesen Flüchtlingen handelte es sich nicht nur um Juden, sondern auch um Sozialdemokraten, Kommunisten, Künstler, Schriftsteller und Wissenschaftler. In Amsterdam kam es zur Gründung von Exilverlagen, eine Initiative von Hermann Kesten und dem Verleger Emanuel Querido. Führend im Veröffentlichen von Exilliteratur waren die Verlage Allert de Lange und Querido – bis zum Kriegsausbruch erschienen allein bei Querido rund 200 deutschsprachige Titel, u. a. von Heinrich Mann, Konrad Merz, Franz Werfel, Alfred Döblin, Joseph Roth, Egon Erwin Kisch, Bertolt Brecht und Stefan Zweig. ›De Groene Amsterdamer‹, ›De Stem‹, ›Groot Nederland‹, ›Den Gulden Winckel‹, ›Het Vaderland‹ und ›Centaur‹ waren jene Zeitschriften, die seit den 40er Jahren regelmäßig deutschsprachige Literatur abdruckten und deutsche Bücher rezensierten. Sie waren es auch, die gegen Maßnahmen der niederländischen Behörden protestierten, wenn diese unliebsame Flüchtlinge auswiesen oder unbequeme Stücke verboten. ›Het Volk‹: »Hat sich auch in den Niederlanden der Künstler nach dem Zusammenziehen der Augenbrauen des Herrn Goebbels zu richten?« Der sozialdemokratische ›Voorwaarts‹ lobte dennoch ausdrücklich die geistige Freiheit in diesem Land. Nach dem Krieg hat sich die 1950 gegründete Stiftung ›Castrum Peregrini‹ um die deutschsprachige Literatur verdient gemacht.

Als Niederländisch bezeichnet man die selbständige germanische Sprache, eine Mittelstellung zwischen dem niedersächsischen und fränkischen Dialekt, die sich seit dem 16. und 17. Jh. auf dem Hintergrund der sogenannten ›Statenbijbel‹, der volkssprachlichen Bibel, entwickelte. In den Südniederlanden, dem heutigen Flandern, wird das dem Niederländischen verwandte Flämisch gesprochen. Das Nederlands, auch Holländisch genannt, wird seit 1900 als Algemeen Beschaafd Nederlands (kultiviertes Niederländisch) bezeichnet. Vokabeln niederländischen Ursprungs findet man im Russischen, Französischen und Englischen, aber auch in der Bahasa Indonesia, im südafrikanischen Afrikaans, im Papiamento der Antillen und im surinamischen Sranang tonga. 1980 wurde von den Niederlanden und Belgien die ›Taalunie‹ gegründet, die darüber wachen soll, daß das Hochniederländisch innerhalb der Europäischen Union neben den anderen fünf großen Sprachen – Englisch, Französisch, Deutsch, Spanisch und Italienisch – akzeptiert wird. Weltweit wird an rund 250 Universitäten und Fachhochschulen Niederländisch unterrichtet. Der Literaturfonds unterstützt rund 200 Autoren und 100 Übersetzer. Holländer lesen mehr Bücher als sie kaufen: jeder vierte leiht sich regelmäßig Bücher in der Bibliothek. Im Durchschnitt kauft jeder Holländer vier bis fünf Bücher im Jahr. Ein Großteil der Niederländer und Flamen liest ausländische Autoren in ihrer Originalsprache. In keinem anderen Land – außerhalb des englischen Sprachraumes – werden mehr englische Titel gekauft wie hier. Die Zahl der Bücher in den Haushalten wird auf rund 1,5 Milliarden geschätzt, 90 Millionen Bücher waren in rund 2000 Bibliotheken registriert, und das Zentrale Bücherhaus in Culemburg hat 86 000 Titel in seinem Bestand.

Der ›authentische Rembrandt‹ – das Rembrandt Research Projekt

Da haben die Holländer mit Rembrandt Harmensz. van Rijn einen ihrer größten Maler, und was machen sie: Sie untersuchen die Museumsbestände, um nachzuweisen, daß dieses oder jenes Rembrandtbild nicht vom großen Meister stammt. Und eigentlich konnte es auch gar nicht anders sein, die Zahlen aus den Archiven des New Yorker Hafenzolls bewiesen es: von 1909 bis 1950 wurden 9482 ›Rembrandts‹ eingeführt.

Um Ordnung in dieses Verwirrspiel zu bringen, begann 1967 die lange Reise des ›Rembrandt Research Projektes‹ (RRP). Gegründet wurde diese Arbeitsgruppe in Amsterdam, und finanziert wird sie von der Stiftung ›Saubere Wissenschaft‹ (ZWO). Treibende Kräfte waren Josua Bruyn und die Kunsthistoriker Bob Haak und Ernst van de Wetering. Von 1982 bis 1990 legte die RRP die ersten drei Bände mit ihren Untersuchungsergebnissen vor. Zwei weitere Bände sollen noch veröffentlicht werden. Das Rembrandt-Werkverzeichnis, das um 1913 noch rund 1000 Gemälde von Rembrandt umfaßte, wurde 1935 vom Kunsthistoriker Abraham Bredius, dem Direktor des Haager Mauritshuis', auf 630 ›authentische Rembrandts‹ begrenzt. Das RRP hat die Zahl bis 1994 inzwischen auf 230 Gemälde reduziert, eine Zahl, die sich vermutlich weiter verringern dürfte. Ende 1993 wurde das RRP unter Federführung von Ernst van der Wetering neu organisiert. Das neue Rembrandtprojekt wird weniger die Klassifizierung nach Kategorien (Kategorie A, B und C) anwenden und mehr als bisher auch Spezialisten einsetzen, u. a. Wissenschaftler, die sich mit Farbe, mit der Signatur, mit Bekleidung, mit Literatur oder der Ikonografie beschäftigen.

In den letzten Jahren kam es zwischen den Amsterdamer Experten und den Besitzern von Rembrandtgemälden immer wieder zu harten Kontroversen. Insbesondere in den USA, wo etwa im Metropolitan Museum of Art, New York oder im Isabella Stewart Gardener Museum, Boston, ›unechte‹ Rembrandts hängen sollen. Schließlich ging es nicht nur ums Renommee, es stand auch viel Geld auf dem Spiel. Als das Versteigerungshaus Sotheby's, New York, das Gemälde ›Mann mit Bart‹ aus der Thyssen-Sammlung versteigern wollte, fragte man bei den Experten in Amsterdam nach. Und die fällten ihr Urteil: Kein Rembrandt. Das Bild, auf 10 bis 14 Millionen Dollar geschätzt, ging dann als ›nach Rembrandt‹ für 800 000 Dollar an einen unbekannten Sammler.

Einen ›authentischen‹ Rembrandt, so erklärt es Ernst van der Wetering, erkennt man an der Lichtführung, am geheimnisvollen Helldunkel der Schatten und daran, daß der Künstler ohne Vorzeichnung auf die grundierte Leinwand oder Holztafel gemalt hat. Vor allem der späte Rembrandt malte seine Porträts, u. a. ›Staalmeesters‹, die ›Judenbraut‹, mit rauhem (in de ruwe manier), zum Teil grobem und scheinbar achtlos aufgetragenem Pinselstrich.

Bekanntestes Opfer wurde Rembrandts ›Mann mit Goldhelm‹ in der Berliner Gemäldegalerie: es wurde als ›nach Rembrandt‹ eingestuft. Weitere bekannte Abschreibungen

Rembrandts Gemälde ›De Staalmeesters‹ während der Restaurierung im Atelier des Rijksmuseums

sind: ›Der polnische Reiter‹ (Frick-Kollektion, New York), die beiden ›Berestijn-Porträts‹ (Metropolitan Museum, New York), ›Landschaft mit Mühlen‹ (National Gallery, Washington), ›Selbstporträt‹ (Mauritshuis, Den Haag), die ›Pellicorne-Porträts‹ (Wallace-Kollektion, London), ›Porträt von Rembrandts Mutter‹ (Wien). Das englische Königshaus mußte sich ebenso von echten Rembrandts trennen wie die Eremitage in St. Petersburg, die um fünf Rembrandts ärmer geworden ist, ferner der Louvre in Paris und die Staatliche Kunstsammlung, Berlin, die jeweils vier Rembrandtwerke abschreiben mußten. In den Niederlanden befinden sich nun noch 34 echte Rembrandts, neun abgeschriebene und vier Gemälde, die unter die ›Problemfälle‹ fallen.

»Gerade weil Rembrandt ein Genie war und ein nationaler Mythos ist, wollen wir genau wissen, was ist nun eigentlich aus der Hand des Meisters, was haben seine Schüler, etwa Govert Flinck oder Ferdinand Bol, gemacht«, begründete Bob Haak das Engagement. Mit einer ungewöhnlichen Gründlichkeit, großer Sorgfalt und allen technischen Mitteln, die ihnen zur Verfügung steht, haben die Kunsthistoriker das Werk von Rembrandt gesichtet. Malereien von Rembrandt wurden mit denen seiner berühmten Schüler Bol und Flinck, mit denen von Dou und Drost verglichen.

Bei ihrer Spurensuche und Zuschreibungsdebatte bediente sich das RRP-Team unter anderem der Methode des italienischen Anatomen Giovanni Morelli, der im vorigen Jahrhundert – in der Tradition von Sherlock Holmes – Regeln aufgestellt hat, um Kunstwerke zu beurteilen. So sind es die Details – wie Augen, Hände, Kragensäume oder der Faltenwurf, die die Handschrift des Meisters verraten. Rembrandt malte schnell, beherrschte die Farbentechnik perfekt, seine Gesichter sind brillant, allein die Hände fallen bei ihm etwas unproportioniert aus. »Je weiter er vom Bildmittelpunkt entfernt malte, um so mehr schluderte Rembrandt«, sagt Bob Haak.

Eingesetzt wird auch Röntgen- und Ultraviolettfotografie, ebenso die Dendrochronologie, um das Alter der Holzrahmen festzustellen, auf denen die Leinwand gespannt war. Rembrandt benutzte, wie auch alle anderen Maler seiner Zeit, das grob gewebte Leinentuch der Segelmacher. Durch Messen der Oberflächenstruktur kann man bestimmen, aus welcher Werkstatt das bemalte Tuch kam. So fand RRP auch heraus, daß Rembrandt seine Leinwand nicht selbst grundierte. Diese Arbeit ließ er außerhalb seiner Werkstatt verrichten. Häufig zerteilte er die Leinwände und versah sie mit einer farbigen Untermalung – oft war es Gelb oder Ocker. Rembrandt malte ohne Vorzeichnung direkt auf die Leinwand, arbeitete vom Hintergrund nach vorn und war im Verbrauch von Farbe geizig. Im Laboratorium wurde auch untersucht, ob es die verwendete Farbe im 17. Jh. gegeben hat. Für Rembrandt war als Kompositionselement der Blick wichtig, der auch den Betrachter einbezieht, und natürlich die Lichtführung, das geheimnisvolle ›Helldunkel‹ der Schattenpartien. Das fünfköpfige Expertenteam der Wissenschaftler Haak, Levi, Van Thiel, Bruyn und Van de Wetering stützte sich auf strenge und quellensichere Forschung, auf Stilkritik und fällt ihr Urteil einstimmig. »Es liegt am jeweiligen Stil, ob wir ein Bild abweisen oder nicht, denn trotz aller technischen Hilfsmittel bleibt unser Urteil subjektiv. Wir bilden uns nicht ein, das letzte Wort über Rembrandt gesprochen zu haben. Wir glauben jedoch, daß wir durch unseren wissenschaftlichen Hintergrund, der Akribie, mit der wir arbeiten, und durch unseren im Laufe der Jahre erworbenen Sachverstand kompetent genug sind, um Rembrandts Werk zu beurteilen.« Pieter van Thiel: »Es ist nun nicht so, daß wir mit unserer Untersuchung nun die ewige Wahrheit entdeckt haben. Vielleicht werden in Zukunft an unserem Urteil Korrekturen angebracht.«

Die ersten drei Bände ›A Corpus of Rembrandt paintings‹, in denen die Ergebnisse publiziert worden sind, enthalten 95 Rembrandtarbeiten aus seiner Leidener Zeit (1624–31), die 103 Arbeiten aus den frühen Amsterdamer Jahren von 1631–35, und Teil 3 umfaßt die Zeit bis zur Fertigstellung der ›Nachtwache‹, 1642. Die Arbeiten wurden in drei Kategorien eingeteilt: A steht für echt, B für zweifelhaft und C ist für jene Werke reserviert, die nicht von Rembrandt sind. Kunsthistoriker, Museumsdirektoren und Kunstkenner bedienen sich inzwischen der Arbeit des RRP-Teams. Das bisherige Ergebnis: 144 Malereien sind von Rembrandt, zwölf fallen in die Kategorie B und 120 wurden als ›nach Rembrandt‹ eingestuft, also C. Das Urteil der Amsterdamer Experten wird ernstgenommen. Die Gegner meinen allerdings, daß ein Bild, dessen Komposition Rembrandt festlegte und das in seiner Werkstatt und unter seiner Leitung hergestellt worden ist, die ›anima‹ des Schöpfers besitzt und den Namen des Meisters tragen kann. Svetlana Alpers, amerikanische Rembrandtkennerin, findet es ›ungehörig‹, mit welchem Eifer Rem-

Ausschnitt aus
Rembrandts Bild
›Die Nachtwache‹

brandts Werke ›abgeschrieben‹ werden. Gegner des RRP haben sich in der Vereinigung ›Save Rembrandt Society‹ zusammengeschlossen.

»Sehr genaue Kenner und Liebhaber, die Alles mit dem Vergrößerungsglas untersuchen, werden durch seine Malerei aus dem Concepte gebracht und in Verlegenheit gesetzt; sie können nicht angeben, wie sie gemacht ist, und wissen sich nicht anders zu helfen als mit der Erklärung, das hermetisch versiegelte Machwerk seiner Bilder sei eine Zauberei und der Maler selbst habe keine klare Erkenntnis davon gehabt«, schreibt Eduard Koloff im ›Historischen Taschenbuch‹, Leipzig 1854, zum Höhepunkt der Rembrandtverehrung.

Die Idealisierung des Malers im 19. Jh., die vor allem in Deutschland einen Höhepunkt erreicht hatte, führte dazu, daß Kunstsammler und Museen unbedingt einen ›Rembrandt‹ besitzen mußten. »Das Bild mußte nur nach einem Rembrandt aussehen«, sagt Ernst van de Wetering, und »am gefragtesten waren Porträts, am liebsten ein Rembrandt-Selbstporträt«. Die Beurteilung seines umfangreichen Werkes wird dadurch erschwert, daß Rembrandt ein großes Atelier hatte. Auf dem Höhepunkt seines Schaffens arbeiteten bis zu 20 Lehrlinge gleichzeitig im Atelier in der Antoniesbreestraat. Rembrandt war nicht nur ein begnadeter Lehrer, sondern auch Direktor der Rembrandtfirma, in der sehr produktiv und im ›rembrandtschen‹ Stil gearbeitet wurde. Viele seiner Kunden machten auch keinen Unterschied, ob das Bild nun vom Meister selbst war oder ob es sich um Kopien von Varianten und freie Variationen nach Themen von Rembrandt handelte. Ein Beispiel ist ›Das Opfer von Abraham‹, das in zwei Versionen existiert. Die älteste ist von Rembrandt (Eremitage, St. Petersburg), und die zweite könnte, nach den Erkenntnissen von RRP, von seinen Schülern Bol oder Flinck sein (Pinakothek, München).

Spaziergänge
in Amsterdam

Der Dam – Zentrum der ›großen Stadt‹

Kein anderer Platz spiegelt Vitalität und Lebensfreude der Stadt so nachdrücklich wider. Der Dam ist der ›königliche‹ Platz des Landes, Symbol der republikanisch gesinnten Amsterdamer mit einer Schwäche für das Königshaus, einer Mischung aus revolutionärem Geist und Oranjetreue. Hier regierten die Regenten, die Kaufleute waren. Ihre Gesinnung war liberal, und manch einer, der woanders aufmüpfig geworden war, fand hier Zuflucht. Das Kraftfeld der Republik lag in Holland, in dem 45 Prozent der Bevölkerung der ›Zeven Verenigde Nederlanden‹ lebte, und Amsterdam war mit rund 200 000 Einwohnern die mächtigste von allen holländischen Städten. Gegen ihren Willen konnte keine Politik gemacht werden. Das System funktionierte, im Vergleich zu anderen politischen Regierungsformen jener Zeit, weil es dezentralisiert war. Vom Rathaus, dem **Königlichen Palast** (Farbabb. 1), wurde ein Weltreich regiert, das rasante wirtschaftliche Wachstum gelenkt, von hier aus wurde zum Aufstand gerufen, Verurteilte gehenkt, prügelten sich kurzgeschorene Matrosen mit langhaarigen Provos, brannten die Barrikaden als Protest gegen den Vietnamkrieg und Königin Beatrix.

Wie in jeder anderen europäischen Stadt, deren Reichtum und Macht auf Handel und Kaufmannschaft basierte, wurde die gesellschaftliche, wirtschaftliche und religiöse Struktur von den Regenten, den Gilden und der Kirche bestimmt. Und alle drei Parteien – Regenten, Kaufleute und Prediger – hatte ihre geografisch klar getrennten, wenn auch kleinen Bezirke: Rathaus, Waage und Neue Kirche. Die Waage ist längst verschwunden, dafür aber kam 1956 ein anderes Wahrzeichen auf den Dam, das Nationaal Monument. Mit großem Zeremoniell wird am 4. Mai, dem nationalen Gedenktag, dort der Opfer des Zweiten Weltkrieges gedacht. Am Tag darauf wird das ›Befreiungsfest‹ gefeiert.

Keine andere Stadt – ausgenommen Rom – wurde sooft gemalt wie Amsterdam. Seit mehr als 400 Jahren zeigt der Dam viele Gesichter. Alle bekannten Amsterdamer Meistermaler, von Rembrandt bis Van der Elsken, haben hier gearbeitet. Da gibt es die idyllischen Darstellungen eines Jacob van Ruisdael oder Jan van der Heyden; im letzten Jahrhundert düster und elegant von George Hendrik Breitner, noch später wurde der Platz respektlos von Ed van der Elsken porträtiert.

Eine der ältesten Zeichnungen, die vom Dam bekannt ist, ist die ›Luftaufnahme‹ von Cornelis Anthoniszoon aus dem Jahre 1544. Mit einer unglaublichen Präzision hat Anthonisz. – sein Atelier lag hinter der Nieuwe Kerk – zwölf Holzschnitte von der mittelalterlichen Stadt hergestellt. Kein Portal, kein Haus, keinen Giebel, kein Boot hat er vergessen. Bereits zu seinen Lebzeiten waren die Reproduktionen vom Dam, mit dem Rathaus und der Kirche im Mittelpunkt, sehr beliebt. Die Nieuwe Kerk war noch von einem Ring Giebelhäuser umgeben und die Waage noch nicht gebaut. Der Landvermesser

◁ *Dam mit Nationaal Monument und Koninklijk Paleis*

Anthonisz. hatte einige Jahre zuvor von Kaiser Karl V., zu dessen Einflußbereich die Stadt gehörte, den Auftrag erhalten, ein Gemälde von Amsterdam herzustellen. Nachdem er 1538 das Bild vollendet hatte, erreichte es den Herrscher nicht; heute ist es im Historischen Museum zu sehen.

Von Pieter Saenredam (1597–1665) ist überliefert, daß er 1641 eine Woche auf dem Platz saß, um sehr detailgetreue Zeichnungen vom Rathaus anzufertigen. Ein glücklicher Umstand, denn das alte Rathaus brannte 1652 ab. Jan Beerstraten, Roelant Roghman und Rembrandt malten im Unglücksjahr die Ruine ›van het oude stadhuis‹. Alle drei Bilder sind in Amsterdamer Museen zu besichtigen. Eines der eindrucksvollsten Bilder entstand 1653, als Jacob van der Ulft den Dam mit dem geplanten, aber nie erbauten gotischen Turm der Nieuwe Kerk malte; ein Kirchturm, der höher als der 112 m hohe Domturm (gebaut 1320–82) in der benachbarten Bischofsstadt Utrecht werden mußte. Gemeinsam mit dem Wiederaufbau der 1645 ausgebrannten Nieuwe Kerk wurden auch die Fundamente zum Turm gelegt. Bilder aus jenen Jahren zeigen einen Markt, der auffallend an die Grand' Place in Brüssel erinnert. Von dieser Pracht hat sich nichts erhalten.

Als der Dam umgebaut wurde, mußte u. a. am 7. April 1914 das *Standbild* von *Naatje* weichen. Eigentlich hieß das Denkmal ›De Eendracht‹, wurde 1856 von König Willem III. enthüllt und sollte an den belgischen Feldzug von 1830 erinnern: eine Löwenskulptur mit einer 4 m hohen weiblichen Figur, die Eintracht symbolisieren sollte. Da die Frauenfigur nach der Einweihung erst ihre Nase und später einen Arm verlor, nannte man das Denkmal Naatje, was soviel wie »Das Ganze scheint wohl Nichts« (Het lijkt wel Niets) bedeutet.

Am 24. März 1848 erlebte der Platz noch einmal einen turbulenten Auftritt, als der deutsche Schneider Hancke – einen Monat nach der Pariser Revolution – auf dem Dam zum Aufstand aufrief. Tausende von Bürgern, Arbeitern und Arbeitslosen versammelten

Dam, Zentrum und Altstadt   1 Koninklijk Paleis (Stadhuis)   2 De Bijenkorf   3 Hotel Kras- ▷
napolsky   4 Royal Damcenter   5 Madame Tussauds Scenerama   6 Nationaal Monument
7 Nieuwe Kerk   8 Magna Plaza (ehem. Hauptpost)   9 Centraal Station (Hauptbahnhof)
10 Beurs   11 Korenmeterhuisje   12 Historisches Museum (ehem. Burgerweeshuis)   13 Begijn-
hof   14 Ehem. Maagdenhuis (Universität)   15 Munttoren   16 Blumenmarkt   17 Allard-
Pierson-Museum   18 Oude Turfmarkt Nr. 145 (Universität)   19 Gebäude der Künstlervereini-
gung ›Arti et Amiciticae‹   20 Speicherhäuser Nieuwe Uilenburgerstraat   21 Fabrik van Boas
22 Montelbaanstoren   23 West Indisch Huis   24 Scheepvaarthuis   25 Schreierstoren   26 Sint
Olofs Kapelle   27 Museum Amstelkring   28 Oude Kerk   29 Ehem. Rathaus (Hotel)   30 Stad-
huis   31 Opera   32 Sint Agnietenkapel (Universitätsmuseum)   33 Stadsbank van Lening
34 Dreigrachtenhaus   35 Oudemannenhuis   36 Haus ›De gulden steur‹ (Poppenhuis)   37 Stads-
doelen (Jugendherberge)   38 Trippenhuis   39 Kleines Trippenhuis   40 Oostindisch Huis
41 Oude Walenkerk   42 Bethanienkloster und Zunfthaus der Wijnkopers   43 De Waag   44 Pinto-
huis   45 Zuiderkerk   46 Rembrandthuis   47 Mozes en Aaronkerk   48 Portugiesische Synagoge
49 Denkmal des Dokwerkers   50 Joods Historisch Museum (Synagogenkomplex)

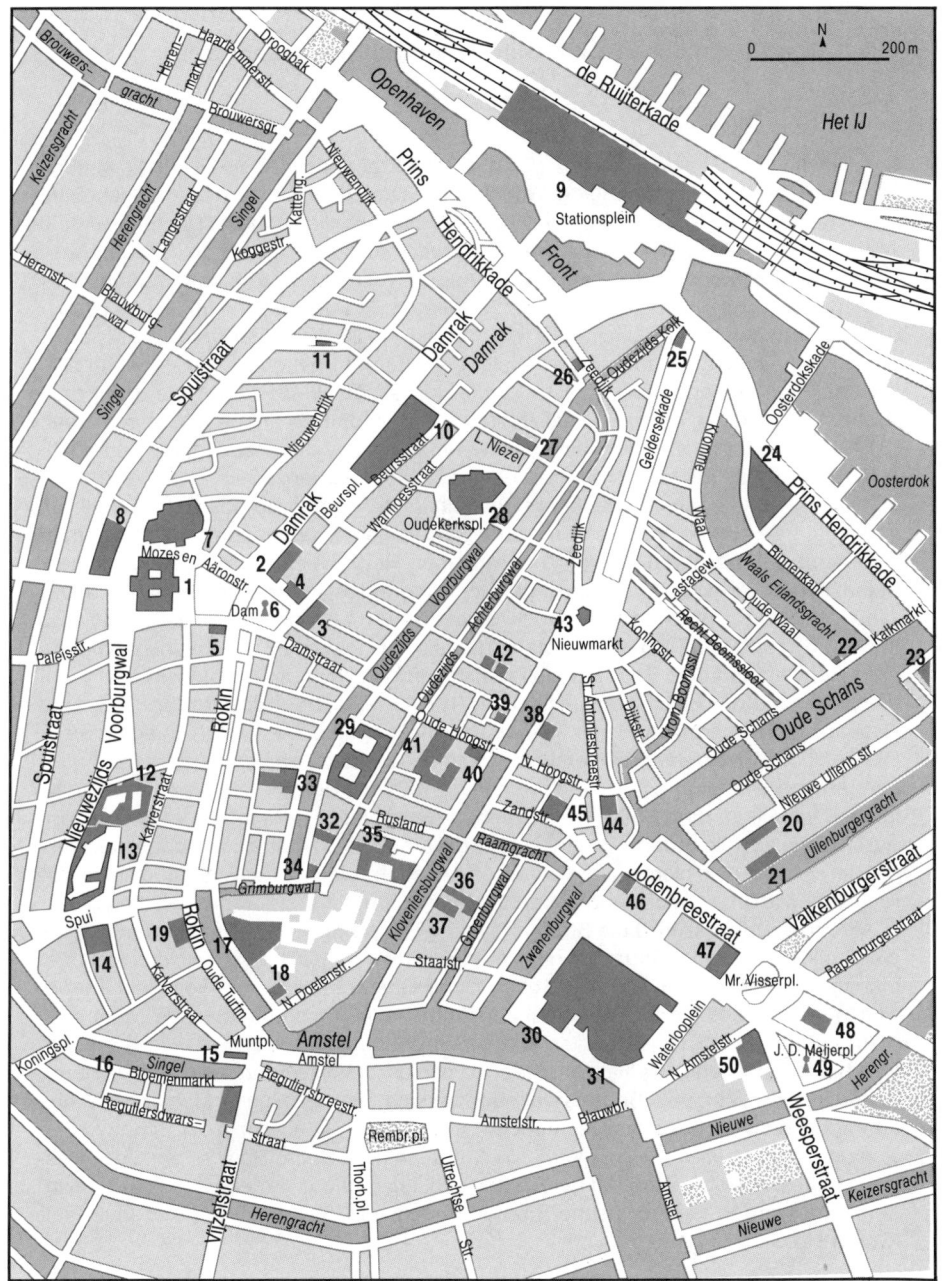

N
0 ___ 200 m

Brouwers-
gracht
Keizersgracht
Herenmarkt
Haarlemmerstr.
Droogbak
Herengracht
Brouwersgr.
Langestraat
Singel
Blauwburgwal
Koggestr.
Katteng.
Nieuwendijk
Herenstr.
Singel

Openhaven
de Ruijterkade
Het IJ
Prins Hendrikkade
Front
9
Stationsplein

Spuistraat
11
Damrak
Damrak
Zeedijk
Oudezijds Kolk
25
Oosterdokskade

10
Beursstr.
Beurspl.
Warmoesstraat
L. Niezel
27
Geldersekade
Kromme
Waal
24
Prins Hendrikkade
Oosterdok

8
7
Mozes en Aaronstr.
1
2
Damrak
Nieuwendijk
4
Oudekerkspl.
28
Oudezijds Voorburgwal
Zeedijk
Binnenkant
Waals Eilandsgracht
Oude Waal
Kalkmarkt

Paleisstr.
Dam
6
5
Damstraat
3
Oudezijds Achterburgwal
43
Nieuwmarkt
Koningstr.
Recht Boomssloot
Lastagew.
22
23

Spuistraat
Nieuwezijds Voorburgwal
Rokin
29
41
42
Oudezijds
Oude Hoogstr.
39
38
St. Antoniesbreestr.
Dijkstr.
Krom Boomssloot
Oude Schans
Oude Schans
Oude Schans

12
Kalverstraat
33
40
N. Hoogstr.
45
44
Nieuwe Uilenb.str.
20
Uilenburgergracht
Valkenburgerstraat

13
32
35
Rusland
Zandstr.
21
Ratenburgerstraat

34
Grimburgwal
36
Groenburgwal
Jodenbreestraat
46
Rapenburgerstraat

Spui
19
17
Rokin
Oude Turfm.
18
N. Doelenstr.
Kloveniersburgwal
Raamgracht
37
Staalstr.
Zwanenburgwal
47
Mr. Visserpl.

14
Kalverstraat
Muntpl.
30
Waterlooplein
48
49
J.D. Meijerpl.
Herengr.

16
Singel
Bloemenmarkt
15
Muntpl.
Amstel
Amstel
31
N. Amstelstr.
50
Weesperstraat

Koningspl.
Reguliersdwars
Reguliersbreestr.
straat
Rembr.pl.
Amstelstr.
Blauwbr.
Nieuwe

Vijzelstraat
Thorb.pl.
Utrechtse Str.
Herengracht
Amstel
Nieuwe
Keizersgracht

107

Vom Pfannkuchen-Café zum Grand Hotel – das ›Kras‹

Die Familie des Hotelgründers Adolf Wilhelm Krasnapolsky (1834–1912) kommt ursprünglich aus Peine. Schneider Wilhelm arbeitet in dem Stoff- und Möbelgeschäft des ebenfalls deutschen Emigranten Anton Sinkel am Nieuwendijk. Der junge Adolf Wilhelm, ein regelmäßiger Besucher des Nieuwe Poolsche Koffijhuis an der Warmoes-straat, freundet sich dort mit dem Kellner August Vollmer an. 1862 heiratet Adolf Wilhelm Krasnapolsky Johanna, Augusts Schwester, und übernimmt 1866 die Leitung des Cafés, in dem Schwager August Mitinhaber wird. Die *Warmoesstraat* war in jenen Jahren eine beliebte Flaniermeile – nicht so heruntergekommen wie heute. Die Geschäfte gingen gut, Krasnapolsky kaufte dort einige Häuser und legte damit den Grundstock für ein eigenes *Café-Restaurant,* der damals in der Warmoesstraat 181–83 stand. Im 16. Jh. war dies die vornehmste Gasse der Stadt, in der sich auch zahlreiche Kaufleute aus Antwerpen niedergelassen hatten.

Im Jahre 1883 – aus Anlaß der ersten Weltausstellung – wird das Café zum *Hotel* ausgebaut. Das plüschige Restaurant und Café war eines der ersten Lokale, in denen sich auch die ›besseren‹ Bürger trafen; seinen Ruhm verdankt es den köstlichen Pfannkuchen von Mathilde Vollmer, der Schwägerin von Krasnapolsky. Im Laufe der Jahre sollen angeblich zwei Millionen Besucher die besonders knusprigen Pfann-kuchen verzehrt haben. Das Café stand damals in Konkurrenz zum bayrischen Bier-haus Schwab und dem Bierhaus De Bijenkorf, ebenfalls in der Warmoesstraat. Nach einem Besuch der Elektrizitätsausstellung 1879 in München will Krasnapolsky sein Haus mit Licht ausrüsten. Hinter seinem Haus läßt er eine Elektrizitätsanlage bauen. Im Winter 1881/82 beleuchten erstmals sechs große Lampen den Wintergarten, vier hängen im Billardsaal und eine am Eingang. 1882 werden die ersten Edison-Glüh-lampen installiert, rund 350 Birnen brennen gleichzeitig im Wintergarten. Ermuntert durch diesen Erfolg gründet Krasnapolsky die erste Elektrizitätsgesellschaft des Lan-des. Im Hotel gab es nicht nur die ersten öffentlichen Telefone der Stadt und eine Her-rentoilette (1879), sondern noch spektakulärer, auch die erste Damentoilette (1882).

Als Höhepunkt gilt 1879 die Eröffnung des *Wintergartens.* Im Palmengarten spielte ein Orchester, und der Raum mit den roten Sesseln war so gut geheizt, daß sich die marmornen Tischplatten warm anfühlten. Der ›Frühstücksraum‹ wird von einer knapp 14 m hohen und 487 m² großen Glaskuppel überwölbt. An den Seiten des Wintergar-tens befinden sich Spiegelwände und originelle Wandmalereien im Art-déco-Stil. Alle Berühmtheiten stiegen damals im ›Kras‹ ab, wie es im Volksmund heißt. Der Hambur-ger Komponist Johannes Brahms war ebenso begeistert wie Gustav Mahler, der Dich-ter Paul Verlaine schrieb ins Gästebuch »Einfach verblüffend«, und der Schriftsteller Joseph Conrad verewigte den Wintergarten in seinem Buch ›Spiegel der See‹. Das Haus hatte die ersten Bäder in der Stadt installiert, und aus der eigenen Gärtnerei in Zaandam wurden täglich frische Blumen angeliefert. Seit 1952 trägt es den Titel ›Grand Hotel‹.

sich vor dem Palast – aber Hancke war von dem Erfolg seines spontanen Aufrufs selber so überrascht, daß er nicht die richtigen Worte fand. Er wurde ausgelacht, die enttäuschte Menge marschierte zum Rembrandtplein, um sich dort mit der Polizei zu schlagen. Später feierten Jan Klaassen und seine Frau Katrijn mit ihrem ›Poppenkast‹ Erfolge – diese Tradition des Puppentheaters auf dem Dam ist noch lebendig: Heute wird in den Sommermonaten und bei schönem Wetter vor dem Palast Kasperletheater gespielt.

Gegen Ende des 19. Jh. wurde der Dam umgestaltet. Die 1845 von dem Gartenarchitekten Zocher im pseudo-griechischen Stil errichtete sogenannte Zocher-Börse wurde abgerissen. Sie stand etwa dort, wo heute das 1914 errichtete Kaufhaus **De Bijenkorf** (Bienenkorb) steht. Schräg gegenüber befindet sich das **Hotel Krasnapolsky**, äußerlich ein nichtssagender Bau, aber seine Geschichte verrät etwas vom Einfluß deutscher Emigranten in der zweiten Hälfte des 19. Jh.

Regelmäßig wurden auch die Gassen- und Straßennamen, die vom Dam wegführen, geändert. So wurde aus dem Oude Turfmarkt der Rokin, aus Op 't Water der heutige Dam, aus Halssteeg die Damstraat, Gasthuis- und Stilsteeg in Paleisstraat umbenannt. Noch einschneidender als die Namensänderungen waren die Bauwerke, die am Dam entstanden. Zwischen dem ›Kras‹ und dem Bijenkorf wurde 1991 der vielkritisierte Bürokomplex **Royal Damcenter** hochgezogen. Als die Pläne des Amsterdamer Architekten Cees Dam, er war auch am Bau der umstrittenen ›Stopera‹ – einem Kombinationsbau aus Rathaus und Musiktheater – beteiligt, 1989 bekannt wurden, kam es zu Protestkundgebungen der Amsterdamer. – Schräg gegenüber vom Bijenkorf befindet sich im obersten Stockwerk eines Kaufhauses **Madame Tussauds Scenerama**.

Vor dem Grand Hotel erhebt sich das 1956 eingeweihte 22 m hohe **Nationaal Monument**. Das von John Raedecker entworfene Denkmal war lange Zeit Gegenstand erregter Diskussionen. Der graue Obelisk ist Mahnmal für die Opfer und Toten der Besatzungszeit. Im Jahre 1970 setzte das Ende der Provo-, Kabouter- und Beatnikbewegung ein, die Mitte der 60er Jahre so erfolgversprechend begonnen hatte. Die Aktionen der Kabouter und der Provos hatten die Jugend der Welt nach Amsterdam gezogen. Prominenteste Gäste waren John Lennon und Yoko Ono, die 1969 im Hilton-Hotel ihr sogenanntes ›Bett-In‹ zelebrierten. Der Dam war längst zum großen Massenlager geworden, auf dem geschlafen, gekocht, diskutiert und Aktionen geplant wurden. Nicht nur die Stadtväter waren besorgt um den Ruf, auch viele Bürger forderten, Amsterdam solle nicht mehr die ›Hauptstadt der Hippies‹ sein. Marinesoldaten aus Den Helder tauchten auf dem Höhepunkt der Auseinandersetzungen auf dem Dam auf, um die Hippies zu verjagen; einige Provinzen drohten, ihre Urnen entfernen zu lassen, wenn das Nationaldenkmal weiter von den ›kiffenden Hippies‹ entehrt würde.

☐ Nieuwe Kerk

Die Mozes- und Aaronstraat trennen den Königlichen Palast und die gotische Kirche. Fahnen an der Fassade verkünden, welche Antiquitätenmesse, Vernissage oder Kunstaus-

Nieuwe Kerk, Blick in die Vierung

stellung gerade in der Basilika stattfindet. Gleich rechts neben dem gotischen Portal wurde im Cuyperszaal ein Café eingerichtet, und bei schönem Wetter kann man von der Terrasse das vielfältige Treiben auf dem Dam beobachten. Seit der letzten umfassenden und aufwendigen Renovierung 1959–80 erstrahlt die Nieuwe Kerk in neuem Glanz und dient heute als kulturelles Zentrum. Prinzessin Beatrix wurde hier am 30. April 1980 der Hermelinmantel umgehängt, um als Königin vereidigt und gehuldigt zu werden. Die Fürsten und Fürstinnen aus dem Haus Oranje besteigen symbolisch den Thron, da die Verfassung keine Krönung vorsieht. Folgende Herrscher wurden in der Kirche vereidigt: Willem I. (1814), Willem II. (1840), Willem III. (1849), Königin Wilhelmina (1898), Königin Juliana (1948) und Königin Wilhelmina Armgard Beatrix, Prinzessin der Niederlande, Prinzessin van Oranje-Nassau, Prinzessin van Lippe-Biesterfeld und Königin der Niederlande. Die Huldigung geht auf einen Artikel des Grundgesetzes vom 29. März 1814 zurück: »Der König wird bei der Übernahme der Regierung feierlich vereidigt und eingesetzt (inhuldigen) innerhalb der Stadt Amsterdam.«

Die Nieuwe Kerk verdeutlicht wie kein anderes sakrales Bauwerk in der Stadt die kirchengeschichtliche Entwicklung. Mit den ersten Bauarbeiten muß zwischen 1380 und 1390 begonnen worden sein. Die Gemeinde am rechten Ufer der Amstel, heute Oude Zijds, besaß bereits die dem hl. Nicolaus geweihte Oude Kerk. An der linken Seite des Ufers, der Nieuwe Zijds, hatten sich inzwischen jedoch auch zahlreiche Menschen angesiedelt, die auf die Oude Kerk angewiesen waren. Am 15. November 1408 gab Frederik van Blankenheim, Bischof in Utrecht, seine Zustimmung zum Bau der zweiten katholischen Kirche. Das Gotteshaus wurde vor allem durch die Geldmittel des Kaufmanns Willem Eggert ermöglicht. Nach seinem Tod (1417) wurde er in einer nach ihm benannten Kapelle in der Kirche begraben. Während der großen Stadtbrände von 1421 und 1452 brannte die Kirche aus. Ihre heutige Gestalt erhielt die spätgotische Basilika um 1490. Es ist die einzige Kirche der Niederlande, die keine Säulen, sondern Bündelpfeiler hat. Die einzelnen Bauabschnitte sind an den unterschiedlichen Materialien zu erkennen. Der Chor und das südliche Querschiff sind in hellem Kalkstein, die Chorkapellen, die sich anschließenden Seitenkapellen und das nördliche Querschiff wechselweise in rotgebranntem Ziegel oder aus Naturstein erbaut. Alte Stiche zeigen, daß die Kirche in jenen Jahren noch inmitten von Häusern gelegen hat und vom Dam getrennt war.

Erst nach 1578, als sich die katholische Stadt nach langem Zögern den Aufständischen um Willem van Oranje angeschlossen hatte und die Katholiken aus der Stadt vertrieben worden waren, wurde das vom ersten Bildersturm verschonte Kircheninnere verwüstet, Gemälde, Gobelins und Altäre zerstört, die Malereien an den Wänden übermalt, die Seitenkapellen zu Abstellplätzen und die Statuen aus den Nischen ebenso entfernt wie der Hauptaltar. Aber der Brand von 1645, der durch die Nachlässigkeit von Handwerkern entstanden war, fügte der Kirche mehr Schaden zu als die Verwüstungen durch die Bilderstürmer. Der in Köln geborene Dichter und Dramatiker Joost van den Vondel (1587–1679), dessen Leben und Werk so eng mit der Stadt verknüpft und der 1641 zum katholischen Glauben konvertiert war, schrieb beim Anblick der trostlosen Ruine: »Die Königin von Amstels Hauptgebäuden ist nun leider ohne blauen Schleier, muß nun barhäuptig erstarren, im Herzen dieser Winterzeit.« Vondel liegt hier begraben und erhielt 1772 einen schmucklosen Gedenkstein.

Bereits 1565 gab es Pläne für einen Kirchturm. Die Pläne gehen vermutlich auf Jacob van Campen zurück (die zwei Modelle, die Van Campen entworfen hatte, besitzt das Historische Museum). Am 9. Mai 1646 werden die ersten der insgesamt 6363 Fichtenstämme, die den Turm tragen sollten, in den Schwemmboden geschlagen. Ein Jahr später, am 26. Juni, legte der Sohn des damaligen Bürgermeisters, Willem Backer, den Grundstein. Bis 1653 verlief der Turmbau ohne Verzögerungen. Der Unterbau des Turmes reichte damals bis zur Mitte des Mittelschiffs. Dann wurden die Arbeiten eingestellt. Verschiedene Gründe könnten eine Rolle gespielt haben: der englische Seekrieg, die Pestepidemie, schlechte Fundamente oder, was wahrscheinlicher ist, der Turm sollte höher werden als das Rathaus – und das durfte nicht sein. Von 1783 an wurde er abgetragen.

Der Kontrast zwischen dem gotischen Äußeren und der profanen Gestaltung des Innenraums ist eindrucksvoll. Von der Mitte, etwa dort, wo sich Mittel- und die Quer-

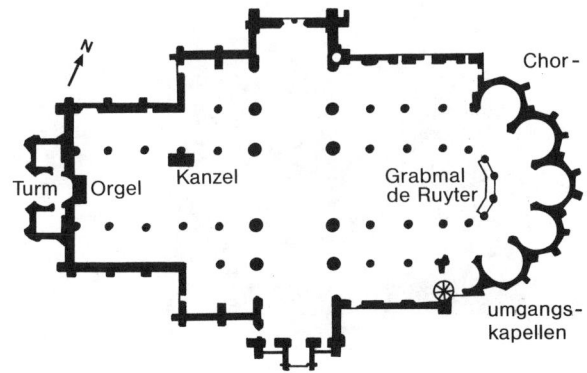

Chor-
Turm   Orgel   Kanzel   Grabmal de Ruyter
umgangs-kapellen

Nieuwe Kerk, Grundriß

111

Prunkgräber und Epitaphien: Seehelden, Dichter und Bürgermeister

Zu den auffallendsten Stücken im Kircheninneren gehört das Prunkgrab von *Michiel de Ruyter.* Weitere Seehelden-Gräber: Jan van Galen, Van Kinsbergen und Van Speyk. De Ruyter starb nach einem Seegefecht mit den Franzosen bei Sizilien am 29. April 1667. Fünf Stunden dauerte die Lichterprozession, und am Grab wurden 1100 lateinische Verse zu seinem Ruhm vorgetragen. Die Heldentaten des Admirals Michaeli Ruitero sind in vergoldeten Lettern am Fuß des Denkmals zu lesen: u. a., daß er ein »Immensi Tremor Oceani«, der Schrecken des Ozeans gewesen war ...

Jan Carel Josephus van Speyk starb als Nationalheld während des Belgischen Unabhängigkeitskrieges. Van Speyk, als Waisenknabe lebte er im damaligen Burgerweeshuis (Historisches Museum), trat 1817 in die Marine ein. Als Kommandant des Kanonenbootes Nr. 2 wurde er am 5. Februar 1831 vor Antwerpen von dem belgischen Freikorps ›De Gorter‹ unter Kapitän Gregoire überfallen. Um die holländische Flagge nicht in belgische Hände fallen zu lassen, entschließt sich Van Speyk zur heroischen Handlung, die ihn berühmt machen sollte. Er zündet Dynamit und das gesamte Boot, einschließlich Besatzung, fliegt in die Luft. Das Opfer war militärisch sinnlos, aber für die Moral der aus Belgien vertriebenen demoralisierten holländischen Truppen von unschätzbarem Einfluß. Maler und Dichter verewigten den jugendlichen Helden, Denkmäler und Gedenktafeln wurden im ganzen Land enthüllt. Van Speyk wurde am 4. Mai 1832 in der Nieuwe Kerk beigesetzt.

In der Kirche ruht auch Admiral *Jan van Galen,* der 1653 in der Schlacht gegen die Engländer bei Livorno starb. Sein Grabmal entwarf Artus Quellijn. *Jan Hendrik van Kinsbergen,* auch er ein Seeheld, kämpfte erfolgreich gegen die Seeräuber, siegte in der Schlacht bei der Doggerbank; er wurde in den Adelsstand erhoben und 1830 mit dem Grabmal geehrt.

Die Männer des Volkes ehrte man mit schmucklosen Epitaphien: den Dramatiker Joost van den Vondel, die Dichter P. C. Hooft, Jan Vos, Ten Kate, die Bürgermeister Jan Sixt, Nicolaes Tulp und Cornelis P. Hooft; den Orgelbauer German Galtus, den Hochschullehrer Caspar van Baerle und den jüdischen Dichter Isaac de Costa (1798–1860).

Kapitän van Speyk zündet am 5. Februar 1831 das Pulverfaß auf seinem Kanonenboot. Gemälde von Jacobus Schoemaker Doijer, 19. Jh.

schiffe treffen, kann man das Innere des hellen Raums gut überblicken. Chor, Mittel- und Querschiffe sind alle in derselben Art erbaut. Ganz oben verläuft eine Balustrade, abgeschlossen mit einer Reihe von Fenstern. Das hölzerne Kreuzgewölbe ruht auf steinernen Bündelpfeilern, von zwei Meter hohen pausbäckigen Engeln werden die Gewölbeansätze getragen. Die zehn Chorumgangskapellen gehörten wohlhabenden Familien oder Gilden. Es gab u. a. Seitenaltäre für Schuhmacher, Bier- und Kornträger, Färber, Maurer, Schmiede u. a. Die älteste Kapelle, die des Stifters Willem Eggert, befindet sich rechts im Chor und ist mit der der Bogenschützen verbunden; den Abschluß auf der Chornordseite bilden die Kapellen zum Heiligen Kreuz und Unserer Lieben Frau. Von Van Bronchorst ist das hohe, vom Portal bis zur Decke reichende *Buntglasfenster* im nördlichen Querschiff. Das Motiv zeigt Graf Willem IV. van Hennegouwen (heute Belgien) bei der Überreichung des Wappens mit den drei Andreaskreuzen an die Stadt. Die Arbeit stammt von 1590, die obere Hälfte wurde 1977 angefertigt. An der *Kanzel,* der sechseckigen ›Wanne‹, hat der Bildhauer Albert Jansz. Vinckenbrinck von 1649 bis 1664 gearbeitet. Die Kanzel ist für die Vorstellung orthodoxer Calvinisten außergewöhnlich reich mit Bildern und Reliefs geschmückt. Die Themen, die Vinckenbrinck zum Vorbild genommen hatte, stammen nicht nur aus der Bibel, sondern auch aus dem Alltagsleben. So versinnbildlichen die Bilder Standhaftigkeit, Nächstenliebe, Hoffnung, Glaube, Vorsicht und Gerechtigkeit. Auch die Treppe, die Balustrade und die Überdachung der Kanzel sind überaus reich mit Schnitzwerk verziert. Im Mittelschiff befinden sich Bankreihen einfacher Bürger, rechts gegenüber der Kanzel stehen die Herrenbänke – dort saßen die vornehmen Familien. Das übrige Volk stand oder mußte sich seine Sitzgelegenheiten zum Gottesdienst mitbringen.

Eine besondere Kostbarkeit ist die *Orgel* von Hans Wolff Schonat, der 1646 mit dem Bau begonnen hatte; 1655 wurde die Orgel von Roelof Barentsz. Duyschot und seinem Sohn Johannes vollendet. Tanzende und musizierende Putten, Früchte, Blumen, Vögel und Papageien geben der Orgel etwas außergewöhnlich Festliches; oben thront David mit Harfe und Szepter, umgeben von musizierenden Frauen.

Hinter dem Königlichen Palast und der Nieuwe Kerk steht das auffällige Gebäude der ehemaligen **Hauptpost** am N. Z. Voorburgwal. Seit 1992 ist das wegen seiner Innenarchitektur sehenswerte **Magna Plaza** (Farbabb. 3, 8) ein luxuriöses Kaufhaus. 1895 erhielt der Reichsarchitekt Cornelis Peters den Auftrag zum Bau des Postamtes. Im Oktober 1898 wurde das Haus im neugotischen Stil für den Geldverkehr eröffnet und 1899 auch für den allgemeinen Postbetrieb. Der Volksmund nannte das Gebäude wegen seiner birnenförmigen Verzierungen spöttisch ›Birnenburg‹ und ›Postamt-Gotik‹.

Tauchen wir wieder ein in die Gassen der Stadt, etwa zur **Gravenstraat** links von der Nieuwe Kerk. In dieser Gasse mit ihren Schnaps- und Bierstuben stand im 13. und 14. Jh. die Herberge der Grafen von Henegouwen, die damals die Stadt regierten. Auch heute noch gehört diese Gasse zu den attraktiveren der Stadt, und das nicht nur, weil man hier noch einige ältere Häuser, verziert mit Giebelsteinen, entdecken kann, sondern wegen ihrer gemütlichen Atmosphäre. Die bekannte Druckerdynastie *Blaeu* hatte dort ihre

Dem Atlas in die Karten geschaut

Mit dem ›Fall von Antwerpen‹ 1585, nachdem zahlreiche Drucker und Kartographen in die nördlichen Niederlande kamen, begann der Aufschwung. *Cornelis Anthoniszoon* war der erste berühmte Amsterdamer Kartograph, der seit seiner ›Caerte van Oostlant‹, 1543, die erste brauchbare See- und Landkarte von Nordeuropa herstellte. 1585 schuf *Cornelis Claesz* gemeinsam mit *Lucas Jansz. Waghenaer* den berühmten ›Spieghel der Zeevaerdt‹. 1595 erscheint der neue Zeeatlas von *Willem Barentsz:* ›Nieuw Beschrijvinghe ende Caerteboeck van de Midlantsche Zee.‹ *Petrus Plancius,* der 1585 nach Amsterdam kam, brachte 1592 eine Weltkarte heraus. Das einzig bekannte Exemplar besitzt das ›Colegio del Corpus Cristi‹ in Valencia. Schnell entwikkelte sich die Kartographie zur Blüte. Daneben spielen aber noch vier weitere Faktoren eine Rolle: die Handels- und Entdeckungsreisen, der Krieg mit Spanien, die Landgewinnung in Noordholland und die Ankunft der flämischen Immigranten.

Anfangs waren es Buchatlanten, die meist auf die verzerrenden Projektionen der auch damals vielbenutzten Mercatorkarte (1569) zurückgingen. Die Formen der Erdoberfläche waren bereits symbolisch angedeutet und recht farbenfroh. Der Ozean wurde in verschiedenen Blautönen wiedergegeben, das Wasser belebte sich mit allerlei Meerestieren. Die Kontinente wurden braun, gelb, grün oder ocker gestaltet, Häfen und Städte wurden mit Schiffen, Türmen und Mauern symbolisiert. Die Farbgestaltung wurde immer komplizierter, da neuentdeckte Länder in anderen Farben dargestellt werden mußten. Die Karten der Graveure waren oft von außergewöhnlicher Schönheit. Im 16. und 17. Jh. arbeiteten rund 140 Kartographen und Herausgeber in Amsterdam.

Die Kartenhersteller und -verkäufer hatten sich auf dem Dam, der Kalverstraat und dem Nieuwendijk konzentriert. Eine Ausnahme bildete das *Verlagshaus Blaeu,* das zu den wichtigsten Kartenherstellern des Landes zählte. An der Bloemgracht hatte *Willem Janszoon Blaeu* (1571–1638) seine neue Druckerei 1637, die mit neun Pressen zu den modernsten Druckereien Europas gehörte, eröffnet. Schon 1599 hatte Blaeu einen Globus und 1603 einen Himmelsglobus hergestellt. 1608 brachte er den Meeresatlas ›Licht der Zeevaerdt‹ heraus. Blaeu wurde Exminator der V.O.C., d. h., die Gesellschaft schickte die Steuerleute und Schiffer zu Blaeu, der sie in Kartenkunde unterrichtete. Wenn die Steuerleute von ihrer Fahrt zurückkamen, waren sie verpflichtet, ihm ihre Fahrtenbücher vorzulegen. Blaeu konnte anhand dieser Berichte seine Karten korrigieren, neue und genauere herstellen. 1633 wurde er offizieller Kartenmacher der Republik, und drei Jahre später wurde bestimmt, daß Asienfahrer nur seine Seekarten benutzten durften. Sein Sohn Joan richtete später in der Gravenstraat eine Druckerei ein, die 1672 durch Brand verwüstet wurde. Von 1648 bis 1661 stellte die Firma den großen Atlas ›Grooten atlas ofte wereld beschrijving‹ her. In diesem Atlas mit rund 600 Karten waren auch Karten von Italien, Piemont und den deutschen Landen. Aus Anlaß des Friedens zu Münster, 1648, druckte *Dr. Joan Blaeu* eine Weltkarte, die größte und umfassendste des 17. Jh. Das einzige bekannte Exemplar besitzt die

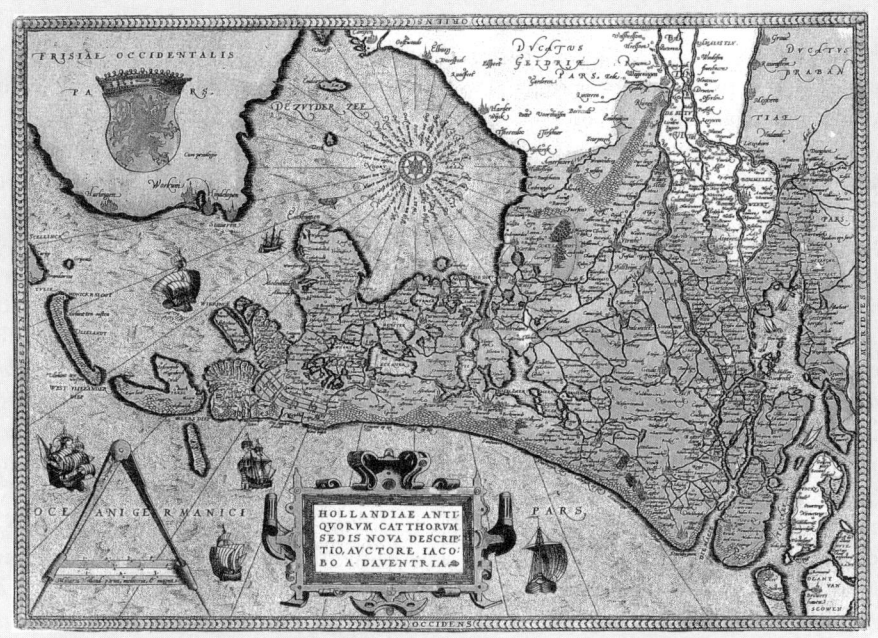

Karte von Holland, Abraham Ortelius, 1570

›Royal Geographical Society‹ in London. Von den Ländern wurden nur die Küsten gezeichnet, das Landesinnere blieb leer. Von Australien gibt es nur die Nordwestküste zu sehen, Alaska war noch nicht entdeckt, und Nieuw-Zeeland besteht aus einem schmalen Streifen. Blaeus Karten dienten auch als Geschenke für Fürsten und Sultane, andere als Wandschmuck.

Mit der Herausgabe der Atlanten versuchte die Druckerfamilie Blaeu die wichtigsten Konkurrenten *Henricus Hondius* (1563–1612) und *Johannes Janssonius* (1559–1660) zu überflügeln. Hondius wird als der ›Großmeister‹ der Amsterdamer Kartographen bezeichnet. 1595 stellt er gemeinsam mit seinem Schwager *Pieter van den Keere,* eine Wandkarte von Europa her, die aus 15 Blättern bestand. Seinen größten Coup landete er, als er die Kupferplatten von Mercators Atlas erwarb, den dieser in Duisburg hergestellt hatte. Van den Keere stellte Karten von Irland und England her und war an Barentsz. ›Caertboeck vande Midlantsche Zee‹ beteiligt. Außerdem erwarb sich dieser Graveur einen Namen mit seinen Städteansichten von Köln (1613), Amsterdam (1614, 1618), Danzig (1618), Paris (1617/18) und Hamburg (1619). Bekannt war auch *Cornelis Claesz.* (1547–1609), der von vielen Entdeckungsreisen Bücher herausgab, Übersetzungen veröffentlichte und Handbücher für Seeleute druckte. Weitere bekannte Amsterdamer Kartographen waren *Claes Jansz. Visscher* (1587–1652) – er publizierte ›Belgium sive Germania Inferior‹, 1634 – und der bereits erwähnte Petrus Plancius.

Werkstatt, in der Atlanten und Karten hergestellt wurden und die bei einem Feuer vernichtet wurde. Hinter der Hausnummer 22 befand sich die *Lateinische Schule,* die erstmals im Jahre 1342 erwähnt und nach 1597 erweitert wurde. Über der Nr. 22 war der Spruch »Discipline Vitae Scipio« (Disziplin ist der Stab zum Leben). Heute steht hier ein Neubau, und nichts erinnert an jene Epoche.

Am Ende der Gravenstraat stoßen wir auf den **Nieuwendijk,** die gemeinsam mit der Kalverstraat die bedeutendste und beliebteste Einkaufsstraße der Innenstadt ist. Nieuwendijk war nie eine vornehme Straße wie etwa die Kalverstraat. Hier handelten die Bauern aus Nordholland, hier standen einfache Herbergen. Am Beginn der Gasse, zwischen Gravenstraat und Dam, wohnten in erster Linie die Tuchverkäufer, am anderen Ende, in Richtung Bahnhof, die Heringspacker. An diesen Berufsstand erinnert der Haringpakkerssteeg, der zum Damrak führt. Die Heringspacker gehörten zu den ältesten Gilden in der Stadt. Am Singel, dort wo der Nieuwendijk endet, stand der *Haringpakkerstoren* (1829 abgebrochen), ein Turm der alten Stadtmauer. Die Gassen vom Nieuwendijk zum N. Z. Voorburgwal haben einen gewundenen Verlauf; eine Erklärung für diese ungewöhnliche Wegführung könnte der Bach sein, der hier einst zum Fluß mäanderte.

In dieser Straße des Handels befanden sich zahlreiche Logementen, Herbergen für Reisende; sie hießen ›Wappen von Emden‹, ›Kurfürst von Brandenburg‹, ›Die Sonne‹, ›Der weiße Schwan‹ oder ›Der große Kaiserhof‹. Diese öffentlichen Herbergen entstanden erst zu Zeiten der Calvinisten. Die vornehmen Reisenden stiegen in den Klöstern ab, die ärmeren im ›Bajert‹, der Sint Pietersherberge am Nes. Das erste Logement stand in der Calverstraete, der heutigen Kalverstraat und hieß ›Kaiserkrone‹. Um 1700 zählte man über 100 dieser Herbergen. Auch die Stadt richtete eigene Herbergen ein. So wurde im Westindisch Huis am Haarlemerdijk 1657 das Nieuwe Zijds Herenlogement eingerichtet. Eine andere Stadsherberge wurde 1662 vor der Heringspackerei an der Martelaarsgracht angelegt. Reisende, die vom anderen IJ-Ufer nach Amsterdam übersetzten, aber nach dem Ertönen der Boomklok, der Pfahluhr, die das Schließen des Tores in den Palisaden ankündigte, nicht mehr in die Stadt konnten, mußten entweder zum anderen Ufer zurückkehren oder in der Herberge vor dem Festungszaun übernachten. Das Rasthaus wurde 1876 abgerissen.

Zwischen dem Dam und dem prachtvollen neugotischen **Bahnhof** (Farbabb. 9), von dem Architekten des Rijksmuseums, Petrus Cuypers, auf drei Inseln erbaut und 1889 eingeweiht, verläuft der **Damrak;** die lebhafte Hauptverkehrsstraße teilt Stadt in die Oude und in die Nieuwe Zijde (alte und neue Seite). Damrak war ein Teil der Amstel und des Hafens. Gemeinsam mit der parallel verlaufenden *Warmoesstraat* war ›Op 't Water‹ zu Beginn des 16. Jh. das wohlhabendste Viertel der aufblühenden Stadt. Dort an der Mündung der Amstel legten die Schiffe an und hatten sich die ersten Kaufleute aus Antwerpen angesiedelt, die mit Zucker, Gewürzen oder Farbstoffen handelten. Die Häuser an der Warmoesstraat und am Damrak standen damals am Wasser, der Flußarm wurde im Laufe des 19. Jh. zugeschüttet bis auf das kleine Stück zwischen Börse und Nieuwe Brug – heute Anlegestelle von Rundfahrtbooten.

Muralisme oder Wall art

Bekanntes Mauerbild am gekrakten Haus Vrankrijk, Spuistraat

Einst diente Graffiti vor allem zur Verkündung politischer Botschaften, die bunten Farbnebelmalereien aus der Sprühdose einer neuen Sprühgeneration gelten als künstlerische Aussage. Zwar sind zahlreiche Graffiti schlicht gesprühte Sprüche und Figuren, aber ein Rundgang durch die Innenstadt zeigt auch phantasievolle Beispiele von ›muralisme‹, Ausdruck des modernen Stadterlebnisses: Mauermalerei, die im Auftrag von Unternehmen an ihre Gebäude oder auf die Rolläden gesprüht wurden. Der Ehrencode der Sprüher verbietet es, daß ein anderes Stück, ein piece, übersprüht oder ›überarbeitet‹ werden darf. So entstehen in Amsterdam ständig neue Kreationen der Spraydosenvirtuosen mit politischen Motiven, simplen Botschaften oder dekorativem Charakter.

Die drei bekanntesten Wall art-Maler sind Patries, Hugo Kaagmann und Fabrice Hünd, seine Wandmalereien sind in der gesamten Stadt, vor allem im Viertel *De Pijp* zu sehen. *Fabrice Hünd,* der an der renommierten Amsterdamer Rijksakademie studierte, ärgert sich vor allem darüber, daß die Niederländer im Gegensatz zu Amerika Angst vor den Wandmalereien haben.»Ich erreiche Menschen, die im allgemeinen kein Geld haben, um Kunst kaufen zu können. Und das Schöne daran ist, diese Menschen haben keine vorgefertigte Meinung, wie sie Kunst betrachten müssen. Negative Kritik kommt nur aus der Welt der Galeristen. Das ist doch typisch.«

Bekannte Malereien von *Hugo Kaagman* sind das dekorative *Blaue Delfts Medaillion* (Ecke Eerste Leliedwarsstraat/Bloemgracht) und die 65 m lange wall art am *Terminal West* (Schiphol). *Patries,* die zu den engagiertesten Szenenmalern gehört, betätigt sich in Unterführungen, Bushaltestellen und Stadtteilen wie *Bijlmer*. An der Spuistraat 199 am *Vrankrijk* ist eine ihrer berühmtesten Malereien zu sehen, eine Szene aus dem kampflustigen Milieu der Straße, eine Schlange bedroht einen reichen Mann, Symbol für den Kapitalismus.

Weitere Mauermalereien

Haarlemmerhouttuinen, *Eisenbahnbogen* (Hünd); Spuistraat 1a, *St. Nicolaas Hotel;* Prinzengracht 312, *Café La Tertulia;* Koningsplein, *Harings-Kiosk* (Hünd); Nieuwe Doelenstraat 16, *Puzzle, Muziektheater, Parkhaus;* Sarphatistraat 62, *Zebrahaus, Eingang Tropenmuseum* (beide Kaagmann); O. Z. Achterburgwal 154, *Spielszene aus Las Vegas;* Houtkopersburgwal 15, *Zirkusszene* (Patries). Ferner in *Bijlmer, Quellijnstraat* im Stadtviertel *De Pijp* und im *Vondelpark*.

Damrak mit Blick zum Bahnhof

Der große Börsensaal im Börsengebäude (1897–1903) am Damrak von Hendrik Petrus Berlage

Kaufhaus Bijenkorf und die Beurs von Berlage sind die zwei dominierenden Bauwerke der großstädtischen Magistrale, die sich zwischen dem Dam und dem neogotischen Bahnhof erstreckt. Schutzwürdig erscheint das Ensemble des Damrak wegen seiner architektonischen Mischung.

Eines der merkwürdigsten Kapitel Amsterdamer Architekturgeschichte wurde von dem Architekten Hendrik Petrus Berlage (1856–1934) geschrieben, der unter anderem die **Börse** erbaute, die dritte in der Handelsstadt. Die erste Börse am Rokin drohte einzustürzen, die zweite auf dem Dam gefiel den Herren nicht und die von Berlage wurde ebenfalls nicht akzeptiert, da sie wie eine potemkinsche Kulisse keine Verbindung zur historischen Bebauung der Nachbarschaft darstellte.

Im Mai 1882 hatte der Stadtrat den Bau einer neuen Börse geplant. 1884 wurde ein internationaler Architektenwettbewerb für das Börsengebäude, dessen Börsensaal allein 4000 m² umfassen sollte, ausgeschrieben. 199 Arbeiten wurden eingereicht, den Zuschlag erhielten die Architekturbüros Berlage und Sanders. Sanders machte bankrott, und Berlage übernahm den bedeutenden Auftrag. Den Ratsherren schwebte ein Bauwerk vor, das ihrem Repräsentationsbedürfnis entsprechen, auf die Tradition der Handelsstadt zurückgreifen und den künftigen Reichtum der Hauptstadt symbolisieren sollte. Zusätzlich zum Rijksmuseum, dem Concertgebouw und der Centraal Station wollte man ein weiteres eindrucksvolles Gebäude besitzen.

Der von der sozialistischen Idee durchdrungene Berlage erbaute die **Beurs** von 1897–1903 und räumte der Kunst großen Raum ein. Gemeinsam mit seinem Freund, dem Dichter Albert Verwey, entwarf er den Bau, dessen Gesamteindruck einheitlich ist, und arbeitete mit Künstlern wie Roland Holst, Mendes de Costa, Jan Toorop und Lambertus Zijl zusammen. Der dunkelrote Backsteinbau präsentiert sich als ein Gebäudekomplex in klaren Formen mit Balustraden und Attiken, Balkonen mit geschwungenen Konsolen, Ziergittern, Passagen und Loggien. Die ›siegreiche‹ Arbeiterklasse war das Thema, und es wurde mit Pathos interpretiert.

Die Malereien im Café sind von Toorop, haben die Emanzipation der Frau und des Arbeiters zum Thema und zeigen Vergangenheit, Gegenwart und Zukunft: Motive, die stark von der sozialistischen Idee durchdrungen sind. Roland Holst wollte mit seinen Treppenhausmalereien die Arbeitswelt verherrlichen. Außerdem gibt es die Glasmalereien von Der Kinderen und die Außenfassade hat Lambertus Zijl mit Porträts bekannter Persönlichkeiten der nationalen Geschichte verziert, etwa Hugo de Groot, Coen, Gijsbrecht van Aemstel. Die Börse wurde so zu einem Gesamtkunstwerk. Seine Arbeit wollte Berlage als seinen Protest gegen die dominierende Architektur des in der Stadt vorherrschenden ›Neostils‹ gewertet sehen und sollte sichtbarer Protest gegen die Arbeit des Rivalen Cuypers sein. Berlage war einer der ersten, der neue Techniken ausprobierte, mit Backstein, Stahl und Glas arbeitete.

Nach einer Renovierung, bei der Altes und Neues auf eine sehr behutsame Weise miteinander in Einklang gebracht wurde, ist die Börse heute Kulturzentrum. Hier werden Ausstellungen aller Art, Kongresse und Seminare abgehalten, und es finden regelmäßig Konzerte statt. Die Börse ist Sitz des Niederländischen Philharmonischen Orchesters. – Gegenüber der Börse steht auf dem breiten Trottoir die 1966 gegossene Bronzefigur *Beursmannetje*, auch zeitungslesender Mann genannt.

☐ Nieuwe Zijds Voorburgwal

Man kann nun durch eine Passage zum Nieuwendijk gehen oder auch in Richtung Bahnhof spazieren, beim Victoria-Hotel links abbiegen, um über die Prins Hendrikkade zur Martelaarsgracht zu gelangen. An der Ecke befindet sich das *Café Karpershoek*, eine Kneipe, die von sich behauptet, das älteste Wirtshaus (seit 1629) der Stadt zu sein.

Biegen wir von der *Martelaarsgracht*, einer vielbefahrenen Straße mit Hotels und Cafés von zweifelhaftem Ruf, in den **Nieuwe Zijds Voorburgwal** ein. Der N. Z. Voorburgwal – er wurde ebenso wie die Martelaarsgracht 1884 zugeworfen – war einst bekannt für seine Märkte, die auf dem Wasser und am Grachtenufer abgehalten wurden: Deventer Holzmarkt, ferner einen Blumen-, Milch-, Baum- und Pfeifenmarkt, wo die damals berühmten Pfeifen aus Gouda verkauft wurden. In dieser Straße hatten einst die Redaktionen und Druckereien der einflußreichen und bekannten Tageszeitungen des Landes ihren Sitz. In dem Zeitungsviertel erschienen die Amsterdamer Tageszeitung ›Het Parool‹, die christlich-protestantische ›Trouw‹ (beide Zeitungen wurden als Blätter des Widerstands während der deutschen Besatzungszeit gegründet), ferner der liberale ›Volkskrant‹ (einst eine

Zeitungen des Widerstands

Während des Krieges gab es nur die von den Deutschen und ihren holländischen Helfern kontrollierten Blätter. Jene Zeitungen, wie das *Amsterdamer Dagblad,* haben die anschließenden ›Säuberungen‹ nicht überlebt. An ihre Stelle trat *Het Parool,* einflußreiches illegales Blatt und heute Amsterdamer Tageszeitung. Weitere wichtige illegale Blätter, die auch heute noch erscheinen, sind die christliche Tageszeitung *Trouw* und die liberale Wochenzeitung *Vrij Nederland. Het Parool,* die Parole, erschien zum erstenmal am 25. Juli 1940 als hektographierter *Nieuwebrief van Pieter 't Hoen.* Hinter dem Pamphlet verbarg sich der Journalist Frans Goedhart. Im ersten Bericht ›Nach dem deutschen Überfall‹ schreibt er: ›Genau so, wie wir erwartet hatten, passierte es. Ohne vorheriges Ultimatum, ohne Kriegserklärung hat die deutsche Armee uns überfallen. Im Dunkel der Nacht stürzten sich deutsche Flugzeuge auf unsere Flugfelder und brannten deutsche Panzer und Flammenwerfer unsere Grenzbefestigungen platt. Einige Stunden später rollte die deutsche Walze über Groningen, Gelderland und Brabant. Tod

Das ehemalige illegale Blatt ›Het Parool‹ ist heute Amsterdamer Tageszeitung

und Verderben bringend über eine friedliche Bevölkerung, die grausam wach geschüttelt wird aus ihrem arglosen Neutralitätsschläfchen.« Die im Exil lebende Königin Wilhelmina ließ in den illegalen Blättern ihre Aufrufe abdrucken, es wurde über den Kriegsverlauf berichtet, über Arbeitseinsatz, Judenverfolgung und die Bombardierung deutscher Städte.

katholische Zeitung), das ›Algemeen Handelsblad‹ (das heute in Rotterdam unter dem Namen ›NRC-Algemeen Handelsblad‹ herauskommt), ›De Tijd‹ (eine Wochenzeitung) und der ›De Telegraaf‹ (Hollands auflagenstärkstes Blatt). Im Haus Nr. 225 fasziniert eine von außen sichtbare, mehrere Stockwerke hohe Rotationsdruckanlage.

Die erste Zeitung des Landes, ›Courant uit Italie en Duytschland‹, erschien 1626 bei dem Amsterdamer Buchverkäufer Broer Jansz., der sich »courantier van het legher« von Prins Maurits nennen durfte. Die älteste, täglich erscheinende Tageszeitung war das ›Algemeen Handelsblad‹ von 1828, die drei Jahre später in ›Nieuwe Amsterdamsche

Courant‹ umbenannt wurde. 1846 erschien zum erstenmal die katholische Tageszeitung ›De Tijd‹, 1870 ›Het Nieuws van den Dag‹, und das heutige Massenblatt ›De Telegraaf‹ erschien 1893. Die publizistische Vielfalt entstand nach 1869, nachdem die Zeitungssteuer, die 1797 durch die Franzosen eingeführt worden war, abgeschafft wurde. Von den zahlreichen Cafés, denen Journalisten ihren Stempel aufdrückten, ist ›Scheltema‹, neben dem Gebäude des ›Handelsblad‹, wohl das bekannteste.

Am N. Z. Voorburgwal liegt **Nieuwe Zijds Kolk.** Das auffallende Gebäude auf dem Platz ist das **Korenmeterhuisje** aus dem Jahre 1620. Das Haus der Getreidegilde wurde 1898 restauriert, war Zeitungsmuseum und ist heute Sitz von ›Heemschut‹, einer Vereinigung zur Rettung von Kulturdenkmälern. Das Korenmeterhuisje gehört zu den wenigen Zunfthäusern, die erhalten geblieben sind. 1994 wurde hier mit dem Bau eines umstrittenen Großhotels mit Ladenpassage begonnen, und bei den Arbeiten entdeckte man im März 1994 eine 1,85 m dicke und rund 7 m lange Backsteinmauer auf Holzbohlen. Die Stadtarchäologen sind sicher, daß dies ein Überbleibsel der Burg der ›Heren van Amstel‹ ist, nach der sie lange gesucht haben. Danach wäre Amsterdam rund 100 Jahre älter als bisher angenommen und Joost van den Vondel hat recht behalten. In seinem Drama ›Gijsbrecht van Amstel‹ von 1637 gab er bereits genau an, daß das Kastell auf einer Landzunge, eben an dem heutigen Fundort, gestanden hat.

Eingezwängt und halb verdeckt liegt das ehemalige **Burgerweeshuis,** das Waisenhaus, und heutiges **Historisches Museum,** zwischen N. Z. Voorburgwal und der Einkaufsstraße Kalverstraat. Das Museum (s. Kapitel ›Museumsstadt‹) betritt man an der Pforte, *Sint Luciensteeg* – in der Außenmauer des Museums sind rund 30 alte Giebelsteine angebracht – und geht durch die verglaste Passage, in der die Riesengemälde der Schützengilden hängen, zum Begijnhof: ein Kleinod, ›die katholische Herzdame‹ sozusagen.

☐ Der Begijnhof

Den ruhigen **Begijnhof** (Farbabb. 14) betritt man durch das Portal am *Begijnensteeg.* 1346 wird dieses Hofje am Stadtgraben gegründet. 1421 und 1452 brannte der Hof ab. Die Gebäude – bis auf das Houten Huys mit dem schwarzen Brettergiebel von 1470 – sind aus dem 17. Jh. Die ersten Hofjes wurden im katholischen Flandern gebaut und die Beginen im 12. Jh. bereits erwähnt. Beginen waren Laienschwestern, die sich der Krankenpflege und der Armenfürsorge widmeten. Diese Damenstifte bildeten autarke Wohngemeinschaften, in denen jedes Mitglied für sich selber sorgen mußte. Die Beginen – anfangs waren unter ihnen zahlreiche Witwen von Kreuzfahrern, später kamen jene Mädchen hinzu, die sich keine Heirat leisten konnten – legten kein ewiges Gelübde der Keuschheit und des Gehorsams ab. Frauen bot ein Beginenhof auch die Möglichkeit, der Ehe mit einem ungeliebten Mann zu entgehen. Da die Kirche ›ketzerische Tendenzen‹ bei den emanzipierten Frauen vermutete, wurden die Beginen durch das Laterankonzil von 1215 verboten, jedoch ab 1453 wieder zugelassen. Von 1982–87 wurden die Gebäude renoviert.

Auf dem Beginenhof, der der hl. Ursula geweiht ist, steht die sogenannte katholische **Geheimkirche,** sie ist dem hl. Johannes und der hl. Ursula geweiht und von Philip Vingboons entworfen. Als die Stadt 1578 vom katholischen Glauben zum Calvinismus wechselte, wurde die ›Geheimkirche‹ in zwei zusammenstehenden Häusern eingerichtet – auch von außen durfte sie nicht als Kirche erkennbar sein. Der Hauptaltar wurde zu Beginn des 18. Jh. eingebaut, die Fenster im 20. Jh. Am Giebel von Nr. 24 befindet sich ein schöner Giebelstein. Er zeigt die hl. Ursula, die unter ihrem ausgebreiteten Mantel vier kleine Frauenfiguren beschirmt. Die **Englische Presbyterianische Kirche**, ein spätgotischer Bau, ging 1578 an die Calvinisten über, die sie 1607 den Presbyterianern überließen, die aus England geflüchtet waren. Unter ihnen befanden sich auch die Pilgrimfathers, die später nach Amerika aufbrachen. In der Kapelle befinden sich Fenster, die an diese Episode erinnern. Durch das schmale Tor, schräg gegenüber dem Holzhaus, kommt man zum Spui. Vorher aber sollte man noch einmal einen Blick auf die Sammlung historischer Giebelsteine an der Mauer neben dem Haus mit der Holzfassade werfen. Im ehemaligen Back- und Waschhaus der Beginen – Ecke Spui/N. Z. Voorburgwal – arbeiteten 1597 die ersten Glasbläser der Stadt.

Der Begijnhof, ein von der Außenwelt abgeschlossenes Dorf mit Kirche

Het **Spui** ist eng mit der Bronzefigur ›*Lieverdje*‹ (›nettes Früchtchen‹) von Carel Kneulman verbunden. Der schmächtige Gassenjunge ist der Amsterdamer Jugend gewidmet und Symbolfigur der Provo-Bewegung. An dieser Statue begannen im Sommer 1964 die ersten Happenings, initiiert von Robert Jasper Grootfeld. Die ersten friedlichen Protestaktionen richteten sich gegen das Rauchen. Erst als bekannt wurde, daß sich die Thronfolgerin Beatrix mit einem Deutschen, Claus von Amsberg, verlobt hatte, wurden die Proteste radikaler. Zum Sturz der Monarchie wurde gar aufgerufen. Bei den später folgenden Studentenunruhen spielte dann auch das dem Beginenhof schräg gegenüberliegende **Maagdenhuis,** heute Universitätsgebäude, eine Rolle. Das Maagdenhuis, Waisenhaus für katholische Mädchen, wurde 1783–87 von Stadtbaumeister Van der Hart im klassizistischem Stil erbaut. Auffallend ist die klar gegliederte Fassade mit den hohen Sprossenfenstern.

Bis zum 14. Jh. bildete dieser Platz gemeinsam mit dem Grimburgwal die südlichste Stadtgrenze. Der Name Spui leitet sich von der Schleuse ab, an der das Wasser aus der Boerenwetering in die Singel floß. 1882 wurde alles zugeschüttet. Am Spui findet man einige der beliebtesten Cafés und Kneipen: das im Stil der 30er Jahre eingerichtete ›Café Luxembourg‹ und so historische Kneipen wie ›De Zwaan‹ und ›Hoppe‹. Schräg gegenüber steht die *Lutherische Kirche*, heute *Aula der Universität*.

Wendet man sich hin zum Rokin, so überquert man die **Kalverstraat**, eine der bekanntesten Einkaufsstraßen des Landes. Die Fußgängerzone wurde als Gasse der Händler und der Waren bereits im Mittelalter erwähnt und feierte 1993 ihr 600jähriges Bestehen. Ihren Namen leitet sie von Kalvern ab, dem Kälbermarkt. Einige Gebäude, etwa *De Gelderse Koe* oder *Het Blauwe Schap,* erinnern noch an den Viehmarkt. 1629 verschwand der Markt, und die Straße entwickelte sich zu einer der lebhaftesten Geschäftsstraßen der Stadt und hatte schnell die bis dahin florierende Warmoesstraat überflügelt. Nichts erinnert mehr daran, daß die Kalverstraat einst das kartografische Zentrum des Landes war und zahlreiche Kartenhersteller und Herausgeber von Karten, Atlanten und Globen Werkstätten und Verkaufsräume in dieser Gasse hatten. In erster Linie hatten Kaufleute aus Italien und Deutschland hier ihre Geschäfte. 1823 gründeten drei aus Böhmen stammende Kaufleute – Franz Focke, Sebastian Meltzer und Anton Eberhart – ihr Glaswarengeschäft, denn böhmisches Glas war bei den Amsterdamer Patriziern sehr begehrt. Geschäftsleuten war es jedoch untersagt, öffentlich Reklame zu machen oder aggressiv Kunden zu werben. Aber die Zeiten änderten sich rasch. Der koloniale Handel, der Schiffbau, das Handwerk und die Diamantenindustrie blühten auf, und immer mehr Kaufleute kamen in die Stadt. Zwischen 1855 und 1885 wurde die Gasse zur vornehmsten und elegantesten Adresse des Landes. Kunsthändler aus Italien, Handwerker aus Deutschland, jüdische Diamantenhändler oder preußische Konfektionswarenverkäufer errichteten hier ihre Kaufhäuser und Filialen. Ein besonders monumentales Geschäftshaus errichtete der damals 27jährige Architekt Berlage für die Firma Focke & Metzler (Ecke Kalverstraat/Spui), gegenüber erbaute Architekt Cuypers ein Möbelmagazin für die Firma Jansen. Aber auch die Wiener Möbelhersteller Thonet und die württembergische Firma Miele, die Luxusartikel verkauften, hatten hier ihre Adressen. Nicht nur Geschäfte, sondern auch zahlreiche Cafés befanden sich hier. Da gab es das Wirtshaus ›Zum Pilsener Club‹, den Treffpunkt der profranzösischen ›Patrioten‹ (Schimpfwort für eine politische Bewegung im 18. Jh.), ›De Karseboom‹, ›Zeemanshoop‹ und den ›De Groote Club‹, Ecke Dam (bis 1974). Hinter Nr. 71 verbarg sich einst das Logement ›De Keizerskroon‹; dort wurde Inventar von Rembrandt versteigert, nachdem er Bankrott gemacht hatte.

Am Ende der Kalverstraat erkennt man auf dem Muntplein die zierliche Spitze des **Munttoren** (Münzturm) aus dem Jahre 1619. Der Turm ist ein Rest des 1618 abgebrannten Regulierstors. Stadtbaumeister Hendrick de Keyser setzte auf das steinerne Fundament eine hölzerne Spitze. In dem achteckigen Turm hängt ein aus 29 Glocken bestehendes Carrillon aus der Werkstatt des berühmten Glockengießers François Hemony. Der

Ruhm des Lothringers war damals so groß, daß ihn der Magistrat bat, nach Amsterdam zu kommen. 1655 wurde er zum städtischen Glocken- und Kanonengießer ernannt; er bewohnte kostenlos ein Haus an der Keizersgracht. Gemeinsam mit seinem Bruder Pierre hat er zahlreiche Glockenspiele hergestellt, u. a. für die Türme der Wester-, der Zuider- und der Oudekerk. Die Brüder wurden in der Nieuwe Kerk begraben.

Die sehr breite Brücke, die die Muntsluis, die Schleuse, einmal war, trennt Singel und Amstel. Am Amstelarm prunkt das *Luxushotel Excelsior,* und auf der anderen Seite dümpeln die schwarzen Schuten der Blumenverkäufer. Dort, auf der linken Seite der Singel, befindet sich Europas einziger schwimmender **Blumenmarkt.** Noch vor dem Krieg kamen aus den Blumenanbaugebieten von Aalsmeer die mit Blumen beladenen Schuten jeden Morgen hier an. Im Frühjahr waren die Boote mit roten Tulpen und gelben Narzissen, im Sommer mit Rosen, im Herbst mit Dahlien und im Winter mit Tannengrün beladen.

☐ Fürstliche Wasserfeste auf dem Rokin

Auf dem **Rokin** findet man noch eines der traditionsreichen Kaufhäuser, *Maison de Bonneterie,* das einen Hauch des Fin de siècle verströmt; ferner *Hajenius,* die beste Adresse für den kultivierten Raucher, in dessen Räumen es seit der Jahrhundertwende nach feinen Havannas und Sumatras duftet. Obwohl zahlreiche Antiquitätenhändler weggezogen sind, ist der Rokin noch ein Zentrum für wertvolle Antiquitäten. Neben mehreren in Malerei, Uhren oder Möbeln spezialisierten Geschäften findet man auch die Filiale des Londoner Auktionshauses Sotheby's. Als 1527 eine Uferbefestigung angelegt wurde, mußten die Gebäude ›einrücken‹ – ›Ruck-in‹ oder Rokin. 1936 wurde die Gracht zur Straße. Betrachtet man alte Radierungen vom Rokin, entdeckt man eine sehr idyllische Gracht, deren Mittelpunkt die alte Börse von Hendrick de Keyser gewesen war. Der Stadtarchitekt wurde extra nach London geschickt, um sich dort Anregungen für den Bau zu holen. Die Amsterdamer Beurs über ›het water‹, 1613 eingeweiht, stand auf fünf Bogen in der Amstelmündung; der

Rokin und Oude Turfmarkt, einst Binnenhafen, heute belebte Durchgangsstraße

126

mittlere Bogen war so hoch, daß Schiffe mit Masten hindurchfahren konnten. Die Börse wurde nach Bauschäden 1835 abgebrochen. 1845 erhielten die Börsianer auf dem Dam die Zocher-Börse, benannt nach dem Architekten.

Dort, wo heute die Rundfahrtboote am Rokin schaukeln, befindet sich der **Oude Turfmarkt** mit dem **Allard-Pierson-Museum** (Nr. 127). Besonders eindrucksvoll ist **Nr. 145**, in dem Pieter Jansz. Sweelinck wohnte, Sohn des Komponisten Jan Sweelinck. Das denkmalgeschützte Gebäude mit einem Halsgiebel aus dem Jahre 1642/43 ist heute im Besitz der **Universität**. Entworfen hatte es der Amsterdamer Baumeister Philip Vingboons, dessen Familie 1591 aus Mechelen kam. Die Familie Vingboons baute zahlreiche Häuser. Schöne Beispiele sind Herengracht, Nr. 412, 364–370, Keizersgracht 319 und das Trippenhuis am Kloveniersburgwal Nr. 29. Auf der anderen Seite befindet sich das **Gebäude der Künstlervereinigung ›Arti et**

Amiciticae‹ (Kunst und Freundschaft). Die Gesellschaft war lange tonangebend für die Kunst in der ersten Hälfte unseres Jahrhunderts. Noch heute treffen sich dort deren Mitglieder im traditionsreichen Café. Die Ausstellungen zeigen aktuelle Kunst und sind auch für Nichtmitglieder zugänglich.

Am 1. September 1638 erlebte der Rokin sein letztes großes Fest. Aus Anlaß des Besuchs der Witwe des französischen Königs, Maria de Medici, wurde an der Langebrug das »größte aller Wasserfeste« abgehalten. Die Königin wurde am Triumphbogen auf dem Dam von den Regenten empfangen und von den Stadtschützen zum Prinsenhof, dem Logement für berühmte Personen, begleitet. Sie besichtigte die Grachten, alle wichtigen Gebäude, und im Oostindisch Huis wurde ein indonesisches Bankett zu Ehren der verbannten Fürstin gegeben. Auf dem Rokin war eine künstliche Insel aufgebaut worden, von der aus die Gesellschaft dem großen Spektakel zuschauen konnte. Im Ehrensaal des Rijksmuseums hängt neben der ›Nachtwache‹ ein Schuttersbild, das aus Anlaß dieses Besuches gemalt worden ist. Es zeigt die Kompanie des Kapitän Cornelis Blicker, die sich auf den Empfang der königlichen Dame vorbereitet. Wasserfeste mit Feuerwerk, Schiffsparaden und Wettkämpfen wurden für zahlreiche prominente Besucher veranstaltet, etwa für Prinz Maurits, Willem II., Henrietta von England und Zar Peter den Großen. Meist fanden sie jedoch auf der Amstel oder auf Het IJ statt. Aber auch für Kaiser Maximilian, seinen Sohn Philip, die sich als Könige von Holland huldigen ließen, für Willem van Oranje wurden große Feste gegeben. Die Stadt wurde mit Fahnen und Triumphbögen geschmückt. Dichter und Gelehrte schrieben Stücke mit historischem Hintergrund.

☐ ›Theatergasse‹ Nes

Parallel zum Rokin – zwischen Damstraat und Grimburgwal – verläuft **Nes,** eine schmale Gasse, 1225 erstmals erwähnt. Nes wie auch ›De Brakke Grond‹ – Name des flämischen Kulturzentrums – deuten darauf hin, daß es sich hier einmal um morastiges Gebiet gehandelt hat. Die winzigen Nebengassen, die Namen tragen wie Gebed zonder Ende (Gebet ohne Ende), Cellebroerssteeg oder St. Pieterspoort, erinnern noch an jene Epoche, als die sechs dort ansässigen Klöster bis 1578 das Leben in Nes bestimmten. Diese Gasse wurde wegen der Bürger von Antwerpen, die sich hier ansiedelten, die »nördlichste flämische Straße« genannt. In Nummer 59 befand sich die Buchhandlung des Antwerpeners Frans van den Enden. Dieser ehemalige Jesuit war befreundet mit dem Dichter Joost van den Vondel und Lehrer des späteren Philosophen Spinoza. Am Nesplein stand das Geburtshaus von Gerbrand Adriaenszoon Bredero (1585–1618), der mit seinem ›Spaansche Brabander‹ den Prunk der Neubürger aus Flandern verspottete. Nes war gegen Ende des letzten Jahrhunderts vor allem als Vergnügungszentrum mit Geneverstuben, Tanzcafés, Wirtshäusern, Volkstheatern und Bordellen bekannt. Als sich das Leben um die Jahrhundertwende zum Leidseplein verlagerte, wurde Nes Zentrum des Tabakhandels. Heute ist die Gasse mit ›De Engelenbak‹, ›Frascati‹ und ›De Brakke Grond‹ Theater- und Literatenstraße. Die Stadsbank, die ›Bank van Lening‹ aus dem Jahre 1550, befindet sich an der Ecke Lombardsteeg.

Der Hafen und die Altstadt

Vincent van Gogh schlenderte gern durch den Amsterdamer Hafen, stets auf der Suche nach Motiven. Der Maler schrieb am 4. Juni 1877 an seinen Bruder Theo: »Wir wandern an der Buitenkant und von dort zur Oosterspoor. Ich kann nicht beschreiben, wie schön es dort in der Dämmerung ist. Rembrandt, Michel und andere haben es schon gemalt. Ich gehe gerne durch die alten, engen und recht düsteren Straßen mit ihren Apotheken, Druckereien und Geschäften mit Seekarten und den Magazinen der Schiffsausrüster. Alles findet man bei der Oudezijds Kapelle und den Teertuinen und am Ende der Warmoesstraat. Alles spricht dort.« Der 24jährige wohnte von Mai 1877 bis Juli 1878 in Amsterdam bei seinem Onkel, dem Direktor der Marinewerft.

Inzwischen hat sich einiges am Hafen geändert, aber die Straßen, von denen Van Gogh spricht, findet man noch immer. Im Hafen **Oosterdok** dümpeln kaum noch Dreimaster, dagegen viele Binnenschiffe, Yachten, Rundfahrtboote, Jollen und Kähne. Erst 1988 hatte man damit begonnen, die Prins Hendrikkade attraktiver zu machen und den Hafen wieder in die Stadt zu integrieren. Aus dem Viertel soll ein ›Nautisches Quartier‹ werden, eine Promenade entlang des Hafenbeckens und ein Museumshafen angelegt werden, Pläne, die langsam verwirklicht werden. Eine Attraktion jedenfalls ist die ›**Amsterdam**‹ die am Anleger des **Schiffahrtsmuseums** (s. ›Amsterdamer Museen‹) ankert (Farbabb. 21). Es ist die Replik eines Dreimasters der Verenigde Oostindische Compagnie (V.O.C.), der 1748 erbauten ›Amsterdam‹, die auf ihrer Jungfernfahrt 1749 vor der englischen Küste bei Hastings im Sturm unterging – und dort noch auf die Bergung wartet. Mit sieben Kanonenschüssen wurde im September 1990 der Ostindienfahrer offiziell als Museumsschiff in Dienst gestellt. Bei der Einweihung sang der ›Große Piratenchor‹ aus Blokzijl.

Hinter dem Schiffahrtsmuseum liegen die künstlichen Inseln **Katten-, Witten-** und **Oostenburg.** Diese ›oostelijke eilanden‹, die östlichen Inseln also, wurden im Zuge der Stadterweiterung von 1658 angelegt und waren mit der Stadt durch zwei Brücken verbunden. Am Kanal Nieuwe Vaart stehen sie noch, die Speicher- und Giebelhäuser – rechts und links – der von 1669–71 erbauten **Oosterkerk.** Die Kirche wurde vom Stadtarchitekten Daniel Stalpaert erbaut, und die 1700 kg schwere Glocke von Pierre Hemony schlägt heute noch jede Stunde. Die auf 1800 Pfählen ruhende Kirche wurde 1985 renoviert und dient als Begegnungszentrum. Hinter der alten Bebauung, dort, wo einst Werftgelände war, befindet sich eine moderne Wohnlandschaft mit breiten Straßen, Kanälen, Plätzen, Schulen und Werkstätten. Das Wohngebiet, in dem weiße und farbige Bürger zusammenleben, erstreckt sich über die drei Inseln. Nur einige Wohnboote, eine kleine Schiffswerft und einige ältere Gebäude erinnern noch an die Epoche des Schiffbaues.

In unserem Jahrhundert wurde die Kaserne der Marine erbaut, deren Bereich sich heute noch hinter den alten Ziegelmauern verbirgt. Der Magistrat hatte bereits 1634 darüber nachgedacht, daß in Het IJ künstliche Inseln erbaut werden müßten. Gemei

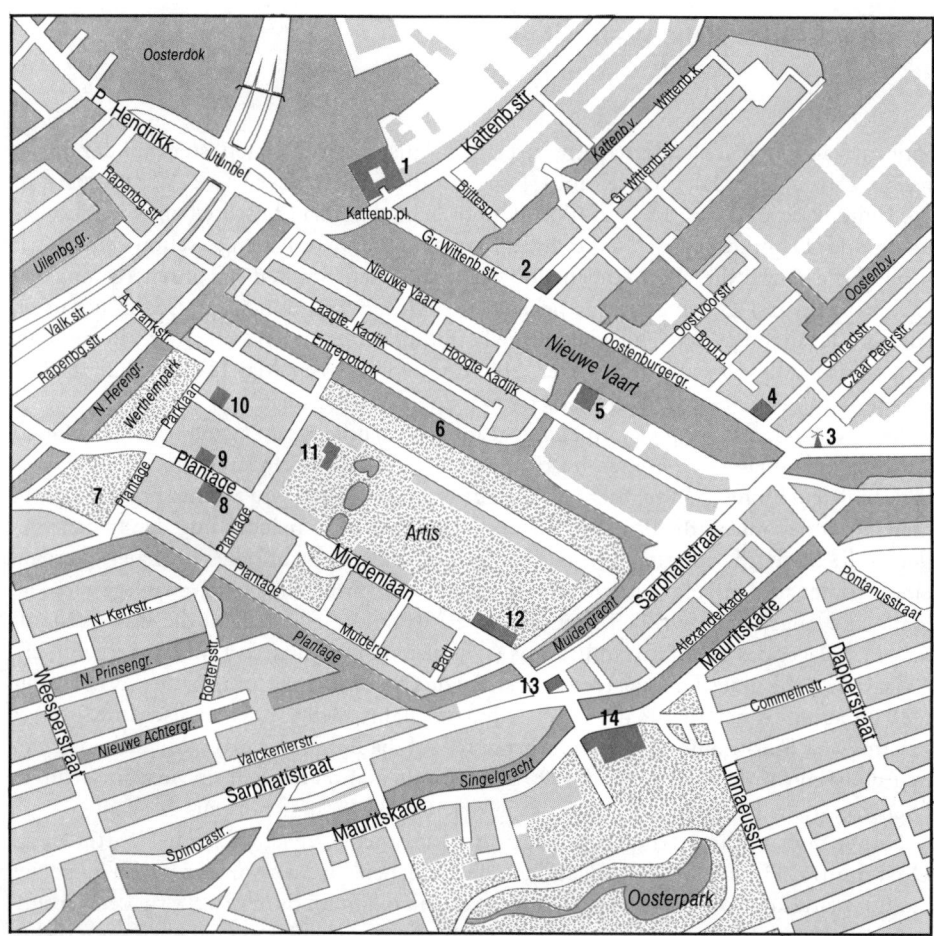

*Hafen, Zoo Artis und Botanischer Garten   1 Scheepvaartmuseum und ›Amsterdam‹   2 Ooster-
kerk   3 Windmühle ›De Gooier‹   4 Admiraliteitslijnbaan-Huis   5 Museumswerft 't Kromhout
6 Entrepotdok   7 Hortus Botanicus   8 Hollandse Schouwburg   9 Moederhaus   10 Haus der
Diamantengewerkschaft   11 Aquarium   12 Planetarium   13 Muiderpoort   14 Tropenmuseum*

mit **Kattenburg** entstand auch die **Nieuwe Vaart,** der 300 Fuß breite Kanal, der Zeeburg
– dort wo heute etwa die **Windmühle ›De Gooier‹** aus dem 17. Jh. steht – mit dem Fluß
verbindet. Für den Namen Kattenburg ist nie eine befriedigende Erklärung gefunden
worden. Die verlustreichen Seekriege gegen England verzögerten den Ausbau von Kattenburg. Erst 1655 konnten die ersten drei *Werften* vermietet werden. Mit einer Ausdehnung

von jeweils 57 mal 57 m waren es die größten der Welt. Wer sich zuerst ›presenteerd‹ hatte, erhielt den Mietvertrag und zahlte 100 Gulden Jahresmiete. Baute der Werftbesitzer größere Schiffe als 80 Lasten, wurde ihm die Miete erlassen. Auf den östlichen Inseln entstanden nicht nur Werften, Zimmermannsplätze, Magazine, Holzlager, sondern auch Wohnungen. Das Magazin der Marine, ursprünglich **Oost-Indisch Zeemagazijn,** wurde 1661 errichtet; während der französischen Besatzung wurde es als Kornspeicher benutzt, und 1822 stürzte es ein. 1791 vernichtete ein Brand die Werftanlagen, 1795 wurde die Admiralität, deren Aufgabe es gewesen war, Küsten zu bewachen, den Seehandel zu schützen und Piraten zu bekämpfen, aufgelöst. Im ehemaligen Zeughaus der Admiralität befindet sich heute das *Schiffahrtsmuseum.* – Die mittlere Insel ist nach dem Holzkaufmann Jan Witte benannt. Auch auf **Wittenburg** gab es zahlreiche Werften. Noch im letzten Jahrhundert wurden dort große Schiffe gebaut, etwa 1897 die Fregatte ›Europa‹, die wegen ihrer Schnelligkeit den Namen ›Fliegender Holländer‹ erhielt.

Oostenburg, die östlichste der drei Inseln, entstand 1658. Wie auf den beiden anderen Inseln standen auch hier Werften und die Häuser der dort beschäftigten Arbeiter. Die V.O.C. erbaute sich dort 1661 an der Dwarsvaart das eindrucksvolle Ost-Indische Seemagazin. Nach dem Niedergang der V. O. C. verwahrloste das Gebäude und stürzte schließlich 1822 ein. Bei den Aufräumarbeiten hat man dabei auch das Czaar Peterhuisje am Oosterburgerwal 75–77 abgerissen. 1697 war Zar Peter der Große nach Amsterdam gekommen, um das Zimmermannshandwerk zu erlernen. Zar Peter hatte in dem kleinen Holzhaus vier Monate gelebt, sich selber versorgt und auf der Werft gearbeitet. Nach seinen Plänen wurde die Fregatte ›Peter en Paul‹ gebaut und 1698 vom Stapel gelassen. Zum Abschied erhielt der russische Fürst das Schiff ›Amsterdam‹ zum Geschenk.

Während des Zweiten Weltkriegs spielten die anarchistisch und kommunistisch orientierten Arbeiter, die in diesem Viertel lebten, eine bedeutende Rolle in der Widerstandsbewegung. Ihr Auftreten während der Besetzung wurde durch Figur des Hafenarbeiters gewürdigt. Am *Denkmal des Dockarbeiters,* neben der *Portugiesischen Synagoge,* wird jedes Jahr am 25. Februar an die erste Protestkundgebung gegen die Judenverfolgung und an den Generalstreik von 1941 erinnert.

Die Aktivitäten im Hafen haben sich inzwischen weit nach Westen verlagert. Am Ende der Oosterburger Gracht, Nr. 79, steht das **Admiraliteitslijnbaan-Huis.** Noch zu Van Goghs Zeiten erstreckten sich hier die Reeperbahnen bzw. Seilstraßen, auf denen die Schiffstaue hergestellt wurden. Das Gebäude (1661) war im letzten Jahrhundert Speicherhaus für Zucker und fällt besonders durch seinen Giebel auf. Der Weg verläuft zum *Overhaalsgang,* einer Stahlbrücke, die über die Nieuwe Vaart nach Entrepotdok führt. Von der Brücke aus erkennt man in der Ferne die Türme von Sint Nikolaus und zur Linken die **Museumswerft 't Kromhout.**

Hoogte und **Laagte Kadijk** bilden gemeinsam mit **Entrepotdok** ein intaktes Wohnviertel, in dem das Alte mit den Erkenntnissen des modernen Wohnbaus kombiniert wurde. Die 82 in einer Front stehenden Speicherhäuser entlang des Kanals Entrepot wurden um 1827 als Umschlagplatz für zollfreie Waren erbaut. Noch lange nach dem Krieg zählte das gesamte Gebiet zu den Elendsquartieren der Stadt. Die Lagerhäuser wurden von Künstlern wiederentdeckt, das Denkmalamt stufte die Speicherstadt als architektonisch wertvoll ein, und die Stadtväter hatten ein Projekt, mit dem sie sich schmücken konnten. Entrepotdok wurde im Rahmen des Stadterneuerungsprogramms in Sozial- und Eigentumswohnungen umgestaltet. Beim Ausbau kam es darauf an, ein Gleichgewicht zwischen den zu Lofts ausgebauten Lagerräumen und den Sozialwohnungen zu erreichen. Die Umgestaltung von Lagerhäusern, die so konstruiert waren, daß möglichst wenig Licht ins Innere fällt, in helle Wohnungen wurde durch den Einbau von Lichtschächten erreicht. Die originelle Wohnlandschaft gilt heute als Musterbeispiel dafür, wie man historischen Speicherhäusern eine neue Bestimmung geben kann. Wir wenden uns nach links und beim Verlassen des Tores Entrepot befinden wir uns auf dem Kadijkplein – gegenüber sieht man den Dreimaster ›Amsterdam‹ und rechts die Nieuwe Herengracht.

Die **Prins Hendrikkade** verläuft parallel zum Oosterdok. Dort, wo die Schnellstraße zum IJtunnel das alte Hafenviertel zerschneidet, tauchen wir wieder ein in das Gassengewirr. **Rapenburg** und das sich anschließende **Uilenburg** sind zwei künstliche Inseln, die 1593 im Zuge der Stadterweiterung entstanden sind. Auch hier besaß die VOC Werften.

In Rapenburg 13, erkennbar an dem Segelschiffmotiv im Halsgiebel, soll Piet Hein (s. S. 35) gewohnt haben, der den Spaniern eine Silberflotte raubte.

Auch **Uilenburg** zählt zu jenen Inseln, die 1593 angelegt wurden. Dieses Viertel, in dem vor allem Juden lebten, war bekannt für seinen ausgeprägten Gemeinschaftsgeist, der sich auf die gemeinsame Kultur und Religion gründete. Die ärmeren Juden wohnten in Uilenburg rund um den Waterlooplein, die reicheren in Richtung Zoo, an der Nieuwen Heren- und Keizersgracht. Uilenburg, wo einst auch Bootswerften standen, war im 19. Jh. wegen seiner Elendswohnungen berüchtigt. Nach 1910 wurde damit begonnen, das Wohnquartier des Lumpenproletariats zu sanieren. Zahlreiche Bewohner wurden damals in die neuen Viertel nach Amsterdam-Nord, in das Spaarndammer- und Transvaal-Viertel umgesiedelt. Jene Juden, die sich weigerten, von hier wegzuziehen, gründeten die Wohnbauvereinigung ›Handwerkers Vriendenkring‹. In der Nieuwe Uilenburgerstraat findet man sechs **Speicherhäuser (Nr. 13–23)**, die den Namen deutscher Städte tragen: De stad Kolen, Coblentz, Mentz, Frankfort, Bonn und Mannheim. Unweit davon steht ein langgestrecktes Ziegelgebäude, in dem die *Direktion für Brücken* ihre Büros hat. Das Haus wurde 1926 im Stil der ›Amsterdamer Schule‹ erbaut, die Inneneinrichtung ist erhal-

ten geblieben. Die **Synagoge der Hochdeutschen Gemeinde,** 1766 erbaut, wurde in den 60er Jahren restauriert und ist heute Atelier und Depot des Denkmalschutzamtes. Das eindrucksvollste Bauwerk ist jedoch die 1878–88 erbaute **Fabrik van Boas,** eine *Diamantenschleiferei* mit 357 Schleifmühlen, an denen bis zum Zweiten Weltkrieg wöchentlich acht- bis zehntausend Karat geschliffen wurden. Heute befindet sich dort die *Diamantenfabrik Samuel Gassan,* in der nur noch ein Dutzend Schleifer arbeiten. Die Fabrik kann besichtigt werden.

Parallel zur Uilenburgerstraat verläuft **Oude Schans,** ein Befestigungsgraben von 1516. Herausragendes Bauwerk an der Oude Schans ist der **Montelbaanstoren** (Abb. Umschlagvorderseite), der zur Verteidigung der Werkstätten der Schiffszimmerer entstand. Er ist der einzige erhaltene

Am Entrepotdok: Aus den Lagerhäusern wurden Ateliers und Wohnungen

Scheepvaarthuis zwischen Prins Hendrikkade und Waals Eilandsgracht – Beispiel der frühen ›Amsterdamer Schule‹

Befestigungsturm (1512). Der dekorative Turm, der 1606 seine von Henrick de Keyser entworfene Spitze erhielt, wird im Volksmund ›Malle Jaap‹ genannt. Der Turm, der u. a. auch von Rembrandt gemalt wurde, ist heute Sitz des städtischen *Stadswaterkantoors* (Regulierung der Wasserstände in den Grachten). Die Schans ist ein aufgeworfener Wall, der mit Ziegeln befestigt wurde. Ab 1825 wird mit dem Abtragen der Wälle begonnen. Hinter den Hausnummern 92–106 befand sich während der deutschen Besatzungszeit ein Hauptgebäude des Jüdischen Rates. Hier wurden die Juden, die in die Konzentrationslager transportiert wurden, mit Reiseproviant versorgt. Obwohl Brände zahlreiche alte Gebäude zerstörten, darunter das berühmte Haus *De Korendrager* (es brannte 1947 nieder), gehört Oude Schans zu den schönsten Grachten der Altstadt.

An *Gravenhekje* gegenüber dem Kalkmarkt steht das imponierende **West Indisch Huis**, das in der Blütezeit der W. I. C., 1642, erbaut wurde. Der Name des Speicherhauses datiert aus den Jahren 1654–74, nachdem die Herren der ›Geoctroyeerde Westindische Compagnie‹ – das kunstvoll verflochtene Monogram GWC ist im Giebel des rötlichen Eckhauses zu erkennen – das Gebäude zum Sitz ihrer Handelsgesellschaft gewählt hatten. Ihr früheres Haus am Herenmarkt hatten sie dem Magistrat überlassen. Der W.I.C. gehörten auch portugiesische Juden an, die sich vor allem in Brasilien und Surinam als Kaufleute niedergelassen hatten.

Die **Prins Hendrikkade** war einst der Mittelpunkt des Hafens. Heute ist sie eine breite, vielbefahrene Ausfallstraße. Bevor die Prins Hendrikkade 1879 nach dem jüngsten Sohn von König Willem II. benannt wurde, hießen die einzelnen Straßenabschnitte – von West nach Ost – *Singel, Texelschekai* – die Schiffe von der Insel Texel hatten hier ihre Anleger –, *Oude Teertuinen* – die Teerkäufer hatten dort ihrer Kantore –, *Kamperhoofd*, die *Buitenkant* – hier lagen die großen Segler –, *IJgracht* und die bereits erwähnte *Rapenburg*.

An der ehemaligen Buitenkant wohnte Admiral De Ruyter, Prins Hendrikkade 131. Das Haus mit dem Leistengiebel ziert ein Giebelstein mit dem Porträt von De Ruyter. Links und rechts neben dem Gebäude stehen noch einige gut erhaltene Giebelhäuser. Von der **Oost Indischen Compagnie** entdeckt man zwei massige, aus hellem Ziegel gemauerte **Speicherhäuser** (Nr. 176). In den schmalen Gassen, die von der Prins Hendrikkade zur Binnenkant führen, stehen noch einige gut erhaltene Giebelhäuser. Die Buitenkant wurde ebenso wie die Binnenkant an der Eilandsgracht um 1646 gebaut.

Das markanteste Bauwerk, das beide Straßen miteinander verbindet, ist das **Scheep-vaarthuis.** Es wurde von den Architekten Johan van der Mey, Michel de Klerk und Piet Kramer im frühen Stil der Amsterdamer Schule 1911–16 für ein halbes Dutzend Reedereien erbaut. Der im spitzen Winkel gestaltete Bau mit dem Turmaufsatz soll ein Schiffs-motiv suggerieren. Das Backsteingebäude ist phantasievoll mit Skulpturen von Schiffen, Seejungfrauen, Meeresgöttern und Seehel-den verziert. Die aus Ziegeln gemauerte *Brücke* über *Waals Eilandsgracht* wurde von Van der Mey entworfen und gilt als eine der wichtigsten Arbeiten der ›Amsterdamer Schule‹. Die Binnenkant gehört gemein-sam mit Oude und Kromme Waal zu den malerischsten Plätzen in Alt-Amsterdam. Besonders am späten Nachmittag, wenn die Sonne den Montelbaansturm, die Schiffe und Wohnboote im Wasser und die Giebel der historischen Häuser beleuchtet, ist es hier besonders reizvoll.

In Richtung Hauptbahnhof steht unübersehbar der **Schreierstoren.** Als ›Turm der Tränen‹ oder ›Tower of Tears‹ ist er vielen Besuchern besser bekannt. Der halbrunde Festungsturm, erbaut 1487, gehörte einst zur ersten Stadtmauer. Am

Schreierstoren, Teil der ersten Stadtmauer, dahinter Turm der St. Nicolaas Kerk

Turm befindet sich eine Bronzetafel, gestiftet von der Greenwich Village Historial Society 1927, auf der man lesen kann, daß Henry Hudson am 4. April 1609 von hier mit dem Schiff ›De halve Maan‹ gen Westen segelte. Hudson erreichte den nordamerikanischen Kontinent und gründete Nieuw-Amsterdam, das spätere New York. An der anderen Seite des wuchtigen Turms befindet sich ein Giebelstein von 1569, der eine klagende Frau auf einem Damm und ein wegfahrendes Segelschiff zeigt. Dies könnte die Erklärung für den Namen Tränenturm sein, da hier die Seemannsfrauen und Geliebten der Seeleute standen und beim Abschied der Männer weinten, wenn die Schiffe wieder einmal ins Ungewisse fuhren. Eine andere Erklärung für den ältesten Stadtturm könnte jedoch Folgendes sein: In Urkunden ist von ›Scrayhoek of Scrayhorn‹ die Rede. Hieraus leitet man ab, daß der Turm ›schrijlings‹, rittlings, auf dem Wall gestanden hat.

Zwischen der Prins Hendrikkade und der Oosterdokskade liegt **Oosterdok,** von Het IJ durch eine Insel abgeschnitten, einst der größte Hafen der Welt. Den Schiffen vor den Toren der Stadt mußte man mit Wällen Schutz bieten. Solch ein Wall ist Oude Waal. Zusätzlich wurde noch ein doppelter Palisadenzaun als Schutz gegen eventuelle feindliche Angriffe und Wellenschlag errichtet. So war zwar die Stadt gesichert, aber der Fluß blieb durch die Jahrhunderte unsicheres Terrain. *Pampus,* ein untiefes Stück in der Mündung von Het IJ, war ein gefürchtetes Hindernis. Um über die dortigen Untiefen hinwegzukommen, setzte man Schwimmdocks ein.

Bereits 1691 hatte Meewis Meyndertse Backer sogenannte ›Schiffskamele‹ entwickelt, eine Art Schwimmdock, das aus drei hölzernen Kästen bestand. Diese Konstruktionen, gefüllt mit Wasser, wurden an beiden Seiten des betreffenden Schiffes festgebunden und anschließend leergepumpt. Dadurch erhielten sie genügend Auftrieb, um den Dreimastern der Ostindienfahrer, gezogen von Schleppern, über die Sandbänke zu helfen. Um eine stets konstante Wasserhöhe im Hafen zu erhalten, mußte ausgebaggert werden. Im 16. Jh. benutzte man dafür ›moddermolen‹, von Menschen angetriebene Mühlen.

In der Mitte des vergangenen Jahrhunderts begann man mit dem Ausbau des Hafens. So wurde das Oosterdok 1879 durch die Oosterdokskade von Het IJ getrennt. Auf der neuen künstlichen Insel bis zur Handelskade im Osten wurden 1883 die *Speicherhäuser* ›Europa‹, ›Asien‹ und ›Amerika‹ erbaut; Straßen und Eisenbahnlinien verbanden diesen Teil des Hafens mit dem Hinterland, und nachdem der Nordseekanal 1876 fertig war, konnte Amsterdam wieder mit Hamburg, London und Antwerpen konkurrieren. Seit Jahren plant die Stadt entlang der Hafenfront einen anspruchsvollen Wohn- und Bürokomplex, das **IJ-Ufer.** Als Vorbild gelten die Docklands von London. Die Terminals sollen modernisiert werden, damit in Zukunft auch Kreuzfahrtschiffe Kurs auf Amsterdam nehmen können.

☐ Die Altstadt – das ›Rotlichtviertel‹

Den Schreiersturm nehmen wir zum Ausgangspunkt, um in das Zentrum von Alt-Amsterdam zu gelangen, ein Gebiet, das von der Warmoesstraat, der Oude Schans und der Prins Hendrikkade begrenzt wird. Am Ende von Oudezijds Kolk trifft man auf den

Zeedijk. Man nimmt an, daß der Zeedijk, der bis zum Nieuwmarkt, dem Neuen Markt, geht, die erste Gasse der Stadt war. Der Zeedijk war von alters her das Quartier der Seeleute. In den 50er Jahren belebten an Wochenenden amerikanische Soldaten, stationiert in der Bundesrepublik, das Viertel, feierten im Club ›Casablanca‹ und gingen mit den Schönheiten der Nacht aus. In den 60er Jahren, als der Hafen von Amsterdam den Konkurrenzkampf mit Rotterdam verloren hatte, ging den Kneipen und Bordellen ihre zahlungskräftige Kundschaft aus. Es waren in erster Linie Surinamer, die begannen, im großen Stil mit Drogen zu handeln. Sie profitierten vom liberalen Geist der Stadt und von der Nähe des Bahnhofs. Dort kamen sie aus ihrer Schlafstadt Bijlmermeer mit dem ›Dschungelexpreß‹, wie die Metrolinie hieß, an. Rund 20 Jahre später hatten sie alles im Griff, war der Zeedijk das Revier der Drogenhändler, Süchtigen und Taschendiebe. Der ›Dijk‹ soll wieder der kulturelle Mittelpunkt werden. 1985 wurde die Vereinigung ›Wirtschaftlicher Wiederaufbau Zeedijk‹ gegründet. Mit großzügigen Subventionen werden Geschäftsleute ermutigt, auf dem Zeedijk und den angrenzenden Gassen wieder Restaurants, Cafés und Läden zu eröffnen. 1988 wurde das *Luxushotel* ›*Barbizon*‹ eröffnet und 1993 nach einer gründlichen Restaurierung die **Sint Olofs Kapelle.** Die Kapelle, die noch im Besitz der Hervormde Kerk ist, kann man nur durch einen unterirdischen Gang vom gegenüberliegenden Hotel aus erreichen. Die renovierten Räume werden vom ›Barbizon Palace Congress Centrum‹ für Konferenzen und Empfänge genutzt. Die Kapelle wurde 1450 gegründet und ist auf den Namen des ersten Christenkönigs von Dänemark und Norwegen getauft. Sie diente norwegischen Seeleuten als Schifferkirche und stand neben der Heilige-Grabkapelle, gestiftet von den Jerusalemgängern, den Wallfahrern ins Heilige Land. 1602 wurden beide Kapellen vereinigt, später als Milch- und Buttermarkt genutzt, und 1966 brannten sie ab.

In dieser Kapelle predigte auch Petrus Platevoet, besser bekannt als *Petrus Plancius* (1552–1622). Der aus Antwerpen 1585 geflüchtete Calvinist wurde vor allem als Kartograf bekannt. Er lehrte Seeleute Navigation, Sternen- und Kartenkunde. Berühmte Schüler waren die Entdeckungsfahrer Willem Barentsz.,Cornelis de Houtman und Jacob Cornelisz. van Neck. Plancius war Mitbegründer der Handelsgesellschaft V. O. C., Kartenmacher und entwarf Himmels- und Erdgloben. Auf seine Anregung hin wurden drei Entdeckungsreisen ins Eismeer unternommen, um einen nördlichen Seeweg nach China und Asien zu finden. Die Reisen nach Rußland und Sibirien 1594, 1595 und 1596/97 mißglückten, die Fahrt um Afrika unter Cornelis de Houtman war erfolgreich.

Das *Stadttor Sint Olofspoort* wurde 1618 während der Stadterweiterung abgebrochen. Nur der Name am Beginn des Zeedijk erinnert noch daran. Am Höhenunterschied ist auch heute noch gut erkennbar, daß der Zeedijk ein richtiger Seedeich war, der einst die Stadt vor dem Wasser von Het IJ beschützen mußte. Zeedijk Nr. 1 ist das letzte Haus in der Stadt, das noch einen originalen schwarzen hölzernen Oberbau aus dem 15. Jh. besitzt. Das Gebäude ist auch auf der ersten Stadtkarte von 1544 zu erkennen. Nr. 13 mit dem Giebelstein ›In de Lompen‹ ist im Stil der Renaissance 1618 erbaut worden. Nach den großen Stadtbränden mußten die Häuser ab 1452 Seitenmauern aus Stein haben und die

›Schutzkirche‹ Ons' Lieve Heer op Solder

Dächer mit Dachpfannen gedeckt werden. Auf dem Zeedijk findet man noch historische Wohnhäuser mit Hals- und Schnabelgiebel.

Die Dachlandschaften sind ebenso faszinierend wie die Portale, die Türen und die Gassen selbst. Es riecht nach Putz- und Desinfektionsmitteln, nach altem Holz und frischer Farbe, nach süßem Haschisch und brackigem Wasser. Die Gassen führen an den rot erleuchteten Fenstern vorbei, hinter denen Mädchen mit ihren Reizen locken. Amsterdam, die alternative Welthauptstadt der 60er und 70er, gibt es nicht mehr. Die Polizei ist allgegenwärtig: zu Fuß, auf dem Mountainbike, zu Pferd, dem leichten Motorrad oder in Zivil. Die ›Bronx von Amsterdam‹, wie das Viertel vom Volksmund genannt wird, zeigt sich reinlich wie nie zuvor. Bis 1994 wurden 48 Geschäftsräume, Lokale und 140 Wohnungen renoviert. Jacques Brel, der berühmte belgische Chansonnier, sang über den Rotlichtbezirk: »Im Hafen von Amsterdam trinken die Matrosen und trinken und trinken.« Der Hafenbezirk hat sich längst nach Westen, an den Nordseekanal verlagert, die Prostituierten und die Szene sind geblieben und das gesamte Viertel ist als ›Redlight district‹ weltberühmt.

Der Weg führt über die Korte Niezel zur **Oudezijds Voorburgwal,** eine der ältesten Stadtgrachten. Hinter der Fassade Nr. 40 des Kaufmannshauses aus den Jahren 1662/63 verbirgt sich die katholische ›Schutzkirche‹ **Ons' Lieve Heer op Solder,** heute **Museum Amstelkring.** Nachdem die Calvinisten den Katholiken die öffentliche Ausübung ihrer Religion in der Stadt untersagt hatten, wurde diese winzige Hauskirche 1663 eingerichtet und dem hl. Nikolaus, Schutzpatron der Seefahrer, geweiht. Die Kapelle, ›'t Haantje‹ genannt, wurde durch Ausbauten stets größer und bis 1887 genutzt – dann war die neue Sint Nikolaaskerk, Prins Hendrikkade, gegenüber dem Hauptbahnhof fertig. Ein Jahr später wurde ›Onze Lieve Heer op Solder‹ als Museum eingerichtet, in dem das stilechte Interieur ›de Sael‹ zum schönsten zählt, was aus dem 17. Jh. erhalten geblieben ist. – Weitere renovierte Fassaden sind *Haus Leeuwenburg* mit Treppengiebel, Nr. 14. Die Giebel von Nr. 22 und 57 wurden von Hendrik de Keyser entworfen.

Im Zentrum der ›Rosse Buurt‹ oder ›Walletjes‹, wie der Rotlichtdistrikt genannt wird, steht die **Oude Kerk,** umgeben von Bordellen. Der älteste Teil wurde 1306 als kleine

Oude Kerk am Oudezijds Voorburgwal

Kreuzkirche eingeweiht. Als gotische Hallenkirche wird sie 1369 dem hl. Nikolaus geweiht. In den darauffolgenden zwei Jahrhunderten wird sie ständig weiter ausgebaut. Aus jener Zeit stammen die Gebäude an den Außenmauern, in denen Küster und Kirchenmeister wohnten oder Händler kleine Läden hatten. Etwa Zacharias Heyns, dessen Familie aus Frankfurt übergesiedelt war und der in Antwerpen Buchhändler gelernt hatte. 1592 eröffnete er seinen Buchhandel, und seine erste Amsterdamer Ausgabe war ein Werk des Humanisten Erasmus von Rotterdam. Heynste besuchte auch die schon damals bekannte Frankfurter Buchmesse. Die Kirche, die 1578 an die Calvinisten übertragen wurde, verliert ihre ›paapse afgoderij‹, die römischen Bilder, und wird weiß gekalkt. Sehenswert ist die *Hamburger Kapelle*, im 16. Jh. von hanseatischen Kaufleuten gestiftet. Ende des 15. Jh. werden die Seitenschiffe angefügt, im frühen 16. Jh. beginnt der Ausbau zur Basilika, 1536 wird das Mittelschiff erhöht, und 20 Jahre später erhält die Vierung ihr schmuckes schlankes Türmchen. Im Turm (kann bestiegen werden) hängt ein Carillon, das aus 39 Glocken besteht, von denen 35 aus der Hemonywerkstatt kommen. Die *Liebfrauenkapelle* stammt von 1553 und ist bekannt wegen der drei Glasfenster, die 1761–63 erneuert wurden, und die den Besuch Marias bei Elisabeth, die Anbetung Jesu und den Tod von Maria zum Thema haben. Entworfen wurden die Fenster von dem damals sehr bekannten Dirk Crabeth. Außerdem finden wir die *Grabkapelle der Regentenfamilie De Graeff* sowie eine reich verzierte Kanzel aus Eichenholz von 1640. Das Epitaph, die Gedenktafel für Admiral Jacob van Heemskerck, gestaltete 1609 Hendrick de Keyser; das Marmorepitaph für Vizeadmiral Willem van der Zaan, 1670, ist eine Arbeit von Rombout Verhulst, ebenso wie jenes für den Vizeadmiral Isaac Sweers. 1642 wurde in der Nähe der kleinen Orgel Rembrandts Frau Saskia begraben. Auf einem marmornen Sockel steht die Orgel aus dem Jahr 1724. Auf 15. Juni 1951 wurde die Kirche wegen Einsturzgefahr geschlossen. Die Renovierungsarbeiten dauerten 25 Jahre.

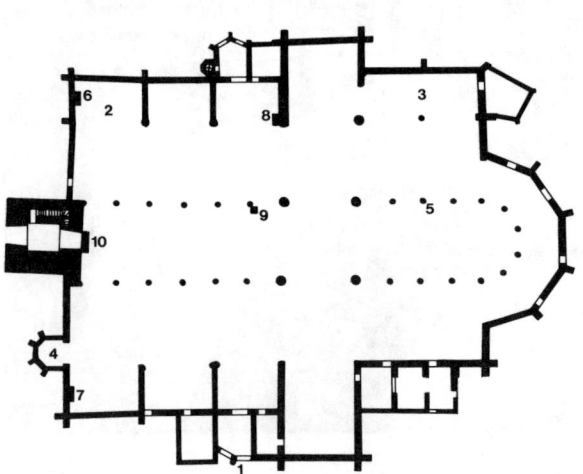

Oude Kerk, Grundriß
1 *Südportal (Eingang)*
2 *Hamburger Kapelle*
3 *Liebfrauenkirche*
4 *Grabkapelle Fam. De Graeff*
5 *Epitaph Admiral J. Heemskerck*
6 *Epitaph Vizeadmiral W. van der Zaan*
7 *Epitaph Vizeadmiral J. Sweers*
8 *Grab Saskia van Uylenburgh*
9 *Kanzel*
10 *Große Orgel*
11 *Turm*

Aber auch andere eindrucksvolle Bauwerke aus jener Zeit stehen in diesem Stadtteil, der vom Geschäft mit Sex und Drogen beherrscht wird. Jeder Besucher kennt den Namen des Viertels, weiß den Weg dorthin zu finden. Von der **Rosse Buurt** werden wesentlich mehr Touristen angelockt als von Van Goghs ›Kartoffelessern‹ oder Rembrandts ›Nachtwache‹. Im Quartier der Verzweifelten, der Armut und des Verfalls hat die Unterwelt mittlerweile feste Strukturen entwickelt, und ihrem Drogen- und Frauenhandel ist kaum

Der Rotlichtbezirk ist der älteste Stadtteil

beizukommen. Hin und wieder fällt der Blick auf eine Tür, eine Fensterfront, die buchstäblich dichtgezimmert sind. Da wurde dann wieder einmal ein Coffieshop geschlossen, der sich nicht an die Regeln gehalten hatte. Statt in nur in geringem Umfang Haschisch oder Marihuana anzubieten, wurde dort auch härtere Ware verkauft. Der Gegensatz zwischen Anarchie und Ordnungssinn, zwischen calvinistischer Strenge und kolonialer Exotik macht den Reiz aus. Mut zu starken Farben haben die dunkelhäutigen Mädchen und Frauen mit den feinen Nasen und schwarzen Augen, deren Vorfahren aus Indochina, der Karibik oder aus Surinam kommen, und die Teil des kosmopolitischen Dorftheaters sind, das sich Amsterdam nennt.

Die **Oude Zijde,** die Alte Seite, ist der älteste Stadtteil. Zwischen den beiden Grachten, Oudezijds Voorburgwal und Oudezijds Achterburgwal, um 1385 angelegt – vor und hinter dem Stadtwall – verlief die erste Befestigung. In Richtung Grimburgwal steht das ehemalige **Rathaus.** Als Napoleon 1808 das Rathaus auf dem Dam für sich als Königliches Palais beanspruchte, bezog der Stadtrat den Komplex am O. Z. Voorburgwal. Im 16. Jh. stand dort das Caecilienkloster, in dem hochgestellte Reisende Unterkommen fanden. Da auch Stadthalter Willem van Oranje hier nächtigte, hieß der Komplex **Prinsenhof.** 1926 wurde das Gebäude im Stil der Amsterdamer Schule umgebaut (heute Luxushotel). Die Stadtverwaltung zog 1988 in den Neubaukomplex von **Stadhuis** und **Opera,** die **Stopera** (daher der Name), um. Der Stopera-Bau, der den *Waterlooplein* beherrscht, gilt als größter Bauskandal der Stadt. Das Musiktheater, 1986 eröffnet, wurde von dem Wiener

Architekten Wilhelm Holzbauer entworfen und ist Sitz des Nationalballetts und der Oper.

Das südliche Ende der Gracht wurde im 17. Jh. *Fluwelenburgwal* genannt (Samtgracht), da hier wohlhabende Kaufleute wohnten. Auffallend die Hausnummern 237 und 239, dort wohnte der reiche Antwerpener Kaufmann Isaac van der Voort mit der Brauerstochter Magdalena Stockmans. Auf dem Gelände des ehemaligen Agnietenklosters befindet sich die **Sint Agnietenkapel** (Nr. 231). Die einzige mittelalterliche Kapelle, die noch erhalten geblieben ist, wurde nach dem Stadtbrand von 1452 erbaut. Nach der Übernahme der Stadt durch die Calvinisten wurden die Nonnen vertrieben und die Admiralität erhielt das Gebäude als Magazin. 1632 wurde das Kloster zum **Athenaeum Illustre,** einem Vorläufer der Universität. Amsterdamer Bürger schickten ihre Söhne auf diese Schule. Die beiden ersten Lehrer waren Geeraerd Vossius und Caspar van Barlaeus (1584–1648), die aus Leiden kamen und Geschichte lehrten. Das ›Athenaeum Illustre‹ verstand sich als Gegengewicht zur Leidener Universität, die seit 1618 vom calvinistischen Geist geprägt war. 1877 wurde Amsterdam Universitätsstadt, und heute beherbergt die Agnietenkapel die *Historische Sammlung der Universität.* Einige der Hauptgebäude der Universität befinden sich zwischen Grimburgwal und Nieuwe Doelenstraat.

Über die Gracht spannt sich die schmale Fußgängerbrücke *Makelaarsbruggetje.* An der Ecke zum Lombardsteeg befindet sich die **Stadsbank van Lening.** Das städtische Kredit-

Stadhuis und Opera (›Stopera‹) zwischen Amstel und Waterlooplein

institut wurde 1614 als Reaktion auf die zahlreichen Pfandanstalten gegründet, die Wucherzinsen verlangten. Noch heute befindet sich das Pfand- und Leihhaus in jenem Gebäude, das 1550 als Torfhaus für städtische Arme gegründet wurde. Der Lagerhauskomplex wurde in mehreren Phasen erbaut. Der nördlichste Teil am Lombardsteeg – verziert mit einem Portalrelief von Hendrick de Keyser – und der mittlere Teil stammen aus dem 16. Jh., nach dem die Bank erweitert werden mußte. Mit 70 Jahren hat der Dichter Joost van den Vondel im ›Oude Lommer‹ als Buchhalter gearbeitet. Einen Job, den er durch die Fürsprache der Bürgermeisterfrau Anna van Hoorn erhielt, da er noch für drei Enkelkinder sorgen mußte. Der Name ›Lommer‹ leitet sich von dem Wort lommerd ab, Pfandhaus (etwas versetzen), das seinen Ursprung im Lombard hat. Im 14. Jh. waren es vor allem Geldwechsler aus der Lombardei, die Wucherzinsen erpreßten. Die Calvinisten versuchten immer wieder vergeblich, Maßnahmen gegen die Geldhändler zu erlassen. Als Gegengewicht wurde die Stadsbank gegründet.

Amsterdam besitzt zwei **Universitäten**, die **Städtische (GU)** und die **Vrije Universität (VU)** im südlichen Vorort Buitenveldert. Die Vrije Universität wurde 1879 von der ›Vereinigung für höhere Schulausbildung‹ gegründet. Nach dem Willen der Gründungsmitglieder sollte die VU ein Zentrum christlicher Wissenschaft und Kultur werden. An der städtischen Universität studieren etwa 12 000, an der Vrijen Universität 7200 und an der Katholischen Hochschule 120 Studenten.

Eine Postkartenidylle findet man am **Grimburgwal,** dem Zusammentreffen dreier Grachten. In diesem Winkel von Oude Zijde hat sich noch ein Stück Mittelalter bewahrt. Das **Dreigrachtenhaus** (Farbabb. 15), O. Z. Voorburgwal 249, am Schnittpunkt der Grachten Oudezijds Voorburgwal, Oudezijds Achterburgwal und Grimburgwal, besitzt einen Treppengiebel, bleiverglaste Fenster und hölzerne Fensterläden – wie von Vermeer gemalt. Wenige Schritte weiter steht man vor der *Oudemanhuispoort,* der Altmännerpforte. Die Geschichte des **Oudemannenhuis** beginnt mit der Gründung des Nonnenklosters, das 1389 zum ersten Mal erwähnt wurde. Nach der ›Alteratie‹ (Vertreibung der Katholiken) von 1578 ging das Kloster in den Besitz der Stadt über, wird Krankenhaus, und 1601 wird an dieser Stelle ein Altersheim für Männer errichtet, das nach 1842 in den Besitz der Akademie für bildende Künste kam und seit 1879 Universität ist. Die Anlage betritt man durch die Oudemanhuispoort, eine Pforte aus dem Jahre 1601. In dem stimmungsvollen Arkadengang werden Bücher, Zeichnungen und Antiquarisches angeboten.

☐ Kloveniersburgwal und die Stadtschützen

Am Ende des Ganges befindet sich das figurenbekrönte Portal (1786) zum **Kloveniersburgwal.** An der gegenüberliegenden Seite der Gracht fällt sofort der Giebel des **Hauses ›De gulden steur‹** auf, auch **Poppenhuis** genannt. Es wurde 1642 von Philip Vingboons (1607–1678), Architekt und Konkurrent von Jacob van Campen, für einen wohlhabenden Kaufmann erbaut. Nebenan, Nr. 97, steht das Gebäude **Stadsdoelen** –, heute *Jugendherberge.* Der Kloveniersburgwal bildete bis zum Ende des 16. Jh. die Stadtgrenze. Der Name Kloveniers leitet sich von den freiwilligen Bürgerschützen der städtischen Miliz ab. 1522 hatte der Magistrat beschlossen, 200 Kloveniers aus der bereits bestehenden Schützen-gilde auszuwählen und ihnen einen neuen Übungsplatz, Kloveniersdoelen, anzuweisen. Das Gebäude stand an der Nieuwe Doelenstraat, die 1633 angelegt wurde. Auch der Magistrat lud dort zu Festessen ein. Bekannt wurde Doelen 1748, als der Aufstand gegen die Pächter stattfand. Die Bevölkerung rebellierte gegen die hohen Pachtzinsen. In der Stadt kam es zu Aufruhr und Plünderungen. Den Kloveniers gelang es schließlich, den Aufstand niederzuschlagen. Aus den Kloveniers entstand später die radikale ›Patrioten-bewegung‹. Die Kloveniers, von denen bekannt war, daß sie gern ausgiebig Feste feierten, erteilten Rembrandt 1638 den Auftrag, sie in Festkleidung zu malen. Die ›Nachtwache‹ verdankt ihren Namen nicht dem nächtlichen Patrouillengang durch die Stadt, sondern schlechten, rasch nachdunkelnden Firnisschichten. Für das große Schützenstück erhielt Rembrandt pro Porträt etwa 100 Gulden. 1816 wurde Kloveniersdoelen, in dem die ›Nachtwache‹ von 1642 bis 1715 gehangen hat, an einen Hotelier vermietet. Heute steht dort das **Hotel Doelen,** eines der ältesten Amsterdams.

Die Stadtschützen wurden ab 1590 neu organisiert. Jeder Bürger zwischen 18 und 60 Jahren, der seine Bewaffnung bezahlen konnte, war meldepflichtig. Die Bürgerwehr kämpfte nicht nur mit anderen befreundeten Städten gegen äußere Bedrohung, sondern war auch mit der Ordnung innerhalb der Stadtmauer beauftragt. Ab 1681 beschränkte sich ihr Wachdienst auf die Zeit der Dunkelheit. Gegen halb zehn wurden die Stadttore abgeschlossen, die Schlüssel erhielt der diensthabende Bürgermeister; den Schützen war es untersagt, auf Menschen zu schießen. Schützen wurden auch mit der Volkszählung und der Einnahme von Steuern beauftragt.

☐ Trippenhuis

Das intakte Grachtenbild des baumbestandenen Kloveniersburgwals mit den charakteri-stischen Giebelhäusern, den Portalen, Treppen und Gittern vermittelt einen Eindruck vom Komfort und Wohlstand der Patrizier im frühen Amsterdam. Nachdem die Heren-und die Keizersgracht angelegt worden waren, bauten zahlreiche reiche Familien dort ihre Häuser. Auch die Trippenfamilie wollte dort bauen, fand aber kein passendes Grund-stück und entschloß sich daher, ihren Stadtpalast am Kloveniersburgwal Nr. 29 errichten zu lassen, unweit der Sint Antonieswaag. Die Waffenhändler Hendrick (1607–66) und Lodewijk Trip (1605–84) beauftragten den Architekten Justus Vingboons mit dem Bau. Am 24. Mai 1660 legte Lodewijk den Grundstein. Da Justus Vingboons, dessen Familie sozusagen um die Ecke (Antoniesbreestraat) wohnte, auch als Zeichner und Kartenma-cher bekannt war, ist das **Trippenhuis** gut dokumentiert worden (heute Sitz der Königli-chen Akademie der Wissenschaft, Koninklijke Nederlandse Akademie van Wetenschap-

1 Am Dam bauten die Regenten ihr prunkvolles Rathaus, heute Königlicher Palast ▷

2 Häuser an der Keizersgracht, hinten links der 85 m hohe Turm der Westerkerk ▷▷

3 Im Kaufhaus Magna Plaza

4 Kolonnaden am Kleinen Gartmansplantsoen, Durchgang zum Max Euweplein und Lido

5 Beliebtes Grand Café ›De Jaren‹ mit Uferterrasse an der Amstel

6 Köstliche kleine Kuchen, oft mit Ingwer belegt, sind eine geschätzte Leckerei

8 Kaufhaus Magna Plaza, ehemalige Hauptpost
◁ 7 An der Brouwersgracht/Ecke Herengracht
9 Der Hauptbahnhof, Ende des 19. Jh. auf einer künstlichen Insel erbaut

11 Auf Inseln in Het IJ entstehen neue Wohnhäuser: Entrepot – 1992 über dem Wasser erbaut
◁ 10 Das American Hotel, auch ›Americain‹, war einst bekannt als Künstlertreff
12 NBM-Bankkomplex (1987) im Stadtteil Bijlmermeer

14 Stille Oase im Herzen der Großstadt: der Begijnhof
◁ 13 Prinsengracht mit Turm der Westerkerk
15 Dreigrachtenhaus, im Hintergrund ein Universitätsgebäude

16–20 Amsterdamer Giebel: Glockengiebel, Schnabelgiebel (typisch für Lagerhäuser),
klassizistischer Giebel, Halsgiebel mit Hebebalken im First

22 Magere Brug über die Amstel
◁ 21 Rekonstruktion des Ostindienfahrers ›Amsterdam‹, im Hintergrund das Scheepvaartmuseum
23 Leben auf dem Wasser: Wohnboote an der Prinsengracht

24 Rembrandt Harmensz. van Rijn,
›Die Nachtwache‹ (Die Kompanie des
Hauptmanns Frans Banning Cocq),
1642. Rijksmuseum Amsterdam

25 Jan Vermeer van Delft,
›Ansicht von Delft‹, um 1660.
Koninklijk Kabinet van Schilderijen
›Mauritshuis‹, Den Haag

27 Fischerdorf Marken auf einer ehemaligen Insel im IJsselmeer
◁ 26 Den Haag, Blick auf Mauritshuis (links) und Binnenhof
28 Im malerischen Broek in Waterland

29 Windmühlen im Weiler Zaanse Schans nördlich von Amsterdam ▷

pen). So wissen wir, daß auf dem Dach des Gebäudes ein Turm geplant war – eine Miniatur des Rathausturms, entworfen von Jacob van Campen. Auch das Modell aus Eichenholz, gebaut 1659/60, ist bewahrt geblieben und steht im Eingang des Trippenhuis. Mit der Innenausstattung waren Künstler jener Zeit beauftragt. Aufträge erhielten u. a. Rembrandt, Ferdinand Bol, Nicolaas de Heldt Stockade.

Dieser klassizistische Stadtpalast gehört zu den wenigen Häusern, die den Patrizierpalästen von Paris oder Venedig ebenbürtig sind. Erbaut wurde es aus Bentheimer Sandstein im Stil des holländischen Klassizismus oder klassizistischen Barock. Der Architekt des Rathauses, Jacob van Campen, hatte in Italien u. a. die Arbeiten von Palladio und Scamozzi studiert und den neuen Baustil in den nördlichen Niederlanden eingeführt. Die Fassade ist von acht korinthischen Pilastern gegliedert und von Skulpturen geschmückt. Sie teilen den Giebel in sieben scheinbar gleiche Teile auf, aber in Wirklichkeit ist der zweite und sechste Teil breiter, dort befinden sich die Eingangsportale. Auf dem Dach fallen die Mörsern nachgebildeten Schornsteine auf. Die plastische Ausgestaltung der Front wurde von Hendrick de Keyser jr. und Jan Gijselingh durchgeführt. Sie dekorierten die Fassade mit Früchten (Zeichen von Wohlstand), mit Palmen- und Olivenzweigen (Zeichen für Friede), oberhalb der hohen Fenster sind Medaillons und Schilde erkennbar. Der Fries ist mit Rankenwerk, Blumen und Blättern verziert, in denen die Jahreszahl 1662 angebracht ist. Die Kombination von Olivenzweigen und Waffen, die im Giebel erkennbar ist, gilt als Metamorphose im Sinne von »nach Krieg kommt Frieden«.

Das graue Gebäude gehörte der aus Dordrecht stammenden Waffenhändlerfamilie Trip. Elias Trip war 1616 nach Amsterdam gezogen, wo er eine einflußreiche Rolle spielte. Trip war Teilhaber der Handelsgesellschaft V. O. C. und Mitglied jenes Komitees, das den Straßenhandel kontrollierte. Gemeinsam mit seinem Partner und Schwager, Louys de Geer, arbeitete er mit der schwedischen Kupfer- und Eisenindustrie zusammen. Der Dreißigjährige Krieg, der in den deutschen Ländern wütete, bescherte den Kompagnons glänzende Gewinne. Sie kauften Eisen und Kupfer von den Schweden, lieferten ihnen dafür Soldaten und Schiffe. De Geer besaß Silber- und Kupferminen, später kamen Papierfabriken und Kornmühlen hinzu. Die Arbeiter mußten in den konzerneigenen Geschäften einkaufen. Elias Trip hatte außerdem die Einfuhrrechte für russischen Weizen und machte ein Vermögen mit seinen Waffenhandel. An England, Frankreich, Venedig, aber auch an die eigene Republik lieferte Elias Trip Geschütze, Gewehre, Harnische und gab, wenn notwendig, an Fürsten Kredite, damit sie weiter Krieg führen konnten.

Nach dem Tod des Vaters setzten die Söhne Lodewijk und Hendrick das einträgliche Geschäft fort. Die Brüder hatten ihre Jugend in Schweden verlebt und waren 1631 nach Amsterdam gekommen. Mit ihrem älteren Bruder Jacob gründeten sie 1634 die Firma ›Jacob, Louys & Hendrick Trip, kooplieden in waepen, geschut, cogels & amonitie van oorloge‹. Die Brüder wurden rasch zur großen Konkurrenz ihres Onkels Louys de Geer,

◁ 30 Spröde Schönheit: Der Nordseestrand erfüllt alle Wünsche und Träume

Trippenhuis, Hauptfront am Kloveniersburgwal und Bibliothek

nachdem sie durch ›strategische‹ Heirat die einzige schwedische Kanonenfabrik in Nyköpping übernehmen konnten und die schwedische Königin Christina ihnen die Zölle durch den Sund erlassen hatte. Dank ihrer geschickten Heiratspolitik fanden sie Zugang in den alten Amsterdamer Patrizierfamilien. Louys, der Willem II. eine Schuld von zwei Millionen Gulden erließ, war 1674 und 1677 Bürgermeister von Amsterdam. Die Familie Trip war auch Auftraggeber von Rembrandt, Bol, Van der Helst u. a. So malte Rembrandt die Porträts von Jacob Trip und dessen Ehefrau, Marguerite de Geer. Der Rembrandtschüler Ferdinand Bol erhielt jedoch die meisten Aufträge. So malte er u. a. die Kaminbilder von Johanna de Geer (um 1663). Ein weiteres Gemälde zeigt die Schwestern Margarita und Anna Maria Trip (Rijksmuseum).

Ein anderer Maler war der aus Alkmaar stammende Landschaftsmaler Allard van Everdingen (1621–75). Vier seiner Gemälde, die schwedische Landschaften mit und ohne Kanonengießereien zeigen, sind noch an der ursprünglichen Stelle oberhalb der Türen zu sehen. Die verschiedenen Deckengemälde in den Zimmern in der ersten Etage stammen von Nicolaas de Heldt Stockade (1614–69). Im ›Oude Vergaderzaal‹ (altes Besprechungszimmer) befindet sich noch die Einrichtung aus dem Jahre 1813, es gibt eine Bibliothek und im nördlichen Hausteil den Rembrandtsaal, in dem u. a. Gemälde von Allard van Everdingen, Theo van Thulden oder Dirck Metius hängen.

Hinter der einheitlichen klassizistischen Front zur Straße verbergen sich eigentlich zwei identische Gebäude, die zugleich Wohn- und Büroräume enthielten. Doppelhäuser, die sich zwei Familien teilten, waren im Amsterdam des 17. Jh. keine Ausnahme. Lodewijk und Hendrick losten aus, wer in welche Hälfte ziehen sollte. Hendrick und seine Frau Johanna de Geer erhielten den nördlichen Teil. 1696, zwei Jahre nach dem Tod ihres Mannes, wird das Haus an die Handelskammer Zeeland der V. O. C. vermietet, die dort bis 1796 ihren Sitz hatte.

Nachdem Napoleon Bonaparte seinen Bruder Louis 1806 zum König von Holland ernannt hatte, bestimmte dieser Amsterdam 1807 zur Hauptstadt seines Reiches. Eine Folge dieses Entschlußes war, die repräsentativen Gebäude der Stadt in den Besitz des Reiches zu bringen. Die Wahl fiel auch auf das Trippenhuis. Der Kunsthändler Roos, der den nördlichen Flügel besaß, verkaufte 1808 mit gutem Gewinn. Die andere Palasthälfte wurde erst rund 20 Jahre später Eigentum des Staates. Nach dem Vorbild der französischen Akademien wurde am 4. Mai 1808 das ›Koninklijke Instituut van Wetenschappen, Letterkunde en Schoone Kunsten‹ gegründet. Erst 1812 konnte die Akademie das Trippenhuis beziehen. Von 1815–17 wird das Trippenhuis nach Entwürfen des Architekten Abraham van der Hart zum Museum umgebaut. Aus den Schlafzimmern wurde die Bibliothek, die erste und zweite Etage wurde zum Museum, und im Januar 1817 wurde das ›Rijks Museum‹ eröffnet. Die Wände im ersten Stock waren dicht mit den Werken der niederländischen Meister bestückt, u. a. mit Rembrandts ›Nachtwache‹ und Van der Helsts ›Schuttersmaaltijd‹. Beide Bilder sind seit 1885, nachdem das Rijksmuseum eröffnet wurde, im dortigen Ehrensaal zu sehen. Seit 1885 ist das gesamte Gebäude im Besitz der Koninklijke Akademie van Wetenschappen; es wurde von 1988–91 restauriert.

Schräg gegenüber, auf der anderen Seite von Kloveniersburgwal 29, steht das **Kleine Trippenhuis.** Dort soll ein Kutscher oder Diener der Tripfamilie gewohnt haben, der bei Anblick des prächtigen Stadtpalastes gesagt haben soll: »Ich wäre froh, wenn ich ein Haus hätte, nur so breit wie deren Eingangsportal.« Das muß den wohlhabenden Dienstherren zu Ohren gekommen sein und sie ließen aus Rührung oder weil sie überflüssiges Baumaterial hatten, jenes schmale Grachtenhaus Nr. 26 errichten.

Auch die schmalen Stege, die zwischen Kloveniers- und Achterburgwal verlaufen, bergen Überraschungen, wie etwa **Rusland.** Abgeleitet wird der Name von Willem Russchentuin aus dem Jahre 1403. Um 1537 hatte die Stadt einen Kanal zwischen Achterburgwal und der früheren Singelgracht (heute Kloveniersburgwal) graben lassen. Später wurde der Kanal zugeschüttet. Diese Straße weist noch einige Häuser mit wunderschönen Giebeln auf, hinter denen sich u. a. ein modernes Hotel verbirgt.

Von der Oude Hoogstraat Nr. 24 führt ein Tor zum **Oostindisch Huis,** dem ehemaligen Verwaltungsgebäude der Vereinigten Ostindischen Compagnie (V. O. C.). Im Erdgeschoß lagerte der Proviant für die Mannschaften: Zwieback, Zwiebeln, Erbsen, Bohnen, Mehl und Genever. Im Stockwerk darüber all jene Waren, die aus Asien kamen: Pfeffer, Zimt, Muskatnuß, Nelken, Lorbeer, aber auch Gummi, Farben, Leinen- und Seidenstoffe. Die Schaltzentrale der V. O. C. war Musterungsbüro und Gericht. Die Strafen waren drakonisch, wer floh und gefangen wurde, konnte gehängt werden, Homosexuelle wurden ertränkt.

Die ältesten Teile des Gebäudekomplexes um den Innenhof wurden 1606 von Hendrick de Keyser im Stil der holländischen Renaissance entworfen und in Natur- und Ziegelsteinen errichtet. 1659 wurde die Fassade des Nordflügels ausgeführt. Nach Auflösung der V. O. C. war das Haus Sitz der Kolonialverwaltung, ab 1811 dann Sitz der Zollverwaltung. Heute ist dort die Fakultät der politischen und sozialen Wissenschaften untergebracht und der Innenhof Stellplatz für Fahrräder. Durch eine Pforte, die Hendrick de Keyser 1616 gestaltete, betritt man (falls geöffnet) von der Oude Hoogstraat Nr. 22 aus den Platz vor der Walenkerk. Am Eingang steht rechts das im Jahr 1931 renovierte *Voorhuisje*.

Bei der **Oude Walenkerk,** sie befindet sich am *Walenplein* (O. Z. Achterburgwal), handelt es sich um die Kapelle des ehemaligen Sint Paulusklosters, das 1578 aufgelöst wurde und jenen protestantischen Flüchtlingen aus dem Süden Belgiens, dem heutigen Wallonien, zugewiesen wurde. Der Giebel zum Platz entstand 1661. Die wallonische Gemeinde baute 1855 an der Keizersgracht 676 eine neue Kirche, heute ist sie Eigentum der Adventisten.

Die **Koestraat** lockt mit versteckten Kostbarkeiten, etwa dem restaurierten **Bethanienkloster** und dem **Zunfthaus der Wijnkopers** (Weineinkäufer), Nr. 10 und 12. Der Straßenname leitet sich vom Kuhstall des Klosters ab. In der Gasse wohnte und arbeitete der Bilderrahmen- und Spiegelmacher und Erfinder Jan van der Heyden (1637–1712). Gemeinsam mit seinem Bruder Nicolaas entwickelte er 1672 die erste Feuerwehrspritze. Außerdem erfand er eine neue Straßenlaterne, die aus Amsterdam die bestbeleuchtete Stadt der damaligen Zeit machte. Sein Wohnhaus von 1681, reich verziert mit Motiven der Straßenbeleuchtung und der Feuerwehr, wurde 1867 abgerissen. Ein Giebelstein erinnert noch an ihn. Ferner wohnten dort Admiral Van der Hulst und Jan Pieterszoon Sweelinck. Beide liegen in der Oude Kerk begraben. Sweenlinck (1560–1621) war rund 40 Jahre Organist in der Oude Kerk. Immer wenn er spielte, drängten sich die Menschen zu Hunderten. Sein Ruhm wurde belohnt. Verdiente er 1581 100 Gulden im Jahr, so waren es 1607 bereits 360 Gulden, außerdem wohnte er mietfrei.

☐ Nieuwmarkt – die Waage

Die festungsartige **Waage,** einst Stadttor zur Ostgrenze, ist das älteste profane Bauwerk der Stadt – seit 1488 das architektonische Geschichtsbuch der Stadt. Der **Nieuwmarkt,** in dessen Mitte der massive Bau steht, wurde 1990 saniert und neu bepflastert. Bereits 1614 befand sich das Stadttor – durch die rasche Ausbreitung der Stadt – innerhalb der Mauern. Das frühere Anthoniespoort wurde die zweite offizielle Waage, in der schwere Gegenstände wie Schiffsanker oder Kanonenrohre gewogen wurden. Die oberen Räume wurden den Gilden der Schmiede, der Maler, der Maurer und der Chirurgen zur Verfügung gestellt. Zu ihren Versammlungsräumen führten jeweils eigene Zugänge. Die Maurer, die mit den Zünften der Steinhauer, der Klempner, der Dachdecker und der Pumpenmacher vereinigt waren, hatten sich ihre Eingangspforte von Hendrick de Keyser entwerfen lassen. Gesellen, die ihre Meisterprüfung ablegten, taten dies im Turm, und so findet man in

Die Waage auf dem Nieuwmarkt ist das älteste städtische Gebäude

den Räumen noch kunstvoll bearbeitete Probestücke. Die Maler, die mit den Glasmachern und Bildhauern eine Gilde bildeten, hatten ihre Tür mit der Darstellung des hl. Lukas verziert. Über dem Eingang der Chirurgenzunft steht ›Theatrum Anatomicum‹, dort erhielten angehende Chirurgen Anatomievorlesungen. Die Leichen, die man benutzte, waren in der Regel durch den Strick Verurteilte. Bis zum Jahr 1869 wurden hier öffentliche Vorlesungen in Anatomie gegeben. Dieser Umstand hat dazu beigetragen, daß die Waage nicht abgerissen wurde. In der Gildekammer der Chirurgen hing Rembrandts Frühwerk ›Die anatomische Vorlesung des Dr. Tulp‹. Nicolaas Tulp (1593–1674), der sich auch Klaas Pieterszoon nannte, Sohn eines Kaufmannes, hatte früh seine Liebe zur Heilkunde entdeckt. Stadtbekannt wurde er, weil er die Kranken mit der Kutsche besuchte – in jener Zeit für einen Doktor etwas Unglaubliches. Aufsehen erregte der Arzt auch, als er bei seinen Festen den Gästen die neuen Genuß- und Heilmittel Tabak und Tee anbot.

Das Gebäude wurde bis 1819 als Waage benutzt, diente dann u. a. als Feuerwehrstation, von 1862 bis 1914 war es Stadtarchiv und Sozialamt, 1925 Historisches Museum und schließlich Jüdisches Museum. Nach Planungen seit 1987 wurde das Gebäude gründlich renoviert; im Fundament fand man Mauerreste der mittelalterlichen Stadtmauer. Über die Nutzung des Gebäudes wurde 1994 noch diskutiert. Neuer Schloßherr könnte das *Reklamemuseum* werden.

☐ Chinatown – die Welt der Chinesen

Der Nieuwmarkt trennt die grelle und bunte Welt um die einzigartige gotische Oude Kerk von dem stillen und beschaulichen Bereich und den Montelbaansturm, wo die alten Häuser eng aneinanderstehen und die Wohnboote sanft dümpeln. Und dann gibt es da noch eine dritte Welt, die der Chinesen zwischen Nieuwmarkt und Oude Wal. Die Zuwanderer aus Fernost bringen in die Gassen einen zusätzlichen Schuß Exotik: fremde Schriftzeichen und unbekannte Gerüche, ungewohnte Gesichter und ungewöhnliche Lokale. Undurchschaubar, gelenkt von mächtigen Syndikaten, ist ihre Welt der Opiumhöllen, Spielhallen und Mädchen für Außenstehende unzugänglich. Doch im ›Chinesenviertel‹ gibt es auch Warenhäuser, Buchläden, Reisebüros, Möbelgeschäfte u. a., dort sind Fremde herzlich willkommen. In ihren Drogencafés können auch heute noch Drogendealer ungestört ihren Geschäften nachgehen.

Die **Anthoniesbreestraat,** die vom Nieuwmarkt zum Gravenmakersplein führt, ist Neubaugebiet. Nichts deutet mehr daraufhin, daß diese Straße in den 60er und 70er Jahren Mittelpunkt heftiger Unruhen und Proteste war. 1953 war vom sozialdemokratischen Stadtrat beschlossen worden, die neue Metro unter der Altstadt hindurchzuführen. Um dieses ehrgeizige Projekt ausführen und gleichzeitig eine breite Durchfahrtsstraße anlegen zu können, sollte die Altstadt zwischen Zuiderkerk und Oude Waal abgebrochen werden. Mit dem Argument, Restaurierung des alten Baubestands sei zu kostspielig, wurden die Abrißbirnen eingesetzt, und die Bewohner lieferten sich mit der Staatsmacht Straßenschlachten. Luftaufnahmen aus diesen Jahren zeigen eine Gegend, jenen

Exotische Welt: Chinatown im ehemaligen Seemannsviertel

nicht unähnlich, wie man sie von deutschen Städten nach der Bombardierung kennt. Das gesamte Viertel wurde von den Stadtvätern dem Verfall preisgegeben, wertvolle Bausubstanz verrottete oder wurde abgebrochen, es entstanden die umstrittene Zufahrt zum IJtunnel, der Meijerplein und der Musiktheater-Stadthaus-Komplex: Charakter und Struktur des alten Volksviertels waren zerstört.

Inzwischen wird der Restaurierung alter Bausubstanz der Vorzug gegeben, gibt es den Begriff ›geschütztes Stadtgesicht‹: Viertel mit ›historischem Charakter‹ sollen mehr als zuvor bewahrt bleiben. Vier dieser ›Schutzzonen‹ gibt es: Jordaan, die Östlichen Inseln, die Westlichen Inseln mit dem Haarlemerviertel und den Nieuwmarkt. Aber nur dieser Platz ist bislang im Register der geschützten Zonen eingetragen. Die Innenstadt und der Grachtengürtel fallen nicht in die Kategorie der ›Schutzzonen‹.

Die konsequente Urbanisierung hat aus dem Nieuwmarktviertel ein Modell für zeitgemäßen Wohnungsbau gemacht: helle Wohnungen, allgemein verbindliche Baufluchten und Geschoßhöhen, damit das Historische mit dem Neuen harmoniert. Die gradlinige Sint Antoniesbreestraat endet am Gravenmakersplein am Zwanenburgwal. Ihren Namen leitet die Straße von dem Krankenhaus für Aussätzige ab, daß hier im 15. Jh. stand. Als Folge der Pilgerfahrten ins Heilige Land war auch die Lepra nach Amsterdam eingeschleppt worden.

Eines der drei historischen Häuser, die nach massivem Protest der Stiftung ›Diogenes‹ erhalten werden konnten, ist der **Patrizierpalast De Pinto.** Der wohlhabende jüdische Kaufmann und Bankier Isaac de Pinto aus Antwerpen kaufte das Haus von einem der Gründer der Handelsgesellschaft V. O. C., Jan Janszoon Carel. De Pinto ließ das Gebäude um 1680 im damals populären Stil der italienischen Renaissance umbauen. Vor allem im Inneren ist das Kaufmannshaus reich ausgestattet. Die überaus prunkvollen Wände, Schornsteinabgrenzungen, die zum Teil vergoldeten Balken und üppigen Deckenbemalungen vermitteln eine Vorstellung davon, wie unermeßlich reich im Goldenen Jahrhundert einige Kaufleute gewesen sein müssen. Beliebter Stoßseufzer in dem Viertel: »Nur einmal so reich sein wie Pinto.« De Pinto, der eine Verteidigung der Juden gegen Voltaire verfaßt hatte, war befreundet mit Statthalter Willem IV. und als Diplomat für Willem V. in Dienst.

Pintohuis in der St. Anthoniesbreestraat

Zum Glück war 1975 das ›Europäische Denkmalschutzjahr‹, und jede Stadt konnte ein besonderes Pilotprojekt auswählen. Mit einem geschickten Schachzug hatten die Stadtschützer das Pintohaus dafür ausgewählt, und die Stadtväter mußten der Erhaltung zustimmen, wollten sie nicht international ihr Gesicht verlieren. So war ein Teil der Altstadt gerettet, als Prinzessin Beatrix im August 1975 das restaurierte Pintohuis seiner Bestimmung als öffentlicher Lesesaal übergab.

Schräg gegenüber dem Haus De Pinto gelangt man durch die Renaissancepforte zum Zuiderkerkplein. Wenn vom 69,6 m hohen Turm der **Zuiderkerk,** der Südkirche, das Glockenspiel ertönt, kann man sich rasch in die Vergangenheit zurückversetzt fühlen. Den Platz umschließen auf der einen Seite die hellen Fassaden moderner Wohnungen, **Pentagon** genannt, deren Fundamente besonders elastisch angelegt sind, um die Erschütterungen der Metro aufzufangen. Bestimmt wird der Platz von der ältesten protestantischen Kirche, die nach Plänen von Hendrick de Keyser erbaut wurde. 1602 wurde der Beschluß zum Bau dieser Kirche gefaßt, und Pfingsten 1611 wurde zum erstenmal in der Zuiderkerk gepredigt.

Der schlanke, reichverzierte und lebendig gestaffelte Turm wurde 1614 fertiggestellt (er kann bestiegen werden). In ihm befindet sich ein Glockenspiel von 1659 aus der Werkstatt von François Hemony. Später wird das Spiel durch Glocken von Claas Noorden und De Grave ergänzt. Das erste Uhr- und Spielwerk kam aus der Werkstatt des berühmten Wasserbau-Ingenieurs Leeghwater (1656 ausgetauscht). Auch die 16 großen farbigen Glasfenster wurden bereits 1658 gegen helle Fenster ausgetauscht. Die Kirche ist eine sechsjochige Pseudobasilika. Das Mittelschiff wird von einem hölzernen Tonnengewölbe überspannt, die niedrigeren Seitenschiffen haben ebenfalls hölzerne Gewölbe. Rund um die bis 1929 genutzte Kirche befand sich früher der Friedhof. Am Kirchenportal erinnert eine Tafel daran, daß während der deutschen Besatzung rund 20 000 Tote hier aufbewahrt wurden. Die Kirche ist Ausstellungsraum zum Thema Amsterdamer Städtebau.

In malerischem Kontrast zur Kirche stehen Raamgracht und Groenburgwal. Vom baumumsäumten *Groenburgwal* hat man einen herrlichen Blick auf den Turm der Zuiderkerk. Der Groenburgwal mit der typischen Ziehbrücke zählt zu den meistgemalten und wohl auch -fotografierten Kanälen der Stadt. Hier wohnten vor allem Färber, die die Tuche grün einfärbten. Daher hat sich der Name Grüne Gracht eingebürgert, denn ursprünglich hieß sie Verversgracht. Die *Verversstraat* ist heute eine schmale Gasse, in der es gelungen ist, Sozialbauwohnungen mit dem Alten hervorragend zu kombinieren. Selbst eine schmale überdachte Brücke führt von Haus zu Haus und vermittelt italienisches Ambiente. An die Zeit der Tuchindustrie erinnert auch die *Raamgracht.* Die gefärbten Tuche mußten zum Trocknen auf große Rahmen gespannt werden, die auf offenen Platzen vor den Stadtwällen lagen.

☐ Waterlooplein – das ehemalige Judenviertel

Gegenüber dem Zwanenburgwal steht auf dem Waterlooplein in starkem Kontrast die **Stopera,** der Kombinationsbau aus *Musiktheater* und *Stadthaus.* Dort, auf der früheren

Vlooyenburg (der Name leitet sich von der oft überfluteten Insel ab, vloeien) und der heutigen Jodenbreestraat, hatten sich die ersten portugiesischen Juden, die Sephardim, angesiedelt. In der ›Jodenbuurt‹ lebte und arbeitete auch Rembrandt. Er malte rund zwei Dutzend Porträts von jüdischen Mitbürgern, u. a. den angesehenen Rabbi Menasseh; eines seiner schönsten Werke ist ›Die Judenbraut‹ (Rijksmuseum).

Das **Rembrandthuis** steht in der Jodenbreestraat 4–6. Dort lebte der Maler von 1639–60, mußte dann aber verkaufen, weil er am Ende völlig verarmt war. Zahlreiche Radierungen, die heute im Rembrandtmuseum zu sehen sind, zeigen, daß sich der Maler sehr von seiner jüdischen Umgebung inspirieren ließ. – Nach Plänen des Architekten Teun Koolhaas wird gegenüber dem Museum ab 1995 die Hochschule für Kunst und ein Einkaufszentrum erbaut werden. An der Ecke Amstel und Zwaneburgwal wurde 1988 eine *Stele* zur Erinnerung an die Deportierung der Juden während des Zweiten Weltkriegs errichtet.

Die rund 400 Jahre alte Insel erhielt 1883 ihren Namen **Waterlooplein** zur Erinnerung an die Schlacht von Waterloo (1815), in der Napoleons Macht gebrochen wurde. Ein Jahr vorher waren die Houtgracht und die Leprozengracht zugeschüttet worden, und anschließend wurden hier Straßenmärkte angesiedelt. Südlich der Stopera schwingt sich die *Blauwbrug* über die Amstel. Die Brücke wurde 1883 nach dem Vorbild der Pariser Seinebrücken entworfen. Den Waterlooplein schließt östlich die zweitürmige, neoklassizistische **Mozes en Aaronkerk** ab. Die mit viel Liebe zum Detail restaurierte ehemalige katholische Kirche wurde am 26. Oktober 1841 mit

Mozes en Aaronkerk am Waterlooplein

einer Messe eingeweiht und war ehemals dem hl. Antonius von Padua geweiht. Die Ursprünge dieser Kirche gehen bis ins 17. Jh. zurück, als es den Katholiken verboten war, öffentlich Gottesdienste zu feiern. Auf einer Karte von Baltasar Florisz. von 1625 sieht man vier Häuserblöcke, umgeben von Amstel, Verwersgracht (heute Zwanenburgwal), Leprozen- und Houtgracht. Im Auftrag der katholischen Gemeinde kaufte der Franziskanerpater De Vroom 1641 das Haus Mozes, sein Bruder 1680 das Nachbarhaus Aäron. Die Namen leiten sich von den beiden Giebelsteinen Moyses und Aäron ab. Später wurde von ihnen das dahinterliegende Gebäude ›De Gulden Schael‹ erworben. Offiziell wurden sie

177

von der italienischen Familie Tensini bewohnt, denn den Katholiken war es noch immer verboten, ihre Gottesdienste öffentlich zu feiern. 1686 begannen sie ohne Bauerlebnis mit der Errichtung einer Saalkirche in den Gebäuden.

Bei einem dieser Häuser soll es sich um das Geburtshaus des Philosophen *Baruch de Spinoza* (1632–77) gehandelt haben. Es wird angenommen, daß das elterliche Haus von Spinoza in der ehemaligen Houtgracht 59 (heute Waterlooplein 207) gestanden haben könnte (nach anderen Quellen Houtgracht 61). Bei Ausgrabungen wurden Hühnerknochen mit Bleimarken gefunden, auf denen das Wort ›kosjer‹ steht. Hühner wurden rituell geschlachtet und vom Rabbi mit der Bleimarke versehen. Diese Marken waren zugleich auch Steuerzeichen, mit dem Erlös wurde die Armenfürsorge in der jüdischen Gemeinde finanziert. Weiter fand man Tonpfeifen mit jüdischen Namen, Sabbatlampen, Spielzeug, Dominosteine und Pesachporzellan. In den 60er bis 80er Jahren machte ›Mozes an Aäron‹ wieder Schlagzeilen. Priester und Mönche dieser Kirche waren es, die als erste ihre Türen für in- und ausländische Randgruppen, für Kranke, Drogensüchtige und Obdachlose öffneten. Heute ist die Kirche Begegnungszentrum. »Vom Giebel streckt Christus die Arme dem Volk auf dem Waterlooplein entgegen. Meine Herrschaften, ruft er, kommen Sie doch zu mir. Ich führe die gleiche Ware, die Sie bisher von Moses und Aaron bezogen haben, nur ist mein Haus eleganter als das ihres jetzigen Lieferanten«, notierte der Journalist und Schriftsteller Egon Erwin Kisch 1934.

☐ Synagogenkomplex

Die Jodenbreestraat mündet auf den *Visserplein*, Kreuzungspunkt breiter, verkehrsreicher Durchgangsstraßen, einen weiten und ungemütlichen Platz. Dahinter erhebt sich, groß und eindrucksvoll, die *Portugees-Israëlietische Synagoge*. Die ersten portugiesisch-spanischen Juden kamen um 1600 nach Amsterdam, ihre Blütezeit erlebte die Gemeinde nach 1639, und ihre Synagoge bildete den sichtbaren materiellen Reichtum. Auf der anderen Seite des Jonas Daniël Meijerplein liegt der *Synagogenkomplex der Hochdeutschen jüdischen Gemeinde*. Im Gegensatz zu den Sephardim waren die Aschkenasim ärmer. Ein Steuerpapier aus dem Jahre 1674 macht den Unterschied deutlich: das durchschnittliche Vermögen eines Hochdeutschen Juden betrug 3,48 Gulden und das eines Sephardim 1448, 72 Gulden.

Die **Portugiesische Synagoge** wurde im Juni 1993 nach einer umfassenden Renovierung von Prinz Claus und dem Vorsitzenden der Gemeinde, Cohen Pareira, wieder eröffnet. Die Synagoge war von 1671–75 nach den Entwürfen des Stadtbaumeisters Elias Bouman erbaut worden und die erste ihrer Art in Westeuropa. Die beeindruckende Synagoge repräsentiert noch heute das Goldene Jahrhundert und symbolisierte bereits vor 300 Jahren das Selbstvertrauen, aber auch den Wohlstand der sephardischen Juden. Die Synagoge, die an der Stelle erbaut wurde, an dem einst das Stadttor Sint Antonies bis zur Stadterweiterung gestanden hatte, verweist auf den Alten Tempel von Salomon und mußte auch größer als die umliegenden Häuser sein. Damit sollte zum Ausdruck gebracht, werden, daß die in Amsterdam lebenden Sephardim ihren Glauben in aller

Denkmal des Dokwerkers vor der Portugiesischen Synagoge

Offenheit ausüben konnten. Der Zentralbau – zweimal größer als die Hochdeutsche Synagoge – erhebt sich über einen Ring von Nebengebäuden, in denen sich u. a. die weltberühmte *Bibliothek Ets Haim* (Baum des Lebens) befindet. Diese Bibliothek (1616) umfaßt mehrere tausend Handschriften und Bücher und gilt als eine der wichtigsten jüdischen Bibliotheken der Welt. Mittelpunkt ist die ›Heilige Arche‹, Hechal, ein Kabinett, in dem die Thora-Rollen aufbewahrt werden. Restauriert wurde nicht nur das gesamte Innere des Bauwerks, sondern auch die 72 Fenster – sie symbolisieren Gott in ausgeschriebenen Buchstaben – die Kanzel und die Eichenholzbänke des 17. Jh. Die Galerie für die Frauen wird von zwölf Säulen getragen, Symbol der zwölf Stämme Israels. Die Synagoge zählt rund 1200 Sitzplätze. Die Pforte an der Muiderstraat wird von einem Pelikan, der seine Jungen füttert, geschmückt. Der Pelikan ist das Symbol dieser Gemeinde. Auf dem Jonas Daniël Meijerplein steht das **Denkmal des Dokwerkers,** des Hafenarbeiters, von Mari Andriessen. Das Standbild, 1952 von Königin Juliana enthüllt, erinnert an den Februarstreik 1943. Jedes Jahr, am 25. Februar, wird mit einer Kundgebung an dieses Ereignis erinnert.

Der **Synagogenkomplex der Hochdeutschen Juden,** der Aschkenasim, gehört zu den größten jüdischen Baukomplexen Europas. Der Kirchenbau der Calvinisten diente als Vorbild für die Synagogenarchitektur. Hinter den Mauern der vier Synagogen ist das

179

umfangreichste judaische Museum der Welt außerhalb Israels untergebracht worden. Erst nach 1670 wurde mit dem Bau der Portugiesischen Synagoge und der Grote Sjoel begonnen, weil um 1666 noch die meisten Amsterdamer Juden und eine Mehrzahl der Rabbiner den Versprechungen des falschen Messias Sabbatai-Zwi vertrauten, der eine rasche Heimkehr nach Palästina versprach. Später erkannte man, daß man weiter im Exil leben müsse und begann mit dem Bau der Gotteshäuser. Finanziert wurde die Grot Sjoel, indem man die Sitzplätze verkaufte. 1855 und 1911 wurden die Gebäude renoviert, 1987 wurde in dem Synagogenkomplex das *Joods Historisch Museum* in Anwesenheit der Königin und Prinz Claus eröffnet. Das Museum umfaßt die ehemaligen Lehrhäuser – die Grote und älteste Sjoel (1671), die Neie Sjoel (1730–52), die Obenne Sjoel (1686) und die Dritt Sjoel (um 1700) –, die

Joods Historisch Museum, Grote Sjoel

durch Gänge in Stahl und Glas miteinander verbunden wurden. Von der Neie Synagoge oder Sjoel ist nur noch die Außenwand erkennbar.

☐ Botanischer Garten – Palmen in Amsterdam

Der Botanische Garten, **Hortus Botanicus,** wurde 1682 als Hortus Medicus, als Kräuter- und Arzneimittelgarten, erstmals erwähnt. Die exotischen Kräuter, Sträucher und Bäume brachten Kaufleute und Matrosen aus den amerikanischen, afrikanischen und asiatischen Kolonien und Handelsstationen mit, aus Indien, Japan, vom Kap der Guten Hoffnung. Der Garten war im 17. und 18. Jh. wegen seiner Vielfalt an Pflanzen weithin bekannt; zahlreiche Nutzpflanzen, die heute in Europa verbreitet sind, kommen von hier. Aus dem Hortus stammt auch die Kaffeepflanze, importiert von der Insel Java, die 1714 eine Amsterdamer Delegation dem Sonnenkönig Ludwig XIV. in Paris überreichte. Mit diesem Strauch begann der Aufbau der Kaffeeplantagen in Südamerika, darunter Brasilien, das heute zu den größten Kaffeeproduzenten zählt.

Die Sammlung des Gartens umfaßt rund 7500 höhere Pflanzen, darunter die Cycaspalme. Berühmt ist auch die Victoria regia, ein Seerosengewächs mit kreisrunden, bis zu 2 m großen Blättern. Der Garten ist heute ein beliebtes Ausflugsziel, grenzt an die Middenlaan und an zwei Grachten: besonders eindrucksvoll sind das neue gläserne *Gewächshaus* und die *Palmen-Orangerie*.

Vom Hortus Botanicus kommt man, am *Wertheim Park* entlang, zur **Plantage Midden-laan**. Dieses Wohngebiet wurde angelegt, nachdem die Stadt 1682 beschlossen hatte, die drei Hauptgrachten durch die Amstel durchzustechen. So entstanden die Nieuwe Heren-, Keizers- und Prinsengracht. Auch mehrere Theater gab es hier. In der 1892 gegründeten *Artis Schouwburg* wurde bis 1914 Theater gespielt. Das spätere *Holländische Theater*, Plantage Middenlaan 24, ist heute nationale Gedenkstätte. Am 14. Oktober 1942 wurde die **Hollandse Schouwburg** von der Besatzungsmacht als Sammelplatz für Juden bestimmt, die von hier aus ins Lager Westerbork (Provinz Drenthe) transportiert wurden und von dort in die Vernichtungslager – zehn Prozent der Amsterdamer Bevölkerung. Von dem früheren Theater stehen nur die Fassade zur Straße und die Wände des Theater-saals.

Im Plantageviertel realisierte der Architekt Aldo van Eyck Ende der 70er Jahre auch das **Moederhaus** (Plantage Middenlaan 33). Hinter der farbenfrohen Fassade des Mütterhau-ses werden unverheiratete schwangere Mädchen und Frauen betreut. – In der Henri Polaklaan 9 steht eines der interessanteren Bauwerke des Architekten Berlage, das 1900 erbaute **Haus der Diamantengewerkschaft** (Algemeene Nederlandsche Diamantenbe-werksbond A. N. D. B.). Im ersten Gewerkschaftsgebäude der Niederlande, bei dem der Architekt Hendrik Petrus Berlage (›Amsterdamer Schule‹) auch Künstler wie Richard Roland Holst und Lambertus Zijl beschäftigte, befindet sich heute das *Gewerkschafts-museum*. Sehenswert ist das Treppenhaus, in dem der Aufstieg und der Fortschritt der Arbeiterklasse künstlerisch dargestellt werden. Die Amsterdamer Diamantenindustrie, sie beeinflußte die niederländische Gewerkschaftsbewegung entscheidend, war von 1585 (dem ›Fall von Antwerpen‹) bis zum Ausbruch des Zweiten Weltkriegs führend. An der Ecke Weesperplein und Nieuwe Achtergracht wurde 1911 die Diamantenbörse eröffnet.

Zwischen Doklaan und Plantage Middenlaan, die Hauptstraße führt durch die ›Planta-ge‹ zum ›Muiderpoort‹, erstreckt sich der städtische **Zoo Artis** (Eingang Plantage Ker-klaan); er wurde 1838 gegründet und geht auf Initiative der Vereinigung ›Natura Artis Magistra‹ (›Die Natur als Lehrmeister der Kunst‹) zurück. Artis war und ist Lustgarten und Ausflugsziel der Einheimischen. Neben den klassischen Attraktionen wie Elefanten, Giraffen, Raubkatzen und Aquarium besitzt der Zoo auch ein Planetarium, einen Bauern-hof für Kinder und ein Haus für die Tiere der Nacht.

Geht es in der Innenstadt scheinbar widersprüchlich und chaotisch zu, hier im **Stadt-viertel Plantage** gilt die Verfeinerung der Wohnkultur. Viel Grün, viel Ruhe und Häuser, in denen es helle und große Wohnungen gibt. Dieses Viertel ist seit Mitte des letzten Jahr-hunderts aufgrund seiner Lebensqualität bei den Wohlhabenden beliebt. Zuerst erbauten sich reiche Juden, die keinen Platz an den Grachten fanden, ihre Häuser. Theater, Cafés und Milchsalons wurden gegründet, und der Stadtteil wurde zu einem beliebten Aus-flugsziel für Amsterdamer.

Die Identität der Stadt blieb bislang bewahrt, weil hier – im Grachtengürtel und der Plantage – die Umgestaltungen langsamer als in anderen Städten stattfanden. An der lan-gen Front von Artis kommt man zum **Muiderpoort**. Das erste Stadttor, 1663 erba

1769 eingestürzt. Zwei Jahre später wurde das heutige Tor von Cornelis Rauws im klassizistischen Stil erbaut. 1811 ritt Kaiser Napoleon durch Muiderpoort, um im Rathaus am Dam den Schlüssel der Stadt von Bürgermeister Van Brienen van de Groote Lindt überreicht zu bekommen. Hinter dem Stadttor mit dem zierlichen Glockentürmchen erkennt man die Dächer des **Tropenmuseums**. Das markante Gebäude, im Stil der pompösen Gründerzeit, wurde 1926 als *Het Koloniaal Institut* von Königin Wilhelmina eingeweiht.

Der Grachtengürtel

Am »voet van die oude Wester« (am Fuße des alten Westerturms), so ein Amsterdamer Volkslied, erstreckt sich der Grachtengürtel, der bekannteste und schönste Teil der Stadt. Das städtebauliche Kunstwerk aus dem 17. Jh. bildet einen Halbmond, der einen Bogen vom Fluß Het IJ bis zur Amstel schlägt. Der eigentliche Kanalgürtel besteht aus den vier Hauptgrachten: Singel, Heren-, Keizers-, und Prinsengracht. Untereinander werden sie von Querkanälen wie Blauwburgwal, Lelie-, Leidse- oder Reguliersgracht verbunden. Am Beginn der **Singel** steht das älteste und breiteste Haus mit einem Treppengiebel (Nr. 2–2a); es wurde als Speicherhaus um 1603 errichtet, eine Kombination von Wohn- und Lagerhaus. Am Singel 66–68a steht ein Wohnhaus mit einer Kronenleiste im Stil Ludwig XV. Einen schön verzierten Glockengiebel weist das Gebäude 104–106 auf, zwischen 1740–45 erbaut. Zahlreiche Gebäude von individueller Prägung findet man an den beiden vornehmsten Kanälen, der **Heren-** und der **Keizersgracht.** Als ›einfach‹ galt die **Prinsengracht,** denn dort gab es Werkstätten und Märkte. An den beiden Hauptgrachten war es Handwerkern verboten, sich anzusiedeln. Die Heren- und Keizersgracht überspannten steinerne Bogenbrücken, die Prinsengracht Brücken aus Holz. Während der französischen Herrschaft sollten die Hauptgrachten zugeschüttet werden und nach dem Vorbild des Pariser Stadtplaners Hausman breite Alleen angelegt werden. Viele Grachten verschwanden auf diese Weise, als aber auch die **Reguliersgracht** ›gedempt‹ werden sollte, erhob sich erstmals Protest. Heute gehört diese malerische Gracht mit ihren fünf sechsbögigen Brücken zu den schönsten Fotomotiven. Amsterdams bekanntester Baumeister zu Anfang dieses Jahrhunderts, Hendrik Petrus Berlage, sagte: »Der einzigartige Charakter, durch das Wasser bestimmt, wird verlorengehen und man wird mehr vermis-

Grachtengürtel 1 Gebäude der West-Indischen Compagnie (ehem. Vleeshal) und Peter-Stuyve- ▷ *sant-Denkmal 2 Bartolottihuis (Niederländisches Theatermuseum) 3 Jugendstilhaus Leliegracht (›Greenpeace‹) Haus mit den Köpfen (Städt. Denkmalamt) 5 Noorderkerk 6 Westerkerk 7 Coymanshuis 8 Anne Frank Huis 9 Van Brienenhof 10 Zon's Hofje 11 Pulitzer-Hotel 12 Felix-Meritis-Huis 13 Hotel American 14 Stadsschouwburg 15 Casino 16 Justizpalast (ehem. Aalmoezeniers-Waisenhaus) 17 Maison Descartes (Ehem. Waalen-Waisenhaus) 18 Deutzenhof 19 Carltonhotel 20 Verwaltungsgebäude der Nederlandsche Handelsmaatschappij 21 Amstelkerk 22 Thorbecke-Denkmal 23 Rembrandt-Denkmal 24 Kino Tuschinski*

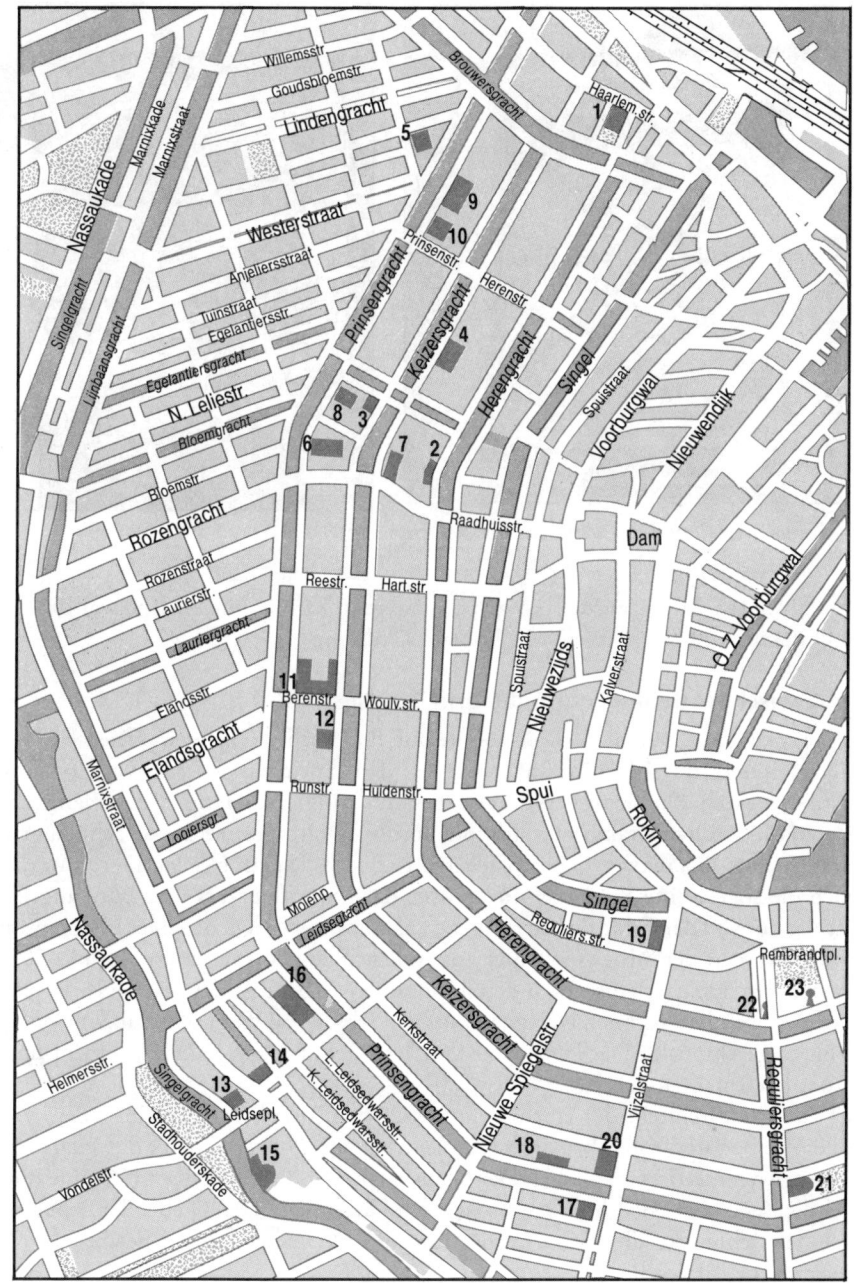

Kunstvoll gestaltete Oberlichter an der Keizersgracht

sen als durch Alleen wieder gut gemacht werden kann.« Für Berlage war die Grachten-architektur eine »Schönheit von höherer Ordnung«.

☐ Zwischen Brouwersgracht und Leidsestraat

Zuerst fallen da einmal die Wohnboote auf, die in jeder Größe, in vielen Farben und in allen Stufen des Verfalls ankern. Aus den Speicherhäusern wurden bevorzugte Wohnadressen. Die **Brouwersgracht** entstand im 16. Jh. Sie trägt ihren Namen nach frü-heren Bierbrauereien und markiert die nordwestliche Grenze des Grachtengürtels. Bier war bis zum Bekanntwerden von Tee und Kaffee Volksgetränk. Am **Herenmarkt** befand sich die sogenannte Bierkade, dort wurde das Exportbier aus Hamburg angeliefert. Es durfte nur von der Gilde der Bierträger transportiert werden, denen es übrigens untersagt war, während der Arbeitszeit Bier zu trinken. Die Hausnummern 48 und 50 gehören neben den Speicherhäusern zu den imposanten Gebäuden der Stadt. Nr. 48 prunkt mit einem besonders schönen Halsgiebel aus der Schule von Vingboons, außen von zwei Del-phinen geschmückt. Der Halsgiebel von Nr. 50 wurde um 1775 angebracht und ist mit Rokokoelementen verziert.

Ein Modearchitekt der Jahrhundertwende war Josephus Petrus Hegener, weil er vor allem gelben und roten Bricornastein verarbeitete; 1901 erbaute er das Haus Nr. 51 mit einem asymmetrischen Giebel. Der Giebelstein von Nr. 52 zeigt zwei Stühle und darun-ter die Zeile »Nooyt volmaakt« (es ist nie vollkommen). Den Giebel der Brouwersgracht 116–118 schmückt die Kaiserkrone, und am ehemaligen Kornspeicher Nr. 204–212 erkennt man Hirsche.

☐ Herenmarkt und Peter-Stuyvesant-Standbild

Um 1612 wurde der **Herenmarkt** an der Brouwersgracht angelegt. Zuerst gab es dort noch den Schweinemarkt, und 1617 wurde die **Vleeshal** erbaut, die ab 1624 in den Besitz der **West-Indischen Compagnie** (W. I. C.) überging. Der Keller des Gebäudes wurde berühmt, da dort der Silberschatz, den Piet Hein von den Spaniern erbeutet hatte, eingelagert war. Wütende Seeleute, die mit ihrer Belohnung unzufrieden waren, versuchten das Gebäude zu stürmen. Auch in späteren Jahren war der Herenmarkt Schauplatz zahlreicher Revolten, so der ›Suppenaufstand‹ am 3. Juli 1835. Nachdem die W. I. C. 1654 in ihr neues Speicherhaus an der Prins Hendrikkade umgezogen war, war es ein Nieuwe Zijds Herenlogement, ein Hotel. Im 19. Jh. wurde es als Waisen- und Altersheim genutzt, 1975 brannte es aus und wurde wieder aufgebaut. Da im Schützensaal der historische Entschluß gefallen war, auf Manhattan Nieuw-Amsterdam zu gründen, das heutige New York, wurde 1989 das John-Adams-Institut zur Förderung der Beziehungen zwischen beiden Ländern gegründet und 1991 eine entsprechende Gedenktafel im Innenhof enthüllt. In den Hof gelangt man durch die Pforte, Herenmarkt 99. Dort plätschert ein *Brunnen,* den die idealisierte Figur des *Peter Stuyvesant* ziert: ›Gouverneur of New York 1647–1664‹. Der holländische Abgesandte der W. I. C. wurde 1592 in Scherpenzeel (Friesland) geboren und starb 1672 in New York. Als Gouverneur von Curacao unternahm er 1643 einen Feldzug nach Venezuela, 1644 verlor er bei der vergeblichen Erstürmung von St. Maarten ein Bein, wurde 1647 Gouverneur von Nieuw-Nederland und von Nieuw-Amsterdam. Stuyvesant war ein autoritärer Herrscher, der die Siedler und die Indianer ausbeutete. 1664 mußte er Nieuw-Amsterdam an die Engländer übergeben und kehrte 1668 als Kolonist zurück.

☐ Nördlicher Grachtengürtel

Von der Brouwersgracht aus wurde ab 1612 die **Herengracht** gegraben, die rund 50 Jahre später bis zur Amstel durchgezogen wurde. Der Name leitet sich von den Heren regeerders ab, der städtischen Aristokratie. Die Herengracht gilt als die schönste aller Stadtkanäle. Dort dürfen auch keine Wohnboote vor Anker gehen.

Peter Stuyvesant als Brunnenfigur im Hof des Westindisch Huis

Im ältesten Teil dieser Gracht – bis hin zur Raadhuisstraat – sieht man noch Häuser in der ursprünglichen Breite von sechs Metern mit sehr unterschiedlichen Baustilen, wie z. B. das Haus mit dem klassischen Treppengiebel von 1621 (Ecke Korstjespoortsteg) oder Nr. 81 von 1590, dessen unterer Teil 1975 vollständig restauriert wurde. Historische Speicherhäuser sind die Nr. 71 und 73. Auf dieser Seite ist noch mehr ursprüngliche Bausubstanz erhalten geblieben als auf der gegenüberliegenden Seite. Hinter Nr. 40 (mit Leistengiebel) hat während der französischen Besatzungszeit der Gouverneur Lebrun, Herzog von Plaisance, gewohnt. Ein auffallend formschönes Treppengitter befindet sich bei Nr. 2. Dort wurde zu Beginn des 19. Jh. das alte Gitter durch ein neues im Stil des Empire ersetzt. Eine ähnliche Gestaltung ist auch an der Nr. 162 zu entdecken.

Das rote Ziegelhaus, *Nr. 170–72,* gehört zu den auffallendsten Gebäuden in diesem Teil. Pieter de Keyser, Sohn des berühmten Hendrick, erbaute das Patrizierhaus für den steinreichen Willem van den Heuvel, der sich jedoch nach seinem italienischen Onkel, dem Bierbrauer und Getreidehändler **Guillelmo Bartolotti** (1560–1634) nannte. Das reich verzierte Doppelhaus an der Biegung wurde um 1617/18 erbaut und gehört heute der Stiftung ›Hendrick de Keyser‹. Das nicht weniger eindrucksvolle Nebenhaus, Herengracht *168,* kann man jedoch betreten. Hinter der klassischen Fassade von 1638, der erste Entwurf von Philip Vingboons, befindet sich das **Niederländische Theatermuseum,** das sich über beide Häuser erstreckt. Die Ausbuchtung des Bauwerks kann man in den beiden vorderen Zimmern noch gut erkennen. Das Patrizierhaus gehörte dem Stadtrat Michael de Pauw. Die großartige Bemalung der Räume wurde von 1728–33 im Stil Louis XIV. ausgeführt. Die beiden bekannten Maler ihrer Zeit, Jacob de Wit und Isaac de Moucheron, erhielten die Aufträge, die Wandgemälde zu gestalten. Jacob de Wit (1695–1754), von Rubens stark beeinflußt, wurde bekannt durch seine kleinen Grisaillen, auch Witjes genannt. Im Königlichen Palais hat er jene Grisaillearbeiten, Miniaturen mit vorherrschenden grünen und braunen Farbtönen, zur Vollendung gebracht. Hier im Haus bemalte er die Figuren und die Decken. Von de Moucheron stammen die Landschaftsbilder. Im Theatermuseum ist eine große Sammlung

›Haus mit den Köpfen‹ an der Keizersgracht ▷

Bartolottihaus an der Herengracht

von Maquetten und Bühnenbildern zu sehen, an denen die Entwicklung des Theaters demonstriert wird. Auffallend ist das weite Treppenhaus mit der freischwingenden Treppe vom Keller bis zum Speicher. Der Eingang am Seitenflügel führte zur Hinterfront des Hauses, dort befand sich bis 1637 die Zuckerbäckerei der Brüder Van Keijssel. An der Herengracht 192 stand einst die bekannte Zuckerbäckerei des Antwerpeners Cornelis Nuyts. Die Herstellung von Zucker muß eine brandgefährliche und stinkende Angelegenheit gewesen sein. Die Anwohner beschwerten sich regelmäßig darüber beim Magistrat. Cornelis Nuyts (1574–1661) gelang es immer wieder, einem Verbot zu entgehen. 1616 gründete er die größte Zuckerraffinerie der Stadt, ›de Koning van Polen‹, die 1660 abbrannte.

Vom Bartolottihaus aus wenden wir uns nach rechts und kommen zur **Leliegracht.** Dieser Kanal, an dem noch ein ganzes Ensemble historischer Giebelhäuser steht, gehört zu den ersten Querkanälen (Dwarsstraaten), die Heren- und Keizersgracht miteinander verknüpften. Diese Gracht war beliebt, weil sie breit angelegt war und die Grundstücke höher lagen. An der Leliegracht/Ecke Keizersgracht fällt sofort das untypische Gebäude mit dem Kachelbild am Turm auf. Das **Jugendstilhaus** mit der Schutzengeldarstellung wurde 1905 vom Architekten Van Arkel für eine Versicherungsgesellschaft entworfen und ist heute Sitz der Umweltorganisation ›Greenpeace‹.

Jugendstilhaus Keizersgracht / Ecke Leliegracht von 1905 (Sitz von ›Greenpeace‹)

Wendet man sich nach rechts, steht man vor der Keizersgracht 123, dem ›Huis met de Hoofden‹, Sitz des *Städtischen Denkmalamts*. Das **Haus mit den Köpfen** wurde 1622 von Hendrick de Keyser für den flämischen Kaufmann Nicolaas Sohier erbaut. Das aus rotem Backstein erbaute Stadtpalais im Stil der holländischen Renaissance fällt durch die reiche Verzierung auf. Am Giebel erkennt man sechs Köpfe der klassischen Antike: die Götter Apollo, Athene, Bacchus, Ceres, Mars und Diana. Ursprünglich sollen es einmal sieben Häupter gewesen sein, nämlich noch ein Frauenkopf. Der Volksmund will, daß einst ein wohlhabender Kaufmann dort mit seiner stummen Dienstmagd lebte, die sechs Einbrechern den Kopf abschlug. Wegen ihrer mutigen Handlung wurde sie mit ihrem Porträt in der Fassade geehrt. Ab 1634 wohnte der Waffenhändler Louis de Geer, Finanzier Gustaf Adolfs von Schweden, hier, der im schwedischen Norrköping Eisengießereien und Waffenfabriken besaß. De Geer, der beim Waffenverkauf keinen Unterschied zwischen Freund und Feind kannte, gehörte zu den skrupellosesten Bürgern von Amsterdam, wurde jedoch im Alter zum Philantropen. Unter anderem finanzierte er die Ausbildung von Lehrern und ließ die Bibel ins Slawische übertragen.

☐ Milljöh-Viertel Jordaan

Zwischen Prinsengracht und der alten Stadtbefestigung – dort wo heute die Marnixstraat verläuft – liegt **Jordaan,** das ehemalige Viertel der Handwerker und Arbeiter. Während man dem Grachtenviertel ansieht, daß es mit dem Lineal gezogen worden ist, sieht es im Jordaan ein bißchen turbulenter aus. In diesem ehemaligen Poldergebiet laufen die Grachten schräg, wurden nicht ausgerichtet, auch die Gassen richteten sich nach dem Lauf der Kanäle – alles ist so ›kris und kras‹, eng und wirr, daß sich selbst Einheimische verlaufen.

Der Jordaan gehört zu den sogenannten ›Milljöh‹-Vierteln und erstreckt sich zwischen Brouwers-, Lijnbaans-, Looiers- und Prinsengracht. Weil viele Straßennamen nach Blumen oder Pflanzen benannt sind, nimmt man an, daß sich Jordaan vom französischen jardin (Garten) ableitet. Eine weitere Erklärung könnte die Verballhornung von ›Jordict‹ sein, weil das Gebiet vor den Stadttoren unter die Jurisdiktion von Amsterdam fiel. Eine Besonderheit des Viertels sind die **Hofjes,** die es hier noch in größerer Anzahl gibt. Jordaan war der Slum von Amsterdam. 1890 drängten sich in dem 2 km langen und rund 500 m breiten Viertel mehr als 85 000 Menschen. Die Zustände müssen katastrophal gewesen sein, selbst die Stadtväter schämten sich wegen dieses Viertels, das isoliert vom übrigen Amsterdam war. Erst 1924 wurde eine Straßenbahnlinie eingerichtet. Die Bewohner waren Kesselflicker, Hausierer, Abortreiniger oder ›Anklopfer‹. Sie weckten Leute, indem sie mit einem Stock an die Tür oder ans Fenster schlugen. Die Bewohner entwickelten ein großes Gefühl für Solidarität, einen eigenen Slang, das ›Jordaans‹ und eigene Musik, deren bekanntester Vertreter Johnny Jordaan hieß, der aber nie dort gewohnt hat. Das Viertel zehrt noch vom Ruhm seiner Volkssänger, seines Kabaretts und seiner Straßenfeste. An der Lindengracht 55 sieht man einen besonders originellen Giebelstein: verkehrte Welt, Fische im Baum, Straßenname rückwärts geschrieben und Jahreszahl verdreht.

Das *Pierement* (von pieren, Musik machen) stammt aus dem Jordaan. Außerhalb von Amsterdam war der Begriff Pierement, Drehorgel, unbekannt. Diese mechanischen Musikinstrumente, von denen zur Blütezeit rund 30 in den Straßen und Gassen ertönten, wurden immer wieder totgesagt, gehören aber weiterhin zu Amsterdam. Es gab Jungen, die diese Pierements mit viel Geduld, mit »muziek in hun lijf«, gedreht haben; das Abdrehen der Drehorgel war keine einfache mechanische Tätigkeit, denn jede Melodie hatte ihren Rhythmus, und die Kurbel mußte in einer bestimmten Geschwindigkeit gedreht werden. Die Drehorgeln (eine letzte steht noch auf dem Damrak) waren und sind zum Teil gewaltige Instrumente, die mit Trommeln, Glocken und Trompeten ein lautes Klingeln, Pfeifen und Trommeln erzeugen. Die Instrumente wurden von Unternehmern an eine Gruppe von je drei Männern verliehen, die damit den kargen Lebensunterhalt für ihre Familien einspielen mußten. Da gab es den Draaier, der die Kurbel drehte, und die beiden Manser, die mit der kupfernen Büchse von den Vorübergehenden oder den Ladenbesitzern die Münzen einsammeln mußten. Die Musik kommt von den dicken gestochenen Notenbüchern, die das gesamte Orchester enthalten – und das stellt ein Piere-

ment mit ihren Flöten, Geigen, Bässen, Hörnern, Trompeten, Schellen und Trommeln dar. Alle Drehorgeln waren prächtig bemalt. Eine Chronik aus den 30er Jahren beschreibt die Dekoration so: »Das Zukkerwerk der Orgelfront, angestrahlt durch den Sonnenuntergang, blau und giftig kupfergrün, bananengelb und schinkenrosa, alle Pastellfarben der Tennispullover und Figuren: so träumt sich der kleine Mann in Amsterdam die Helden der Ritterromane, Pagen und Edelfrauen mit billigen Rougetupfen und Wangen und Lippen. Da rankt's sich im entartesten, wildgewordenen Barock vom Fuß zum Kopf der Drehorgel empor, da toben sich Künstler und Handwerker aus, prachtvoll, prachtvoll ...« Die Drehorgeln hatten alle Namen und hießen ›Schnurrbart‹, ›Türke‹, ›Blumenmädchen‹, ›Dicker Bauch‹, ›Busen‹ oder ›Taube‹. Im Jordaan arbeiteten die bekanntesten Orgelbauer, eine der

Blick ins Milieuviertel Jordaan vom Turm der Westerkerk und typische Gasse

190

berühmtesten Familien war Gijs Perlee. Zahlreiche Straßenorgeln und mehr als 200 Handdrehorgeln haben diese Werkstatt an der Westerstraat verlassen. Prunkstück war die ›Arabia-Orgel‹, ein zwei Tonnen schweres Instrument, das die Welt zum Lobe Amsterdams von Amerika bis Asien, von Stockholm bis Wien bereiste. 1937 sollte das Spielen auf der Drehorgel verboten werden. Soweit kam es natürlich nicht, denn die Jordaaner protestierten. Untersagt wurde hingegen das Auftreten in der Innenstadt und im Grachtengürtel, das Spielen in den Außenbezirken nur zu bestimmten Zeiten. Heute findet sich noch eine Drehorgel am Damrak.

Im Stadtteil Jordaan kam es im Juli 1934 zum Aufstand, oproer hieß das magische Wort, weil die Arbeitslosenunterstützung gekürzt wurde. Barrikaden aus Sand und Steinen wurden errichtet, hier und da wehte eine rote Flagge. Die Polizei patrouillierte mit Panzerfahrzeugen durch die Gassen des Elendsviertels, schoß auf Häuser, aus denen Blumentöpfe geworfen wurden. Der Aufruhr forderte sieben Tote und mehr als 200 Verwundete. Im Juli 1886 hatte es beim ›Paling-Aufstand‹ gegeben, der 26 Tote und rund 100 Verletzte forderte.

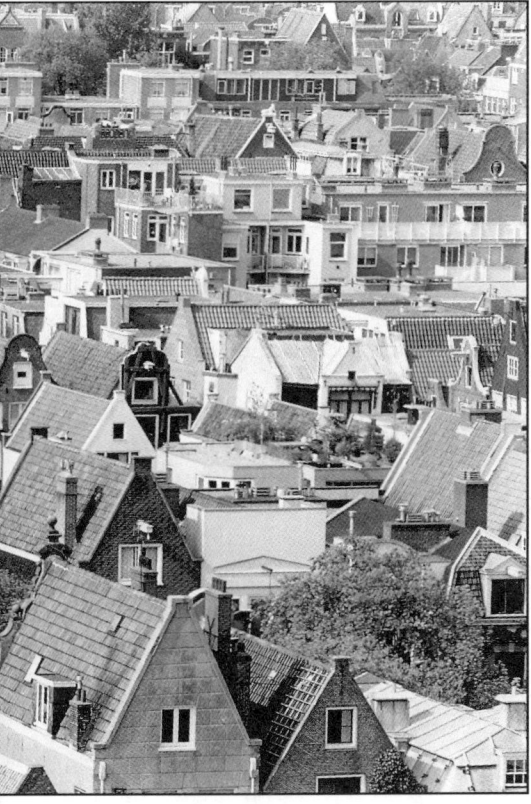

Von Beginn seiner Entstehung bis heute ist der Stadtteil ein Stiefkind der Stadtentwicklung. In den 60er Jahren war der Jordaan die Welt des Flower Power und des Anarchismus. 1974 sollte das Stadtviertel abgerissen werden, um dort ein durchgrüntes Wohngebiet zu bauen. Dank Initiative der Stiftung ›Diogenes‹ wurde das verhindert. Die sozialdemokratische Stadtregierung, mit dem Massenprotest konfrontiert, ließ den Sanierungsplan fallen. Heute ist das Viertel ein beliebtes Wohnquartier für Studenten und junge Familien.

Am *Noordermarkt,* direkt an der Prinsengracht, steht die ungewöhnliche achteckige **Noorderkerk** in Form eines griechischen Kreuzes. Zwei Architekten, Hendrik Staets und Hendrick de Keyser, wird der Entwurf der 1620–23 erbauten protestantischen Kirche zugeschrieben. 1993 wurde mit der Restaurierung der Kirche begonnen; man schätzt, daß die Arbeiten im Jahre 2000 abgeschlossen sein werden. Jeden Sonntagmorgen gegen zehn Uhr trifft sich hier eine der letzten ›Hervormden Gemeenten‹ von Amsterdam, der ›Gereformeerde Bond‹ zum Gottesdienst. Der Treffpunkt der orthodoxen Calvinisten wurde als eine der ersten Kirchen in Europa speziell für den protestantischen Glauben erbaut. Die Kanzel steht zentral, die Kirchenbänke, soweit sie nicht verkauft worden sind wie die Kerzenleuchter, sind noch aus Eichenholz, die Bibel wird noch gelesen aus der Übersetzung von 1637. Sonntagsabends wird aus dem Heidelberger Katechismus (17. Jh.) gepredigt. Das Gewölbe wird von vier großen Säulen getragen. Unter dem alten Flur liegen noch die sterblichen Überreste von Hunderten von Gläubigen, die hier begraben liegen. In den Ecken und Nischen, in Kammern verborgen werden die Reste aus anderen, abgebrochenen Kirchen bewahrt; Bänke, Stühle, Kanzeln. In den Winkeln der vier Kreuzarme an der Außenseite sind vier Häuschen erbaut worden. Der Noordermarkt dient seit 1627 als Marktplatz, samstags- und montagsmorgens findet ein Floh- und Wochenmarkt statt.

☐ Westerkerk

Das Wahrzeichen von Amsterdam erhebt sich an der Prinsengracht, und mit 85 m Höhe ist der Westertoren der höchste Turm der Stadt. Von der protestantischen Staatskirche leuchtet als Spitze in Blau, Gold und Rot die Kaiserkrone Maximilians II. von Österreich. 1469 hatte der deutsche Kaiser, nachdem er an einer Wallfahrt teilgenommen hat, der Stadt das Recht verliehen, seine Krone im Stadtwappen zu führen. Noch heute symbolisiert die Krone, eine Kopie der Krone des deutschen Kaisers Rudolf, die städtische Toleranz. Am 10. März 1966 fanden aus Anlaß der Vermählungszeremonie von Prinzessin Beatrix und Claus von Amsberg die ersten großen Krawalle statt, die von Provo-Aktivisten geleitet wurden und die sich gegen den staatlichen Prunk, vor allem aber gegen die neue Verbindung eines Mitglieds des Hauses Oranje mit einem Deutschen richteten. 1987 wurde auf dem Kirchenplatz, dem ehemaligen Friedhof, Europas bisher einziges Denkmal für homosexuelle Opfer eingeweiht.

Im Zuge der Stadterweiterung wurde 1620 beschlossen, daß im Nordwesten der neuen Gebiete zwei Kirchen gebaut werden sollten, die Wester- und die Noorderkerk. Stadtbaumeister Hendrick de Keyser begann mit dem Bau der monumentalsten Renaissancekirche des Landes 1620. Der Grundstein wurde am 9. September von Willem de Vrij, einem Sohn des damaligen Bürgermeisters gelegt. De Keyser starb ein Jahr später, und sein Sohn Pieter führte die Arbeit im Sinne der ›klassischen Strenge‹ fort. Der Turm, ›Langer Jan‹ genannt, 1638 vollendet, wurde nicht wie ursprünglich geplant zwölf- und achteckig errichtet, sondern viereckig. Nach dem Willen der calvinistischen Gemeinde sollte der Bau auch nicht prunkvoll ausfallen. Die Stadt, als Auftraggeber, wollte jedoch auch mit der Kirche ein Zeichen des Reichtums setzen. 1631 wird die Kirche eingeweiht.

An seiner Außenseite ist das Bauwerk mit zahlreichen Ornamenten aus Sandstein im Wechsel mit gebranntem Ziegelstein verziert. Die Kirche, die die Form eines Rechtecks hat, ist 29 m breit, 46 m hoch und zählt 46 Fenster. Von 1985 bis 1990 wurde der Bau vollständig restauriert. Im Inneren weist das Gotteshaus gotische

Der ›Oude Wester‹ der Westerkerk an der Prinsengracht

Vergebliche Suche nach Rembrandts Grab

Zur Erinnerung an den 300jährigen Geburtstag Rembrandts wurde 1906 an einer Säule im nördlichen Seitenschiff eine Gedenktafel angebracht, nicht weit von dem Grab, wo sein Sohn Titus begraben liegt. Auch Rembrandt soll am 8. Oktober 1669 in einem Armengrab bestattet worden sein. Als eine Fußbodenheizung angelegt wurde, suchten Stadtarchäologen nach Rembrandts Grab. Eine Aktion, die die Öffentlichkeit mehr als die Renovierung interessierte. Als Pastor Nico ter Linden im September 1989 von der Kanzel verkündete, daß man im Grab mit der Nr. 144 auf die sterblichen Reste von Rembrandt gestoßen war, versammelten sich Fernsehteams aus dem In- und Ausland. Mitarbeiter der Universität Leiden hatten das Grab 143 untersucht. Dort lagen Titus und die Frau von Titus, Magdalena van Loo. Weitergehende Untersuchungen ergaben, daß sogar neun Personen beigesetzt waren.

Das Grab wurde 1806 Eigentum der Gemeinde, die es weiter vermietete. Nach 1865 wurde nicht mehr in der Kirche begraben.

Den Wissenschaftlern stellt sich die Frage: Wurde Rembrandt vielleicht im Grab seines Sohnes begraben? Bei der chemischen Analyse der Knochen sollte sichtbar gemacht werden, an welcher Krankheit der Verstorbene gelitten hatte, oder ob sich eine Überdosis Blei in den Knochen befinde. Rembrandt hatte, wie die anderen Maler seiner Epoche auch, mit stark bleihaltigen Farben gearbeitet. Das Gift wurde eingeatmet und lagerte sich in den Knochen ab. Bei dem Schädel, den man fand, handelt es sich um den von Titus, der mit 27 Jahren starb. Den Rembrandt-Verehrern scheint es gleichgültig, ob der Maler tatsächlich in der Kirche beerdigt worden ist. Sie legen nach wie vor Blumen vor dem Gedenkstein nieder.

Elemente auf und beeindruckt durch Helligkeit und Höhe. Das Kircheninnere ist schlicht, und da der Boden auch als Grabstätte diente, mit wenig Kirchenmobiliar ausgestattet (zum großen Teil noch von 1632). Man sieht dort die Kanzel, das Taufbecken und die Bänke der Kirchenältesten, die der Bürgermeister und der Regenten. Gläubige von geringerem Stand mußten sich ihre Stühle von daheim mitbringen.

Auffallend und sehenswert ist die **Duyschot-Orgel**. Da Calvin gegen Orgelmusik in der Kirche war, wurde erst später, 1686, eine Orgel in Auftrag gegeben. Drei Jahre lang bauten Roelof Barendsz. Duyschot und sein Sohn Johannes an der Orgel, die aber erst 1727, nach einer weiteren Erweiterung, perfekten Klang hatte. Der Orgelkasten hatte die Orgel aus der Grote oder St. Laurenskerk, Alkmaar, zum Vorbild und wurde von Jacob van Campen nach den Prinzipien des Goldenen Schnittes entworfen. Die Orgel hat prachtvolle Luken, Gerard de Lairesse malte die allegorischen Darstellungen an den Flügeln, die einzigen Schmuckstücke in einer calvinistischen Kirche, an denen ein Maler seinem Talent freien Lauf lassen konnte. Seit April 1992 wird wieder regelmäßig auf der Orgel gespielt, sonntagsmorgens spielt der Haarlemer Stadtorganist Van der Koy, der auch auf der berühmten Müllerorgel von St. Bavo regelmäßig spielt. Seine Meinung zur restaurierten Orgel: »Die Orgel hat einen sehr barocken Ton, brilliant in den Mischungen und zu gleicher Zeit rund und lyrisch in den Grundtönen. Alle Klänge sind sehr prononciert, ohne überspannt zu wirken.«

1830 wurden die kupfernen Kronleuchter durch Öllampen ersetzt, die dann 1863 wiederum durch Gaslaternen ausgetauscht wurden. Im Kirchenschiff hängen zwölf Kronleuchter aus dem 17. Jh. Aus den Seitenkapellen wurden die Bänke der Armen entfernt, von den historischen eichenen Bänken wurde die braune Farbe gebeizt. Alle Ziegel wurden gesäubert, die schlechten durch Steine aus dem 17. Jh. ersetzt. Der Sandstein wurde hellbeige gestrichen und kontrastiert zu den im Laufe der Jahre dunkler gewordenen Ziegelsteinen. Es wird angenommen, daß früher der Stein dunkelrot gestrichen war, um vorhandene Farbunterschiede auszugleichen.

☐ Westermarkt

Vom Westerturm erklingt regelmäßig das Glockenspiel. Das Carillon aus 48 Glocken wurde von der Glockengießerfamilie François Hemony um 1658 hergestellt. Zwischen der Kirche und der Rozengracht – sie wurde 1895 zugeschüttet – liegt der **Westermarkt.** Auf dem Marktplatz befindet sich das Denkmal für Homosexuelle. Am 5. September 1987 wurde das von Karin Daan entworfene *Homomonument* feierlich eingeweiht. Bürgermeister Ed van Thijn sagte damals: »Für Amsterdam ist das Homomonument ein ganz besonderes Ereignis, es unterstreicht die Bemühung zur Emanzipation der Homos, denn Homosexualität ist ein integrierter Teil unseres Lebens. Dieses rosa Dreieck steht für die Verfolgungen während des Zweiten Weltkrieges, aber auch das 18. Jh. gehört dazu.«

Bis zum Jahre 1591 war das Grachtenwasser noch trinkbar. Anschließend wurde der Genuß verboten. 1763 wurden zwei große Wasserbehälter auf dem Noordermarkt an der Brouwersgracht aufgestellt, die jeweils 1400 Tonnen Trinkwasser enthielten. Später wurden weitere städtische Wassertonnen aufgestellt, drei davon standen auf dem Westermarkt, die zusammen 800 Tonnen Wasser enthielten. Mit Booten wurde frisches Wasser in die Stadt gebracht. Jährlich wurden rund 3000 Wasserschiffe registriert. Das reichte noch nicht, daher wurde frisches Wasser häufig mit Brack- oder Regenwasser vermischt. Gutes Trinkwasser war immer knapp und teuer in Amsterdam. Erst in der Mitte des letzten Jahrhunderts gelang es einer englischen Gesellschaft, das Dünenwasser zu reinigen und mittels einer Pipeline von Haarlem nach Amsterdam zu leiten. Auch heute erhält die Stadt ihr Trinkwasser aus den Dünen.

Gegenüber dem Westermarkt, an der Keizersgracht Nr. 175–177, ließ die wohlhabende Bankiersfamilie aus Antwerpen, **Balthazar** und **Joan Coymans,** im Jahre 1625 ein Doppelhaus erbauen. Das prachtvolle Bauwerk, heute befindet sich dort eine Fachhochschule, wurde von Jacob van Campen entworfen. Dieser Stadtpalast im klassischen italienischen Baustil machte Van Campen auf einen Schlag berühmt: Er erhielt den Auftrag zum Bau des Rathauses auf dem Dam. Mit dem **Coymanshaus** wurde der italienische Baustil in Amsterdam salonfähig. Von der ursprünglichen Bebauung ist allerdings nur noch die Fassade erhalten geblieben.

☐ Prinsengracht

Die in vielen Bauetappen entstandene, heute im Stil der holländischen Renaissance geprägte Westerkerk – das charakteristische Portal weist zur Prinsengracht –, erstreckt sich parallel zur Rozengracht und zum vielbesuchten **Anne Frank Huis** (Prinsengracht 263). Die längste der drei Hauptgrachten wurde nach Willem van Oranje benannt. An der Prinsengracht wurden Ställe, Fabriken, Werkstätten und ›eenvoudige burgermanswoningen‹ errichtet. Wenn die Prinsengracht auch nicht das Ambiente und die architektonische Pracht der beiden anderen Grachten aufzuweisen hat, so ist sie doch bei Besuchern sehr beliebt. Der malerische Anblick der Wohnboote an beiden Ufern lockt immer wieder Filmteams aus aller Welt an, die hier Außenaufnahmen für Kriminal- oder Unterhaltungsfilme drehen. Die Beliebtheit geht den Schiffsbewohnern allerdings oft zu weit. Sie beklagen sich über die Hektik auf dem Kanal, der nicht nur von Lastschuten befahren wird,

Felix Meritis Huis an der Keizersgracht

sondern auch von Rundfahrtbooten und Ausflugsdampfern. Mehr als 200mal wöchentlich, so hat es ein Bootsbewohner ausgerechnet, werden die Wohnboote so kräftig geschüttelt, daß das Glas zu tanzen und zu rollen anfängt. Bedingt durch die ständigen Erschütterrungen brechen die stählernen Trossen, mit denen die Schiffe am Ufer verbunden sind und lösen sich die hölzernen Aufbauten aus den Verankerungen.

Da bei der Vergabe von Grundstücken nicht alle verkauft wurden, wurden größere Parzellen kirchlichen Organisationen gegeben. So kommt es, daß sich an der Prinsengracht auch mehrere Alten- und Waisenhäuser befinden. Etwa das **Aalmoezeniers-Waisenhaus**, Nr. 436 (heute **Justizpalast**, 1825–29), das **Waalen-Waisenhaus** (heute **Maison Descartes**, französisches Kulturinstitut) oder der **Van Brienenhof** (Nr. 89–133), benannt nach seinem Stifter Arnout Jan van Brienen. Dieses Hofje, auch ›De Star‹ genannt, besteht aus 21 Häusern, die rund um einen grünen Innenhof stehen. In dem Hofje wohnen ältere Menschen. Fast unmittelbar daneben, Nr. 171, entdeckt man am Ende eines langen Ganges **Zon's Hofje** aus dem Jahre 1765. War der Brienenhof einst nur Katholiken vorbehalten, so gehörte ›Zon's Hofje‹, auch der Nieuwe Hof genannt, der Mennonitengemeinde. Im Innenhof zeigt der Giebelstein die Arche Noah, in die Tiere getrieben werden. An der Prinsengracht 124 und 126 fallen die Häuser mit dem Leistengiebel und dem prachtvollen Rokokogiebel auf (1964 restauriert).

Entlang des Westermarkts verläuft die **Raadhuisstraat** mit einer Einkaufsgalerie zwischen Heren- und Keizersgracht. An der Prinsengracht befindet sich, hinter 24 renovierten Grachtenhäusern, das **Pulitzer-Hotel**. Die historischen Gebäude, in denen kaum ein Zimmer einem anderen gleicht, stehen um einen Grachtengarten mit Gartenhaus. Hausnummer 325 war einst das Wohnhaus von Susanna van Gansepoel, hinter Nr. 327 befand sich die Zuckerbäckerei ›d'Nieuwe Goudsblom‹.

Von der Prinsengracht führt die **Reestraat** zur Keizersgracht. Diese Radialstraße bildete mit den parallel verlaufenden **Berenstraat** und der **Huiden-** und **Runstraat** die sogenannte **Looiersbuurt**, das Viertel der Gerber. Ursprünglich lagen diese Betriebe außerhalb der Stadtmauern, aber nach der Erweiterung der Stadt von 1612 war es den Gerbern erlaubt, ihre Werkstätten am Grachtengürtel zu betreiben. Einige Gassen tragen Tiernamen: Hartenstraat (von Hirsch), Ree- (Reh), Beeren- (Bären), Wolven- (Wolf) oder Elandsstraat (Elch). Im ehemaligen Gerberviertel befinden sich viele Spezialläden.

»Glücklich durch Verdienst« so die Übersetzung des **Felix Meritis Huis**, Keizersgracht 324. Das elegante Gebäude mit den hohen Fenstern in drei Etagen und den Halbsäulen war Sitz der 1777 gegründeten, wohlhabenden Genossenschaft, deren Ziel die Förderung und Verbreitung von Kunst und Wissenschaft war. Im ersten Stockwerk befand sich ein großer Versammlungsraum, in der zweiten Etage war der Konzertsaal, darüber lagen die Säle für naturwissenschaftliche Studien und das Museum für naturwissenschaftliche Werkzeuge. In der Kuppel des Gebäudes war das Observatorium. Felix Meritis Huis war bis zum Ende des 18. Jh. der kulturelle Mittelpunkt der Stadt. König Louis Napoleon war dem republikanisch gesinnten Club wohl gesonnen und schenkte der Vereinigung 41 Kisten mit den Abgüssen von antiken Statuen. 1877 wurde zum erstenmal eine Frau in die

Terrassencafés am Leidseplein

Gesellschaft aufgenommen, die Schauspielerin Maria Johanna Kleine-Gartman (1818–85). Bereits mit 16 Jahren feierte sie ihre ersten Erfolge im Städtischen Schauspielhaus, in den 50er Jahren spielte sie ihre Glanzrolle als Emilia in der Oper ›Othello‹. Der Gartmanplantsoen am Stadttheater wurde nach der Künstlerin benannt. Nach dem Krieg kam es in den Besitz der Kommunistischen Partei Hollands, die hier die Parteizeitung ›De Waarheid‹ herausgab. In den 60er Jahren wurde es wieder zum Zentrum der kulturellen Elite, bis 1993 war es Sitz des experimentellen **Theaters Shaffy** (nach dem Schauspieler Ramses Shaffy) und heißt heute **Felix Meritis Foundation,** ein europäisches Zentrum für Kunst und Wissenschaft. Als Peter der Große 1716 zum zweitenmal in Amsterdam war, wohnte er bei seinem Botschafter, Keizersgracht 317. Ein elegantes Grachtenhaus, 1639 von Philip Vingboons erbaut.

☐ Leidsestraat und Leidseplein

Von der monumentalen Bogenbrücke der Leidsegracht überblickt man die Biegung der Keizersgracht. Die baumbestandene **Leidsegracht** gehört noch zu den anmutigen Ecken der turbulenten Innenstadt. Die Hauptverbindungsstraße zwischen dem Vergnügungszentrum Leidseplein und der Innenstadt ist die **Leidsestraat**: Einkaufsstraße mit Boutiquen und Buchhandlungen, überfüllten Snackbars, teuren Restaurants und Wechselstuben von zweifelhaftem Ruf. Der **Leidseplein** ist das Panoptikum der Stadt. **Spielcasino** (seit 1991), **Stadttheater** (von 1894, Neorenaissance) und zahlreiche Kinos konkurrieren mit Puppenspielern, Dealern, Musikanten und Feuerschluckern um die Gunst des Publikums. Bei schönem Wetter werden die Terrassen geöffnet, und im Winter läuft man Schlittschuh auf der künstlichen Eisbahn. Besonders berühmt ist das **Café American** im originellen **Hotel American** (Farbabb. 10) von Willem Kromhout (Elemente des Jugendstils, des Art-déco und des Funktionalismus). Seit seiner Eröffnung 1902 war das Art-déco-Café der Treffpunkt von tout Amsterdam, von Schauspielern, Literaten, Journalisten und Politikern. Zwar durfte das denkmalgeschützte Interieur des Cafés nach Anordnung der ersten Besitzer nicht angetastet werden, aber im letzten Jahrzehnt hat das elegante Café zwei Modernisierungen über sich ergehen lassen und dadurch seinen typischen Charakter verloren. Die Tische wurden enger gestellt, ein Büfett inmitten des Saales aufgebaut, und an der langen Lesetafel, der Seele des Cafés, wurde nicht mehr das kopje koffie serviert, sondern Kaffee gibt es seitdem nur im Kännchen. Grund für viele Amsterdamer Stammgäste, dem Haus den Rücken zukehren. Die bunten Glasfenster und die Tiffanyleuchten erinnern noch an den einst so noblen Treffpunkt.

Der Leidseplein war auch in früheren Zeiten ein belebter Verkehrsknotenpunkt, und um die Jahrhundertwende war er das Herz der Stadt, an dem das kulturelle Leben pul-

Holland Casino am Max Euweplein, im Hintergrund links Hotel American

sierte. 1862 wurde das 1664 von Daniel Stalpaert entworfene Stadttor *Leidsepoort* abgebrochen; es stand dort, wo heute der Kanal Singel verläuft. Spötter nennen den Leidseplein wegen des architektonischen Wildwuchses den »Platz der verpatzten Chancen«, und eine Amsterdamer Tageszeitung taufte ihn ›Mayonnaiseplein‹. Das Spielcasino mit Cafés und Geschäften befindet sich am Max Euweplein, in den das ehemalige Stadtgefängnis integriert wurde.

Wendet man sich vom Leidseplein nach links, gelangt man durch die Kleine Lijnbaansgracht zur Spiegelgracht – die Verlängerung der **Nieuwe Spiegelstraat,** in der sich eine Vielfalt an Antiquitäten- und Kuriositätengeschäften befindet. An der Prinsengracht 855–99, zwischen Nieuwe Spiegel- und Vijzelstraat, steht eines der bekanntesten Hofjes, der **Deutzenhof.** 1695 wurde er von Agnes Deutz, Witwe eines Bürgermeisters aus Delft, gestiftet für »arme doch fatsoenlijke (anständige) vrouwen van de Gereformeerde godsdienst«. Am Portal steht eingemeißelt: »Den Armen tot een troost, tot voorbeld aan de Rijken.« Das Armenstift wurde von Jacob Vennecool erbaut und besteht aus 20 Häusern. In der Mitte des Innenhofes steht eine steinerne Pumpe. Eine offene Säulengalerie mit Figuren aus weißem Marmor schließt den Hof ab. Die Frauen, die dort heute wohnen, erhalten öffentliche Unterstützung. Früher wohnten sie hier mietfrei, erhielten 60 Gulden pro Jahr als Taschengeld, 40 Körbe Torf, je 20 Pfund Kerzen, Reis und Butter sowie zwei Käselaibe.

☐ Koloniale Helden in der Vijzelstraat

Kaum eine Gracht hat im Laufe der Geschichte so ihr Aussehen verändert wie die ehemalige Vijzelgracht und heutige Vijzelstraat. Nach 1917 entstanden Wohnhäuser, das **Carltonhotel** im Stil der ›Amsterdamer Schule‹, und 1926 wurde das **Verwaltungsgebäude der Nederlandsche Handelsmaatschappij** zwischen Prinsen- und Keizersgracht bezogen. Die Giebelwand war ein Geschenk der Handelskammer zum 100jährigen Geburtstag der Gesellschaft, die durch den Roman ›Max Havelaar‹ von Multatuli (s. S. 41) bekanntgeworden ist. Mittelpunkt der Fassade sind die mehr als lebensgroßen Skulpturen dreier Männer, die sich um die Kolonien verdient gemacht haben: Jan Pietersz. Coen, Aan Daendels und Van Heutsz. Coen war Gouverneur (1618–27) für die V. O. C. in Niederländisch Indië (heute Indonesien). Dank rigoroser Maßnahmen erreichte Coen, daß die V. O. C. das Weltmonopol für Muskatnüsse und andere in Europa kostbare Gewürze erhielt. Der Historiker Van der Chijs während der Einweihung eines anderen Coendenkmals 1893, bei der der König aus Angst vor Unruhen fernblieb: »Wäre für Coen jetzt nicht ein Standbild errichtet worden, ich bezweifle, ob er es heute bekommen hätte, denn an seinem Namen klebt Blut.« Van Heutsz. machte sich einen Namen als Gouverneur-Generaal 1904–09 während des Krieges gegen die Atjeh. In mehreren Kriegszügen ließ er 1904 ganze Dörfer niederbrennen und einheimische Dynastien ausrotten. Der Kolonialkrieg, den die Holländer gegen das Inselvolk der Atjeher mit ungewöhnlicher Grausamkeit führten, dauerte von 1873 bis 1914. Aan Daendels wurde berühmt, weil er einen Großteil der Bevölkerung der Insel Java zur Zwangsarbeit eines rund 1000 km langen

*Koloniale Helden:
Coen, Daendels und
van Heutsz. an der
Fassade der ABN-
Amro-Bank*

Postweges abkommandierte. Der Bau jener Straße, die ›Jalan Pos‹, wird mit dem Anlegen des Suezkanals verglichen. 1815 wurde der 53jährige Daendels Gouverneur an der Küste von Guinea und damit oberster Sklavenhändler. Obwohl der Sklavenhandel gesetzlich von Amerika und England verboten worden war, kümmerte sich Daendels nicht darum. Die drei kolonialen Helden an der Fassade der Bank mit ihren Schwertern und Gesetzesrollen im Arm sollen Symbol für die Herrschaft im Kolonialreich sein: streng, aber gerecht.

☐ Amstelveld

Die Herengracht entlang in Richtung Reguliersgracht – ein Teil des ›Goldenen Bogens‹ – zählt mit den Bogenbrücken, die alle drei Grachten überspannen, zu dem malerischsten Teil des Grachtengürtels. Auf dem Amstelveld steht die einzige Holzkirche der Stadt, die **Amstelkerk.** Im 17. Jh. war der Platz für eine große Kirche bestimmt gewesen. Da sich die damalige protestantische Gemeinde aber nicht einig werden konnte, wie sie aussehen und wo sie genau stehen sollte, wurde 1668 von Mühlenbauern eine provisorische Kirche errichtet, die transportiert werden konnte. Heute ist die 1990 renovierte Kirche vom Amstelveld nicht mehr wegzudenken. Der Bau fällt durch seine Nüchternheit und durch seine perfekte Kubusform auf: 14 m hoch und ebenso lang und breit. Die Kirche wird für Ausstellungen und Konzerte genutzt. Im Anbau befindet sich ein Restaurant.

☐ Thorbecke- und Rembrandtplein

An der Reguliersgracht entlang führt der Weg zum Thorbeckeplein, der in den Rembrandtplein übergeht. Benannt wurde der **Thorbeckeplatz** nach Johan Rudolf Thorbecke (1798–1872), dem Mitbegründer der parlamentarischen Demokratie in den Niederlanden. Das *Denkmal* des Staatsrechtlers, der auch an deutschen Universitäten lehrte, war für Den Haag bestimmt, aber der Stadtrat wußte nicht wohin damit. So wurde das Denkmal des Mannes, der an den zahlreichen Neonreklamen der Bars und Variétés diskret vorbeischaut, hier aufgestellt. Der **Rembrandtplatz,** der ursprünglich Boterplein hieß, erhielt seinen heutigen Namen, als das *Rembrandtdenkmal* 1875 dort aufgestellt wurde. Der Platz wird belebt durch eine Vielfalt von Cafés, Kneipen, Restaurants und Hotels wie etwa das traditionsreiche **Schiller** im Art-déco-Stil. In der Reguliersbreestraat 26, die zum Muntplein führt, steht das schönste **Kino** der Stadt, **Tuschinski** (1918–21), ein exotischer Prachtbau im Stil des Art déco.

Das Museumsviertel

(s. auch Kapitel ›Amsterdamer Museen)

Der *Museumplein,* der sich zwischen *Rijksmuseum* und *Concertgebouw* erstreckt, ist ein weiter Raum, dessen Mitte von einer Schnellstraße durchschnitten wird, an dem sich das *Stedelijk Museum* und das *Van Gogh Museum* befinden, aber auch das *Denkmal der Frauen von Ravensbrück* von Joost van Santen für die 92 000 umgekommenen Frauen im KZ Ravensbrück steht. Der Platz ist das kulturelle Zentrum des Landes, die drei angrenzenden Museen und die Konzerthalle machen den internationalen Ruf der Stadt als Kunst- und Kulturzentrum aus. Das **Concertgebouw,** nach einem Entwurf des Architekten Van Gendt am 11. April 1888 eingeweiht, verfügt mit seinem Saal (2250 Plätze) über eine hervorragende Akustik. Das Koninklijk Concertgebouworkest zählt zu den besten der Welt, und bedeutende Dirigenten traten und treten hier auf u. a. Gustav Mahler, Max Reger, Willhelm Mengelberg, Kurt Masur. Die Fassade des Concertgebouw zeigt eine ausgewogene Verbindung von Neoklassizismus (tempelartiger Mittelrisalit mit Säulen und Dreiecksgiebel) und Elementen der Neorenaissance (z. B. Tür- und Fensterrahmungen). 1983 erhielt das Gebäude in einer kostspieligen Rettungsaktion ein neues Fundament.

Zahlreiche Architekten und Städteplaner haben Pläne zur Neugestaltung des Platzes entwickelt, 1988 rief die Tageszeitung ›NRC Handelsblad‹ Leser zu einem Ideenwettbewerb auf – ohne besondere Resonanz. Das ›Museumsterrain‹ ist bis heute ein sogenanntes Restgebiet geblieben, auf dem die Weltausstellungen 1893

Denkmal der Frauen von Ravensbrück am Museumplein

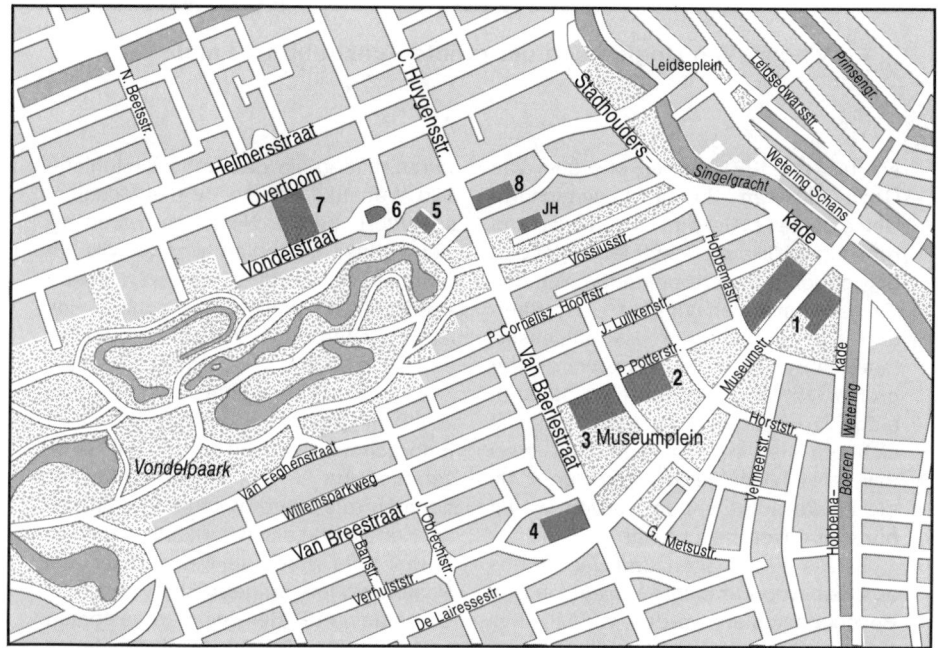

Museumsviertel   1 Rijksmuseum   2 Van Gogh Museum   3 Stedelijk Museum   4 Concertgebouw
5 Pavillion (Filmmuseum)   6 Vondelkerk   7 Hollandse Manege   8 Zevelandenhuizen

und 1895 stattfanden, später sozialistische Führer vor dem ›roten Volk‹ am 1. Mai ihre Ansprachen hielten. 1973 wird neben dem Stedelijk Museum das Vincent van Gogh Museum, erbaut vom Rietveld-Büro Van Dillen – Van Tricht, eröffnet. 1981 erlebt der Platz eine Friedenskundgebung mit rund 400 000 Teilnehmern. Es gibt eine ›Stiftung Museumplein‹ und eine Organisation ›Rettet das Museumsviertel‹. Seit 1993 liegt der Plan des Architekten Sven Ingvar Andersson vor – eine Mischung von Dorfstraße und der Piazza del Duomo in Pisa; u. a. sieht er eine Lindenallee, einen Blumengarten, eine unterirdische Parkgarage und den Wegfall der Schnellstraße vor.

Der **Museumplein** ist mit den Namen der Architekten Van Niftrik, Petrus Cuypers, Van Eesteren und Berlage eng verbunden. 1866 wurde dort mit der Planung des Viertels begonnen, mit ›Villen und großen Gärten, mit Museen, Stadttheater und großer Kirche«. 1872 legte Van Niftrik die dreieckige Form fest, die sich zwischen Vondelpark und der Gracht Boerenwetering erstreckt, drei Jahre später wird mit dem Bau des Viertels hinter dem Rijksmuseum für den »meest gegoeden stand«, für die Wohlhabenden, begonnen. 1876/77 erhält der Baumeister des Rijksmuseums Cuypers den Auftrag, den Be┆ plan hinter dem Museum weiter zu entwickeln. Er legte den 45 m breiten Bou┆

Vincent Van Gogh – und der größte Kunstraub im Lande

Am 14. April 1991 wurden aus dem *Van Gogh Museum* 20 nicht versicherte Gemälde des Malers im Gesamtwert von rund einer Milliarde gestohlen. Unter den entwendeten Bildern befanden sich das ›Schlafzimmer von Vincent‹, ›Der Säer‹ und eine Version der ›Kartoffelesser‹. Innerhalb von drei Monaten wurde der größte Kunstraub in den Niederlanden aufgeklärt. Bei den Kunstdieben hatte es sich um vier Männer gehandelt, zwei davon Nachtwächter des Museums. Als die Werke aufgefunden wurden, waren nur drei davon beschädigt.

Bereits 1990 waren drei Van Goghs aus dem *Noordbrabants Museum* in Den Bosch gestohlen worden, am 20. Mai 1988 wurden aus dem *Stedelijk Museum,* Amsterdam, ein Cézanne, ein Jongkind und ein Van Gogh entwendet, und am 12. Dezember 1988 wurden ebenfalls aus dem *Kröller-Müller-Museum* in Otterlo drei Van Goghs gestohlen, darunter ›Kartoffelesser‹ und ›Verblühte Sonnenblumen‹ im Schätzwert von 140 bis 180 Millionen Mark. Für die beiden Gemälde hatten die Diebe ein Lösegeld von 4,5 Millionen Mark gefordert. Und um deutlich zu machen, daß sie im Besitz der Werke waren, hatten sie das dritte gestohlene Bild ›Webstuhl‹ vor die Tür des Museumsdirektors gelegt. Noch nie waren so viele Bilder gestohlen worden wie im Jahre 1988; allein in sieben Museen wurde erfolgreich eingebrochen. Hollands Schatzkammern waren offenbar äußerst mangelhaft gesichert; in einem Fall konnten Bilder während der Besuchszeiten mitgenommen werden. Bei allen Einbrüchen bewiesen die Diebe Sachverstand, da sie nur Meisterwerke mitnahmen (die allerdings auf dem offiziellen Kunstmarkt als unverkäuflich galten). Im Juli 1994 wurde die Eingangstür zum *Rembrandthuis* aufgebrochen und zwei Gemälde von Pieter Lastman gestohlen.

Der Direktor des Van-Gogh-Museums, Ronald de Leeuw, vermutete bei den Diebstählen einen Zusammenhang mit den astronomischen Summen, die japanische Händler für Van-Gogh-Werke bezahlten. Van Goghs Arbeiten – zu Lebzeiten hatte er gerade ein Bild verkauft –, für die um die Jahrhundertwende noch keine 5000 Gulden bezahlt wurden, erzielten (in Dollar): ›Schwertlilien‹ 53,9 Millionen, ›Sonnenblumen‹ 39,9 Millionen, ›Die Brücke von Trinquelaille‹ 20,2 Millionen.

der in der Mitte mit Bäumen bepflanzt wurde. Auch eine Gracht wurde geplant, aber nie gegraben. Die direkte Umgebung des Rijksmuseums sollte nicht bebaut werden, um die Wirkung des Hauses nicht zu beeinträchtigen. 1891 waren Rijksmuseum und Concertgebouw vollendet, Straßen, u. a. die P. C. Hooftstraat, angelegt. Nördlich der Van Baerle- und Gabriël Metsusstraat sollten Villen und dahinter ein Volksviertel wie De Pijp entstehen. Komfortable Wohnungen wurden an der Paulus Potterstraat gebaut, hinter dem Concertgebouw erstreckt sich ein großbürgerliches Wohnviertel.

☐ **Vondelpark**

Am Ende der P. C. Hooftstraat – benannt nach dem Dichter des ›Goldenen Zeitalters‹, Pieter Cornelisz. Hooft – gelangt man in den **Vondelpark**. Der 1865 von wohlhabenden Bürgern der Stadt gestiftete Park ist der große Erholungsgarten der Amsterdamer. Initiator des von acht Millionen Menschen jährlich besuchten Parks war Van Eeghen (1816–89), der Präsident der Nederlandse Bank. Angelegt wurde der zuerst 10 ha – heute 48 ha – große eingerichtete Park, um Abstand zwischen der vornehmen Wohngegend und dem einfachen Volk von Amsterdam-West zu halten. Nach dem Vorbild englischer Landschaftsgärten wurde er von dem Architekten Jan Zocher angelegt, der ›rural gardening‹, Gartenkunst und Landwirtschaft, miteinander verband. So entstand auf einer Insel nicht nur der gußeiserne Musikpavillon, sondern 1874 auch ein Bauernhof. Ein mit Eichen und Kastanien bepflanzter Wald, ein Kornfeld, eine natürlich belassene Wiese, auf der heute noch Schafe und Rinder grasen, Wasserläufe, Rosengärten und Wanderwege wurden angelegt. Der Park liegt mehr als zwei Meter unter dem Niveau der angrenzenden Wohngebiete. Deshalb sickert zu viel Grundwasser nach, und bei starken Regenfällen läuft das Wasser nicht ab. Der ›Amsterdamsche Courant‹ stellte bereits 1864 fest: »Das ausgewählte Stück Land ist ein Morast, in dem man neun Monate im Jahr wegsackt.« Für die kommenden Jahre ist eine Erhöhung des Wasserspiegels von z. Zt. 2,46 m unter Normal auf 2,20 m unter Normal geplant. 1867 wurde der rund 2 km lange und bis zu 300 m breite Stadtpark nach Joost van den Vondel umbenannt und ein Denkmal des Dichterfürsten aufgestellt.

Anfangs promenierten hier die reichen Bürger nach dem Kirchgang, später, Anfang der 70er Jahre, lagerten hier die Hippies aus aller Welt um das *Denkmal* von *Van den Vondel,* der ihnen einen Vers hinterlassen hatte: »Der Himmel ist unser Dach, wir gehen keiner Arbeit nach, wir sind frei wie die Vögel.« Die Stadt hatte ihnen den Vondelpark als zentralen Campingplatz überlassen, und Hundertausende von Jugendlichen machten davon Gebrauch. In dem weitläufigen Park wurden Ärztezimmer, Waschgelegenheiten und Toiletten installiert. Eine ganze Generation von ›Blumenkindern‹ hatte hier ihr Biwak und wurde vom Geist der Stadt geprägt. Joko Ono und John Lennon verlebten hier ihre Flitterwochen, im Basislager Vondelpark wurde von der Anarchie und einer gewaltfreien Weltherrschaft geträumt. 1975 setzte die Stadt mit Polizei und Militär dem bunten Treiben im ›Mekka der Hippies‹ ein Ende. Inzwischen Legende, ist das Freizeitparadies heute auch Wallfahrtsziel für Althippies, für deren Kinder, Enkel und Epigonen. Während der Sommermonate gibt es Klassik-, Jazz- und Rockkonzerte in dem Freilichtauditorium, es treten Künstler auf, und von Wahrsagern kann man sich aus der Hand lesen lassen. Nur eines darf man nicht: übernachten. – An der Seite zur Vondelstraat steht eine herrschaftliche Villa aus dem Jahre 1878, der **Pavillion;** heute befinden sich dort das *Filmmuseum* und das *Café Vertigo* mit Terrasse, bei Sonnenschein wird Kaffee und Bier serviert. Beliebt ist auch *Het Ronde Theehuis* (das runde Teehaus) aus den 30er Jahren.

Nachdem 1867 beschlossen worden war, die Vondelstraat anzulegen, erhielt Petrus Cuypers den Auftrag. Der aus Limburg stammende Architekt und überzeugte Katholik

Im Vondelpark – Stadtpark der Amsterdamer

errichtete in der Stadt zahlreiche Bauwerke im neugotischen Stil. Allein acht Kirchen wurden nach seinen Plänen erbaut, darunter die bekannte und unter Denkmalschutz stehende **Vondelkerk** (heute Ausstellungs- und Bildungszentrum). Die Kirche gilt als Kleinod unter den städtischen Sakralbauten. In der gleichnamigen Straße baute er einige Stadtvillen und sein eigenes Haus, Nr. 77–79. In Mosaik ließ Cuypers Bilder ausführen und mit Sinnsprüchen verzieren wie: »Jan erfindet es, Piet führt es aus, Claes genießt es; ach, was macht es aus.« Auch die **Hollandse Manege**, 1882 eröffnet, befindet sich in der Vondelstraat, Nr. 140. Die ehemalige Königliche Reitschule ist umfassend restauriert worden und kann besichtigt werden. Die Spanische Hofreitschule in Wien war Vorbild für diese Reitschule.

Wendet man sich vom Filmmuseum aus nach rechts, so durchschreitet man eine kleine Pforte, verläßt den Vondelpark und befindet sich in der Roemer Visscher Straat. Roemer Visscher (1547–1620) war Amsterdamer Getreidehändler. Auf der linken Seite stehen die 1892 erbauten **Zevenlandenhuizen,** sieben Häuser, die nach England, Deutschland, Frankreich, Rußland, Spanien, Italien und der Niederlande benannt worden sind und auch in dem entsprechenden Stil erbaut wurden. – In unmittelbarer Nähe, Zandpad 5, befindet sich eine der beiden Amsterdamer *Jugendherbergen.*

Die westlichen Inseln: Bickers-, Realen- und Prinseneiland

Das berühmteste Hafengebiet der alten Stadt besteht aus den drei **Inseln Bickers-, Realen-** und **Prinseneiland** und entstand in der ersten Phase der Stadterweiterung. Bekannt ist das Viertel unter dem Namen Prinseneiland; vom ›Haus der drei Prinzen‹, Willem, Maurits und Frederik Hendrik, wird der Name abgeleitet. Es gibt Gassen mit buckligem Pflaster, verlassene Fabrikgelände und natürlich die grau-weißen Hebebrücken, die das Hafenviertel mit der Stadt verbinden. Die modernisierten Speicherhäuser, die Lofts, sind wegen ihres Ambientes als Wohnungen oder Künstlerateliers sehr begehrt. Im stehenden Wasser dümpeln Yachten, Wohnboote und Schleppkähne. Ein Bild, wie es Maler und Fotografen lieben: vor den historischen Lagerhäusern die Boote, die Speicherhäuser, in denen einst Wolle, Porzellan, Seide, Tee und Gewürze lagerten. Auf den drei Inseln befanden sich auch die Produktionsstätten für Pech, der Name Nieuwe Teertuinen erinnert noch daran. Prinseneiland ist ein Stadtteil, der sich noch ein wenig Atmosphäre aus der großen Zeit des ›Goldenen Jahrhunderts‹ bewahrt hat. Der Maler George Hendrik Breitner (1857–1923) hatte auf Prinseneiland Nummer 24b – mit Blick auf die Nieuwe Teertuinen – sein kleines Atelier. Heute leben und arbeiten rund 200 Künstler in dem Viertel.

Realeneiland

Jan Bicker, der Bruder von Bürgermeister Andries Bicker, gründete 1615 eine Genossenschaft, deren Ziel es war, diese westlichen Inseln anzulegen. Jan Bicker, Schiffsbauer und Kaufmann, baute auf **Bickerseiland** zahlreiche Wohn- und Lagerhäuser. An den hohen Portalen stehen die Namen: De Witte Pelikaan, De Korenschuur, De Teerton, De Landskroon, Schelvis, Mars, Borneo, Magd van Gend, Liefde en Eendracht. Für sich selber ließ er das höchste Haus bauen, damit er sehen konnte, was sich auf dem Fluß Het IJ abspielte. An die Dynastie der Bicker erinnert noch die Bickersstraat, die Bickersgracht und der Bickersplein. In der Grote Bickerstraat 72–76 stand einst ein eindrucksvolles Speicherhaus mit dem Giebelstein ›D'WALvis‹, eine Erinnerung an die Zeit der Walfischjagd. Es waren vor allem Seeleute von den nordfriesischen Inseln Sylt, Amrum und Föhr, die auf den Amsterdamer Walfangbooten Dienst taten. Auch jenes Lagerhaus wurde wegen Baufälligkeit abgebrochen, heute steht auf dem großen Areal ein moderner Zweckbau, Sitz der Pädagogischen Fakultät. Die Eilandskerk, 1659 erbaut, wurde ebenfalls wegen Baufälligkeit im Jahre 1951 abgebrochen. Auch die Fischräuchereien, die Teerküchen, die Salzkessel und viele der Werften existieren, bis auf zwei oder drei Ausnahmen, nicht mehr.

Die nördliche der Inseln, die an das Westerdok grenzt, ist **Realeneiland.** Die Straßennamen riechen auch heute noch nach Abenteuer: Vierwindenstraat, Taangracht oder Zandhoek. An den Kais ankern einige der schönsten Wohnboote und traditionellen Küstenfahrer Amsterdams. *Zandhoek*, eine idyllische Wohnstraße, gehörte zu den ersten Straßen, in denen die Giebelhäusern mit ihren typischen Treppen- und Glockengiebeln restauriert wurden. An der Fassade zum Restaurant ›De Gouden Real‹ fällt der Giebelstein, der das Goldstück ›Gouden Carolus‹ darstellt, sofort auf. Weitere Giebelsteine sind Noyt gedogt, Eendracht, 't Wapen van Essendelft und die drei Steine aus dem Jahre 1667 am Haus Nr. 4: Noahs Ark mit St. Petrus en St. Jan. Der Name Zandhoek (Sandecke) leitet sich von den Booten ab, die hier Sand abluden. Jacob Real, auch er ein erfolgreicher Kaufmann, baute auf dieser Insel zahlreiche Häuser. In der Taanstraat findet man noch das *Taanhuis* aus dem 17. Jh.; hier wurden die Schiffssegel in einer Brühe aus Eichenholz gekocht. Neben einigen historischen Gebäuden aus dem 17. Jh. stehen moderne Wohnungen. Von Realeneiland schwingt sich eine schmale Ziehbrücke, *Drieharingenbrug* (Drei-Herings-Brücke), hinüber zur Prinseninsel.

Prinseneiland wird von der Gasse Galgenstraat durchschnitten. Von hier aus konnte man den Galgen sehen, der genau gegenüber auf der *Volenwijk* gestanden hat. Volenwijk, abgeleitet von Vogelgebiet, war ein Stück Land, das in Het IJ auslief und bereits 1393 eingedeicht worden war. Dort stand ein Galgen, an dem Verbrecher zur Abschreckung gehenkt wurden. »Ter grauwelijck exempel«, wie es hieß. Vor allem an Sonn- und Feiertagen muß die Galgenstraat ein beliebtes Ausflugsziel der Amsterdamer gewesen sein, da jeder die im Wind schaukelnden Toten am Galgen sehen wollte. 1795 verschwand der Galgen. Über die malerische Ziehbrücke *Sloterdijkbrug* (s. Abb. S. 2) gelangt man zu den *Nieuwen Teertuinen.* Hier arbeiteten die Teerkocher nach 1643, vorher brodelte das Teer an den Oude Teertuinen. Von Nieuwen Teertuinen aus erhält man einen guten Eindruck von Prinseneiland mit den weißen schmalen Hebebrücken und der geschlossenen Front der restaurierten Speicher. An Werktagen geht es laut und geschäftig zu. In diesem einzigartigen Gewirr von Gassen und Stiegen, historischen Bauwerken und sozialem Wohnungsbau stößt man immer wieder auf Handwerksbetriebe, Einmannunternehmen, Schiffsbauer oder Künstlerkollektive.

☐ ›Amsterdamer Schule‹ im Spaarndammer Viertel

Von Nieuwen Teertuinen gelangt man über den Westerkanaal, die Spaarndammer Straat in die **Spaarndammer Buurt.** Das Viertel, in dem einst die Hafenarbeiter und Tagelöhner wohnten und wo 1916 in der Polanenstraat das erste öffentliche Bad eröffnet wurde, wird hauptsächlich von den Wohnhäusern im Stil der Amsterdamer Schule geprägt. Die Architekten, u. a. Michel de Klerk (1824–1923), verstanden es, für Arbeiter lebenswerten Wohnraum in einer urbanen Gesamtkonzeption zu schaffen. Am Spaarndammer Plantsoen steht ein herausragender Wohnblock der Amsterdamer Schule, an der Oostzaan Straat eines der bekanntesten Gebäude aus jener Periode, das *Schiff.* Dieses avantgardistische Wohnhaus mit der auffallenden Fassade hat für die Bewohner auch Nachteile: 81 Scheiben müssen in einer 65 m² großen Wohnung geputzt werden.

Wohnhäuser im Stil der ›Amsterdamer Schule‹ in der Spaarndamer Buurt, Michel de Klerk, 1916–18

Amsterdamer Museen

☐ Selbständige Rijksmuseen

Im historischen Trèvessaal auf dem Binnenhof in Den Haag wurde am 1. Juli 1994 ein Dokument unterzeichnet, das als sensationell gelten kann: die Privatisierung der Rijksmuseen. Selbständig sind bereits folgende staatliche Museen: *Vincent van Gogh-Museum, Panorama Mesdag* (Den Haag), das *Rijksmuseum Twenthe,* der *Palast Het Loo, Kröller-Müller-Museum* (Otterlo bei Arnheim), *Museum Boerhave* (Leiden) und das *Freilichtmuseum Zuiderzee* (Enkhuizen).

Die Teilprivatisierung der übrigen Museen des Staates, u. a. das Rijksmuseum in Amsterdam und das Mauritshuis in Den Haag, folgt. Außerdem werden kunsthistorische Forschungsinstitute, Reichsarchive, Kulturbehörden und Restaurierungswerkstätten in die Selbständigkeit entlassen und sind Stiftungen. Aus dem Rijksmuseum Palais Het Loo wurde *Nationalmuseum Palais Het Loo,* und das Van Gogh-Museum ist die *Stichting van Gogh Museum.*

Diese Maßnahmen sollen vor allem dazu dienen, den bürokratischen Apparat abzubauen. Die Museumskollektionen und die Gebäude sollen Eigentum des Staates bleiben. Auch werden die Museen in Zukunft vom Staat finanziell unterstützt. Der Staat hat lediglich die Verwaltung und die Betreuung der Museen an die neu eingerichteten gemeinnützigen Stiftungen übertragen und ihnen die Verteilung ihres Budgets und die Einnahmen aus den Eintrittsgeldern überlassen.

Die künftige Freiheit auf finanziellem und personellem Gebiet macht die Häuser – mit einigen Einschränkungen – zu Wirtschaftsunternehmen. Die Angestellten sind keine Beamten mehr, und der Staat ist nicht mehr für Aufsicht und Bewachung verantwortlich, die Museen müssen sich jetzt auf den Geschmack des Publikums einstellen, können ihre Räume für Kongresse, Empfänge oder Hochzeiten zur Verfügung stellen. Die Abteilung Promotion wird künftig einen wichtigen Stellenwert haben.

Völlig neu ist vor allem, daß der Museumsbesitz nicht länger als unverkäuflich betrachtet wird. Die Sammlungen wurden in drei Kategorien eingeteilt: Objekte, die von geringer nationaler kultureller Bedeutung sind und ohne Formalitäten verkauft werden können, Spitzenwerke, die im Tausch mit anderen Arbeiten abgegeben werden können, und solche, die unveräußerlich sind, weil sie zum nationalen kulturellen Erbe gehören, etwa die ›Nachtwache‹. Optimistisch äußerst sich Henk van Os, Direktor des Amsterdamer Rijksmuseums: »Wir haben nun die Freiheit und Energie, unsere Angebote qualitativ zu verbessern.«

210

☐ Amsterdams Historisch Museum – Museumsstraße Schuttersgalerij

Das Historische Museum der Stadt liegt im Zentrum zwischen der belebten Fußgängerzone Kalverstraat und N. Z. Voorburgwal. Das übersichtlich gestaltete Museum, 1975 eröffnet, bietet in dem weitläufigen Anwesen des ehemaligen Bürger-Waisenhauses aus dem 16. und 17. Jh. auf drei Etagen die umfangreichste Sammlung historischer Stücke aus der 700jährigen Stadtgeschichte. Anhand von archäologischen Fundstücken, von Karten, Porträts, Kleidung, Skulpturen und graphischen Ansichten soll die Frage beantwortet werden, wie Amsterdam rund ein Jahrhundert lang mächtigste und reichste Stadt werden konnte. Aber auch auf das Leben im 19. Jh. wird eingegangen, auf die Industrialisierung und die Besatzungszeit während des Zweiten Weltkrieges.

Gegliedert ist das Museum in folgende Abteilungen: **Ständige Ausstellung,** in 21 Sälen Gemälde, Landkarten, Möbel, Ausgrabungsstücke u. a., **Regentenkamer,** Konferenzzimmer der Regenten aus dem 17. Jh., **Wechselausstellungen,** gegenüber dem Restaurant werden regelmäßig Ausstellungen zu bestimmten Schwerpunktthemen der Stadtgeschichte gezeigt, der **Van Speyk-Raum,** hier wird in heroischer Hervorhebung an den gleichnamigen Waisenjungen erinnert, der den ›Heldentod‹ starb, und die **Schuttersgalerij,** die Schützengalerie mit ihren großformatigen Schützenbildern. In dieser Fußgängerpassage, dem früheren Beginengraben – und das ist einmalig auf der Welt – hängen 16 Gemälde aus jener Zeit, als die Stadt auf dem Höhepunkt ihrer Macht stand. Die Passage ist frei zugänglich und verbindet das Museum mit dem Begijnensloot, der zum Spui führt, rechts geht es in den Begijnhof.

Die Schönheit des historischen Gebäudekomplexes wird durch die Intimität der drei Innenhöfe erhöht. Das ehemalige

Amsterdams Historisch Museum, Goliath und David im Restaurant

Bürger-Waisenhaus betritt man entweder von der Kalverstraat durch die Pforte im Tudorstil oder vom Sint Luciënsteeg aus. Am Eingang befinden sich zahlreiche *Giebelsteine.* Die Pforte stammt aus dem Stadstimmertuinen am Alten Torfmarkt und trägt die Jahreszahl 1634. An dem Platz, wo heute das Museum steht, befanden sich im 15. Jh. das Luciënkloster, die Herberge ›De Keizerskroon‹, und 1524 wurde der Grundstein zum Waisenhaus gelegt. 1578, nachdem sich Amsterdam nach langem Zögern auf die Seite der Aufständischen um den Prinzen van Oranje gestellt hatte, dem katholischen Glauben abschwor, gingen die Besitztümer der Kirche, auch das Kloster, an die Stadt über. Nach einem Entwurf von Jacob van Campen wurden neue Flügel an der Nord-, West- und Südseite errichtet. Unter Hendrick de Keyser wurde das alte Kloster abgerissen, und er ließ an der Ostseite den auf Säulen ruhenden Trakt errichten. Oberhalb des klösterlichen Kuhstalles, in dem sich heute das Restaurant ›In de oude Goliath‹ befindet, war die Schule des Waisenhauses. Sehenswert sind im Restaurant die Statuen Goliaths und Davids aus dem 17. Jh. Im Innenhof davor kann man noch jene Schränkchen in der Mauer sehen, in denen die Jungen ihr Eigentum unterbringen konnten. Von 1963–75 erfolgte die grundlegende Renovierung und der Aufbau zum Historischen Museum. Dabei wurden die Außenfronten der Gebäude im alten Zustand wieder hergestellt und im ehemaligen Graben, dem Begijnensloot, die Schützengalerie eingerichtet.

Dank der Umgestaltung zur Museumsstraße konnten mit der **Schützengalerie** gleich zwei Ziele verwirklicht werden: die großformatigen Gemälde, für die es keinen Platz im Haus gab, konnten hier aufgehängt werden, und Passanten, die hier durchschlendern, können sich an Kunst erfreuen. Wie in jeder anderen Stadt der Niederlande war die Verteidigung Aufgabe von freien Bürgern. Die ersten Schutters, Schützen, gab es bereits im 14. Jh. Jedes Viertel hatte seine eigene Kompagnie. Um 1650 hatte Amsterdam 54 Kompagnien mit 162 Korporalschaften, die ihrerseits wiederum aus 30 Schützen bestanden. Die Schützen kamen aus wohlhabenden Familien, ihre Uniform und ihre Waffen mußten sie selbst bezahlen. Die Verbände trugen unterschiedliche farbige Schärpen. Diese Vereine waren vor allem durch Festessen, die Schuttersmaaltijden, die ihnen einmal im Jahr von der Stadt für ihre Dienste angeboten wurden, berühmt und berüchtigt. Napoleon hob die Schützenkompagnien 1813 auf und gründete die militärisch gedrillte Nationalgarde.

Und so wie heute Gruppenaufnahmen von Festen gemacht werden, so ließen sich die Schützen damals gemeinsam porträtieren. Diese Bilder waren Statussymbole, und sie hingen in den Vereinshäusern der Schützen, den Doelen. Für die Maler waren das nicht nur lukrative Aufträge, erhielten sie doch pro Porträt zwischen 50 und 100 Gulden, sondern auch schwierige Arbeiten: alle Männer wollten so positiv wie möglich auf dem Bild dargestellt werden. Das älteste erhalten gebliebene Schützenbild ›Gruppenporträt mit 17 Schützen‹ aus dem Jahre 1529 hängt im Rijksmuseum.

Gleich am Eingang (vom Innenhof in Richtung Begijnhof) hängt zu Beginn der bemerkenswerten Kollektion (rechts) das Gruppenporträt mit 13 Schützen. Das Bild ist nicht wegen seiner Komposition interessant, sondern aufgrund der prachtvollen, aus Italien stammenden Waffenausrüstung des Kapitäns Albert Coenraetsz. Burcht. Der zweite Schütze von rechts hält das bekannte Buch ›Wapenhandelinghe‹, und auf einem Zettel, den der vierte Schütze hält, stehen die Namen der Porträtierten. Gegenüber hängen zwei außergewöhnlich große Bilder übereinander. Oben das Gruppenporträt (2,63 m mal 4,78 m) aus dem Jahre 1630, noch sehr traditionell in

Fußgängerpassage ›Schuttersgalerij‹ mit Schützengemälden

seiner Komposition, die 25 Schützen stehen statisch nebeneinander, und unten die Kompagnie von Kapitän Jacob Backer (5,31 m lang). Das Schützenmahl ist hier das verbindende Element. Daneben hängt das Bild eines Rembrandt-Schülers, Govert Flinck (1615–60). Dieses ›Schützenfest‹, das er aus Anlaß des Friedens zu Münster 1648 malte, gilt als eines der eindrucksvollsten in dieser Galerie und bedeutet das Ende der Schützenstücke.

Der Eingang zum eigentlichen Museum befindet sich im großen Innenhof. Bevor man den Rundgang antritt, sollte man einen Blick in die **Regentenkamer** werfen, ein herrlicher klassischer Saal aus dem 17. Jh. Prunkvolle Wandgliederung mit farbiger Deckenbemalung aus dem Jahre 1656, außerdem einige Bilder von Regenten und Regentinnen aus verschiedenen Perioden. Im Zimmer nebenan, der **Van Speykkamer,** wird an den berühmtesten Waisenjungen der Stadt erinnert. Jan van Speyk, Kommandant eines holländischen Kanonenbootes, sprengte sich selbst und sein Schiff während des belgischen Unabhängigkeitskrieges vor Antwerpen am 5. Februar 1831 in die Luft, als er in die Hände der Belgier gefallen war. Der als Nationalheld verehrte Bürgerwaise (1802–31) liegt in der Nieuwe Kerk begraben.

Die erste bekannte Stadtansicht von Amsterdam fertigte Cornelis Anthonisz. im Jahre 1544 (Saal 4). Auf einer weiteren Karte (mit Lämpchen) sind die Reisen der Segelschiffe nach Asien eingezeichnet (Saal 5) und zeigt das Gemälde von 1599 die Heimkehr der zweiten Ostindienexpedition, die unter Leitung von Jacob van Neck gestanden hatte, einem Schüler des Kartographen Petrus Plancius. Das Modell des Rathauses steht in Saal 6. Amsterdam als Zentrum der Malerei und des Kunsthandwerkes wird in Saal 9 dargestellt. Eindrucksvoll ist das Bild ›Coppertjesmaandag‹ (Markttag am Montag nach Dreikönigen) mit dem Dam. Detailgetreu wiedergegeben sind die Schiffe, die Waage und die Nieuwe Kerk hinter den Häusern. Im Saal 11 ist das zentrale Thema ›Arm und Reich‹. Im 19. Jh. war die Stadt ein entscheidendes Zentrum der sozialkritischen Kunst. Ihr ist Saal 12 gewidmet. Unter dem Dach, dritte Etage, sind die archäologischen Funde ausgestellt. Im 18. Jh. gewann vor allem das Kunsthandwerk, es stand unter französischem Einfluß, an Bedeutung (Saal 13). Am Ende des Rundgangs gelangt man in den dritten, den kleineren Innenhof. Dort stehen in einem Pavillon die kunstvoll gearbeiteten Rüstungen der Stadtwachen. Eine schmale Pforte führt von hier zum Begijnhof.

☐ Anne Frank Huis

Vor Amsterdams bekannter Adresse, Prinsengracht 263, stehen regelmäßig lange Schlangen von Besuchern und warten auf Einlaß. Sie wollen jenen Raum im Hinterhaus sehen, in dem Anne Frank ihr in 55 Sprachen übersetztes ›Tagebuch‹ geschrieben hat. An der Kasse vorbei, an der der Museumsbesucher vor Taschendieben gewarnt wird, besteigt man eine schmale Stiege und befindet sich in einem kleinen Raum des Grachtenhauses, in dem ein Videofilm die Zuschauer mit Bildern aus dem KZ Bergen-Belsen schockt, um dann eine kurze Einleitung zu Anne Frank und die Hintergründe des ›Untertauchens‹ zu geben. Das Mädchen Anneliese Marie wurde am 12. Juni 1929 in Frankfurt geboren. Die Familie Frank flieht vor dem nationalsozialistischen Terror 1933 nach Amsterdam, wo der Vater gemeinsam mit Kompagnon Daan die Firma ›Wurstkräuter Pectacon‹ eröffnet. Nachdem ab 1942 in

Anne Frank (1929– 1945), um 1940

Amsterdam Razzien durchgeführt wurden, dient das Hinterhaus den Familien Frank und Van Daan sowie dem Zahnarzt van Dussel als Unterschlupf. »Das Hinterhaus ist ein ideales Versteck. Obwohl es feucht und ein bißchen schief ist, wird man wohl in ganz Amsterdam, ja vielleicht in ganz Holland, kein so bequem eingerichtetes Versteck finden«, schreibt Anne am 11. Juli 1942 in ihr Tagebuch. Anne erfindet eine Freundin Kitty, an die sie ihre Tagebucheintragungen richtet: »Ich werde, hoffe ich, Dir alles anvertrauen können ... und ich hoffe, Du wirst mir eine große Stütze sein.« 25 Monate konnten sich die Menschen verborgen halten, dann wurden sie von Holländern verraten und am 4. August 1944 mit dem letzten ›Judentransport‹ nach Bergen-Belsen deportiert. Anne und ihre Schwester Margot sterben dort im März 1945 an Typhus. Das Tagebuch bleibt zurück. Vater Otto Frank, einziger Überlebender der Familie, gibt ihr Tagebuch, 1947 vermutlich als Zeitdokument unter dem Namen ›Het Achterhuis‹ heraus. Nach dem Tod von Otto Frank 1980 erhielt das Reichsinstitut für Kriegsgeschichte testamentarisch sämtliche Originalaufzeichnungen, untersuchte sie wissenschaftlich, belegte die Authentizität (nachdem diese zwischenzeitlich angezweifelt wurde) der Tagebücher und brachte 1986 im Staatsverlag ein 714 Seiten umfassendes Kompendium unter dem Titel ›De Dagboeken van Anne Frank‹ heraus. Das Tagebuch ist echt, und Vater Otto hatte an den Aufzeichnungen seiner Tochter grammatikalische Korrekturen angebracht. Mit ihrem Tagebuch wurde Anne Frank zum Symbol für Millionen von Juden, die vom Naziregime brutal verfolgt wurden.

Anne Frank Huis an der Prinsengracht

Nach dem Krieg sollte das Haus, dessen Front aus dem Jahre 1739 stammt, abgerissen werden. Eine Bürgerinitiative schließlich rettete das Anwesen, 1957 wurde die Anne-Frank-Stiftung gegründet. Ziel dieser Organisation: Schutz und Erhaltung des Gebäudes, die Ideale von Anne Frank zu verbreiten, gegen jede Form von Rassismus anzukämpfen und die Förderung einer multikulturellen Gesellschaft. Der Rundweg beginnt hinter dem drehbaren Buchkasten, hinter dem sich das Zimmer der Familie Frank und Annelieses Raum befand, in dem sie ihr Tagebuch schrieb. Eine steile Treppe führt in das Zimmer der Familie Van Daan, der Raum wurde auch gemeinsam von allen Bewohnern genutzt.

Karge Reste, wie Ausschnitte aus Zeitungen und Bilder, vermitteln einen Eindruck von diesem Fluchtraum, der zugleich Gefängnis war und abhängig vom Mut und der Gutherzigkeit anderer, etwa der Familie Gies. Miep und Jan Gies versorgten gemeinsam mit den drei Angestellten der Firma Frank, Elli, Krater und Koophuis, die Untergetauchten mit Essen, Medizin und Nachrichten.

Die Authentizität der Räume wurde erhalten, denn um einen Eindruck von der Atmosphäre zu bekommen und um sich in die Situation der Eingesperrten hineinzuversetzen, sind die Fenster verdunkelt, niemand durfte auch nur ahnen, daß sich dort ›Untertaucher‹ befanden. Kleine Modelle zeigen an, wie die Zimmer eingerichtet waren. Lediglich aus dem oberen Zimmer konnte man in den Hinterhof schauen. Vom Fenster des leeren Raumes aus kann man die Hinterfront jenes Hauses sehen, in dem der französische Philosoph Descartes von 1629–35 im Exil lebte (Westermarkt 6) und in dem noch heute jener berühmte Kastanienbaum steht. Anne Frank schreibt am 25. Februar 1944: »Von meinem Lieblingsplatz am Boden schaue ich zum blauen Himmel und zum kahlen Kastanienbaum, an dessen Ästen Regentropfen silbern glänzen sowie zu den Möwen und anderen Vögeln, wenn sie im Wind dahingleiten.«

Im Anschluß an den historischen Teil des Museums findet der Besucher im ›Vorderhaus‹ Räume, in denen das Leben der Familie Frank dokumentiert wird. Eingeweiht wurden die Ausstellungsräume am 12. Juni 1978 von Königin Juliana anläßlich des 50. Geburtstages von Anne Frank. In den Zimmern sieht man nicht nur das originale Tagebuch, sondern auch eine Lese- und Bilderfolge zu den Themen Nationalsozialismus, Nationalismus, Antisemitismus und Rassismus.

Harry Mulisch, bekannter niederländischer Schriftsteller, sagte zur Eröffnung der Ausstellung ›Die Welt der Anne Frank‹ in der Akademie der Künste, Berlin, 1986: »Ihr Buch, das ich inzwischen gelesen habe, hat ein paar Tage lang eine Art verzweifelte Erregung in mir angerichtet, manchmal war es eine Art Aufschluchzen, vermischt mit einer Dosis Haß und Mordlust. Aber das sind Dinge aus der Wirklichkeit, nicht aus der Kunst. So ist nun das eine ermordete Mädchen geblieben, das so gerne leben und Schriftstellerin werden wollte. Genau das ist die Kraft ihres Buches. Wenn sie am Leben geblieben wäre, dann wäre sie nun meine zwei Jahre jüngere Kollegin.«

□ Joods Historisch Museum

Das bedeutendste jüdische Museum außerhalb Israels befindet sich in den vier ehemaligen Synagogen der hochdeutschen Juden an der Ecke Nieuwe Amstelstraat und Jonas Daniël Meijerplein. Bevor der Komplex in Anwesenheit von Königin Beatrix und Prinz Claus sowie des österreichischen Bundeskanzlers Ende 1987 eingeweiht werden konnte, befand sich das Jüdische Museum in der Waage. Das neugestaltete Museum erhielt 1989 den ›Museumspreis‹ des Europäischen Rates. Begründung: Die Kombination von inhaltlicher Präsentation und die äußere moderne Anpassung haben es zu einem in der Welt einmaligen Museum gemacht. Zielsetzung des Museums ist es, die Besucher mit der jüdischen Religion, der Kultur, den Pogroen, dem Überleben und dem engen Band, das die Niederlande zum Staat Israel hat, vertraut zu machen. Dabei wird der Akzent nicht auf den Antisemitismus gelegt, sondern darauf, was das Judentum der Welt zu bieten hat. Ständige Ausstellungen befassen sich mit Tradition und Thora, Sabbat und Feiertagen, Glaube und Politik sowie dem Judentum in den Niederlanden. In dem Komplex befindet sich auch ein **Mikwe,** ein rituelles Bad.

Die erste Ankunft der hochdeutschen Juden (sie kamen vor allem aus Polen, Litauen und später aus Deutschland) wurde 1635 registriert, die Gründung der ersten hochdeutschen Gemeinden (Aschkenasim) geht auf das Jahr 1639. 1674 lebten in Amsterdam rund 5000 Aschkenasim, doppelt soviel wie portugiesische Juden, Sephardim. Ende des 19. Jh. zählte Amsterdam rund 54 000 jüdische Bürger.

Der Museumskomplex besteht aus zwei großen und zwei kleineren Synagogen. Die vier ehemaligen Lehrhäuser sind die **Grote Sjoel** (1671), die **Obbene Sjoel** (1686), die **Dritt Sjoel** (1700) und die **Neie Sjoel** (1730–52). In der Dritten Schule befinden sich die Verwaltungsräume, in der Neuen Schule sind die Wechselausstellungen zu sehen, und in der Oberen Schule (obbene von boven, oben) findet man den Museumsladen und das Café mit koscheren Spezialitäten. Die Große Synagoge (Sjoel), die eigentlich die kleinste von den dreien ist, wurde 1671 im klassizistischen Stil von dem nichtjüdischen Baumeister Elias Bouman unter Aufsicht des Stadtbaumeisters Daniel Stalpaert (1615–76) errichtet. Die Neue Synagoge (Neie Sjoel) wurde 1752 als letzte erbaut, ist größer als die Große Synagoge und auch wesentlich sorgfältiger ausgearbeitet. Den Eingang zur quadratischen Neie Sjoel zieren ionische Säulen. Von 1936 an wurde diese Sjoel nur an hohen jüdischen Festtagen benutzt. Während der Besatzungszeit wurde die Einrichtung zerstört oder geplündert, 1955 verkaufte die kleine Gemeinde die Gebäude an die Stadt.

Daß die hochdeutsche jüdische Gemeinde und die portugiesischen Juden ihre Synagogen erst nach 1670 errichteten, war kein Zufall. Die Mehrzahl der in Amsterdam lebenden Juden hatten lange Zeit an den Pseudomessias Sabbatai-Zwi geglaubt, der ihnen die schnelle Rückkehr ins gelobte Land nach Palästina versprochen hatte.

Eine Museumsroute führt durch den Komplex. Von der Sjoelgasse, dem über-

Joods Historisch Museum   1 Neie Sjoel   2 Grote Sjoel   3 Mikwe   4 Dritt Sjoel   5 Obbene Sjoel   6 Bücherei   7 Wechselausstellungen

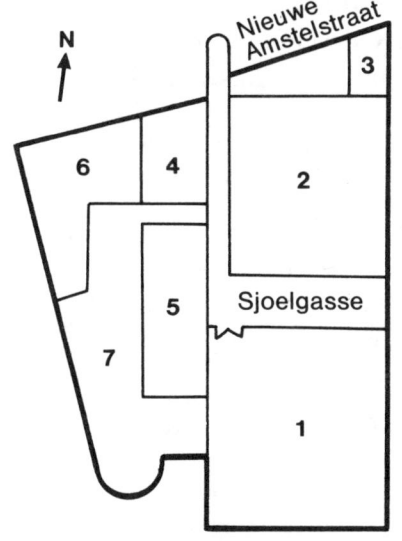

dachten Gang zwischen den Synagogen, blickt man auf den Mittel- und Höhepunkt der gesamten Anlage, in den Raum der **Großen Synagoge**. Diese Grote Sjoel ist im historischen Stil restauriert. Nicht nur die Farben sind ursprünglich, sondern auch Galerien für Männer und Frauen und die ›Heilige Arche‹, ein Geschenk des aus Münster in Westfalen stammenden Oberrabbiners Abraham Coesfeld. Der an der Ostseite stehende und nach Jerusalem ausgerichtete ›Heilige Schrein‹ ist aus weißem Marmor. Eine ständige Ausstellung zum Thema ›Jüdische Unternehmer in den Niederlanden 1796–1940‹ ist in der Galerie zu sehen. Es gab keine typische Form von jüdischen Wirtschaftszweigen, wohl aber Handwerks- und Handelszweige, in denen Juden besonders aktiv und erfolgreich waren: Druckkunst, Diamanten, Banken und Börse, Textil und Lebensmittel. U. a. sind die authentischen Produkte zu sehen, Verpackungen und Plakate, Fotos und persönliche Dokumente aus der zweiten Hälfte des letzten Jahrhunderts.

Während der Restaurierung wurde auch das rituelle Bad, Mikwe, gefunden und eine Balustrade, die für Männer gedacht war. Bis dahin hatte man angenommen, alle drei Galerien seien für Frauen bestimmt gewesen. Die Galerien für Frauen waren mit einem Gitterwerk, Mechitza, versehen, denn nach den Vorschriften durften sich Männer und Frauen nicht gegenseitig ablenken. In der Grote Sjoel ist das zentrale Thema die Darstellung des jüdischen Lebens: Herkunft des Judentums, die Festtage, der Lebenszyklus von der Wiege bis zum Grab. Auffallend auch das große Gemälde ›Kirchenfest in der Grote Synagoge‹ von 1936. Neben

zahlreichen Kultgegenständen ist hier auch das älteste Stück der Sammlung ausgestellt, eine hebräische Bibel aus dem 13. Jh.

Besondere Aufmerksamkeit wird auch der Verfolgung der Juden gewidmet, die 1492 in Spanien beginnt und mit der Bekanntmachung vom 29. 4. 1942, jeder Jude habe ab 2. Mai 1942 den Judenstern zu tragen, endet. Rund 16 000 jüdische Bürger konnten sich vor dem Zugriff retten. Für etwa 104 000 Juden, die in den Niederlanden lebten, gab es keine Hilfe. In einem Kommentar zur Eröffnung des Joods Historisch Museum schrieb das ›nieuw israelietisch weekblad‹: »Der niederländische Staat, ob er nun in Den Haag oder im Londoner Exil den Amtsgeschäften nachging, hat weniger getan, um den Juden zu helfen, als irgendein anderes westliches Land unter deutscher Besatzung.« Heute leben in den Niederlanden wieder rund 30 000 jüdische Bürger.

☐ Nautisches Viertel mit Nederlands Scheepvaart Museum und der ›Amsterdam‹

Im ehemaligen Zeughaus der Admiralität von Amsterdam ›'s Lands Zeemagazijn‹ von 1655/56 ist seit 1973 die umfangreiche Sammlung zur maritimen Geschichte der Niederlande und der Stadt untergebracht. Das **Niederländische Schiffahrtsmuseum** gliedert sich in drei Komplexe: Eine **ständige Ausstellung,** die einen chronologischen Überblick über die Geschichte der Seefahrt seit dem Jahr 1000 gibt; das **V.O.C.-Schiff** ›Amsterdam‹, der Nachbau des gleichnamigen Ostindienfahrers, der 1749 bei Hastings vor der Küste Englands unterging, und das Multi-Media-

Theater, in dem der Film ›**Seylage naar Batavia**‹ gezeigt wird. Dabei wird in Bild und Ton eine Segeltour nach Batavia und das Leben an Bord eines Seglers nach Ostindien dargestellt. 1994 wurde schließlich der **Compagniezaal** eröffnet, in dem eine feste Kollektion zur Geschichte der V.O.C., der Vereinigten Ostindischen Kompagnie, zu sehen ist. Das Museum geht auf den 1916 gegründeten Verein ›Historische Schiffahrt‹ zurück. Die maritime Sammlung enthält zahlreiche Schiffsmodelle, Galionsfiguren, Globen, Seekarten und Gemälde von Schiffen und Seeschlachten, ferner rund 5000 Bilder und 30 000 Abbildungen zum Thema ›Seefahrt‹. Außerdem besitzt das Museum eine Bibliothek mit rund 50 000 Handschriften und Büchern, ein Kupferstichkabinett und die Navigationsabteilung, die nur nach Voranmeldung besucht werden kann.

Das massive, im klassischen Stil erbaute **Zeemagazijn** der Admiralität wurde 1655 von Daniel Stalpaert entworfen. Stalpaert, der 1615 in Amsterdam geboren wurde, stammt aus einer Brüsseler Malerfamilie. Über dem Eingangsportal befinden sich mehrere Bildhauerwerke, die Götter des Meeres sowie Kriegsmaterial darstellen. Man erkennt Neptun und Aphrodite und zahlreiche allegorische Figuren. Das den Hafen Oosterdok bestimmende Gebäude war während des ›Goldenen Jahrhunderts‹ Werft- und Ausrüstungsplatz für die Kriegs- und Handelsschiffe nach Asien. Hier wurden die Segler für die rund zwei Jahre dauernde Reise mit Waffen, Lebensmitteln, Takelwerk, Trinkwasser und anderen Vorräten ausgerüstet.

1791 brannte der gesamte Komplex ab, wurde jedoch schnell wieder aufgebaut und zugleich erweitert. 1795 wurde die Admiralität aufgelöst, die Anlage dem Reich übergeben. 1915 wurde die Werft aufgelöst, nachdem 1912 das letzte Kriegsschiff von Stapel gelaufen war. Das Magazin wurde als Lagerhaus benutzt, die Kasernen stehen der Marine zur Verfügung.

Zwischen der Centraal Station und dem Nederlands Scheepvaart Museum wird seit 1988 an der Verwirklichung des **Nautischen Quartiers** gearbeitet. In dem künftigen maritimen Viertel, das das Oosterdok einbezieht, soll an den vergangenen Ruhm der Amsterdamer Seefahrt erinnert werden. Die Sehenswürdigkeiten werden außer dem Schiffahrtsmuseum und dem V.O.C.-Schiff ›Amsterdam‹ auch das frühere Wohnhaus von Admiral De Ruyter, die Schiffswerft 't Kromhout, Museumsschiffe und andere maritime Attraktionen umfassen. Geplant ist, das gesamte Gebiet wieder an die Altstadt anzubinden. Die Durchgangsstraße Prins Hendrikkade soll zum Boulevard umgewandelt werden. Von der Postinsel ist ein Weg zum Fluß Hat IJ geplant, um wieder Anschluß ans Wasser zu bekommen.

Am 17. Juni 1993 wurde als ›Weltneuheit‹ das ›Multi-Media-Theater‹ im Haus eröffnet. Durch den Einsatz einer Großbildschirm-Videoprojektion soll der Besucher sich in den Schiffsbauch eines V.O.C.-Ostindienfahrers zurückversetzt fühlen. Das 25 Minuten dauernde Programm soll den Besucher in die Vergangenheit entführen und macht ihn bekannt mit der tyrannischen Figur des Van der Decken, Kapitän des legendären ›Fliegenden Holländers‹. Mit viel Fantasie kann der Besucher den Gestank an Bord riechen, erlebt die tödli-

*Rekonstruktion des V.O.C.-Schiffs
›Amsterdam‹*

Besuch an Deck der **Amsterdam.** Das Schiff ging in einer stürmischen Winternacht, am 26. Januar 1749, auf seiner ersten Ausfahrt vor der englischen Küste bei Hastings unter. Obwohl Masten und Aufbauten verschwunden waren, viele Ausrüstungsgegenstände von Schatzsuchern gefunden wurden, konnte ein Großteil 1984–86 in gutem Zustand geborgen werden, u. a. versiegelte Weinflaschen aus der Kombüse. Bei dem Nachbau der ›Amsterdam‹ ging es den Historikern und Konservatoren vor allem um die Beantwortung einer Frage: »Wie wurden diese Schiffe, die den Reichtum Hollands begründeten, konstruiert und gebaut?« Denn über den Bau der Ostindienfahrer ist so gut wie nichts bekannt. Bauzeichnungen gibt es nicht, als Konstruktionsbeispiel diente ein Holzmodell von 1740/50, das im Rijksmuseum hängt. Nach diesem hölzernen Vorbild wurde die ›Amsterdam‹ gebaut. Die Arbeiten begannen 1985, und fünf Jahre später war das Schiff schwimmfähig (früher wurden diese Schiffe in drei Monaten gebaut), aber nicht segelfähig, im Gegensatz zu einem weiteren Nachbau, der ›Batavia‹ in Lelystadt (Flevoland). Erbaut haben das Schiff arbeitslose Jugendliche. Das Projekt war ein ›Arbeitsbeschaffungsprojekt‹ und wurde von der Stadt, dem Staat und Sponsoren aus der Wirtschaft finanziert (rund 9 Mill. Mark). Die ›Amsterdam‹ hat 850 BRT, ist rund 42 m lang und knapp 12 m breit. Für den Bau wurden 1000 m³ Eichenholz benötigt, aber auch tropische Holzsorten. Da es nicht genügend gut gewachsenes Holz gab und das benötigte Spantenholz nicht mehr wie früher gebogen gezüchtet werden konnte, wurden große Teile des Rumpfes geleimt. Das aber war

che Langeweile während einer Windstille, ist Zeuge einer Bestrafung und Seebestattung. An Bord befanden sich nicht nur Matrosen, sondern auch Soldaten und Passagiere. Da der Bedarf an seefahrenden Männern groß war, wurden auch Skandinavier, aber vor allem Deutsche, die man ›Moffen, Poepen, Knoete oder Hannekemayers‹ nannte, für den schlecht bezahlten Job angeworben (›geronselt‹). 40 Prozent der Matrosen und 60 Prozent der Soldaten waren Ausländer. Die Schiffe waren rund neun Monate nach Asien unterwegs, zurück waren es etwa sieben Monate.

Einen noch besseren Eindruck vom Leben an Bord vermittelt jedoch der nur eine Konzession, die man beim Bau der Replik machen mußte. Da die Menschen heute größer als früher sind, wurde auch die Einteilung der Zwischendecks (Ausstellungsräume) anders und die Räume höher. Auf dem Schiff sind einige der Gegenstände, die die gesunkene ›Amsterdam‹ an Bord hatte, ausgestellt. Da sich der Segler auf einer Reise nach Java befand, sind es Dinge, die man zum Häuserbau und zum Handel benötigte: Ziegelsteine, Schmiedeeisen, Waffen, Handwerksgeräte, Münzen und die persönlichen Gegenstände der 210 Seeleute, 125 Soldaten, von denen ein großer Teil aus Süddeutschland und der Schweiz stammte, und drei Frauen, die mit dem Schiff versanken.

□ Rembrandthuis

Mit 33 Jahren kaufte Rembrandt dieses schmucke Giebelhaus an der Sint Antoniesbreestraat, der heutigen Jodenbreestraat. Rembrandt Harmensz. van Rijn befand sind auf dem Höhepunkt seines Schaffens und seines Ansehens. In jener Zeit wohnten zahlreiche Kaufleute und Regenten hier, und am anderen Ende der Straße befand sich in der Alten Waage die Sint Lucasgilde. Rembrandt war 1631 von Leiden nach Amsterdam übergesiedelt und gehörte inzwischen als erfolgreicher Maler dieser Zunft an. Für sein Haus bezahlte er 13 000 Gulden, hier entstand sein bekanntestes Werk, ›Die Nachtwache‹, und hier verlebte er zwischen 1639 und 1657/58 seine glücklichsten Jahre.

Bevor Rembrandt mit seiner Frau Saskia, der wohlhabenden Tochter des Bürgermeisters aus dem friesischen Leeuwarden, in die Jodenbreestraat 4 umzog, hatte er in der vornehmen Nieuwe Doelenstraat

gewohnt. Saskia war mit zwölf Jahren Waise geworden, und Rembrandt hatte sie bei ihrem Onkel Hendrick van Uylenburgh kennengelernt, bei dem er seit 1631 gearbeitet hatte. Das Paar verlobte sich am 5. Juni 1633 und heiratete ein Jahr später am 22. Juni. Rembrandt und Saskia bekamen vier Kinder, von denen nur das jüngste, Sohn Titus, am Leben blieb. Rembrandt stand auf der Höhe seiner Schaffensperiode, allein von 1631–35 hatte er rund 50 Porträts von Amsterdamer Regenten und deren Familien gemalt.

Im Sommer 1642, am 14. Juni, starb Saskia, die Rembrandt so häufig porträtiert hatte. Als Amme für Titus kam Geertge Dircx, Witwe eines Schiffstrompeters, ins Haus, die sich nicht nur als Geliebte des Malers, sondern auch als Ehefrau fühlte. Das Paar ging im Streit auseinander, Rembrandt ließ sie einsperren und Hendrickje Stoffels wurde die neue, 20 Jahre jüngere Geliebte. Das uneheliche Kind der beiden, Tochter Cornelia, benannt nach Rembrandts Mutter, wurde im Taufregister der Oude Kerk eingetragen. Zu jener Zeit war Rembrandt noch ein wohlhabender Mann, er stand auf der Höhe seines Ruhmes. 1647 betrug sein Vermögen 40 750 Gulden (nach heutigem Wert mal 33 zu multiplizieren). Aber bald schon drücken die Schulden, das Haus ist nicht abbezahlt und die Aufträge bleiben auch aus. Sein Vermögen hatte Rembrandt nicht in Häuser und Grundstücke investiert, sondern in Kunstdrucke, Radierungen, Antiquitäten und Tulpenzwiebeln. Nicht nur Rembrandt gerät durch den wirtschaftlichen Niedergang, bedingt durch die Englischen Seekriege, in Schwierigkeiten. Auch der Kunsthändler Uylenburgh und der Dichter

Joost van den Vondel u. a. werden zahlungsunfähig. Rembrandt kann die Restschuld seines Hauses nicht aufbringen, leiht sich neues Geld, läßt das Inventar seines Hauses im Städtischen Pfandhaus ›de Lommert‹ an der Oudezijds Voorburgwal (noch heute ist es Pfandhaus) versteigern. 1658 verläßt der Maler das Judenviertel und zieht in die Rosengracht um.

Rembrandthuis in der Jodenbreestraat

Die soziale Struktur der Stadt hatte sich inzwischen auch geändert. Immer mehr wohlhabende Kaufleute und Maler waren in die neuen Wohngebiete der Heren- und Keizergracht umgezogen. In der Antoniesbreestraat hatten sich Juden niedergelassen, und so wurde die Straße unter dem Namen Jodenbreestraat bekannt.

Im 19. Jh. kaufte der jüdische Kaufmann Jochem Izak Aron Spitz das Haus, der u. a. auch eine Privatsynagoge in dem Gebäude einrichtete. Seitdem wurde das Haus häufig verändert. 1906 wird das Rembrandthaus von der ›Stiftung Rembrandthuis‹ gekauft, von dem Architekten De Bazel in der ursprünglichen Aufteilung restauriert, am 10. Juni 1911 von Königin Wilhelmina offiziell als Museum eröffnet und ist seitdem für das Publikum zugänglich. Dank verschiedener Schenkungen und Ankäufe wuchs die Sammlung schnell und zählt heute rund 250 der schätzungsweise 280 Radierungen, die von Rembrandt hergestellt worden sind. In einem Saal wird die Technik der Radierung erläutert, und im oberen Stockwerk sind drei Originalplatten – der wichtigste Schatz des Museums – von insgesamt 78 über die Welt verstreuten Kupferstichplatten Rembrandts ausgestellt. Zur Kollektion gehören ferner Arbeiten von Jan Lievens, dem flämischen Maler Adriaan Brouwer und Hercules Seghers. Die Möbel in den Räumen stammen aus der Zeit von Rembrandt. Dank der Inventarliste von 1656 können wir uns eine Vorstellung davon machen, wie das Innere des Hauses zu Rembrandts Zeit ausgesehen hat. Das Gebäude bestand aus einem hohen Vor- und Hinterhaus – dort befanden sich die Küche und ein Wirtschaftsraum, in der ersten Etage lagen die Ateliers, verschiedene ›schildercaemers‹, ›kunstcaemers‹ und höchstwahrscheinlich das ›schilderloos‹ – der Abschluß jener mehr als 4 m hohen Galerie, in der an der ›Nachtwache‹ gearbeitet wurde. Die offene Galerie hatte Nordlicht, und gegen Wind und Regen konnte man sie schließen. Das gesamte Haus der Malerfamilie muß vom

Dach bis zum Keller mit Gemälden, Radierungen, Kuriositäten und exotischen Gegenständen, die aus fernen Ländern kamen, vollgestanden und gehangen haben. Die Liste von 1659 vermeldet u. a.: hölzerne Trompeten, japanische Helme, Pfeile, Schnecken, türkische Bogen, Löwenfelle, 20 Hellebarden, Papageien, venezianisches Glas, antike Teppiche, ferner Bücher, Zeichnungen und Radierungen von Dürer, Michelangelo u. a.

Das Haus an der Breestraat wurde um 1606 erbaut, die Zeit der ersten großen Stadterweiterung. Die bekannte Zeichnung von Balthasar Florisz. aus dem Jahre 1625 zeigt das Doppelhaus mit den zwei typischen Treppengiebeln. Von der historischen Bebauung ist wenig erhalten geblieben. Schräg gegenüber dem Rembrandthaus befindet sich noch die Sint Antoniesluis (heute Café) – eines der bekanntesten Panoramen der Stadt. Zur Zeit der Familie Rembrandt lebten in der Breestraat bereits Juden, die aus Flandern eingewandert waren. Schräg gegenüber war der bekannte Rabbi und Schriftgelehrte Menasseh ben Israel daheim. Er war Gründer der Beth Israel-Synagoge an der Holzgracht hinter Rembrandts Haus und gab dem Maler den Auftrag, vier Radierungen für das Buch ›Piedra Gloriosa‹ herzustellen. Es wird angenommen, daß die Tochter des Rabbi Ephraim Bueno, auch ein Nachbar, Modell für die ›Judenbraut‹ (Rijksmuseum) war.

Der Raum, in dem die Kunst der Radierung an Beispielen erklärt wird und in dem auch eine historische Presse steht, diente Rembrandt als Empfangszimmer. In der Sydelcaemer hängen einige der beeindruckendsten Radierungen des Künstlers: ›Christus wird dem Volk vorgeführt‹

Rembrandt Harmensz. van Rijn, Selbstbildnis mit Saskia, Radierung, 1636

(1655) und die Porträts von Jan Six (1647), Ephraim Bueno und Jan Asselijn (beide 1647). Mehrere Selbstporträts und das bekannte Doppelporträt mit seiner Frau Saskia finden wir in der Agtercaemer, auch das bekannte ›Hundertguldenblatt‹ hängt hier.

Rembrandts Lehrlinge hatten ihre Arbeitsplätze unter dem Dach (heute Bürozimmer). Unter den Rembrandtschülern befanden sich vor allem ›fürnehme Kinder‹. Zum einen bedeutete es, daß wohlhabende Eltern ihre Jungen zu Rembrandt in die Lehre geschickt haben, zum anderen aber auch, daß der Meister am Verkauf der Schülerarbeiten verdient hat. Neben dem jährlichen Lehrgeld von etwa 100 Gulden nahm Rembrandt an den Kupferdrucken und Gemälden seiner Schüler einen Betrag ein, der auf 2000 bis 2600 Gulden pro Jahr geschätzt wird. Rembrandt beschäftigte zeitweise bis zu 20 Schüler, die die kostspielige Ausbildung, die etwa drei bis vier Jahre dauerte, finanzieren konnten. Zu den berühmtesten Schülern gehören Govert Flinck (1615–60), der sich als gelernter Maler mit 19 Jahren den letzten Schliff bei Rembrandt holte; ferner Ferdinand Bol (1616–80), der ebenfalls als fertiger Maler zu Rembrandt kam. Weitere bekannte Schüler waren Samuel von Hoogstraten (1627–78), Gerrit Dou (1613–75), Isack Jouderville (1612–48), Nicolaes Maes (1634–93), einer der begabtesten Lehrlinge Rembrandts, die Brüder Barent und Carel Fabritius, Gerbrand van den Eeckhout (1621–74) und Jan Victors (1619–76). Ein anderer namhafter Künstler war Aert de Gelder. Aber auch aus dem Ausland kamen Schüler.

Malerwerkstätten gab es in der gesamten Stadt, aber nur wenige waren so groß wie die von Rembrandt. Viele seiner Lehrlinge malten im Stil von Rembrandt, denn Ziel der Ausbildung war, daß der Meister sie speziell mit seiner Methode vertraut machte. Daher wurden Werke seiner Schüler Rembrandt zugeschrieben, weil sie so ›typisch Rembrandt‹ waren, daß man sie nicht von einem ›echten‹ Rembrandt unterscheiden konnte. Um Sicherheit über Rembrandts Originalwerke zu erhalten, wurde 1967 das ›Rembrandt Research Projekt‹ geschaffen (s. S. 100).

☐ Rijksmuseum – nationale Schatzkammer

»Nie und nimmer werde ich dieses Kloster mit seinen burgundischen Dächern betreten«, sagte König Willem III., nachdem das Rijksmuseum nach neunjähriger Bauzeit und endlosen Auseinandersetzungen am 14. Juli 1885 von Minister Heemskerk eröffnet wurde. Der mehrtürmige Bau wirkt wie eine mittelalterliche Trutzburg und ist längst ein Wahrzeichen der Stadt. Dem Stadtbaumeister Petrus Josephus Hubertus Cuypers (1827–1921) wurde von König Willem III. der Auftrag erteilt, das monumentale Bauwerk zu errichten. Cuypers Motto: »Architektur ist vor allem Konstruktion und erst dann dient es der Zierde.« Cuypers benutzte Ziegelsteine von großem Format, verziert wurde das Gebäude mit Mosaiken und Kachelbildern, schmiedeeisernen Werken und bleiverglasten Fenstern. Der Bau sollte die Integration der Katholiken in das kulturelle Leben des Landes symbolisieren. Die Architektur des Hauses sollte aber auch die kulturelle Vergangenheit des Landes zum Ausdruck bringen, und Kirchenbaumeister Cuypers kombinierte verschiedene nationale Stile. Das Reichsmuseum mit der 135 m langen, überaus reich verzierten Front, war mit den 60 m hohen Türmen bis in die 70er Jahre das nach Quadratmetern bemessen größte Gebäude des Landes. Das breitgestreckte Museum, dessen geschlossene Front von Eckrisaliten und einem zweitürmigen Mittelrisalit akzentuiert wird, wurde im neugotischen Stil, angereichert mit Renaissanceelementen, errichtet. Das späthistoristische Bauwerk entspricht im Grundriß und Aufbau dem Amsterdamer Hauptbahnhof (Centraal Station, 1889 vollendet), ebenfalls ein Werk von Cuypers. Der Besuch des Museums, dessen Gesamtwirkung feierlich und würdevoll ist, lohnt in jedem Fall. Der Kunstinteressierte sollte Zeit mitbringen, um all die Schönheiten zu genießen. Es besteht auch eine museale Führung durch das

Neugotischer Prachtbau von Petrus Cuypers – das Rijksmuseum

Haus. Jährlich besuchen rund 1,2 Millionen Menschen das Staatsmuseum.

Einst an der Grenze zwischen historischer Grachtenstadt und großbürgerlichem Wohnviertel erbaut, ist das Pantheon der großen Maler stolzer Ausdruck für den Willen seiner Gründer, die Hauptstadt des Landes auch zum kulturellen Zentrum zu machen. Die Gründung des Niederländischen Nationalmuseums geht auf die Initiative des Königs von Holland, Louis Napoleon, zurück. Der Bruder Napoleon Bonapartes gründete nach dem Vorbild des Louvre, Paris, in seinem Amsterdamer Palast 1808 das ›Grand Musee Royal‹; die immer größer werdende nationale Sammlung zog 1815 ins Trippenhuis um. Der Schwerpunkt der nationalen Kunstsammlung liegt bei den Repräsentanten der klassischen Niederländischen Malerei. Darüber hinaus sieht man auch Werke anderer europäischer Maler, u. a. die ›Madonna‹ von Fra Angelico, die ›Visionen der Heiligen Anna‹ von Giambattista Tiepolo, Arbeiten von Piero di Cosimo, Goya oder Murillo.

Das Rijksmuseum umfaßt fünf Abteilungen: **Gemälde** mit etwa 5500 Werken, **Bildhauerkunst und Kunsthandwerk** mit rund 40 000 Objekten, die Abteilung **Asiatische Kunst** umfaßt etwa 4500 Einzelstücke, rund 33 000 Objekte bewahrt die Abteilung **Niederländische Geschichte,** und im **Kupferstichkabinett** liegen

225

Rembrandt van Rijn, ›Die jüdische Braut‹, um 1665/67

mehr als 900 000 Arbeiten. Was ursprünglich als Sammlung niederländischer und kolonialer Objekte konzipiert war, wird inzwischen nach museologischen Gesichtspunkten erweitert und renoviert. Ein Wegweiser durch das Museum ist notwendig, sonst würde man in 187 Museumssälen und Gängen verlorengehen.

Die Vorhalle der Ehrengalerie (erste Etage), die unwiderstehlich zur ›Nachtwache‹ führt, strahlt mit ihren hohen bleiverglasten Fenstern, den Säulen und der bogenförmigen Deckenkonstruktion fast sakrale Würde aus, die eher an eine Kathedrale erinnert denn an ein Museum. In der Ehrengalerie, Saal 224, hängt das berühmteste Bild, Rembrandts *Nachtwache* von 1642 (Farbabb. 24). Die kraftvolle und spannungsreiche Komposition mit den kontrastierenden Hell-Dunkel-Effekten stellt ›Die Schützenkompagnie des Hauptmanns Frans Banning Cocq und des Leutnants Willem van Ruytenburch‹ in prächtigen Kleidern dar; Trommelwirbel kündet vom allgemeinen Aufbruch. 1975 wurde das Bild in der Ehrengalerie des Museums von einem Besucher schwer beschädigt,

anschließend sorgfältig restauriert. Das Meisterwerk strahlt seitdem, als ob »jemand das Licht dort angeschaltet hat«, so eine Konservatorin.

Dies war auch das Ziel des umfangreichen Restaurierungsprojektes, bei dem acht Werke des Meistermalers gesäubert wurden und die seitdem unter dem Begriff ›Rembrandt in neuem Licht‹ zu sehen sind. Dabei wurde u. a. die dicke gelbliche Firnisschicht abgetragen, die sogenannte ›Rembrandtglut‹. Folgende Arbeiten, die in den Sälen 230 und 229 hängen, wurden restauriert: ›Titus als Mönch‹ (1660), ›Selbstporträt als Apostel Paulus‹ (1661), ›Stilleben mit zwei toten Pfauen‹ (1639), auch ›Kind mit toten Pfauen‹ genannt), ›Die Staalmeesters‹ (1662), ›Verleugnung des Petrus‹ (1660), ›Die jüdische Braut‹ (1662), ›Johannes Uyttenbogaert‹ (1633) und ›Anatomische Stunde von Dr. Deyman‹ (1656).

Ein weiteres wichtiges Porträt Rembrandts, ›Jan Six‹ von 1654, hängt nicht im Rijksmuseum, sondern in der privaten **Six Collection**, Amstel 218 (um in den Stadt-

Rembrandt van Rijn, ›Anatomische Stunde von Dr. Deyman‹, 1656

palast von Bürgermeister Jan Six aus dem 17. Jh. eingelassen zu werden, muß man sich am Informationsschalter des Rijksmuseums einen Berechtigungsschein ausstellen lassen).

Wenden wir uns wieder dem Saal mit der ›Nachtwache‹ zu, der Ikone der niederländischen Malerei im 17. Jh. Im Vergleich zu anderen Rembrandts, die in einem neuen Licht erscheinen, übertrifft die ›Nachtwache‹ sie alle. Ein Bild, bei dem Rembrandt alles perfekt gelang, jede Bewegung, der Einfall des Lichts, jedes Detail. Ein Schüler Rembrandts, Samuel van Hoogstraten, skizzierte das Bild 1678 als »malerisch in Gedanken, elegant in der Bewegung, kraftvoll«. Die Bezeichnung ›Nachtwache‹ hat nichts mit nächtlichen Patrouillen zu tun, sondern entstand im 19. Jh., nachdem das Bild durch schlechte Firnislagen nachgedunkelt war. Das Schützenbild war eine Auftragsarbeit der betreffenden Gilde. Die phantasievolle Kleidung der Männer, der fröhliche Aufzug und die Feststimmung, die jenes großformatige Werk vermittelt, die Aktionen der Gruppe und die kompositorische Lichtführung revolutionierten das Genre der Schützenstücke. Die 16 Amsterdamer Bürger, die Rembrandt auf diesem Bild porträtierte (ihre Namen sind oberhalb des Bildes zu finden), waren nicht unzufrieden mit dem Werk, wie oft behauptet wurde. Rembrandt hatte ganz im Gegenteil erstmals mit einer langen Tradition gebrochen und die Schützen nicht gleichförmig Kopf für Kopf gemalt, sondern mit individuellem Ausdruck, in lebendiger Bewegung und rhythmisiert durch die kräftigen Hell-Dunkel-Kontraste. Rembrandt hatte an dem Schützenstück für damalige Verhält-

nisse gut verdient: pro Kopf rund 100 Gulden (eine Summe, die man nach heutigen Begriffen mit 33 multiplizieren muß). Das Gemälde hing ursprünglich im Festsaal der Schützen am Kloveniersdoelenwal und bekam später, 1715, einen Platz im Rathaus am Dam. Und weil es zu groß für die betreffende Wand war, schnitt man ein Stück mit drei Köpfen ab (eine kleinere Kopie des Originals ist im Raum 223).

Im ›Ehrensaal‹ hängen noch vier weitere Schützenbilder: Joachim von Sandrarts (1606–88) ›Kompagnie von Kapitän Cornelis Blicker‹, die 1638 die Königswitwe Maria de Medici empfängt; Govert Flincks (1615–60) ›Korporalschaft von Kapitän Albert Bas‹ (1645) und von Bartolomeus van der Helst (1613–70) ›Das Fähnlein von Kapitän Roolof Bicker bei der Bierbrauerei Haan‹ (1639) und ›Schützenmahlzeit in Voetboogdoelen‹ aus Anlaß des Friedens von Münster 1648. Dieses prachtvolle Gemälde, auf dem so ausgelassen gezecht und getrunken wird, war in der Vergangenheit berühmter als die ›Nachtwache‹.

Außer jenen zwanzig Rembrandts, die im Rijksmuseum zu sehen sind, gibt es auf derselben Etage die umfassende Sammlung niederländischer Meister (alle Räume von 209 bis 222). Mit dem Rundgang beginnt man in Saal 209 (einen Grundrißplan, der die Suche erleichtert, gibt es am Informationsschalter). Gute Laune, Zuversicht und Ruhe strahlt das Hochzeitsporträt ›Isaac Massa und Beatrix van der Laan‹ aus, von Frans Hals um 1622 gemalt. Vor einem fantasievollen Garten stellte der Haarlemer Maler das junge Ehepaar dar. Auf diesem Bild sind verschiedene symbolische Motive erkennbar: Die Distel links im Bild verkörpert eheliche Treue, der Efeu

Frans Hals, ›Der fröhliche Trinker‹, um 1628/30

der niederländischen Malerei, die zwischen 1580 und 1620 entstanden sind. Jene Periode nennt man den ›Dageraad der Gouden Eeuw‹, die ›Morgenröte des Goldenen Jahrhunderts‹.

Nachdem der Calvinismus in Nordholland den Katholizismus als einflußreiche Religion abgelöst hatte, entstand bei den Bürgern der Wunsch nach Bildern, die nun keine religiösen Themen mehr zum Inhalt hatten, sondern das alltägliche Leben. So wurden Stadtansichten und Landschaften, Stilleben und Gruppenbilder gemalt. Erste Impulse waren von Corneliszoon aus Haarlem und Abraham Bloemgart ausgegangen. Maler wie Claes Jansz. Visscher, Esaias van de Velde und Willem Buytewech waren die ersten, die mit dem Skizzenbuch durchs Land zogen, um Dorfansichten, Dünenketten, Flüsse und dergleichen festzuhalten. Aber auch Phantasielandschaften, etwa von Hercules Seghers, waren beliebt.

Eine ausgelassene holländische Familienszene hat Jan Steen 1668 mit seiner ›Fröhlichen Familie‹ geschaffen (Saal 216). Der Großvater, der wohl ein wenig zuviel getrunken hat, legt sein Saiteninstrument zur Seite, die Kinder probieren den Wein und die Pfeife, eine dicke Amme, die das Leben verkörpert, sitzt zwischen der feiernden Gesellschaft. Auch dieses Bild (219) sollte eine moralische Botschaft vermitteln und die hängt an dem Kamin: »Soo d'Oude Songen, Soo Pijpen de Jong« (Wie die Alten, so sind auch die Kinder). Fröhlich und heiter geht es auch auf Jan Steens Bild ›Das Nikolausfest‹ zu, 1809 für die Kollektion des Rijksmuseums erworben, zeigt eine der schönsten Darstellungen des Sint-Nicolaasfests und zählt zu den Mei-

zu Füßen der Frau gilt ebenfalls als Zeichen der Treue, und die Weinranke, die sich um den Baum wickelt, weist auf die Ehe hin. Ebenfalls symbolreich ist das ›Stilleben mit Puterpastete‹ von Pieter Claesz. (1627). Das getriebene Silber verkörpert Reichtum, das Zinn der Teller Gediegenheit. Als ein Mann, der schnell und ungeduldig malte, war Frans Hals bekannt. ›Der fröhliche Trinker‹ (1628) des Haarlemers ist typisch für seine lebensfrohen Momentaufnahmen: der Mann wendet sich in spontaner Gestik dem Betrachter zu, so als fühle er sich überrascht. Ein besonders eindrucksvolles Stilleben mit Tulpen malte Hans Bollongier (1600–45). Ganz anders dann die ›Winterlandschaft‹ von Hendrick Avercamp (Saal 210). Die Landschaft wurde nach Skizzen im Atelier hergestellt und gehört zu jenen Arbeiten

sterwerken des Malers. Noch heute gehört der Vorabend des 6. Dezember zu den großen Festtagen im Lande und genießt das Nikolausfest mehr Beachtung als Weihnachten.

Von Jan Vermeer van Delft (1632–75) sind nicht mehr als 30 Arbeiten bekannt, 22 davon sind erhalten geblieben, die bereits 1696 in einem Amsterdamer Katalog aufgelistet worden waren. Einige seiner eindrucksvollsten und intimsten Werke hängen im Saal 221 A: ›Der Liebesbrief‹ oder ›Die Briefleserin‹, ›Die Küchenmagd‹ (auch ›Magd mit Milchkrug‹) und ›Die kleine Straße‹. Eine fast weihevolle Handlung vollzieht das Dienstmädchen, die Milch umgießt. Bis ins kleinste Detail sind die Gegenstände in dem Raum, die Kannen, das Brot ausgemalt – selbst der Nagel in der Wand wirft noch Schatten. Ganz anders die allegorische Darstellung der ›Liebesbrief‹. Man blickt in den Raum und wird Zeuge einer intimen Szenerie mit Hausherrin und Dienstmädchen, die von Vermeer charakteristisch von einer Seite beleuchtet wird. Das dritte Bild ist die Freilichtszene ›Die kleine Straße‹, eine schon klassische typische holländische Straßenansicht. Die Leuchtkraft des Lichtes, der silbergraue Himmel, der stellenweise dicke Farbauftrag sind unverwechselbar für Vermeer, der die Teilansicht einer Gasse gewählt hat, die sich perspektivisch nach hinten erweitert. – Ebenso wie Vermeer gehört Pieter de Hooch (1629–84) zu den bedeutendsten Malern des Interieurs. Ein besonders schönes Beispiel ist ›Der Bote‹ (Saal 222 A), das durch das Spiel mit dem Licht an Intimität gewinnt.

Von den rund 5500 Gemälden, die das Museum besitzt, sind etwa 800 Werke ständig zu sehen. Der Rest befindet sich in den Depots, als Leihgabe in anderen Museen, in öffentlichen Gebäuden und Botschaften. Von allen Abteilungen des Hauses zeigt auch das **Prentenkabinett** – die nationale Sammlung grafischer Kunst – einen Bruchteil seines Besitzes: knapp 150 Arbeiten. Aber schon diese Zahl, so die Konservatoren, überfordere das Auge eines ungeübten Betrachters. Mit seiner umfangreichen Sammlung, die neben den mehr als 900 000 Kupferstichen auch noch rund 35 000 Grafiken bewahrt, zählt das Prentenkabinett – wegen der hohen Qualität – zu den wichtigsten der Welt.

Zu den Höhepunkten der **Asiatischen Abteilung,** im Erdgeschoß, gehören eine mit Perlmutt ausgelegte Kiste (13. Jh.) aus Korea, von denen nur noch drei weltweit existieren, ferner ein Buddha aus dem Borobodurtempel (Java), japanische Sei-

Jan Vermeer, ›Die Briefleserin‹, um 1664

denmalereien, eine Gruppe chinesischer Grabwächter und der tanzende Shiva aus Südindien.

Ebenfalls im Erdgeschoß befindet sich die Abteilung **Niederländische Geschichte**. Neben dem größten Gemälde des Hauses, der rund 5 x 8 m großen ›Schlacht von Waterloo‹, steht dort die Bücherkiste, mit der angeblich Hugo de Groot aus seinem Gefängnis Loevestein geflohen ist, einige persönliche Dinge aus dem Besitz des nationalen Seehelden Michiel de Ruyter und andere Ausstellungsstücke aus der Vergangenheit des Kolonialreiches. Etwa zahlreiche Schiffsmodelle, die Porträts der Gouverneure in Nederlands Indie, die meterhohe ›Spiegelverzierung‹ des englischen Kriegsschiffs ›Royal Charles‹, das von den Holländern 1667 geentert wurde. Eindrucksvoll sind die naiven Gemälde von der Faktorei Hougli in Bengalen (1665), die Gemälde von Java und den Trankochereien im Nördlichen Eismeer (1639). Am Beispiel des Seglers ›Prins Willem‹ wird die Geschichte der V.O.C. von 1651–1662 eindrucksvoll dokumentiert. An einem Modell kann man die Tätigkeit auf der großen V.O.C.-Oostenburg-Werft von 1753 nachvollziehen. Kampfgetümmel zeigt das Gemälde ›Die Schlacht im Haarlemer Meer‹ (1573) – dort befindet sich heute der Flughafen Schiphol. Auf der Galerie Porträts bekannter Gouverneure der V.O.C. in Oost-Indië.

Umfangreich auch die Sammlung an Kunstgewerbe, Möbeln, Dekor, Porzellan und Bildhauerei, die chronologisch über die drei Etagen des Westflügels verteilt ist. Attraktion nicht nur für junge Besucher sind die detailgetreu nachgebauten Grachtenhäuser aus dem 18. Jh.: Neben der ›Nachtwache‹ gehören diese *Puppenhäuser* (Saal 162) zu den am meisten bewunderten Stücken des Museums. Die vornehme Festlichkeit, die prunkvolle Ausstattung, die Fülle an Gegenständen in den Miniaturbauten gilt als Ruhmesblatt regionaler Handwerkskunst.

Hinter dem Rijksmuseum, links und rechts der Straße, wurden zwei *Gärten* an der Südseite angelegt, in denen Baufragmente aus abgebrochenen historischen Gebäuden einen Platz gefunden haben: u. a. Reste der Stadttore von Groningen und Deventer, das Wassertor von Gorkum, ein Gartenhaus (18. Jh.), Giebelsteine und das sogenannte Fragmentengebäude. Im östlichen Turm hängt das älteste Glockenspiel der Stadt. Es umfaßt 24 Glocken, von denen 14 in der zweiten Hälfte des 16. Jh. in der Werkstatt von Peter van den Ghein (Mechelen) gegossen wurden. Das Spiel kam erst um 1900 nach Amsterdam. Die Mosaiken an der Museumsfassade zeigen Motive aus der ›vaterländischen‹ Geschichte und Kunstgeschichte und Persönlichkeiten der Stadt. Der Garten ist frei zugänglich. Im Nordflügel befinden sich die Restaurierungsateliers, die ebenso wie die Bibliothek – drei Galerien hoch – nicht betreten werden können.

Während der 110jährigen Geschichte des Museums wurde ständig umgebaut und erweitert. 1909 wurde der Südflügel – auch Fragmentengebäude – angebaut, in dem sich die Drucker-Fraser-Kollektion, niederländische Malerei des 19. Jh., befindet. Der Südflügel wird neu gestaltet. In ihm wird, wenn die Bauarbeiten abgeschlossen sind, ab 1995/96 neben der Malerei des 19. Jh. auch die asiatische Kunst (›imperiale Vergangenheit‹) zu sehen sein.

□ Das Stadhuis, der Königliche Palast

Eng verbunden mit dem politischen, wirtschaftlichen und kulturellen Aufstieg der Stadt ist das Rathaus. Am Dam, der Keimzelle der im 17. Jh. bedeutendsten Handelsstadt der Welt, errichteten die Regenten den klassizistischen Bau, den heutigen Königlichen Palast. Mit dem Bauwerk wurde 1648, im Jahr des Friedens von Münster, begonnen, und 1655 war er vollendet. Das für seine Zeit erstaunliche Gebäude steht auf 13 659 Holzpfählen und ist mit Außenmaßen von 80 x 56 m zum Symbol der wohlhabenden Handelsstadt geworden.

Rund 150 Jahre war das **Rathaus** (Farbabb. 1) Sitz der Regenten und politisches Machtzentrum der Republik. 1808 zog hier Louis Napoleon ein, den sein Bruder, der französische Kaiser Napoleon, zum König von Holland ernannt hatte. Die Stadtregierung zog in den Prinsenhof um, wo sie bereits vor 1652 getagt hatte. Louis Napoleon baute das Rathaus zum Palast um. Die Empiremöbel, die er sich kaufte und die noch heute in den Räumen stehen, gehören zu den schönsten der Welt. Auch eine Sammlung Uhren und Kronleuchter erinnert an jene Zeit. 1813 kam das Rathaus wieder in den Besitz der Stadt, die es aber aus finanziellen Gründen der Oranje-Dynastie unter König Willem I. als Residenz zur Verfügung stellte. 1935 kaufte die Stadt den Palast zurück, ließ ihn renovieren, um ihn für Repräsentationszwecke nutzen zu können. Heute ist der Palast Staatsbesitz, Königin Beatrix ist Hausherrin. Die Königin lädt zu offiziellen Empfängen und läßt Staatsgäste hier übernachten.

Mit dem Bau wurde der Architekt Jacob van Campen beauftragt. Die aufwendige Pfahlgründung im Schwemmboden gilt als architektonisches ›achtes Weltwunder‹. Van Campen (1595–1657) in Haarlem geboren, hatte Italien besucht, in Venedig gelebt und sich anschließend als Kunstmaler in Randerbroek, dem von seiner Mutter geerbten Landgut bei Amersfoort, niedergelassen. Van Campen war der Baumeister, der den klassischen Stil in Amsterdam populär gemacht hat.

Mit einer einfachen Feier wurde das Rathaus am 29. Juli 1655 – obwohl noch das Dach fehlte – dem Rat der Stadt übergeben. Nach den Predigten in der Oude Kerk und in der angrenzenden Nieuwe Kerk zog die Festgesellschaft zum Prinsenhof (heute Hotel ›The Grand‹), wo Bürgermeister Cornelis de Graeff eine Ansprache hielt. Anschließend gab es ein Festessen für den Magistrat im Rathaus. Der Amsterdamer Dichter Joost van den Vondel hielt eine Festrede in 1378 Versen.

Sieben Jahre später war das Dach vollendet, und es sollte noch bis 1705 dauern, bis auch die letzten dekorativen Innenarbeiten fertig waren. Das Rathaus gilt als das Hauptwerk des niederländischen Klassizismus und ist eines der größten Bauwerke Hollands. Für die von schmalen Fensterreihen und Pilastern gegliederte Fassade wurde graugelber Bentheimer Sandstein verwendet. Den Mittelrisalit krönt ein breiter Dreiecksgiebel nach dem Vorbild der klassischen Antike. Flämische Steinmetze unter Leitung Artus Quellijns (1609–68) arbeiten rund 14 Jahre an den plastischen Motiven, die Amsterdam als Herrscherin der Meere darstellen: Seeungeheuer und allegorische Figuren huldigen der Jungfrau des Friedens. Der Haupteingang zum Dam hat nur die Form einer schmalen Pforte – und steht damit im Kontrast zur barocken Pracht der Räume im Inneren.

Blickt man nach oben, so erkennt man auf dem Dach die Jungfrau des Friedens. Sie überschaut den Dam, hält in den Händen den Stab des Hermes und einen Olivenzweig, Symbole des Handels und des Friedens. Die Statuen und das übrige Bild-

siert. Dort erhebt sich Atlas, der die Erdkugel trägt, daneben stehen die Götter der Wachsamkeit und der Mäßigkeit. Auf der Kuppel eine Wetterfahne in der Form einer Hansekogge, jenem Schiffstyp, dem die ›grote stad‹ ihren Aufstieg verdankt.

Der *Bürgersaal* zählt zu den schönsten Festsälen Europas. Er ist vier Etagen hoch, mit Marmor ausgekleidet, mit Marmor-

Königlicher Palast, Giebel des Mittelrisalits zum Dam

hauerwerk, dessen Motive aus der Antike entlehnt wurden, sollen die Harmonie zwischen Bürgern und Stadtvätern zum Ausdruck bringen. Die drei Bronzefiguren verkörpern Friede, Vorsicht und Gerechtigkeit. Das Tympanon an der Rückfront zeigt die vier Weltteile, die ihre Schätze vor Amsterdam ausbreiten. Während die Giebelfront zum Dam mit Barockreliefs geschmückt ist, die die Ozeane zum Motiv haben, sind an der Rückfront (Richtung Raadhuisstraat) die Kontinente symboli-

skulpturen und mit allegorischen Gemälden geschmückt. Hier fand 1966 der Ball anläßlich der Hochzeit der damaligen Kronprinzessin Beatrix mit ihrem künftigen Mann Claus von Amsberg statt. Die meisten Gemälde wurden von den Rembrandtschülern Ferdinand Bol und Govert Flinck gemalt. Die höheren Wandpartien sind mit marmoriertem Holz kaschiert. Im Fußboden sind Einlegearbeiten erkennbar. Zwei von ihnen stellen die Erdhälften und die dritte den Himmel dar.

In den einst stark befestigten Räumen des Erdgeschosses befanden sich die *Gerichtshalle* (vierschaar), die *Gefängniszellen* und die *Bank*. Das Publikum durfte außerhalb der Gitter Zeuge davon sein, wie auf den Marmorbänken das Rechtskollegium, Richter und Schöffen, Recht sprach. In dem Raum wurden nur die zum Tode durch den Strang Verurteilten noch einmal vorgelassen. Dabei handelte es sich um ein Schauspiel, denn das Urteil war bereits vorher verkündet worden. Zwischen vier Karyatiden hat Artus Quellijn Gerichtszenen aus dem Alten Testament und aus der Antike mit folgender Thematik geschaffen: Barmherzigkeit, Weisheit und Gerechtigkeit. Von der Bank aus sahen die Richter in den Fensternischen die Standbilder der Gerechtigkeit und der Vorsicht (links). An der Wand gegenüber dem Eingang befindet sich der Marmorsessel des Schreibers, der das Urteil aufzeichnete. Zwischen 1650 und 1750 wurden hier rund 200 Personen zum Tode durch den Strang verurteilt. Die Erhängten wurden später im Norden der Stadt, auf der Volewijk an Het IJ, noch einmal aufgehängt – zum ›grauwelijck exempel‹.

Über eine schmale Treppe gelangt man zum **Bürgersaal**, dem Mittelpunkt des Rathauses. Der gewaltige Raum galt als öffentlicher Platz für die Bürger der Stadt. In der oberen Hälfte wollte der Architekt Fenster einbauen lassen, damit genügend Tageslicht in den Raum fließt. Statt dessen wurden Nischen gebaut, in denen Statuen, streng klassisch in der Form, stehen. Die Figuren verkörpern griechische Götter. Überhaupt wird man in dem ganzen Gebäude kaum Abbildungen aus dem christlichen Leben entdecken, und gibt es Szenen aus der Bibel, so stammen sie aus dem Alten Testament.

Die Decke des Bürgersaals wurde erst 1705 von Jan Goeree bemalt. Den Marmorboden schmücken Einlegearbeiten, die die beiden Erdhälften sowie den nördlichen Sternenhimmel zeigen. Über den Türen, die zu den Arbeitszimmern führen, sind auch Reliefs angebracht worden, die in Verbindung zu den Tätigkeiten stehen, die in den Zimmern ausgeführt wurden. Der 1615 im linksrheinischen Kleve geborene Govert Flinck, ein Schüler von Rembrandt, hatte von der Stadt den Auftrag erhalten, die Ecken der Galerie oberhalb der Marmorarbeiten auszumalen. Flinck konnte aber die Arbeit nicht ausführen, da er während seiner Tätigkeit starb. Flinck sollte einen Zyklus malen, der den Aufstand der Bataver, eines germanischen Stammes, der unter Julius Claudius Civilis (69–70) einen Aufstand gegen die Römer gewagt hatte, zum Thema hatte. Die aufständischen Niederländer sahen sich als ›batavisches Volk‹, das durch schwere Prüfungen zur Nation geworden war. Auch Rembrandt hatte 1659 den Auftrag erhalten, die ›Verschwörung des Claudius Civilis‹ zu malen, da er, als Historienmaler, bekannt für das Umsetzen von geschichtlichen Ereignissen war. Als Rembrandt 1661 mit seinem gewaltigen Werk fertig war, zeigten sich seine Auftraggeber unzufrieden. Der Bürgermeister gab das Bild zur Überarbeitung zurück. Da Rembrandt sich jedoch weigerte, er aber auch nicht wußte, wohin mit dem gewaltigem Gemälde, verkleinerte er es in ein passendes Format, um es so besser verkaufen zu können. Anstelle von Rembrandts Komposition wurde das eher nüchterne Bataverbild von Jurriaan Ovens aufgehängt. Seitdem wird Ovens der ›Sieger über Rembrandt‹ genannt, da er anstelle des großen Meisters einen Auftrag durchführen konnte.

Zwischen Bürgermeister- und Justizzimmer befindet sich der schmale Balkon. Von dort oben mußte sich die junge Königin Beatrix an ihrem Hochzeitstag den Protest von der Straße anhören, eine lautstarke Demonstration gegen die Monarchie. Diese Einstellung hat sich inzwischen geändert. Nach einer letzten Umfrage, im Sommer 1994, gilt Beatrix als beliebtestes Mitglied der Königlichen Familie.

Erwähnenswert ist noch die sogenannte *Konkurskammer*. Über der Eingangstür ist der Sturz des Ikarus dargestellt. Um das Relief ranken sich Giftpflanzen, und Ungetier nagt an unbezahlten Rechnungen. Auch der bankrotte Rembrandt mußte hier, beim Konkursverwalter in der ›Desolate Boedelskamer‹, seine Vermögenswerte angeben.

☐ Das Stedelijk – Museum für zeitgenössische Kunst

Im Stedelijk, dem Städtischen Museum, hat die Stadt Amsterdam ihre Sammlung zeitgenössischer Kunst untergebracht. Das Gebäude wurde von 1892–95 im Stil der holländischen Renaissance aus rotem Ziegel und Naturstein, mit Türmchen und Giebeln errichtet, im Innern ist es jedoch modern und hell. Altbekannte Bilder sieht der Besucher in einem überraschenden Kontext wieder, denn die experimentelle Zuordnung, z. B. einen Vincent van Gogh neben einem Anselm Kiefer, soll neue Erkenntnisse bringen. Gemeinsam mit dem Concertgebouw, dem angrenzenden Vincent van Gogh Museum und dem Rijksmuseum bildet das Museum für moderne Kunst am Museumsplatz den kulturellen Mittelpunkt der Stadt.

Die Kollektion umfaßt rund 5000 Bilder, 17 000 Zeichnungen und Drucke, 4500 Fotos und 1250 Kunstbücher und Kataloge. Regelmäßige Ausstellungen finden zu den Themen Design, Fotografie, Videokunst, Kunstgewerbe und Grafik statt. Die Stirnwand des *Cafés* wurde vom Cobra-Mitglied Karel Appel im Sommer 1956 ausgemalt. Von der Terrasse blickt man auf den **Skulpturengarten.** Im Garten, der an den Museumplein grenzt, stehen seit den 70er Jahren Skulpturen von Henry Moore und Renoir sowie die monumentale Stahlplastik von Richard Serra. Die Bibliothek dokumentiert Kunst nach 1860 in Büchern, Katalogen und Zeitschriftenbänden. Im ersten Stockwerk befindet sich ein Verkaufsladen, in dem man Reproduktionen, Bücher u. a. erwerben kann. Das Museum umfaßt die Abteilungen Malerei, Bildhauerkunst, Zeichnungen, Fotografie und angewandte Kunst (u. a. Design). Ferner das Restaurierungsatelier, Bibliothek und die wissenschaftliche Dokumentation. Jeder zweite Besucher reist aus dem Ausland an.

Architekt des *neuen Museumflügels* ist der Amerikaner Robert Venturi. Wenn der Bau spätestens 1997 eingerichtet ist, soll der gesamte Sammlungsbestand ständig gezeigt werden. Der umfangreiche Besitz des Museums ist in aller Welt gefragt. So wurden z. B. allein 1985 insgesamt 1345 Kunstwerke ausgeliehen, 1990 waren es 1140 Kunstwerke, die an 79 niederländische und 38 ausländische Museen ausgeliehen wurden.

International berühmt ist das Haus wegen seiner umfangreichen Sammlung

Stedelijk Museum, Saal mit Werken des Cobra-Künstlers Karel Appel (geb. 1921)

moderner Kunst. Vertreten sind amerikanische Künstler wie Barnett Newman, Robert Ryman, Kenneth Noland, der Pop Art wie Roy Lichtenstein, Robert Rauschenberg, Claes Oldenburg, Andy Warhol, Jasper Johns, Edward Kienholz, die niederländischen Maler der Moderne Armando, Jan Dibbets, Rob Scholte, Carel Visser und die der Cobra-Gruppe (K. Appel, A. Jorn, Corneille), aber auch Werke von Mario Merz und Bruce Nauman sowie die deutschen Maler Georg Baselitz, Markus Lüpertz, A. R. Penck und vor allem Anselm Kiefer. Außerdem verfügt das Haus über eine kleine, aber feine Kollektion der Klassiker des späten 19. und frühen 20. Jh. mit George Breitner, Van Gogh, Edouard Manet, Claude Monet, Pablo Picasso, Marc Chagall, Wassily Kandinsky, Paul Cézanne und Henri Matisse. Der ganze Stolz des Hauses ist die umfangreiche Sammlung des russischen Konstruktivisten Kasimir Malewitsch und die Arbeiten der Stijl-Gruppe Piet Mondriaan, Gerrit Rietveld und Theo van Doesburg.

Gemeinsam mit dem Museum Suasso, nach dem Namen der Initiatorin, entstanden gegenüber, an der Paulus Potterstraat, die großen Stadthäuser. Die Witwe Suasso-de Bruyn hatte der Stadt ihre gesamte Sammlung antiker Möbel, Uhren, Skulpturen u. a. mit der Bedingung vermacht, daß ihre Kunstsammlung in einem Museum untergebracht wird. Am 14. September 1895 wurde das Museum mit der Suasso-Kollektion eröffnet. Bereits damals muß es ein besonderes Museum gewesen sein, denn außer der Suasso-Sammlung gab es dort Fahnen von Schützenvereinigungen, Stilzimmer von Grachtenhäusern, die beim Durchbruch der Radhuisstraat abgebrochen worden waren. Zwischen 1910 und 1920 wurden Ausstellungen von Braque und Picasso, von Kandinsky und Malewitsch organisiert. Wie kein anderes Museum ist das Stedelijk eng mit den Namen seiner Direktoren verbunden.

Der erste Nachkriegsdirektor von 1945 bis 1962, *Willem Sandberg* (1897–1984), ließ das Haus modernisieren, die Ausstellungs-

235

Piet Mondriaan, Komposition mit zwei Linien, 1931

räume hell anstreichen, Glasdächer einziehen, eine Aula und den **Neuen Flügel** (1954) bauen. Er kaufte Werke der Cobra-Künstler – nach den Mitgliedern benannt, die aus den Städten Kopenhagen, Brüssel und Amsterdam kamen –, der deutschen Expressionisten Beckmann und Kirchner sowie von Kandinsky. Seinen besonderen – nicht ganz unumstrittenen – Coup landete er 1958 mit dem Ankauf der Malewitsch-Kollektion, die der Künstler in Berlin hinterlassen hatte. Außerdem erwarb Sandberg Arbeiten von Bonnard, Gonzalez, Lipchitz, Gabo, Picasso (›Femme nue devant le jardin‹, 1955) oder von Matisse (›La Perruche et la Sirene‹), ein Werk, das damals rund 300 000 Gulden kostete und heute sechs Millionen wert ist. Die Entwicklung der modernen Kunst war bis zum Zweiten Weltkrieg von den holländischen Museen kaum beachtet worden. Erst Sandberg stellte – trotz herber Kritik – die Weichen in Richtung zeitgenössischer

Kunst, und das Publikum folgte ihm mit Enthusiasmus. Da wenig Geld für den Ankauf von der Stadt bewilligt wurde, mußten die Werke mit finanzieller Unterstützung der ›Vereiniging Rembrandt‹ und des ›Prins Bernhard Fonds‹ erworben werden. Der große Verdienst dieser zwei Vereinigungen ist es – sie haben sich der Rettung und der Pflege niederländischen Kunstbesitzes im breitesten Sinn des Wortes verschrieben –, daß der Museumsbesitz heute zu den bedeutendsten der Welt gehört.

Auf Sandberg folgte *Edy de Wilde;* er war von 1963–85 Direktor. De Wilde, der systematisch und zielbewußt einkaufte, erwarb viele der heutigen Glanzstücke des Hauses, in erster Linie Arbeiten amerikanischer Künstler der Pop Art und festigte mit großen Ausstellungen den Ruf des Stedelijk als internationales Museum, das neben dem Museum of Modern Art, New York, *das* Museum für zeitgenössische Kunst war. De Wilde war es auch, der erstmals Kunstformen in den ›neuen‹ Medien wie Tanz, Video, Film, Musik, Theater oder Performance die nötige Aufmerksamkeit widmete, Künstlern wie Francis Verdonk oder Armando den Weg zu einer internationalen Karriere ebnete. Unkonventionell war De Wilde auch beim Aufbau der Sammlung. Kunst der 70er Jahre mit Schwerpunkten wie Dibbets, Marden und anderen niederländischen Künstlern wurde ergänzt mit Werken deutscher und italienischer Künstler wie Sandro Chia, Enzo Cucchi, Paladino oder De Maria, die die Szene der 80er Jahre beherrschten. Als eines der provozierendsten Werke gilt ›The Beanery‹ von Edward Kienholz. Die Bar, sie ist eine originale Kopie der echten ›The Beanery‹ vom Santa

Monica Boulevard, L. A., wurde 1965 in halbjähriger Arbeit von Kienholz, einem Vorgänger der Pop Art, geschaffen. Das Telefon ist ›out of order‹, die Tische zerkratzt, darüber mahnt ein Hinweis, daß man mindestens für 35 Cent verzehren muß, um sitzen zu dürfen, aus dem Hintergrund tönt ›wonderful thing‹, und ein Ventilator wirbelt jenen schweren Kneipendunst durch den absurden Raum, wie er einst in dem Lokal geherrscht haben soll. Die Gäste, abgesehen vom Barkeeper Bearney, tragen anstelle des Kopfes eine Uhr – Hinweis auf vertane Zeit. Bevor der Besucher das stark frequentierte gute Stück Kneipenkultur verläßt, warnt ein vergilbtes Schild: »Please, be quiet after leaving, our neighbors are trying to sleep.«

Wim Beeren, von 1985–93 Direktor, setzte die Ausstellungsaktivitäten seines Vorgängers fort. Bekannt wurden seine Sommerausstellungen, in der ein Teil der umfassenden Kollektion aus den Depots gezeigt wurde. Die Gruppenausstellungen trugen Namen wie ›Aus dem alten Europa‹ (1987), ›Eine große Aktivität‹ (1987), ›Horn of Penty, 17 Künstler aus New York‹ (1989), ›U-ABC‹, in der Künstler aus Südamerika ihre Arbeiten zeigten (1989), die ›Große Utopie‹ (1992). Außerdem wurden die Klassiker des Hauses gezeigt, Übersichtsausstellungen von Oskar Schlemmer (1987) und Kasimir Malewitsch (1988/89), Einzelausstellungen von Anselm Kiefer, Frank Stella, Jannis Kounellis, Agnes Martin u. a. Großen Eindruck hat die Ausstellung ›Wanderlieder‹ (1990) hinterlassen, in der ein episches Bild von Momentaufnahmen während der kulturellen Wiedervereinigung von West und Ost nach dem Fall der Berliner Mauer vermittelt wurde.

Seit 1. Februar 1993 ist *Rudi Fuchs* Direktor (1942 geboren). Er war Museumsdirektor in Eindhoven und Den Haag, 1982 verantwortlich für die documenta 7 (Kassel) und ist bekannt für seine eigenwillige Auffassung von moderner Kunst. Sein Ziel: »Das Stedelijk muß wieder die leitende Rolle übernehmen, die es einmal gehabt hat.« Und wie unter Sandberg will er, daß im Stedelijk wieder eine Wechselwirkung zwischen ›aktueller‹ und ›klassischer‹, moderner Kunst‹ stattfindet. Fuchs, der über ein bescheidenes Ankaufsbudget von rund zwei Millionen Gulden verfügt und für Ausstellungen knapp eine Million Gulden im Jahr ausgeben kann, verkündete zuerst Sparmaßnahmen und gestaltete die Innenräume neu. Die weißen Wände sind verschwunden. Graublau, hellrosa und lichtgelb sind die Mauern, und in den Sommermonaten wird das Kunstlicht abgeschaltet. Das museale Prachtstück erstrahlt im neuen Glanz, das traditionsreiche Haus hat schon lange nicht mehr so inspirierend und frisch ausgesehen.

Mit großen Ausstellungen will Fuchs – 1994 waren es die ›Coupletten‹ – jeweils mehrere Künstler zeigen, deren Arbeiten er mit Werken aus der eigenen Kollektion von Van Gogh bis Gilbert & George ergänzt. Mit anderen Worten, Fuchs hängt ein dreifarbiges rechteckiges Aluminiumobjekt (1989) des kürzlich verstorbenen Don Judd mit ›Der Berg Sainte Victoire‹ (1888) von Paul Cézanne zusammen, Cézannes Stilleben mit Flaschen und Pfirsichen mit der Merz-Arbeit ›Blitz in einer Tasse‹, kombiniert Anselm Kiefer mit Vincent van Gogh, James Ensor mit Giorgio de Chirico und stellt zwischen ihnen Gemeinsamkeiten her. Fuchs arrangiert um, ›konfrontiert‹ Bilder miteinander, richtet sich dabei nicht nach dem Diktat der Kunstgeschichte und erzielt verblüffende und spannende Effekte. Bekannte Werke von Picasso, Chagall, Van Gogh, Malewitsch, Newman, De Kooning werden kombiniert mit Arbeiten von Tàpies, Saura, Breitner oder De Chirico.

Die Gemäldegalerie wird mit Arbeiten von Dibbets, Lüpertz, Baselitz, Kounellis, Penck und Rainer ergänzt und bietet dem Betrachter stimmungsvolle Effekte. Da sein Haus auch ein ›nationales Museum für zeitgenössische Kunst‹ ist, will Fuchs in Zukunft den Nachdruck auf einheimische Maler legen. Fuchs will vor allem die Jüngeren interessieren, die von der »europäischen Kunst der fünfziger und sechziger Jahre keine Ahnung haben; denn lange wurde amerikanische Kunst überschätzt.«

Vincent van Gogh, Selbstporträt vor der Staffelei

☐ Vincent van Gogh Museum

Neben Rembrandt ist Van Gogh, der ein Jahr (Mai 1877–Juli 1878) in Amsterdam gewohnt hat, der einzige niederländische Maler, nach dem ebenfalls in der Stadt ein Museum benannt wurde. Das von dem Stijl-Architekten Gerrit Rietveld entworfene moderne Museum, ein schlichter kubischer Bau in klar abgesetzten Formen, wurde 1973 eröffnet und befindet sich wie die drei anderen Rijksmuseen am Rande des Museumpleins. In diesem weitläufigen und lichtdurchfluteten Gebäude befinden sich mehr als 200 Gemälde und rund 524 Zeichnungen und Aquarelle Van Goghs. Auch seine Sammlung japanischer Zeichnungen und der gesamte Briefwechsel des Holländers mit seinem vier Jahre jüngeren Bruder Theo werden hier aufbewahrt, aber nicht regelmäßig ausgestellt. Außerdem

enthält das Museum zahlreiche Arbeiten aus dem 19. Jh. und mehrere Werke seiner Zeitgenossen wie Emile Bernard, Claude Monet, Paul Gauguin, Henri de Toulouse-Lautrec und 1991 erworbene Arbeiten von Julius Jacobus van de Sande Bakhuizen und Léon Auguste Lhermite. Die erste Etage ist vollständig dem Werk Van Goghs gewidmet, in der darüber liegenden Galerie finden Wechselausstellungen statt, und es sind 74 Arbeiten von ihm in einer langen Glasvitrine zu sehen. Die oberste Etage zeigt wechselnde Ausstellungen, Kunsthandwerk, seine Sammlung japanischer Zeichnungen und Briefe (nicht regelmäßig). Ein reichhaltiges Angebot an Kunstbüchern und Souvenirs rund um den Maler der Moderne findet man im Buchladen. Vom Café hat man einen weiten Blick auf den angrenzenden Museumsplatz.

Im Erdgeschoß ist die ständige Kollektion von Malern des 19. Jh. zu sehen, u. a. Bernards ›Blauer Vogel‹, Gauguins ›Paris im Schnee‹ und Monets bekanntes Gemälde ›Tulpenfeld‹ (1886, s. S. 256). Vincent van Goghs Bilder sind chronologisch angeordnet und befinden sich in der ersten Etage. Auf der rechten Seite – vor einer rostroten Wand – hängen die Werke seiner ›düsteren‹ Periode von 1880 bis 1887. Blickfang ist Van Goghs wohl berühmtestes Werk ›De Aardappeleters‹ (Kartoffelesser). Ferner ›Hut bij avond‹ (Kate am Abend) und acht markante Porträts von Bauernköpfen, u. a. ›Kop van een boerin met rode kap‹ (Kopf einer Bäuerin mit roter Kappe) und ›... met witte kap‹, ›Stilleven met koperen ketel‹ (Stilleben mit Kupferkessel) – alle aus dem Jahre 1885. Die erste Arbeit, zu der er selber mit einigem Stolz stand, waren die ›Kartoffelesser‹; sie gehören zum Kern seiner ersten Werke. Einen »Winter in Nuenen kostete ihn«, so Vicent Van Gogh, das Gemälde, zu dem er mehr als 40 Bauern porträtiert hatte, darunter die zwei Bäuerinnen. Diese Bilder muß man aus der Distanz betrachten, um die Intensität jener Frühwerke, in der die Bewegung durch harte und weiche Nuancierung derselben Farbe entsteht, auf sich wirken zu lassen.

Auf der anderen Seite befinden sich die helleren Arbeiten aus seiner Pariser und südfranzösischen Zeit, in der er mit dem impressionistischen Stil experimentiert und dem »bäuerlichen dunklen Farbgebrauch« abschwört. Die Farben sind leuchtender und greller. Es entstehen die lebhaften Szenen des Pariser Lebens, etwa ›Montmartre bij de Moulin a poivre‹ und die ›Schoenen‹ (Schuhe) – beide 1887.

Die leidenschaftliche Intensität einer erstaunlichen Kreativität wird in diesen Werken, die er in Südfrankreich gemalt hatte, sichtbar. Alles in der Provence – der Frühling, der Sommer und der Herbst, der Strand, die Cafés und die Boote – fasziniert ihn. Van Gogh, der von Paul Gauguin, vor allem aber von Jean-François Millet beeinflußt wurde, arbeitete gerne in Serien. Seine berühmteste Folge sind die ›Sonnenblumen‹. Anlaß war der Besuch seines Freundes Paul in Arles, dem er das Zimmer ein wenig wohnlich machen wollte und so das erste Sonnenblumenbild malte. Gauguin reagierte begeistert, und Van Gogh malte weitere Sonnenblumenbilder. In Südfrankreich hatte er seinen Stil gefunden, seine Farben sind flammend wie die Sonne, in flackerndem Pinselstrich kreisen der Mond und die Sterne. Vincent van Gogh, der Renoir verehrte und Monticelli nacheiferte, glaubte an seine Kunst. Er, der das Leben eines Außenseiters führte, trank und rauchte, eigensinnig und unbelehrbar war, ein verzweifeltes Leben in bitterster Armut und ohne Anerkennung führte, getrieben von seiner Leidenschaft, wurde hier zum Vorläufer und Begründer des Expressionismus, zum berühmtesten Maler der Moderne. Seine expressive Ausdruckskraft wird sichtbar in den Bildern, die hier hängen, in den drei Selbstporträts (1887/88), dem blühenden ›Mandelbaum‹, ›Straßenrand im Mistral‹, dem lodernden ›Kornfeld‹, in seinem ›Schlafzimmer von Vincent‹ oder den ›Fischerbooten am Strand von Les Saintes-Maries-de-la-Mer‹ (alle 1888). Es war vor allem das Gemälde ›Die Fischerboote von Les Saintes‹, das um die Jahrhundertwende auf keiner wichtigen Ausstellung in Deutschland oder

Vincent van Gogh, Briefseite mit Skizzen, Juni 1890

Frankreich fehlte. »Am ganzen flachen Sandstrand kleine grüne, rote und blaue Boote, die qua Form und Farbe so schön an Blumen lassen denken«, faßte Van Gogh das Motiv gegenüber Bernard zusammen. Während er Strand, Luft und Wasser zurückhaltend in Ocker und Grau ausmalte, konzentrierte er seine gesamte Farbpalette auf die Boote. Auf das dritte Schiff malte er das Wort ›Amitié‹, Freundschaft. Fünf Bilder von Gauguin, darunter ein Porträt seines Freundes Vincent, ergänzen die Sammlung.

Seine Sammlung japanischer Bilder aus dem 19. Jh., die einen großen Einfluß auf seine Arbeit hatte, befindet sich im obersten Stockwerk. Auf der Galerie ist auch (aus konservatorischen Gründen nicht ständig ausgestellt) eine Auswahl seiner Zeichnungen und Briefe zu sehen. Van

Gogh war ein ebenso begabter Maler wie Zeichner. Bereits in der Haager Periode (1882/83) machte er oft Aktstudien, seine bevorzugten Modelle waren die Prostituierte Sien und deren Tochter. Im Auftrag seines Onkels, des Kunsthändlers Cent, fertigte er damals auch Ansichten von Den Haag an. Ebenso sind von Antwerpen einige Darstellungen erhalten geblieben, die er als Souvenir verkaufen wollte – ohne Erfolg. Zahlreiche dieser Arbeiten entstanden als Vorstudien zu den ›Kartoffelessern‹ in Nuenen und während seines Aufenthalts in Südfrankreich. An seinen Bruder schrieb er: »Man schaut verändert, man schaut mit einem mehr japanischen Auge. Der Japaner zeichnet schnell, sehr schnell, schnell wie ein Blitz. Ich bin hier erst wenige Monate, aber sollte ich in Paris in einer Stunde die Zeichnung von einem Boot geschafft haben?« Seine Gemälde sind ohne jene großartige Meisterschaft in den Zeichnungen undenkbar. Viele seiner Zeichnungen sind auf billigem, leicht vergilbenden Briefpapier mit verblassender Tinte angefertigt worden. Daher sind aus konservatorischen Rücksichten immer nur wenige Blätter zu sehen. Aber jene Briefskizzen, die ausliegen, zeigen u. a. Straßenszenen und Natur, Grundrisse von Häusern, Skizzen zu seinen Gemälden. So enthält ein Brief, den er am 13. Oktober 1888 aus Arles an seinen Bruder schreibt, Zeichnungen nach vier bekannten Gemälden: ›Der Garten des Dichters‹, ›Die Postkutsche bei Tarascon‹ sowie die ›Brücke von Trinquetaille‹ und eine weitere ›Brücke, auf der eine Eisenbahn fährt‹. Selten benutzte er Farben, sondern schrieb vor allem auf dem kleinkarierten, vielfach gefalteten Papier mit der Rohrfeder. Die Briefzeichnungen, für die er viel Zeit benötigt hat, spiegeln den Stilwandel seiner Zeichenkunst, die vom breiten Strich der Feder und vielen leer gelassenen Flächen bestimmt wird. Seinen letzten Brief fand man nach seinem Selbstmord am 29. Juli 1890 in seiner Hosentasche.

☐ Museum van Loon – Patrizierhaus mit Grachtengarten

Um einen Eindruck zu erhalten, wie der vermögende Stadtadel residierte, lohnt ein Besuch im Museum van Loon an der Keizersgracht. Hinter der nüchternen Sandsteinfassade, im klassizistischen Grachtenstil erbaut, ist die Wohnkultur erhalten geblieben. Die beiden Doppelhäuser, die heute das Museum bilden – das oberste Stockwerk wird noch von dem heutigen Besitzer Maurits van Loon bewohnt –, wurden von Adriaen Dortsman im Auftrag des flämischen Kaufmanns Jeremias van Raey 1671/72 entworfen. Dortsman war durch den Bau der Lutherse Kerk, Singel, und den Bau des Walenwaisenhauses, Vijzelgracht (Sitz des französischen Konsulats), bekannt geworden. Die linke Hälfte bewohnte die Familie Van Raey selber, die rechte Hälfte (Nr. 674) wurde vermietet. Der erste Mieter war der Maler Ferdinand Bol, ein Rembrandtschüler. Bol (1616–80) gehörte zu wenigen Malern, die es zu Wohlstand brachten. Im Laufe der Jahre wurde das Gebäude von mehreren Familien bewohnt, 1884 von Hendrik van Loon gekauft und 1973, nach einer durchgreifenden Renovierung, als Museum eröffnet.

Die Einteilung des Gebäudes wird von Dortsman (1625–82) sehr großzügig gestaltet, und nichts im Innern erinnert an die Struktur, wie sie bis hahin für die Häuser an der Gracht üblich gewesen war. Im Gegensatz zu anderen Baumeistern, die mit gebrannten Ziegel aus Leiden mauerten und dann die Fassade mit dem haltbaren Bentheimer Sandstein verzierten (der aber den Nachteil hatte, daß er nachdunkelte), benutzte der in Vlissingen geborene Dortsman ausschließlich Sandstein. Dortsman entwarf außerdem das ›Sweedenrijk‹, Herengracht 462, das Haus für den Bürgermeister Van Beuningen, Amstel 216, erbaute 1669 an der Herengracht 619 für Bürgermeister Jan Six das Patrizierhaus, Amstel 218.

Im Gegensatz zur Herengracht, an der bis dahin die Stadthäuser der Patrizier erbaut wurden, galt die Keizersgracht als die Adresse der einfachen Bürger. 1681 mußte der inzwischen bankrotte Van Raey das Haus für 40 000 Gulden verkaufen. Auch den späteren Bewohnern brachte das Haus kein Glück. Das Haus hingegen stieg

Museum van Loon, Eßzimmer

241

im Wert: 1731 wurde das Gebäude bereits auf das Dreifache geschätzt. Der neue Besitzer, Dr. van Hagen, kam ebenso wie der folgende Hausherr, Coenraad Hendrik Sander, aus Deutschland.

Betritt man das Gebäude, so befindet man sich in der Beletage, deren breiter Gang auf die *Tuinkamer*, das *Gartenzimmer*, zuläuft. Hier hängen zahlreiche Familienporträts derer Van Loon, aber auch einige andere bemerkenswerte Gemälde, etwa ›Die Hochzeit von Willem van Loon und Margartha Bas‹ (1637) und das symbolreiche ›Die vier Lebensalter oder die fünf Sinne‹ (1630), beide von Jan Miense Molenaer. So läßt sich dieses Bild von links nach rechts folgendermaßen interpretieren: Gefühl und Geschmack (Früchte und Katze) bei den Kindern, der Geruch (Überreichen einer Blume) bei dem jungen Liebespaar, das Gehör bei dem Mandolinenspieler und der Frau am Spinett; diese Szene symbolisiert auch Harmonie in der Ehe, die durch den Hund – Symbol für Treue – verstärkt wird. Schließlich das Alter, die letzte Lebensphase. Auch hier wurden Familienmitglieder – Alyd van der Laen und Marten Ruychaver – dargestellt. Daran, daß das Ehepaar nicht mehr lebte, als das Bild gemalt wurde, erinnert der Totenschädel in der Hand des Mannes. – In einer Vitrine wird das kostbare Familienporzellan aufbewahrt.

Vom Gartenzimmer aus hat man einen beeindruckenden Blick auf den im geometrisch-französischen Stil angelegten *Garten*, der sich bis zum Sommerhaus und dem dahinter stehenden Kutschhaus (höheres Dach) erstreckt. Diese Gärten, ein unvorstellbarer Luxus in einer befestigten Stadt, durften per Gesetz nicht bebaut werden. Eine Ausnahme wurden nur für die Kutsch- und Sommerhäuser gemacht. Neben den Sommerhäusern baute man Gartenlauben, sogenannte Priele, stellte Putten aus Marmor oder Sandstein und Sonnenuhren auf, legte Brunnen an und pflanzte so kostbare Pflanzen wie Lilien, Rosen, Lorbeer und Feigen. Die Gärten waren ebenso wie die Grundstücke genau vermessen und hatten die doppelte Tiefe des Hauses, meist 51,5 m. Das *Kutschhaus* in diesem Garten wurde ebenfalls von Dortsman entworfen, der heutige Giebel wurde um 1775 erbaut.

Neben dem Gartenzimmer befinden sich in der Beletage noch weitere Salons: das *Eßzimmer* mit einem Rokokoschrank, in dem ein Teil des kostbaren ›Amstelporzellans‹ aufbewahrt wird, und der *große* oder *blaue Salon*. In der oberen Etage liegen das *Schlafzimmer* und das *Vogelzimmer*, die frühere Bibliothek. Außergewöhnlich für ein Grachtenhaus sind die vier Standbilder, Götter der Antike, die dort seit 1672 auf dem Giebel ausharren: der Kriegsgott Mars; Athene, die Göttin der Weisheit; Ceres, die Göttin der Erde und des Wachstums, und die Figur mit Hammer und Amboß ist Vulkan, der Gott des Feuers.

Bockwindmühle nördlich von Schoonhoven ▷

Nord- und Südholland

Nordseeküste zwischen Bergen und Scheveningen

Fasziniert von Sand, Wind und Wellen zieht es in jeden Sommer Hunderttausende von Menschen an die holländische Nordseeküste. In *Zandvoort*, dem Badeort der Amsterdamer, grenzen Appartementhäuser den Strand vom alten Dorfkern ab. Die Küste ist 280 km lang, und es gibt unter den 35 Badeorten, die sich von Den Helder im Norden bis Vlissingen im südlichen Zeeland erstrecken, durchaus einige, die Badeferien wert sind.

Beliebt sind bei den Deutschen die Familienplätze *Wijk aan Zee, Noordwijk, Katwijk, Scheveningen*, aber auch *Egmond* oder *Bergen aan Zee*. Wassersportler haben vielfältige Möglichkeiten: Windsurfen und Schnorcheln, Tauchen und Segeln, Kutterfahren zum Hochseeangeln, mit dem Katamaran durch die Brandung oder wer es romantisch liebt, bucht auf einem der historischen ehemaligen Binnensegler, die längst von ihren Besitzern zu komfortablen Haussegelbooten umgebaut worden sind. Badende Gäste hingegen sieht man recht selten. Aber wer reist schon noch an diese Nordseeküste, um zu baden? Es wird zwar versichert, daß das Wasser regelmäßig untersucht wird und es sauberer sei als mancher trübe Platz des Mittelmeeres, aber die Fluten, die auf den Sand auflaufen, sehen doch recht grau aus.

Strand und Sonne, Meer und Segeln und viel frische Luft sind die Attraktionen der Küstenlandschaft. Das abwechslungsreiche Hinterland mit historischen Städten wie *Alkmaar, Haarlem, Gouda, Delft* und *Leiden*, aber auch *Hoorn* und *Enkhuizen* besitzt ebenfalls besondere Anziehungskraft. Ein traditionsreiches Seebad ist *Scheveningen*, Teil von Den Haag. Rund 600 Millionen Mark wurden dort investiert, um das älteste Seebad des Landes, dessen langer Boulevard den Beinamen ›Theke des Ruhrgebiets‹ hat, wieder attraktiver zu machen. Mittelpunkt des Badeortes ist sein drittes, total renoviertes Kurhaus. Die Anfänge der ›Königin der holländischen Seebäder‹ waren wie überall an der Küste eher rustikal, von allereinfachstem Zuschnitt. Die Häuser der Fischer waren die ersten Ferienquartiere der Sommerfrischler. Doch bald wurde es zum Tummelplatz von Aristokraten und vermögendem Bürgertum, die hier ihre freie Zeit verbrachten. Der ›einfache Mann‹ war nicht am Strand zu finden, es sei denn, er trug die Damen von Stand auf seinem Rücken durch die Brandung zum Badekarren.

Die Badesaison beginnt zwischen Ostern und Pfingsten. Dann richtet man sich ein, mietet das Appartement, ein Pensionszimmer oder den Campingplatz – immer noch die beliebteste Urlaubsart. Allein Ockenburgh bei Scheveningen verbucht jährlich rund 450 000 Übernachtungen. Während es im überlaufenen Zandvoort alle Möglichkeiten des Strandvergnügens gibt, ist es im nahen calvinistischen Katwijk Frauen verboten, sich ›oben ohne‹ in die Dünen zu legen, FKK ist Sünde. In einigen Gemeinden herrscht Fluchverbot und andere setzen sogenannte ›Sommerpolizei‹ ein, die für Ruhe und Ordnung sorgt, denn Sonne, Alkohol und enger Raum schaffen Aggressionen. Manche Orte sind fast in ›deutscher Hand‹. Es wird deutsch gesprochen und gesungen, die Speisekarten

Die Tulpe – Symbol des Goldenen Zeitalters

Keine andere Blume wird so nachdrücklich mit Holland in Verbindung gebracht wie die aus Asien stammende Tulpe. Jenes Zwiebelgewächs ist nicht nur neben Mühle und Holzschuh das Wahrzeichen des Landes, sondern war auch das Statussymbol der Kaufleute im ›Goldenen Jahrhundert‹. Auf dem Höhepunkt der Machtentfaltung, als auf allen Weltmeeren die niederländische Flagge, das ›Oranje-Blanje-Bleu‹, flatterte, Holland das Land der unbegrenzten Möglichkeiten war, brach hier das Tulpenfieber aus, wurde die Blume, die es in Hunderten von verschiedenen Form- und Farbvariationen gab und gibt, zum Wirtschaftsfaktor. Die Tulpe – bereits seit 1563 in den Niederlanden bekannt – wurde zum Symbol für die Spielleidenschaft und die Spekulationssucht der scheinbar so nüchtern denkenden Menschen. Ab 1634 begannen die Preise zu klettern, und die gesamte Bevölkerung stand im Bann der Tulpe. Die ›Tulpomanie‹, ›bollenrasernie‹, erreichte ihren Höhepunkt, und erst durch das Eingreifen der Staten-Generaal wurde 1637 das Tulpenfieber beendet.

Ob Handwerker, Regent oder Meistermaler, etwa Rembrandt, sie alle beteiligten sich an der Spekulation. So wurde etwa für die drei Zwiebeln der ›Semper Augustus‹ 1637 rund 30 000 Gulden bezahlt – eine Unsumme, für 10 000 Gulden erhielt man bereits ein Haus an Amsterdams teuerster Gracht. Vervielfältigt wurde dieses Symbol der Eitelkeit, das manchen reichen Bürger zum Bettler gemacht hatte, auf zahllosen Gemälden und Stilleben. Eines der bekanntesten ist ›Stilleben mit Tulpen‹ von Ambrosius Bosschaert aus dem Jahre 1620. Aus der Tulpomanie des 17. Jh. ist längst eine Tulpofilie, eine Feundschaft, geworden. Heute werben Banken, Großmolkereien und die Touristenindustrie mit diesem Symbol.

Carolus Clusius, auch Charles de l'Escluse genannt, seit 1593 Präfekt im Leidener Hortus Botanicus, war verantwortlich für die Einführung und Verbreitung dieses Zwiebelgewächses in den Niederlanden. Der Wiener Hofbotaniker pflanzte die ersten Tulpen 1593, die im Frühjahr 1594 blühten, und 1994 feierte das Land den 400jährigen Geburtstag eines der Wahrzeichen des Landes.

Im Frühjahr blühen die Tulpen auf den ›Bollenveldern‹ – inzwischen in 3500 Variationen. Zentren sind *Lisse, Hillegom, Anna Paulowna* in Noord-Holland, *Flevoland* und *Oude-Niedorp* bei Alkmaar. Rund zwei Drittel der gesamten Weltproduktion an Tulpen kommt heute aus den Niederlanden. Jährlich werden schätzungsweise zwei Milliarden Tulpenzwiebeln im Wert von rund 280 Millionen Mark in 80 Länder exportiert.

Tulipa praecox, Illustration aus dem ›Rariorum Plantarum‹ von Carolus Clusius, Anfang 17. Jh.

Dünenlandschaft an der Nordseeküste

sind in Deutsch, deutsche Währung wird ebenso akzeptiert wie es für viele Souvenir- und Pensionsbetriebe normal ist, daß Anschlagtafeln und Speisekarten in Deutsch geschrieben sind. Das verärgert viele Niederländer zu Recht.

Ferien am Meer ist auch die Zeit, in der man sich für das weniger Spektakuläre interessiert: das Museum in *Zandaam*, das Czaar Peter Huisje zum Beispiel. Hier hatte der russische Großfürst und spätere Zar Peter der Große 1697 gelebt, um das Zimmermannshandwerk zu lernen. Albert Lortzing machte ihn mit seiner Oper ›Zar und Zimmermann‹ unsterblich. Oder *Schoorl* mit den hohen Dünenketten (über Treppen zu erklimmen) und *Camperduin* mit der Hondsbossche Zeeweering, einer steilen Sturmflutbefestigung, die einen vorzüglichen Wander- und Radweg abgibt. Hat sich das Auge bei der Anreise durch das bäuerliche Holland an das flache Polderland gewöhnt, wird es überrascht von einer Parklandschaft, in der versteckt zwischen Wald und Dünen der reizvollen Ort **Bergen** liegt. Mit Beginn dieses Jh. entdeckten Maler, Schriftsteller und Architekten den Edelsitz, die ›Heerlijkheid‹ Bergens. Reiche Holländer bauten hier ihre ausgefallenen Villen: Die Phantasie der Baumeister muß grenzenlos gewesen sein und das Material teuer. Die architektonische Vielfalt, die als Stilrichtung ›Bergener Schule‹ in die Geschichte des Expressionismus einging, steht unter Denkmalschutz.

Über die 1906 von einem Gartenarchitekten angelegte ›Dünenstraße‹ erreicht man *Bergen aan Zee*, die Stranddependance des Ortes: Hotels, Pensionen und noch mehr Betrieb kennzeichnen den Badeort. Zwischen dem Ort und dem Nordseesaum findet sich denn auch eine ausgedehnte Wald- und Dünenlandschaft, die als schönste Hollands gilt: ein Revier mit hohen Dünen, glitzernden Teichen, den fischreichen ›meertjes‹ mit Tälern voller Heidekraut, Wollgras und Orchideen.

Zandvoort – Bade-›Vorort‹ der Amsterdamer

Der beliebteste Wanderweg ist aber, wie in allen Seebädern, der Strand. Und der ist überall frei von Kurtaxe. Der frische Wind verschafft klaren Kopf. Der Schaum auf den auslaufenden Brandungswellen nimmt irisierenden Glanz an. Hunderte von Möwen bewegen sich über die silbern glänzenden Rippen des Sandes oder vollziehen gewagte Flugmanöver über den Köpfen der Spaziergänger. Das schrille Gegacker von Fasanen und die langgezogenen Rufe der Brachvögel sorgen für Akzente im Konzert von Wind und Brandung.

☐ Alkmaar

Ein wunderliches Schauspiel ist es schon, das sich jeden Freitagmorgen auf dem historischen Marktplatz der altholländischen Stadt Alkmaar abspielt. Da laufen weißgekleidete Männer mit bunten Schleifen an ihren Strohhüten mit bis zu 160 kg schweren Käsebahren von A nach B und von dort nach C, von den Käsebergen zur Käsewaage und von dort zu den Lastwagen. Ein Schauspiel, daß heute der Promotion von holländischem Käse dient. Im Jahre 1100 wurde erstmals Käse erwähnt, als Rotterdamer Schiffer in Koblenz ihre Waren mit Käse bezahlten, und 1426 wird der Beruf des Käsemachers, des ›Caescopers‹ erwähnt. Davon soll sich der Kosename ›Käsekopf‹, kaaskop, für Holländer ableiten. Eine andere Erklärung: Bauern benutzten die hölzernen Fässer als Schutzhelme und wurden daher von ihren Feinden Kaaskop genannt. Der *Käsemarkt* auf dem Waagplein ist eine einmalige Attraktion, die sich jährlich etwa 400 000 Besucher ansehen.

Zunftregeln aus dem Jahre 1751 legen den Ablauf exakt fest: Von den ›Zettern‹, den Setzern, werden am frühen Morgen die Käselaiber zu Pyramiden gestapelt. Es gibt 28 Käseträger, die in vier Gruppen, den ›Veemen‹, unterteilt sind und sich durch die Farben der

247

Strohhüte – Grün, Rot, Gelb und Blau – unterscheiden. Jeder Gruppe steht ein ›Tasman‹ vor, dem die Verantwortung für den schnellen Transport unterliegt. Alle zwei Jahre wird ein neuer Obmann gewählt, dessen Ernennung vom Bürgermeister bestätigt werden muß. So wichtig nimmt man hier das Käsegeschäft. Als Zeichen seiner Würde trägt der Obmann ein silbernes Schildchen. Während der Arbeit dürfen die Träger weder rauchen noch trinken, auch kein Trinkgeld annehmen und müssen jeden Befehl widerspruchslos ausführen. Auch Fluchen, ›vloeken verboden‹, ist untersagt.

Erstmals wurde der Ort 866 als ›Alcmere‹ erwähnt, 1254 erhielt er das Stadtrecht und wurde bekannt durch die zweimonatige vergebliche Belagerung der Spanier von 1573. Zur Zeit von Statthalter Willem V. wählte die Stadt die Seite der ›Patrioten‹ und stellte sich gegen die Oranjetreuen. Während des Zweiten Weltkriegs war Alkmaar ein wichtiges Zentrum der Widerstandsbewegung.

Ein Vorbild der Brabanter Gotik ist die renovierte **Grote** oder **St. Laurenskerk,** die nach den Plänen des in Mechelen arbeitenden Baumeisters Anthonis Keldermans gebaut wurde (1460–1512). Die Kanzel entstand 1655, und die große Orgel (1641–43) wurde nach einem Entwurf von Jacob van Campen (Rathaus Amsterdam) gebaut. Alkmaar, im 16. Jh. eine der reichsten altholländischen Städte, hat ein reizvolles Zentrum mit Grachten und Gassen. Das spätgotische **Rathaus** (1509–20) erhielt im 19. Jh. eine neue Fassade. Zu dem Prunkstück der Stadt gehört die **Waage** (Kästemuseum), eine ehemalige Kapelle, die 1582 zur Stadtwaage umgebaut wurde. Über der Vierung erhebt sich der Turm (1597–99), in dem zu jeder vollen Stunde ein Reiterspiel auftritt. Das **Stedelijk Museum** (Doelenstraat 3) in einem stattlichen Gebäude des 17. Jh., ehemals Sitz der Schützengilde, zeigt u. a. Gemälde des 16./17. Jh., Wandfliesen und altes Spielzeug.

☐ Broek in Waterland

Dieses Dorf im Waterland, dem Wasserland, nördlich von Amsterdam, ist seit alters bekannt für seine sprichwörtliche Sauberkeit. Bereits dem italienischen Reisenden Edmondo de Amicis war 1873/74 das »holländische Phänomen der Stuben-

◁ *Alkmaar, Waage (Käsemuseum)*

Käsemarkt auf dem Waagplein in Alkmaar

reinheit« nicht nur in Delft, sondern vor allem in Broek in Waterland aufgefallen. Auch ist es verboten, so de Amicis, Schafe, Pferde und Kühe, die die Gassen verschmutzen, durch das Dorf zu treiben. Der Reinlichkeitswahn der Frauen von Broek war so groß, daß sie es gar versäumten, in die Kirche zu gehen. Nur durch eine List gelang es dem calvinistischen Prediger, daß die Frauen wieder voll Eifer in den Gottesdienst kamen.

Nach Broek in Waterland (Farbabb. 28), das bereits Victor Hugo, Walter Scott und Napoleon besucht hatten, gelangt man auf einer Schnellstraße oder auf Feldwegen. Seit 1991 gehört die Gemeinde gemeinsam mit den Orten **Ilpendam, Katwoude, Marken** und **Monnickendam** zur Zentrumsgemeinde **Waterland.** Bereits 1612 hatten sich diese Gemeinden zur ›Unie van Waterland‹ zusammengeschlossen, um Amsterdam Konkurrenz bieten zu können. In zahlreichen historischen Reisebeschreibungen wird Broek als farbenprächtiges Dorf beschrieben: »Hier gelb, dort grün und dort drüben wieder anders wie rot, schwarz, aschgrau, purpur, lichtgrün oder lichtblau.«

Das ›Puppendorf‹, 1967 unter Denkmalschutz gestellt, war einst ein lebhafter und wohlhabender Hafenort. Im 17. Jh. wohnten hier vor allem Schiffer, Schiffsversicherer und Pensionäre aus Amsterdam. Ein streng calvinistisches Dorf: bescheiden sahen die Fassaden aus, aber wohlhabend war die Einrichtung. Nach dem Zweiten Weltkrieg verkauften oder vermieteten die Bauern ihre Häuser an Amsterdamer. Inzwischen sind die Holzhäuser sehr begehrt und teurer als ein durchschnittliches Wohnhaus an einer der Amsterdamer Grachten. Ein Broeker Haus besteht aus einem Vor-, Mittel- und Hinterhaus, oft ist daran noch ein sogenanntes ›goedjaarsend‹ gebaut. Das Vorhaus wird kaum benutzt, es diente allein dem optischen Effekt. Die vordere Tür, die sogenannte ›dooddeur‹, wurde nur zur Hochzeit und zur Beerdigung geöffnet. Im Vorhaus waren auch keine Fenster. Im Winter wohnte die Familie im Mittelhaus und im Sommer im Hinterhaus. Das ›goedjaarsend‹ wurde gebaut, um zu zeigen, daß man wohlhabend war. Sehr populär sind heute Hochzeiten in der Broeker Kirche.

Über das Dorf Broek sagte der Philosoph Arthur Schopenhauer es sei »gewiß eines der sonderbarsten in der Welt«. Und Edmondo de Amicis schrieb: »Man stelle sich eine Sammlung von Papierhäuschen vor, die ein Junge von acht Jahren gebastelt hat; ein Dorf, das ein Tanzmeister nach dem Dessin eines chinesischen Fächers entworfen hat; die Grille eines Asiaten, der trunken von Opium war; etwas, das gleichzeitig an Japan, Indien, die Tartei oder die Schweiz erinnert oder ans Rokoko von Madame Pompadour; kurz gesagt: die kindischste Extravaganz, die man noch Dorf nennen darf.«

Nachdem die Spanier aus Nordholland vertrieben worden waren, konnte mit der Trockenlegung begonnen werden. Auch kleinere Rathäuser, im Stil der holländischen Renaissance, wurden errichtet: Verziert waren die rechteckigen, nicht mehr als zwei Etagen hohen *raadhuisen* mit Ornamenten aus Sandstein. Von den einst 23 Renaissance-Rathäusern Nordhollands sind neun erhalten geblieben. Die schönsten stehen in den Dörfern **Zuidschermer, Jisp, Schoorl, te Graft** und **De Rijp** – erbaut von Jan Adriaansz. Leeghwater (1575–1650), dem legendären Wasserbauingenieur, der erste Wassermühlen konstruierte, mit denen das Land trockengelegt werden konnte.

Neben den zahlreichen, oft silbergrau bemalten Holzhäusern aus dem 17. und 18. Jh., fällt vor allem die zweischiffige spätgotische **Kirche** der niederländisch-reformierten Gemeinde auf. Der Bau stammt vermutlich aus der Zeit um 1425, brannte 1573 teilweise ab und wurde im 19. Jh. erneuert. An der reichverzierten Kanzel eine Sanduhr (etwa 1685), in der die maximale Zeit zu lesen ist, die eine Predigt dauern darf. – Eine Käserei und eine Aalräucherei befindet sich am Havenrak.

In Richtung IJsselmeer ragt aus dem Waterland der nie vollendete wuchtige Kirchturm von **Ransdorp** aus dem Grün. Eine nordische Landschaft, gradlinig und ästhetisch. Eine Landschaft mit weitem Horizont, klarem Licht und imponierenden Wolkengebirgen. Hinter Weißdornbüschen und inmitten von Weiden glänzen im Sonnenlicht die grünen Giebel der Häuser des nahen **Zunderdorp:** Ein Bild wie aus einem Werbeprospekt.

Am IJsselmeer

☐ Monnickendam, Marken und Edam

Eine der schönsten Städte am IJsselmeer und bislang noch nicht im Griff des Freizeittourismus, abgesehen von einigen Segelbooten im Hafen, geht auf eine Klostergründung

In Monnickendam

Im Hafen von Marken

zurück. Die Umgehungsstraße N 247 (Hoorn – Amsterdam) entlastet den historischen Stadtkern. **Monnickendam,** es erhielt 1355 das Stadtrecht, entwickelte sich dank seiner hervorragenden Lage an der früheren Zuiderzee zu einem bedeutenden Zentrum des Heringshandels, und seine geräucherten Aale waren eine begehrte Delikatesse. Der Stadtkern mit seinen holprigen Gassen, an denen zum Teil die restaurierten Giebelhäuser aus dem 16. bis 18. Jh. stehen, ist erhalten geblieben. Die spätgotische **St. Nicolaaskerk,** auch die **Grote Kerk** genannt, ist ein dreischiffiger Hallenbau aus dem Jahre 1420. Das hell und weit wirkende Kircheninnere besitzt kostbare Holzschnitzereien, ein spätgotisches Chorgitter (um 1530) und ein Taufbecken (15. Jh.). Die *Alte Waage* mit dem typischen Vordach (heute Restaurant) wurde um 1600 errichtet. Hinter dem Gebäude erhebt sich der zierliche *Speeltoren,* das aus 16 Glocken bestehende Glockenspiel wurde 1591 in den Spielturm gehängt und erklingt auch heute noch regelmäßig.

Von Monnickendam gelangt man in nördlicher Richtung nach **Volendam,** der ›Heimat‹ von Frau Antje und touristisch aufs wunderschönste vermarktet, oder auf der Deichkrone östlich weiter nach **Marken** (Farbabb. 27). Einst gehörte das Fischerdorf mit seinen gepflegten Holzhäuschen zum Festland, die Juliansflut von 1164 machte es zur Insel; inzwischen ist es durch einen Damm wieder mit dem Waterland verbunden. Auf dem Wasser die braunen Segel der ›Bruinen Boote‹, am Horizont die weißen Tupfer der Segler.

Rund um Monnickendam erstreckt sich das platte grüne Polderland. Alterschief ducken sich die engbrüstigen Häuser mit ihren Schornsteinen hinter dem Deich, und die Dächer sind vom feuchten Seewind grasgrün. Friedlich hocken Möwen und Spatzen nebeneinander, und dort, wo einst die Heringsfänger ankerten, schaukeln heute die Freizeityachten.

Käse aus **Edam,** ›casekens‹, wurde bereits im 15. Jh. ins Ausland verkauft. Die Kleinstadt, die 1357 die Stadtrechte erhielt, war eine der ersten Plätze, deren Bewohner calvinistisch wurden und erlebte vom 15. Jh. bis ins 17. Jh. ihre Blütezeit. Heute ist Edam eine verträumte Kleinstadt. Sehenswert sind *Speeltoren,* Turm der ehemaligen Liebfrauenkirche mit ältestem Glockenspiel (1500), die spätgotische *Grote Kerk* mit den herrlichen bleiverglasten Fenstern (14. Jh.).

☐ Enkhuizen

Als das IJsselmeer noch Zuiderzee genannt wurde, war es die wichtigste Handelsroute für die Segler, die mit ihren Gütern aus Asien, der Ostsee und dem Nordmeer nach Holland kamen. Auf eine ruhmreiche Vergangenheit können die historischen Städte Hoorn und Enkhuizen zurückblicken. In ihren Zentren, von Grachten und Gassen durchzogen, an denen zahlreiche malerische Giebelhäuser stehen, ist vom Charme altholländischer Seefahrerorte noch viel zu spüren. Im 17. und 18. Jh. besaß Enkhuizen die großen Werften, auf denen die Fleuten der V.O.C. und der W.I.C. gebaut wurden. Das **Rathaus,** von Steven Vennecool aus Amsterdam in Sandstein ausgeführt (1686–88), ist noch bis ins Detail erhalten geblieben, besitzt einen prächtigen Bürgersaal und das Bürgermeisterzimmer. Hinter dem Rathaus befindet sich das Gefängnis. Von der Stadtbefestigung steht nur noch der mächtige Rundturm, **Dromedaris** genannt. In dem 1540 erbauten und 1649 erhöhten Turm befand sich ein Gefängnis, und heute erklingt ein Glockenspiel aus der bekannten Amsterdamer Werkstatt Hemony. Vom Turm hat man einen schönen Rundblick über Hafen und Stadt. Überragt wird die 16 000 Einwohner zählende Stadt, in der während ihrer Blütezeit bis zu 40 000 Menschen lebten, vom 75 m hohen Turm der **St. Pancras-** oder **Zuiderkerk,** einer gotischen Hallenkirche (Baubeginn um 1423). Im achteckigen Turm, von einer Zwiebelspitze gekrönt, hängt ebenfalls ein Hemony-Glockenspiel.

In der Westerstraat mit den zahlreichen Patrizierhäusern steht die dreischiffige gotische Hallenkirche **St. Gommarus,** im 15. und 16. Jh. errichtet. Auf dem Kaasmarkt befindet sich die alte **Stadtwaage,** 1599 im Stil der Frührenaissance errichtet, heute *Städtisches Museum.* Etwas Besonderes ist das *Flessenscheepjes Museum* (Zuiderspui 1), in dem rund 700 Buddelschiffe zu sehen sind.

Enkhuizen ist heute vor allem als Wassersportzentrum bekannt. Im **Buitenhaven** liegen dicht an dicht die historischen Boote, mit denen zahlende Gäste in Richtung IJsselmeer, zu den Nordseeinseln nach Dänemark, England oder Norwegen segeln. Eine der interessantesten Sehenswürdigkeiten ist das **Rijksmuseum Zuiderzee,** das aus einem Innen- und Freilichtmuseum besteht. Im Innenmuseum, einem Lagerhaus der V.O.C. aus dem 17. Jh., sind zahlreiche Boote, Möbel, Trachten, Gemälde u. a. zu sehen. Das rund

500 m entfernt liegende Außenmuseum dokumentiert die – nach dem Bau des Abschluß-
deiches (Afsluitdijk) – verlorengegangene Handwerker- und Fischereikultur der früheren
Zuiderzee. Auf einem weiten Areal, durchzogen von Kanälen, wurden rund 135 Gebäude
aus Dörfern naturgetreu wieder aufgebaut und im Stil ihrer Zeit (1880–1932) eingerichtet.
Aus Kollum kommt die Dorfschule, aus Hoorn die Apotheke, von Urk Fischerhäuser, die
Kalköfen aus Akersloot. Damit das Museum auch ›lebt‹, wird u. a. in der Wäscherei, dem
Bootshaus und der Korbflechterei gearbeitet, sind Krämerläden und Café geöffnet, wird
frisch geräucherter Aal oder Bückling warm aus der Fischräucherei verkauft.

Von Enkhuizen aus können im Sommer Ausflüge mit dem Boot nach **Medemblik,**
dem ältesten Ort Westfrieslands (aus dem 10. Jh.), unternommen werden. Vor dem Bau
des Abschlußdeiches war es ein Handelshafen, heute ist der Ort Ziel für Wassersportler.
Sehenswert sind die spätgotische Hallenkirche *St. Bonifatius* (15./16. Jh.) und das **Schloß
Radboud,** dessen Gründung auf das Jahr 1288 zurückgeht. Die verfallene Burg wurde im
letzten Jahrhundert von dem Architekten Cuypers (von ihm stammt auch das Amsterdamer Rijksmuseum) restauriert; heute ist das Kastell Kulturzentrum. Zwischen Medemblik und Hoorn verkehrt eine historische Eisenbahn auf der im Jahre 1880 angelegten
Bahnlinie.

Enkhuizen, Stadtwaage auf dem Kaasmarkt

☐ Hoorn

Die frühere Hauptstadt Westfrieslands war eine Brücke zwischen Holland und den Ostseeländern, ein reiches Handelszentrum, dessen Kaufleute mit Holz, Heringen und Leinen ein Vermögen verdienten. Wer heute durch die Gassen dieser altholländischen Stadt geht, von 1560 bis 1640 als Hafen so bedeutend wie Amsterdam, findet hier und da noch Spuren, die von glorreichen Zeiten berichten. In den Gassen, die von Rode Steen ausgehen, stehen noch zahlreiche historische Gebäude, die ästhetischen Ansprüchen gerecht werden: die **Waage**, 1609 nach einem Entwurf des Amsterdamer Stadtbaumeisters Hendrick de Keyser entworfen. Gegenüber der Waage das 1632 erbaute *Proostenhuis*, einst Sitz des Rates von Westfriesland und heute **Westfries Museum;** neben zahlreichen Schützenbildern auch Zeugnisse der Stadtgeschichte. Auf dem Platz das Standbild des Jan Pietersz. Coen, der als skrupelloser Gouverneur von Batavia (heute Djakarta) bekannt geworden ist. Berühmt geworden sind noch zwei weitere Hoorner Söhne: Abel Tasman (1603–59), Entdecker von Neuseeland und Tasmanien, und Willem Schouten (1580–1625). Der Seefahrer Schouten umsegelte 1616 die Vorgebirge von Südamerika und benannte sie nach seiner Vaterstadt Kap Hoorn.

Hoorn wurde im 14. Jh. als Niederlassung niederdeutscher Kaufleute in der Mündung der Gouwe gegründet, erhielt 1357 das Stadtrecht von Willem V. van Holland. Die Stadt, die heute 60 000 Einwohner zählt, war mit je einem Sitz im Kollegium der V.O.C. und W.I.C. vertreten. Vor den Toren Hoorns fand am 11. Oktober 1573 eine Seeschlacht zwischen Spaniern und Nordholländern statt. Im 18. Jh. – als Folge der englischen Kriege – trat der Verfall ein; im 19. Jh. wurden nutzlos gewordene Hafenbecken zugeschüttet, und mit dem Bau des Abschlußdeiches wurde auch Hoorn – ebenso wie die anderen See- und Fischfahrerstädte – vom offenen Meer abgeschnitten. Tourismus und Wassersport sind heute wichtige Erwerbsquellen.

Am Grote Oost erhebt sich die spätgotische **Oosterkerk** (1450–1620), und nordwestlich vom Rode Steen, dem früheren Käsemarkt, steht die ebenfalls spätgotische **Noorderkerk** (1426–1519). Die Gegend rund um den Appelhaven, Veermanskade, Grote Noord und am alten Binnenhaven mit den alten Giebel- und Lagerhausfassaden ist besonders reizvoll. In vier Hafenbecken dümpeln bis zu 1100 Yachten und Kajütboote gleichzeitig. Im Sommer und an Wochenenden wird es rund um den alten Hafen turbulent; noch mehr als in Enkhuizen oder Medemblick sind hier deutsche Besucher fast allgegenwärtig und auffällig – nicht immer zur Freude der Anwohner. Mit Gleichmut und das seit Jahren schon, blicken die drei bronzenen Schiffsjungen Althollands – Padde, Hajo und Rolf – über den Trubel an der Kaimauer hinweg und halten Ausschau nach Segeln an der Kimm.

Hinter Hoorn in Richtung **Wieringerwerf** erreicht man den ersten Zuiderzeepolder. Im ›neuen Land‹ des *Wieringermeerpolders* in **Den Oever** am Ende des Abschlußdeichs, **Afsluitdijk**, steht das Denkmal des Ingenieurs, der ihn verwirklichen ließ: Cornelis Lely. 30 km weiter, am anderen Ende, beginnt die Provinz Friesland. Die Landschaft ist weit, und der Himmel ist hoch wie kaum irgendwo. Der Wind bläst aus allen Richtungen, kräuselt das Wasser, zerzaust die Bäume und trägt Gerüche von frischem Land und brackigem

Wasser herbei. Eine Duftnote, die unnachahmlich die tellerflache Landschaft prägt, von der die Bauern sagen, daß man morgens bereits die Gäste erkennen kann, die einem mittags den Genever wegtrinken. Und über allem Wolken, jene bekannten Cumulusgebilde, die so typisch für die intimen Bilder eines Jan Vermeer waren und ohne die das hügellose Holland undenkbar ist. Jahrhundertelang haben die Menschen in Westfriesland versucht, dem Land das Wasser auszutreiben. Einst mit Poldermühlen, heute mit Motorpumpen.

Claude Monet und die Blumenfelder

Amsterdam und seine Umgebung waren zwischen 1840 und 1890 das Ziel vieler französischer Maler. So kamen *Claude Monet, Camille Corot, Gustave Courbet, Eugéne Isabey* und *Edouard Manet* ins ›Paradies des Nordens‹, um sich vom eigenwilligen Charakter der Landschaft mit ihren Poldern, Kanälen, Brücken, Deichen, Mühlen, den roten Backsteinhäusern und natürlich den Blumenfeldern inspirieren zu lassen. Die Anfahrt war beschwerlich und zeitraubend, denn anders als im benachbarten Belgien oder Deutschland war man mit dem Ausbau eines Eisenbahn- und Straßennetzes sehr zurückhaltend – schließlich hatte man ja Flüsse und Kanäle. Erst nachdem 1872 die Moerdijkbrug fertiggestellt worden war und es von nun an eine durchgehende Eisenbahnverbindung zwischen Amsterdam und Paris gab, setzte der Ansturm ein.

Erklärtes Ziel jener Touristen waren die *Mühlenlandschaften* bei *Dordrecht* und *Rotterdam,* die *Blumenfelder* bei *Leiden* und *Haarlem,* das bunte Dorf *Broek in Waterland* und *Zaandam.* Ein absolutes ›must‹ waren die in Blüte stehenden *Blumenfelder* bei *Haarlem.* Seit dem 17. Jh. war Haarlem das Zentrum für den Handel mit Tulpen, Hyazinthen und anderen ›exotischen‹ Zwiebelgewächsen. Vor allem die Tulpenfelder mit ihren reichen Farben haben zum Ruhm der Landschaft beigetragen. Neben den Blumenfeldern und den Mühlen waren die beherrschenden Motive Strand- und Dünenszenen, Dorfbilder, die Vecht und die Amstel bei Amsterdam.

Claude Monet, der im Jahre 1871 von Juni bis Oktober in *Zaandam* mit seiner Familie verbrachte, malte dort 25 Bilder. Es ist anzunehmen, daß den Maler dort die primäre Kraft der Landschaft und das klare Licht lockten und – vor allem – die Aufenthaltskosten gering waren. Monet hatte gehofft, reiche Kaufleute würden ihm die Bilder abkaufen. Aber die Arbeiten des Impressionisten gefielen den Leuten nicht, wurden von dem holländischen Autor Marcellus Emants »als schlechte Dekoration und in einem schmierigen Theater« abqualifiziert. Abgesehen von einem oder zwei Porträts kaufte kein Holländer ein Werk von Monet. Claude Monet besuchte 1886 zum letzten Mal das Land. Diesmal auf Einladung der französischen Botschaft in Den Haag und als gefeierter Maler. Die Zeitschrift ›Portefeuille‹ schrieb am 8. Mai: ». . . einer der talentvollsten Impressionisten ist im Lande, um impressionistische Studien von den Tulpenfeldern zu machen.«

Zwischen Bunkerresten aus dem Zweiten Weltkrieg immer wieder Kanäle. Ganz oben dann, am ›Nordkap‹ Althollands, liegt **Den Helder**. Hier befindet sich der größte Kriegshafen des Landes und der Fährhafen nach Texel. Und hier endet das Land und beginnt das Meer, und am Horizont erkennt man die hellen Sandstrände der Nordseeinsel *Texel* im Wattenmeer.

☐ Radfahren in Altholland

Der Ort **Zaandam** mit seiner klassisch-schönen Silhouette, mit Windmühlen und grün gestrichenen Häusern, verschwindet langsam, als wir über die Bartelsschleuse in Richtung **Wormerveer** radeln. Hoch ist der Himmel und weit das Land. Hinter Weißdornbüschen und verborgen von Buchenbäumen glänzen im Sonnenlicht die ›Stolphäuser‹ der reichen holländischen Bauern. Es macht Spaß, auf gut gepflegten Rädern durchs platte altholländische Land zu fahren. Der Weg führt von Wormerveer am Kanal entlang zur *Poldermühle De Woudaap* aus dem Jahre 1651, in Richtung **Uitgeestermeer** zu den *Mühlen Broekermolen, De Kat* (zu besichtigen, wenn die blaue Fahne weht), zur *De Dog* und weiter zur *Dorre geestermolen* aus dem Jahre 1896. Hinter dem Dorf **Akerslot**, am *Alkmaarder Meer*, dreht sich die *Mühle De Oude Knegt*.

Die unbeschwerte Landschaft kennen wir von den Prospekten. Immer platt, mit Pappeln an den Gräben. Selbstverständlich tuckern Segelboote auf den Flüssen. Es muß eine geheime Abmachung zwischen den Fotografen und Reiseveranstaltern bestehen, daß Holland immer so idyllisch aussieht, wie die Landschaft am Nordhollandskanal. In Wirklichkeit ist es auch auf den Fahrradwegen so eng wie auf den unweit entfernten Schnellstraßen.

Kulturelle Höhepunkte der Reise sind **Alkmaar** – nicht nur wegen seines Käsemarktes, sondern vor allem wegen seines historischen Stadtkernes innerhalb der Grachten – die Dörfer Graft und De Rijp. Hier befinden wir uns noch immer 4 m unter dem Meeresspiegel. Der *Schermerpolder* wurde von 1631–35 von 50 Mühlen trockengepumpt. In **De Rijp** überraschen eine spätgotische Kirche, das Rathaus und zahlreiche gepflegte Bürgerhäuser, die vom Wohlstand künden, als im 16. und 17. Jh. mit der Heringsfischerei und der Seefahrt noch Geld verdient werden konnte. Auch **Graft** mit dem Rathaus aus dem Jahre 1613 oder **Schermerhorn** mit der spätgotischen Kirche sind Dörfer, wie man sie in dieser platten Landschaft mit dem strengen Duft der intensiven Viehzucht nicht erwartet hätte. Im *Groot-Schermer-Land* radelt man wahrhaftig, als befände man sich in einem der Gemälde eines altholländischen Meistermalers und unter Wolkengebilden, die noch immer so typisch für das flache Polderland sind. Diese Gebirge, die sich über die maßlose Stille des hügellosen Landes legen, mit ihrem Reichtum an Formen und Farben, sind noch immer das Markenzeichen Hollands.

☐ Flevoland – Provinz auf dem Meeresboden

Die ersten Möbelwagen kamen am 2. Oktober 1967. Seitdem ist die Einwohnerzahl in der Provinzhauptstadt **Lelystad** auf mittlerweile rund 80 000 Personen angestiegen. In

Almere (großes Meer) wurden 1977 die ersten 70 Häuser verkauft, inzwischen gibt es in der zweitgrößten Stadt des Polderlandes 38 000 Wohnungen. Lelystad, Almere und noch eine Vielzahl von Dörfern sind auf dem Reißbrett entstandene Orte und eigenwilliges Produkt einer Schöpfungsgeschichte nach holländischer Art. Flevoland ist die jüngste der zwölf Provinzen Hollands: eine aus dem Meer gewonnene Kunstlandschaft. Historische Plätze sind **Schokland,** eine ehemalige Insel, und das bereits im Jahre 966 erwähnte Fischerdorf **Urk,** bis 1939 ebenfalls eine Insel (heute Noordoostpolder). Der Ort hat 17 Kirchengemeinden und eine eigene Urker Kleidertracht. Hier ist Fluchen sonntags verboten. Lebendig wird es hier freitags, wenn die Fischtrawler, die modernsten Hollands, vom Fang zurückkehren. Mit viel Trubel wird die Fracht an Land geschafft, Schiffseigner und Polizei passen auf, daß keine Kiste mit Seezunge blitzschnell in einem Kofferraum verschwindet. Fischwirtschaft ist Grundlage des Wohlstands; allerdings ist auch des Überschreiten der Fischfangquoten üblich.

Bei einer Fahrt durch das Land, bis zu 5 m unter dem Meeresspiegel und platt wie ein Billardtisch, wird der Besucher immer wieder mit dem Willen der Holländer konfrontiert, dem Wasser Land abzugewinnen. Da dümpeln am Anleger vieler schmucker Häuser Segel- und Motorboote, vor den gepflegten Reihenhäusern strahlen blitzblank geputzte Autos. Die Straßen sind breit und sauber, in den Einkaufszonen keine Bettler oder Penner,

ja selbst Straßenmusikanten fehlen. Es gibt in diesem holländischen Feriengebiet (2,4 Mill. Übernachtungen) mit seinen 21 Yachthäfen (6643 Liegeplätze) – allein im Bootshafen von Lelystad dümpeln dicht an dicht rund 450 Yachten, jede vierte davon gehört deutschen Eigentümern – und den zahlreichen Bungalowdörfern eine Menge Himmel, viel Grün und noch mehr klare Luft. Sanierungsbedürftige Viertel – die Häuser sind im Schnitt nicht älter als zehn Jahre – wie in Amsterdam oder Den Haag sucht man hier vergeblich. Auch die Kriminalität ist in diesem Musterland für Mustermenschen gering. Architekten und Stadtplaner aus der ganzen Welt, darunter auch aus der Bundesrepublik, reisen jährlich hierher, um sich vom Planungswunder inspirieren zu lassen.

Auf der Werft in Lelystad nachgebaut –
die ›Batavia‹

V.O.C.-Schiff ›Batavia‹

Im Jahr 1630 kam ein Pamphlet heraus, in dem die besonderen Umstände, die zum Untergang des neuen V.O.C.-Schiffs ›Batavia‹ geführt hatten, beschrieben wurden. Der Dreimaster mit 350 Menschen an Bord erlitt durch Trunkenheit seines Kapitäns 1629 Schiffbruch vor der Westküste von Australien, die 250 Überlebenden meuterten, das führte zum Tod von weiteren 125 Seeleuten, und der Schiffsrat bestrafte die Schuldigen erst durch Abschlagen der Hände (die normale Strafe für Meuterei) und später durch Erhängen. Auf der Werft in *Lelystad* wurde 1987 mit dem Bau einer Replik der *Batavia* begonnen. 250 Freiwillige und rund 40 festangestellte Personen arbeiteten an diesem originalgetreuen Nachbau. Im Gegensatz zur ›Amsterdam‹ am Scheepvaartmuseum in Amsterdam wurden bei der ›Batavia‹ keine Konzessionen gemacht. Die Decken wurden nicht erhöht – man muß gebückt durch die Räume gehen –, das Schiff kann segeln, und aus den 24 Kanonen kann gefeuert werden. Schiffsbauer Willem Vos, der ein Lebenswerk aus dem Bau gemacht hat, will, daß »Leben an Bord atmet wie bei den Seglern des Goldenen Zeitalters«. Geplant ist, daß die ›Batavia‹ die Route der untergegangenen ›Batavia‹ fährt, also Richtung Australien. Mit einem zweiten Nachbau, der ›Zeven Provinciën‹, ist begonnen worden.

Die im südlichen Ijsselmeer gelegene Provinz, die erste und letzte seit 140 Jahren, besteht aus dem **Noordoostpolder** mit den Orten **Urk** und **Emmeloord, Oostelijk Flevoland** mit **Lelystad, Zuidelijk Flevoland** mit **Almere** und dem **Waardermeer**. In den vergangenen Jahrhunderten zirkulierten immer wieder Pläne, die Zuiderzee trockenzulegen. Im Jahre 1873 wurde erstmals eine Kommission eingesetzt, die diese Möglichkeit prüfen sollte. 1927 wurde mit dem Bau des **Abschlußdeiches** zwischen Nordholland und Friesland begonnen; 1932 waren die Arbeiten abgeschlossen, aus der salzigen *Zuiderzee* wurde das süßwasserhaltige *IJsselmeer*. Auf der 32 m breiten Deichkrone wurde eine Autobahn (A 7) angelegt und mit der Trockenlegung begonnen, 1937 mit dem Noordoostpolder, 1950 mit Ostflevoland, und 1968 fiel als letzter Polder Südflevoland trocken. Für die Entwässerung sorgen gewaltige Schöpfwerke. Es sollte bis zu 15 Jahre dauern, bis aus der Schlickschicht brauchbares Land wurde. Vom Flugzeug aus wurde zuerst Schilfsaat ausgestreut, die Pflanze entwässert den Boden und ihr Wurzelwerk sorgt für Tragfähigkeit. Nach dem Schilf wurde Raps eingesät, dann Weizen, Gerste und Hafer, und später wurde der Boden mit Flachs und Hülsenfrüchten kultiviert. In der 141 000 ha großen Provinz entstanden aber nicht nur Ackerflächen, Obstplantagen, Blumenfelder, sondern auch Naturgebiete. Wegen der Größe der Felder nennen sich die Bauern hier Landbauern.

Holland, seit seiner Kolonialzeit eines der wohlhabendsten Länder, in dem heute selbst die Post noch Gewinne macht, hat sich aus der Brüsseler Armenkasse, dem EU-Strukturfonds für ärmere Länder, bedient. Flevoland, greifbares Symbol von Hollands Kampf gegen das Wasser, wurde dank eines statistischen Manövers (das Bruttoeinkommen eines jeden Flevoland-Bewohners konnte unter die 75-Prozent-Marke des EU-Durchschnittes gedrückt werden) zum europäischen ›Dritten Land‹ definiert, das Anspruch auf Armenhilfe hat. So wird dank der EU-Gelder die künftige Bautätigkeit alle Dimensionen sprengen: neue Straßen, Eisenbahnlinien, Forschungs- und Kulturzentren. Geld erhalten auch Hollands reichstes Fischerdorf Urk und verschiedene Yachtclubs zum Ausbau ihrer Freizeithäfen. Rund 1,2 Milliarden Mark werden bis zum Jahr 2000 in die erst 1986 entstandene Provinz fließen. Die Zahl der Einwohner von zur Zeit 223 000 soll sich auf eine halbe Million Menschen erhöhen. Für diese Menschen müssen Arbeitsplätze in der Verwaltung, der Tourismusbranche und der Agrarindustrie geschaffen werden. Die Meeresprovinz soll Hollands ›Business-Zone‹ werden, das Sprungbrett nach Nord- und Ostdeutschland. Die Provinz ist längst zu einem Ziel für Wassersportler (Surfen, Wasserski, Segeln) geworden. Rundfahrtboote warten in den Häfen von Urk und Lelystad, es gibt mehrere Freizeitparks. Die größte Attraktion ist die *Werft*, dort gibt es die Rekonstruktion der ›Batavia‹ zu sehen, ein V.O.C.-Schiff, das auf seiner ersten Reise durch den betrunkenen Kapitän an die Klippen der Küste Westaustraliens gesteuert wurde und sank. Flevoland ist über ein gut ausgebautes Verkehrsnetz zu erreichen. Zwischen Amsterdam und Lelystad, via Almere, gibt es eine Bahnverbindung.

Randstad

☐ Den Haag – Regierungssitz und Seebad

Nimmt man den Zug nach Den Haag von Amsterdam aus, so muß man umsteigen: zwischen der Amsterdamer Centraal Station und dem Haager Hauptbahnhof besteht keine Direktverbindung. Auch darin macht der Regierungssitz die Trennung zur Hauptstadt deutlich. Das politische Zentrum des Landes hält Abstand zu Amsterdam, für den standesbewußten Hagenaar das ›Sodom und Gomorrha‹. Den Haag gibt sich elitär, versnobt, und die gesellschaftlichen Rangunterschiede sind hier größer als in irgendeinem anderen Teil des Königreichs. In Den Haag gibt es noch feine Clubs, wird noch zwischen einem Weledelgeboren Heer und einem geleerde Heer ein Unterschied gemacht. Die Stadt, nennt sich auch offiziell, etwa auf Papieren des Rijksvoorlichtingsdienst (Pressestelle des Premiers und des Königshauses), s'-Gravenhage (Grafenhag). Den Haag ist mit 445 000 Einwohnern, von denen rund 20 Prozent älter als 65 Jahre sind, die drittgrößte Stadt des Landes, Mittelpunkt der Randstad, Hauptstadt der Provinz Südholland und Residenz der königlichen Familie. Ministerien und Botschaften haben hier ihren Sitz, ferner zahlreiche Banken, Industriegesellschaften, internationale Organisationen, u. a. der Internationale Gerichtshof, das Internationale Schiedsgericht, die Europäische Polizei (Europol) und das Kriegsverbrecher-Tribunal. Um die Jahrhundertwende lebten hier zahlreiche Künstler. Bekanntester Stadtteil ist Scheveningen, Fischereiort und Seebad.

Den Haag entstand, als Willem II., Graf von Holland und deutscher König (1247–56), um 1247 eine Burg in der Nähe des Jagdschloßes Haghe errichten ließ. Floris V. erbaute um 1280 die Hooge Sale, den heutigen Ridderzaal und Zentrum des Binnenhofs, den Regierungssitz. 1370 wird in einer Urkunde erstmals das ›dorp van der Haghe‹ vermeldet. Im 15. Jh. richtet sich hier der ›Hof van Holland‹ ein, 1585 wird der Platz Wohnort von Prinz Maurits und 1588 Residenz der Staten-Generaal. Im 17. Jh. erlebt s'-Gravenhage seine große Blütezeit, wird Zentrum von Kultur und Wissenschaft, und 1811 erhält ›das größte Dorf Europas‹ von Louis Bonaparte, König von Holland, die Stadtrechte verliehen. Im 18. und 19. Jh. entwickelt sich Den Haag aufgrund seiner zentralen Lage und der Nähe zur See schnell zur bevorzugten Adresse von Beamten und wohlhabenden Kaufleuten. Mitte des 19. Jh. zählt die Stadt rund 100 000 Einwohner. Den Haag ist heute das Verwaltungszentrum des Landes, jeder dritte Berufstätige ist bei einer staatlichen Behörde beschäftigt. Hinzu kommen Arbeitsplätze bei Banken, Versicherungen und Verlagen, in der Fischerei und im Tourismus.

In seinem historischen Kern unterscheidet sich Den Haag von anderen holländischen Städten in der Randstad wie Leiden, Delft oder Amsterdam. Bestimmen dort die Giebelhäuser das Straßenbild, so haben in Den Haag die Fassadenabschlüsse meist eine horizontale Kronenleiste, durchziehen nur wenige Grachten die Innenstadt. In kurzer Zeit, während der Regierungsperiode von Stadhouder Frederik Hendrik, erhält das ›Dorf‹ ein neues Gesicht. Einen wesentlichen Beitrag leisteten die Architekten Jacob van Campen, Pieter Post, Arent Arentsz. und sein Bruder Pieter. In Nachbarschaft zum Binnenhof entstehen die ersten Amtsgebäude und adligen Stadtpaläste. Eines der bekanntesten ist das Mauritshuis, heute Museum, ein monumentales Wohnhaus (1633–44) im strengen klassizistischen Stil. Jacob van Campen entwarf es für den damaligen Gouverneur von Brasilien, Johann Maurits van Nassau. Das Mauritshuis, zwischen Hofvijver und Het Plein, wurde zum Vorbild anderer Stadtpaläste, die in dem neuen Viertel hinter dem Binnenhof entstanden. Am Lange Vijverberg, gegenüber dem Binnenhof, entstanden weitere klassizistische Stadthäuser. Als besonderes Juwel gilt das **Haus von Cornelis van Schuylenburch**, 1715 von dem französischen Architekten Daniel Marot entworfen, der den strengen klassizistischen Stil ins Französische übertrug. Die Pilaster haben keine Kapitelle mehr, die Kronenleiste ist zierlicher, Girlanden ranken sich um die schlanken großen Fenster und das eindrucksvolle Portal. Diese Architektur – der Wohnsitz des deutschen Botschafters gehört zu den schönsten Immobilien des Auswärtigen Amtes der Bundesrepublik – beeindruckte die Auftraggeber so sehr, daß Marot zahlreichen Gebäuden in dem ›adligen Viertel‹ seinen Stempel aufdrücken konnte.

Der **Binnenhof** (Farbabb. 26), im historischen Zentrum der Stadt, hat seinen Charakter weitgehend erhalten. Hier ist das politische Zentrum der Niederlande. Seit 1585 war der Binnenhof Wohnsitz der Stadhouder, der Statthalter, dessen Kern noch heute der Ridderzaal, der Rittersaal, ist. Den Binnenhof betritt man durch das *Stadhouderspoort*, durch das bis 1786 nur die Statthalter fahren durften. Bis zum Neubau des *Parlamentsgebäudes* (1992), das an den Binnenhof anschließt, befanden sich in den Häusern links und rechts

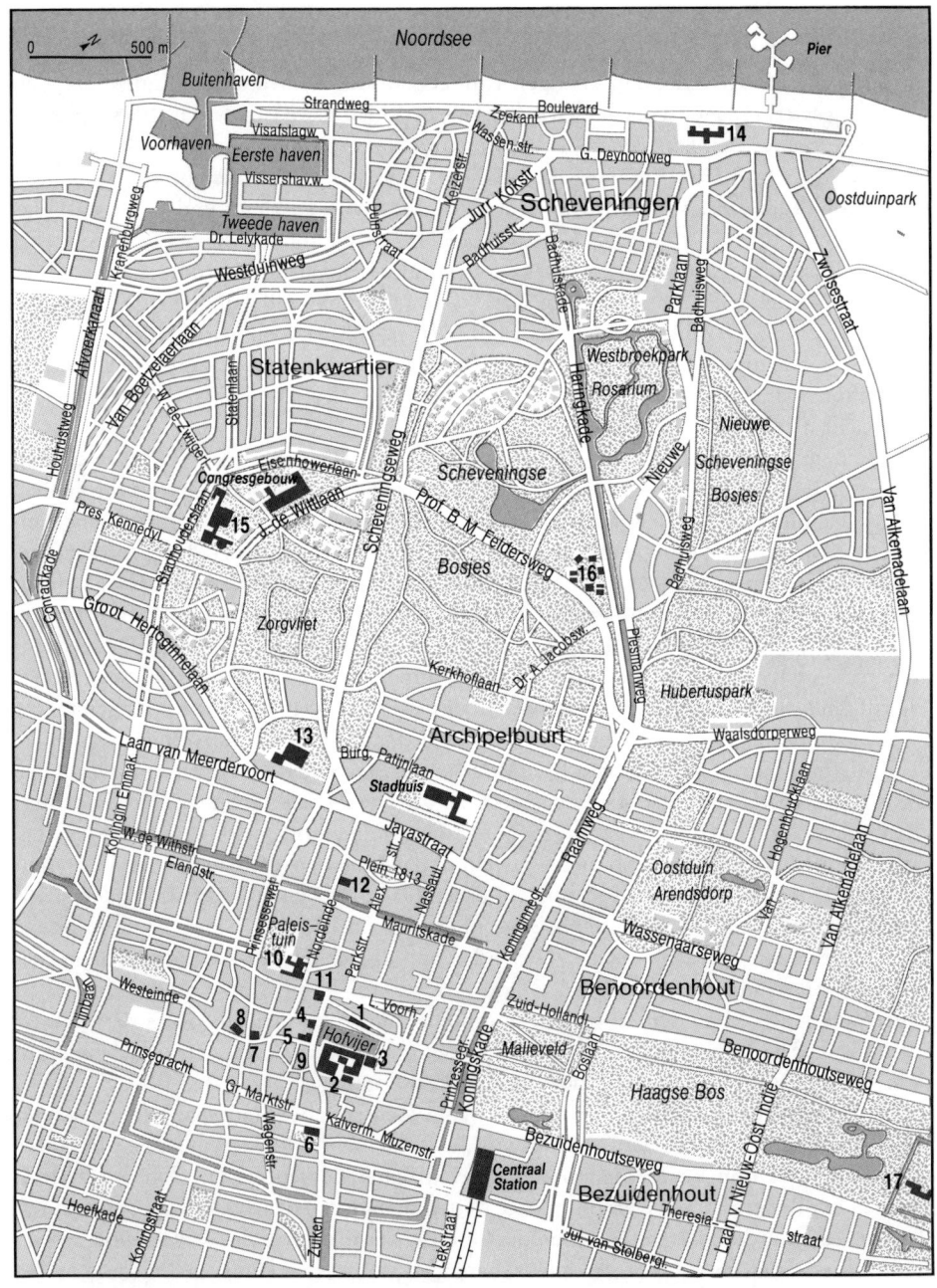

des Innenhofs die Sitzungssäle des niederländischen Parlaments. An der Ostseite des Platzes steht der *Rittersaal,* dessen Fundamente noch aus dem 13. Jh. stammen. Das viereckige Gebäude mit seinen charakteristischen vier Ecktürmen stammt aus der Zeit Albrechts van Beieren. Im Rolzaal mußte Radspensionär Van Oldebarneveldt sein Todesurteil vernehmen. Seit 1904 dient der Rittersaal repräsentativen Zwecken. Jährlich wiederkehrender Höhepunkt ist der dritte Dienstag im September, *Prinsjesdag,* dann fährt die Königin mit der goldenen Kutsche vor, um ihre Thronrede zu verlesen. Ein Fest für alle Liebhaber des Hauses Oranje, die dann aus dem ganzen Land hierher eilen, um Spalier für die goldene Kutsche zu stehen. Mit dem Bau der umliegenden Flügel wurde 1777 begonnen. Bis zum Beginn des 19. Jh. tagte in dem ›Nationalen Gebäude‹ die erste Volksversammlung. Ludwig Napoleon, der Bruder des Feldherrn, wohnte hier von 1806–08, danach war es Hospital, um 1815 Parlamentssitz zu werden. Der prunkvolle *Tréveszaal,* entworfen durch Daniel Marot, erhielt seinen Namen, da hier über den zwölfjährigen Frieden (de Tréves) verhandelt wurde. Der Binnenhof erlebte zahlreiche bauliche Veränderungen, so war der alte Ballsaal an der Südseite 1815 Sitzungssaal der Zweiten Kammer. Während der Besatzung fanden hier keine Versammlungen statt, die erste Sitzung fand am 20. November 1945 statt. In den folgenden Jahren waren zahlreiche Politiker hier zu Gast: u. a. François Mitterand, Kurt Waldheim, Erich Honecker, Vaclav Havel, der Dalai Lama, Königin Beatrix besuchte das Parlament zum erstenmal 1981. Verläßt man den Hof durch das Grenadierspoort, so erkennt man an der linken Seite einen achteckigen Turm, Torentje genannt. Das ist der Arbeitsplatz des amtierenden Ministerpräsidenten.

Gleich gegenüber steht das klassizistische **Mauritishuis** (Farbabb. 26). Aufwendig restauriert, birgt es in seinen geschmackvollen Sälen Werke aller bedeutenden niederländischen Maler des Goldenen Zeitalters und des 19. Jh. Die Sammlung des *Koninklijk Kabinet van Schilderijen* (Königliches Gemäldekabinett) gilt als Kleinod, und die ausgestellten Werke übertreffen manch eine andere Sammlung. Zu sehen sind u. a.: von Vermeer die ›Ansicht von Delft‹ (Farbabb. 25), ›Mädchen mit den Perlen‹ und ›Diana mit ihren Nymphen‹; ferner Werke von Rubens (›Bildnis des Bischofs Michiel Ophovius‹), der deutschen Maler Cranach und Holbein d. J., 13 Gemälde von Jan Steen, berühmte Werke von Jan van Ruisdael (›Ansicht von Haarlem‹), der berühmte ›Stier‹ von Paulus Potter, Bilder von Brueghel, Pieter Lastman (Lehrer von Rembrandt) und 15 Arbeiten seines Schülers, u. a. zwei Selbstporträts von Rembrandt, die berühmte ›Anatomische Vorlesung des Dr. Tulp‹ (1632), ›Simon im Tempel‹ (1631) und ›Susanna im Bade‹.

◁ *Den Haag   1 Haus Schuylenburch   2 Binnenhof   3 Mauritshuis   4 Gevangenpoort   5 Galerij Prins Willem V.   6 Nieuwe Kerk   7 Oude Stadhuis   8 Grote Kerk (Jacobskerk)   9 Haagse Passage   10 Palais Noordeinde   11 Palast Kneuterdijk   12 Panorama Mesdag   13 Vredespalais (Internat. Gerichtshof)   14 Kurhaus   15 Haags Gemeentemuseum   16 Miniaturstadt Madurodam   17 Huis ten Bosch*

Den Haag, der ausgedehnte Komplex des Binnenhofs am Hofvijer

Ans Mauritishuis schließt sich **Het Plein** an, in dessen Mitte das *Standbild* zur Erinnerung an »*Willem I.,* Prins van Oranje, Vader des Vaderlands« von seinem »dankbaren Volk, 1848« errichtet wurde. Rund um den Platz stehen einige Stadtpaläste. So residierte am Anfang der Houtstraat Margaretha van Mechelen, die Mutter von Prinz Maurits; das langgestreckte Gebäude, die ehemalige ›de Witte Societeit‹, wurde 1870 erbaut, schräg gegenüber, neben dem neuen Parlamentsgebäude, traf sich der Hoge Raad. Wendet man sich nun nach rechts, so kommt man zum *Hofvijer,* dem See, an der Allee Lange Vijverberg. Auf der rechten Seite die Stadtpaläste, mit Huis Schuylenburch, zur Linken eine Allee, die entlang des Hofvijers führt, hinter dem sich der Binnenhof mit dem markanten Torentje des Ministerpräsidenten erstreckt.

Lange Vijverberg ist dem Tatendrang Albrechts van Beieren zu danken. Der gebürtige Münchner, Graf von Holland und Zeeland, förderte die Entwicklung zur Stadt und legte diese Allee an. Er ließ den Sand aus dem nahegelegenen Tümpel, dem Vijver, zum Damm aufwerfen und pflanzte Bäume. Der Adel konnte auf diesem neu geschaffenen Boulevard 1374 zum erstenmal lustwandeln. Rasch entwickelte sich diese Eichen- und Lindenallee zum ›speeltoren‹, ein Ort, an dem Musikanten und Zirkusleute auftraten. Am Ende der Allee steht das *Standbild* des gelynchten Staatsmannes *Johan de Wit,* der im gegenüberliegenden **Gevangenpoort** vorher gemartert wurde – er und sein Bruder Cornelis waren 1672 wegen angeblichen Hochverrats zum Tode verurteilt worden. Das frühere Stadtgefängnis, Buitenhof 33, wurde 1296 als Tor zum Binnenhof, dem Grafenschloß, erbaut. Neben der Gevangenpoort befindet sich das älteste Museum des Landes, die **Galerij Prins Willem V.** (Buitenhof 35). Die aus dem Jahre 1774 stammende Galerie wurde nach einer gründlichen Restaurierung 1994 neu eröffnet. Den Grundstock der Sammlung bildet die Kollektion von Willem V., die aus 40 Gemälden besteht. Die anderen Werke, etwa 100 Stück, sind Leihgaben des Mauritshuis und des Rijksmuseums. Zu sehen sind unter anderm Arbeiten von Jan Steen, Hem und Philips Wouwerman, Roelant Saverij, Jacob van Loo und Cornelis de Man.

Vom Buitenhof aus spaziert man die Durchgangsstraße *Spui*, und hinter der Grote Marktstraat steht auf der rechten Seite die **Nieuwe Kerk** (Spui 173a). Angelehnt an die Ideen des Amsterdamer Baumeisters Hendrick die Keyser erbaute Pieter Noorwits 1649–65 diese Kirche im Auftrag der ›Societeit van Holland‹. Diese Gesellschaft zog die Steuern der Bediensteten bei Hofe ein, und das Geld wurde für den Bau der ersten großen calvinistischen Kirche der Stadt verwendet. Die Kirche, die auf einem Friedhof steht, beherbergt die Gräber der Brüder De Wit und das des Philosophen Spinoza. Am Groenmarkt steht das **Oude Stadhuis**; das Rathaus (1564–65) wurde damals nach der ›neuesten Mode‹, der italienischen Renaissance erbaut und gehört heute zu den letzten größeren Renaissancebauwerken des Landes. Am Vorgiebel (Nieuwstraat) sind Statuen zu sehen, die Glaube, Hoffnung, Liebe, Gerechtigkeit und Kraft darstellen. Die gemalten Fenster wurden 1948 anläßlich der 700-Jahr-Feier des Stadthauses eingesetzt und zeigen auf zwanzig Bildern die Geschichte des Landes. Das Rathaus dient heute nur noch Repräsentationszwecken, nachdem der Stadtrat 1953 in ein neues Gebäude umgezogen ist. Der *Groenmarkt*, der Gemüsemarkt, einst das Zentrum der Stadt, wird umschlossen vom Rathaus und der **Grote** oder **Jacobskerk.** Diese gotische Hallenkirche (15. Jh.) beeindruckt vor allem durch den sechseckigen, rund 100 m hohen Turm, von dessen Aussichtsplattform man einen schönen Rundblick hat.

Die Anwesenheit von Hof und Regierung haben der Stadt ihren Stempel aufgedrückt. Nicht nur Stadtpaläste, sondern auch die gepflegten Einkaufsgassen und Passagen geben ein Bild vom Wohlstand. Bekannt ist die dreiarmige **Haagse Passage,** erbaut um 1885 und 1925 erweitert,

Den Haag, Wappen am Gevangenpoort

265

Den Haag, Einkaufszentrum Haagse Passage

Den Haag, Palais Noordeinde und Reiterstandbild Willems II.

der dritte Flügel zum Buitenhof entstand vier Jahre später. Neben der alten Passage gibt es noch die *Pasadenha-*, die *Queens-* und die *Panderpassage.* Königin Beatrix regiert mit ihrem Stab vom Königlichen Stadtpalast (Oude Hof) in der Straße Noordeinde das Reich. **Palais Noordeinde** wurde 1533 erbaut; Maria de Medici, die Kurfürsten von Brandenburg und Voltaire wohnten hier. Willem II. ließ die Anlage einschließlich des gotischen Saals zu Beginn des 19. Jh. aufwendig restaurieren. Der breite Balkon – oberhalb des Reiterstandbilds von Willem I. – steht einmal im Jahr, am Prinsjesdag, im Rampenlicht: hier tritt die königliche Familie vor das jubelnde Volk. – Zum **Palast Kneuterdijk,** Wohnsitz von Willem II. und seiner russischen Frau Anna Paulowna, kommt man durch die Heulstraat.

Auf dem Weg zum Seebad Scheveningen kommt man am **Museum Mesdag** (Zeestraat 65a) vorbei. Hier kann man das zweitgrößte Panorama der Welt (nach Werner Tübkes ›Bauernkriegspanorama‹ in Bad Frankenhausen), ein Riesenrundgemälde, die idyllische Welt von Scheveningen und seinen Strand mit Fischerhütten und Booten bewundern, wie es dort gegen Ende des 19. Jh. ausgesehen hat. Das naturalistische Rundbild (120 m mal 12 m), eine Kuriosität, wurde von dem Seemaler Mesdag und seiner Frau 1881 in nur vier Monaten gemalt. Die Künstler benutzten das Untergestell einer Pferdetram, mit dem sie auf Schienen entlang des Bildes fahren konnten. Das gewaltige und inzwischen restau-

rierte 1680 m^2 große Rundgemälde wird indirekt beleuchtet und verstärkt so den dreidimensionalen Eindruck, als ob sich der Zuschauer direkt in den Dünen vor der Nordseeküste befindet. Längeres Betrachten des Bildes erweckt leicht Schwindelgefühle. Im Panoramamuseum wird auch erklärt, wie diese teuren Rundbilder hergestellt wurden.

Der Sitz des *Internationalen Gerichtshofs* ist das rote Backsteingebäude mit dem 80m hohen Turm am Carnegieplein in einer Mischung von Klassizismus und Neogotik. **Vredespaleis** geht auf eine Initiative vor Zar Nikolaus I. zurück, auf dessen Wunsch 1899 eine Friedenskonferenz einberufen wurde. 1907 wurde mit dem Bau des Vredespalais begonnen. Der damals reichste Mann der Welt, der Amerikaner Andrew Carnegie, stiftete 1,5 Millionen Dollar, und verschiedene Länder finanzierten die Inneneinrichtung. Seit 1920 ist das Gebäude Sitz des *Internationalen Gerichtshofs* und der *Akademie für Völkerrecht*. Das Gericht gilt heute als höchste Instanz, deren Mitglieder der UNO verpflichtet sind. Die Urteile der 15 Richter aus 15 Ländern, die auf neun Jahre gewählt werden, sind allerdings nicht vollstreckbar.

Der Scheveningseweg führt als Allee zum Bade- und Kongreßvorort von Den Haag. **Scheveningen** besteht aus drei Teilen, dem Hafen, dem Fischerdorf und dem Bad. 1819 wurde das erste hölzerne Haus mit vier Zimmern eröffnet für Menschen, denen ›kuren‹ mit Seewasser verschrieben waren. 1885 wurde das erste *Kurhaus* eröffnet, das ein Jahr später abbrannte, aber rasch erfolgte ein Neuaufbau. Mit dem Bau des Kurhauses wurde Scheveningen bekannt, aber die Glanzzeiten mit den sommerlichen Konzerten der Berli-

Scheveningen, Blick zum Kurhaus uns Pier mit Aussichtsturm

ner Philharmoniker unter Nikisch und Furtwängler im Konzertsaal des pompösen Kurhauses sind allerdings längst Vergangenheit. Das dritte **Kurhaus** (heute Hotel), in den letzten Jahren aufwendig renoviert, ist das Wahrzeichen des Seebads, etwas gedrückt zwischen den gesichtslosen Appartementanlagen und Geschäftslokalen, von denen es umgeben wird. Von dem rund 3 km langen und recht breiten *Boulevard* mit Restaurants, Imbißstuben und Souvenirläden führt die charakteristische 380 m lange *Pier* ins Meer. Einladend sind nach wie vor die breiten Dünenketten außerhalb des Badeortes, *West-* und *Oostduinpark* und der ruhige Badeort **Kijkduin.**

Am Rande des *Parks Zorgvliet* steht das **Haags Gemeentemuseum** (Stadhouderslaan 41). In dem weiträumigen Gemeindemuseum, 1935 nach dem Entwurf des Architekten H. P. Berlage (von ihm stammt auch die Amsterdamer Beurs) errichtet, findet man neben Stadtaltertümern, der ausgedehnten Musikinstrumentensammlung (bis ins 15. Jh. zurück), Kostümen aus Holland, kunsthandwerklichen Gegenständen (Silber, Möbel, Keramik) eine große Sammlung moderner Kunst. Die Abteilung Haager Schule zeigt eindrucksvolle Landschafts- und Meeresbilder, es gibt Arbeiten von George Hendrik Breitner und Jan Toorop, den Mittelpunkt bildet die aus rund 250 Werken bestehende Kollektion von Piet Mondriaan. Die einzigartige Sammlung zeigt von frühen Landschaftsbildern (›Avond aan de

269

Weesperzijde‹) bis zur vollständigen Abstraktion die Entwicklung des Stijl-Künstlers. Eingerichtet im Jugendstil (1895) ist die Dijsselhofkammer.

Charakteristisch für Den Haag sind die ausgedehnten Parkanlagen. Als einer der schönsten gilt der *Westerbroekpark* mit seinem *Rosarium;* südlich schließt sich die Miniaturstadt **Madurodam** an – alle wichtigen Bauwerke der Niederlande sind dort im Maßstab 1:25 nachgebaut worden. Zwischen dem *Malieveld* und dem *Koekamp,* dem Hirschgarten (Nähe Centraal Station), führt die parkartige Allee zum *Haagse Bos,* an dessen Ostende das von Wassergräben umschlossene **Huis ten Bosch,** das ehemalige Lustschloß und der Wohnsitz der königlichen Familie, steht. Stadhouder Willem IV. ließ den Palast im Stadtwald von Daniel Marot 1734–37 umbauen und um zwei Seitenflügel vergrößern. Von Marot stammt der weiße Speisesaal, Willem V. erweiterte den Bau um einen japanischen und einen chinesischen Salon. Während der französischen Besatzung war das Schloß Gefängnis, von 1813 bis 1840 wurde es als Sommerresidenz der Familie von Oranje-Nassau benutzt. Königin Beatrix ließ den gesamten Komplex total renovieren, Schwimmbad und Atombunker einbauen und bewohnt das Anwesen seit 1981 mit ihrer Familie. Ein Jahr zuvor, am Tag der Thronbesteigung, am 30. Mai 1980, war es wegen der hohen Kosten für die sündhaft teure Ausstattung des Lustschlosses in Amsterdam zu schweren Unruhen gekommen. Mehr als eine halbe Milliarde Gulden wurde in Restaurierung des Palasts investiert. Noch nie in der Geschichte der Oranier hatte der Staat soviel Aufwand für die Verschönerung des Königshauses ausgegeben.

☐ Delft – Stadt der Oranier

»Delft«, sagen die Kenner, wenn sie über bekannte Manufakturen reden und meinen damit die berühmten Kacheln, die Vasen und Krüge, die sich mit dem Namen verbinden, der untrennbar mit einer Farbe verbunden ist: Delfter Blau. Delft, mit restaurierten Patrizierhäusern und schmalen Grachten, gilt als eine der schönsten Städte des Landes.

Ein Spaziergang durch die Innenstadt, reich an historischen Bauwerken, entlang der Grachten, über geschwungene Brücken, vermittelt noch etwas vom ›Goldenen Zeitalter‹. Das historische Herz ist die *Oude Delft,* ein um 1100 gegrabener Kanal. 1246 erhielt Delft die Stadtrechte, 1359 wurde der Ort von Albrecht von Beieren erobert, 30 Jahre später erhielt Delft einen Hafen, Delftshaven. Tuchweberei und Bierbrauen waren die wichtigsten Einnahmequellen. Während des 80jährigen Krieges wählte die Stadt die Seite der Aufständischen, Willem van Oranje residierte im Prinsenhof von 1680–84. Bekannt wurde die Stadt im 17. Jh., als man damit begann, das Nanking-Porzellan aus der Wan-Li-Periode (1573–1619) im großen Stil nachzuahmen. Kennzeichen der bekannten Fayencen aus Delft sind die Randverzierungen mit Vögeln, Blumen, Emblemen u. a. in leuchtendem Dunkelblau. Die Delfter Fayencen sind noch in den *Manufakturen Porceleyne Fles, De Delfter Pauw* und *Atelier de Candelaer* zu besichtigen. Durch die Konkurrenz englischer und sächsischer Porzellanhersteller verlor Delft im 18. Jh. an Bedeutung.

An der Gracht Oude Delft liegen der *Wijnhaven,* der *Koornmarkt* und am südlichen Ende das *Armamentarium der Staaten van Holland,* einst *Zeughaus* der Handelsgesell-

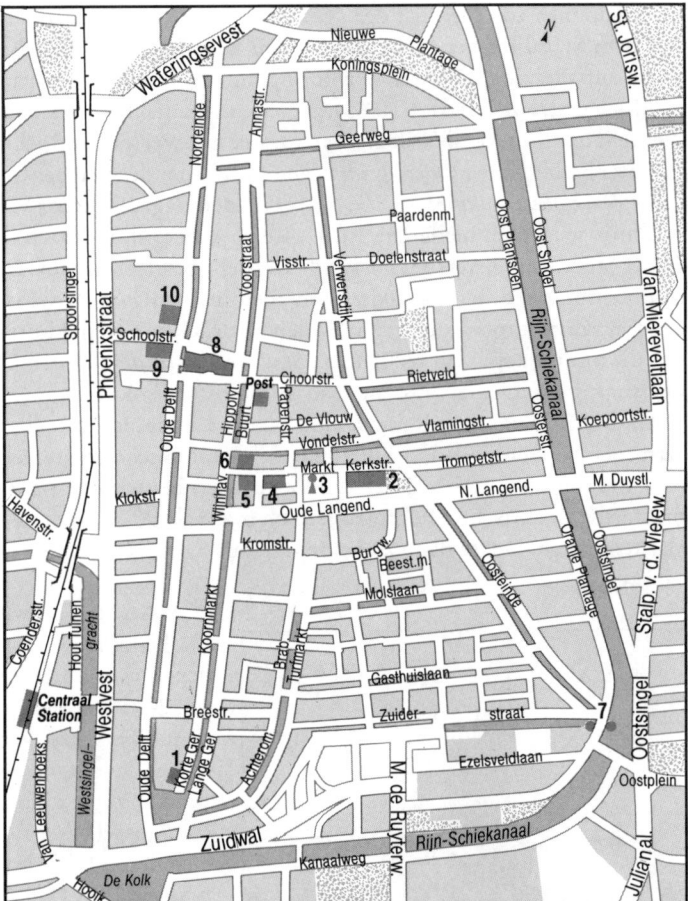

Delft
1 Armeemuseum
  (Ehem.
  Zeughaus)
2 Nieuwe Kerk
3 Grotius-Denkmal
  (Markt)
4 Stadhuis
5 Stadtwaage
  (Städt. Theater)
6 Vleeshal
7 Oostpoort
8 Oude Kerk
9 Prinsenhof
  (Stedelijk
  Museum)
10 Huis Lambert
  van Meerten

schaften der West- und Ostindischen Companien. In dem ehemaligen Waffenarsenal ist heute das **Armeemuseum** eingerichtet.

In einer Urkunde aus jener Zeit lesen wir, daß die ›Nieu Delft‹ Ladung im Wert von 239 630 Golddukaten nach Hause brachte. Ein Abglanz von dem angesammelten Reichtum ist geblieben – in den Museen, den Kirchen, den Klöstern und im Straßenbild, das sich zu einem märchenhaften Ensemble zusammenfügt: hohe Kirchtürme, historische Giebelhäuser, barocke Laternen und baumbestandene Grachten. Delft gilt als sinnenfrohe Stadt mit einer besonderen Mischung aus calvinistischer Strenge und studentischer Lebenslust. Im Südosten der Stadt befindet sich die *Technische Universität*, rund 10 000 künftige Ingenieure studieren dort.

Mittelpunkt von Delft ist der *Markt,* umgrenzt von Bürgerhäusern, der Nieuwe Kerk und dem Stadthuis gegenüber. Die **Neue Kirche** (1384–1496) ist ein gotischer Bau mit einem auffallenden, 108 m hohen Turm, in dem eines der herrlichsten Glockenspiele des Landes hängt, ein Carrillon (1663), gegossen von den Brüdern Hemony. Im Chor der Kirche steht das Prunkgrab Willems van Oranje aus weißem und schwarzem Marmor. In der darunter befindlichen *Oranjegruft* liegen Mitglieder des Hauses Oranje-Nassau. Auf dem Marktplatz das *Denkmal* für *Hugo Grotius,* den Begründer des Völkerrechts. Das Delfter **Stadhuis** wurde im niederländischen Renaissancestil und nach den Plänen des Amsterdamer Stadtbaumeisters Hendrick de Keyser nach 1618 erbaut. Die vorherigen Gebäude brannten bei Stadtfeuern nieder. Von allen historischen Rathäusern des Landes gehört dies mit seiner imposanten Front zu den eindrucksvollsten. Hinter dem Rathaus befindet sich die **Stadtwaage** von 1770, heute *Städtisches Theater.* Die daneben liegende ehemalige **Vleeshal,** Fleischhalle, erkennt man an den Ochsenköpfen.

Am Markt, zwischen Rathaus und Neuer Kirche, fallen nicht nur die Cafés auf, sondern auch Souvenirläden, die in unübersehbaren Buchstaben ›Delfter Blau‹ anbieten. Die einst berühmteste Fayence der Welt wird auch heute noch nach überlieferten Motiven angefertigt. Inzwischen stammen freilich mehr als 90 Prozent all dessen, was unter dem Markennamen ›Delfts Blau‹ zu kaufen ist, aus Korea, Japan oder holländischen Souvenirfabriken.

Außer der Tonwarenindustrie war auch die Feinmalerei von Delft bekannt. Einer der berühmtesten Vertreter, Jan Vermeer (1632–75), ist seinem Geburtsort bis zu seinem Tod treu geblieben. Vermeer war wegen seiner Fähigkeit, lichtdurchflutete Räume zu gestalten bekannt. Bei seinem Tod hinterließ er Frau und elf Kinder. Sein bekanntes Bild ›Ansicht von Delft‹ (Mauritshuis, Den Haag; Farbabb. 25) zeigt den Blick auf seine Vaterstadt beim östlichen Stadttor, dem erhalten gebliebenen Oostpoort. 1994 wurde es restauriert.

Die Maler von Delft waren in der Sint Lucasgilde vereinigt, nach den Buchdruckern die angesehenste Zunft in damaliger Zeit. Aus den Büchern dieser überaus ehrenwerten Gesellschaft wissen wir, daß es nicht allein Begabung, sondern auch

Delft, Stadhuis

Schulgeld erforderte, um Maler zu werden. So waren sechs bezahlte Lehrjahre bei Meistern erforderlich; nützlich war es für die Karriere auch, eine Studienreise nach Italien zu unternehmen – ebenfalls auf eigene Kosten. Nur die reichsten Familien konnten solch eine Ausbildung finanzieren. In jenen Jahren müssen in jedem Delfter Haushalt mindestens drei Gemälde gehangen haben. Die bekannten Gemälde Vermeers hingegen gibt es hier nicht mehr zu sehen, sie hängen im Rijksmuseum Amsterdam, in der Gemäldegalerie Dresden oder im Frankfurter Städel.

Vom Rathaus aus kommt man über die Hippolytsbuurt zur **Oude Kerk,** zwischen dem 13. und 15. Jh. erbaut. Auffallend ist vor allem der um 1300 erbaute Turm mit den vier Ecktürmchen, der sich etwas neigt. Das Innere zieren ein Holzgewölbe, eine geschnitzte Kanzel von 1548 und die Gräber bekannter Holländer. Der Kaperfahrer Piet Hein (s. S. 35), der Admiral Tromp, der Naturforscher Antoni van Leeuwenhoek und der Maler Vermeer liegen hier begraben.

Gegenüber der Oude Kerk, an der Oude Gracht, steht der **Prinsenhof,** seit 1595 Residenz des Hauses Oranje-Nassau. Der Stammvater dieses Königshauses, Prinz Willem van Oranje, wurde am 10. Juli 1584 im Delfter Prinsenhof ermordet. Die Spuren der Kugeleinschläge, von denen er tödlich getroffen wurde, sind am Treppenhaus neben dem Historischen Saal, auch ›Moordhal‹ genannt, gut konserviert, noch heute zu sehen. Hier, im ehemaligen Agathakloster (1400), dem reichsten der Stadt, hatten sich die Führer der aufständischen Protestanten gegen die spanischen Besatzer versammelt. Delft war in jenen Tagen ein Symbol im calvinistischen Freiheitskampf gegen die papistischen Unterdrücker. Der Prinsenhof ist *Stedelijk Museum* und widmet sich u. a. dem 80jährigen Krieg und der Familiengeschichte des Hauses Oranje, auch berühmte Delfter Fayencen sind zu sehen. – Nördlich vom Prinsenhof liegt das *Museum Huis Lambert van Meerten* (Möbel, Gemälde, Delfter Fayeneen).

Delft war auch eine mit Mauern und Türmen schwer befestigte Stadt und zählte acht Tore. Übriggeblieben davon ist nur noch **Oostpoort.** Noch heute gehört es zu den Pflichten der Hausbewohner, den Gehsteig vor der Haustür blitzblank zu fegen. Eine holländische Tugend, die immer häufiger die städtischen Müllwerker übernehmen.

□ Dordrecht – älteste holländische Stadt

Mehr als 800 unter Denkmalschutz stehende Gebäude zählt die älteste Stadt der Grafschaft Holland, die bereits im Jahre 1049 erwähnt wurde, 1220 das Stadtrecht und 1299 das Stapelrecht für Wein, Getreide und Holz zwischen den Flüssen Maas und IJssel erhielt. Das Stapelrecht hatte Dordrecht schnell zum bedeutenden Handelszentrum von Südholland gemacht, im 14. Jh. wurde die Stadt wichtiges Exportzentrum für Salz und Dordts Leinen. Auch die Hanse hatte hier zwischendurch ein Handelshaus. Bis zum Anfang des 17. Jh. war die Stadt, die heute rund 110 000 Einwohner zählt, Hollands wichtigste Hafenstadt. Die historische Innenstadt ist weitgehend erhalten geblieben. Nach der Sint Elisabethsvloed von 1421 vom Festland abgeschnitten, liegt sie seitdem auf einer Insel. Gleich drei Flüsse, die Oude Maas, der Rheinarm Noord und Merwede fließen hier zusammen und haben aus der einst wohlhabenden Handelsstadt heute wieder einen bedeutenden Binnenhafen und ein Wassersportzentrum gemacht. Am Zusammenfluß der Ströme, am **Groothoofdspoort,** dem barocken Hafentor, hat man eine herrliche Aussicht: hier kommen alle Binnenschiffe von und nach Rotterdam vorbei.

Die Promenaden an den Flüssen, der alte Voorstraathaven, der Wijnhaven, die malerischen Grachten und zahlreichen Gassen machen den Reiz der Stadt aus. Aus dem histori-

Dordrecht, geschäftige Stadt an Oude Maas, Rheinarm Noord und Merwede

schen Stadtensemble ragt der charakteristische 70 m hohe Turm der **Grote** oder **Onze Lieve Vrouwekerk** heraus, den Abschluß bildet ein barocker Aufsatz mit vier Uhrgehäusen. Die Liebfrauenkirche mit einer Länge von 108 m eine der größten Basiliken des Landes, erbaut im Stil der Brabanter Gotik, besitzt als einzige Kirche Hollands ein steinernes Gewölbe. Im Turm, der bestiegen werden kann, hängt ein Glockenspiel mit 48 Glocken. Der Baubeginn liegt im 13. Jh., und fertiggestellt wurde die bedeutende Kirche zwei Jahrhunderte später. Sehenswert sind vor allem das Chorgestühl des Flamen Jan Terwen, im Stil der Renaissance (1538–51) geschaffen, der Chor, die Marmorkanzel (1765) mit Szenen aus dem Leben Jesu und die Glasfenster, in denen Motive der niederländischen Geschichte dargestellt sind. Ein anderes Kunstwerk ist die Orgel (1671) mit den Wappenschildern der Bürgermeister, die Kapellen an der Südseite wurden von Gilden gespendet. Sehenswerte Museen sind das **Dordrechts Museum** (Museumstraat 40) mit Werken einheimischer Maler und das **Museum Mr. Simon Van Gijn** (Nieuwe Haven 29) mit Stilzimmer, altem Spielzeug, Glas- und Silberwaren, aber auch der **Arend Maartenshof** in der Museumsstraat 56, 1625 für Soldatenwitwen gegründet, mit der Regentenkammer. Die 38 Häuser umschließen einen großen Innenhof mit einem schmiedeeisernen Brunnen.

Während des 80jährigen Freiheitskampfes spielte die Stadt eine wichtige Rolle, die bereits 1572 die Seite von Prins Willem van Oranje wählte. Im ehemaligen Augustinerkloster, dem heutigen 't Hof an der Voorstraat, fand die erste Versammlung der zwölf Staten Städte (alle großen Städte außer Amsterdam und Utrecht) statt, die Willem van Oranje als einzigen Staathalter anerkannten und seinen Feldzug finanzierten. Diese Tat sollte schließlich zur Unabhängigkeit führen. 1618/19 wurde die nationale Synode, die ›Dordtse‹, abgehalten, in der es um den Glaubensstreit zwischen liberalen und der orthodoxen Protestanten ging. Die liberalen Remonstranten verloren gegen die orthodoxen Contraremonstranten, und Prinz Moritz van Oranje setzte sich an die Spitze eines calvinistischen Staates. Auf der Synode wurde außerdem die Übersetzung der Statenbibel beschlossen, die von wesentlichem Einfluß auf die niederländische Sprache werden sollte.

Besonders reizvoll ist auch die Umgebung von Dordrecht. Rund 14 km entfernt am Rheinarm Noord liegt **Kinderdijk** mit seiner klassischen Mühlenlandschaft. Die 19 Mühlen, erbaut von 1722–61, sind die größte Ansammlung von Poldermühlen Hollands. Zwischen April und September kann eine Mühle besichtigt werden. An Samstagen im Juli und August sind alle Mühlen im Betrieb, im September sind sie abends beleuchtet; im Pumphaus ist ein Museum zum Thema Mühlen und Polder eingerichtet.

An der *Lek* kann man entlangradeln und mit der Fähre zur reizvollen altholländischen ›Silderstadt‹ **Schoonhoven** übersetzen. Als Folge der verherrenden Elisabethflut vom 19. November 1421, die mehr als 40 000 ha Land unter Wasser setzte, entstand **Biesbosch** (Binsenwald). Das Natur- und Vogelschutzgebiet ist gut mit Rad- und Wanderwegen erschlossen, auf den zahlreichen Bächen und Seen kann man Segeln und Kanufahren. Im Biesbosch befindet sich seit 1988 eine Schutzzone für Biber.

Mühlen oder das ›Hölzerne Zeitalter‹

Mühlen wurden 1341 erstmals ›op die oesterzide‹ in Amsterdam erwähnt. An den Platz erinnert noch der Name Gasthuismolensteeg. Auf der Stadtkarte von 1544 sind neun Windmühlen zu erkennen. Später kamen Korn-, Öl- und Sägemühlen hinzu. Von den einst 26 Mühlen, die sich in Amsterdam drehten, sind noch zwei erhalten geblieben. Berühmt ist die ›Wijntmolen‹ von Rembrandt, der als Sohn eines Müllers in einer Leidener Mühle geboren wurde. Die Radierung ist im Rembrandthuis Amsterdam zu sehen.

Nirgendwo sonst wird das Königreich seinem Klischee als Land der Windmühlen so gerecht wie in *Kinderdijk* vor den Toren Rotterdams. Dort stehen 19 Mühlen hintereinander, ferner in *Zaandam* (Farbabb. 29) nördlich von Amsterdam, in der *Achterhoek* (Zeedam) oder bei *Alkmaar* in Noordholland. Mühlen aus jenen Tagen, als man nur mit der Kraft des Windes das Land trocken und urbar machen konnte. Heute springen etwa 20 000 Pumpstationen bei steigendem Wasser an, um dafür zu sorgen, daß das bis zu 8 m unter Normal liegende Land sich nicht in eine Sumpflandschaft verwandelt.

Von den einst 10 000 Windmühlen, die vorwiegend der Entwässerung der Polder dienten oder als Getreide-, Öl- und Sägemühlen Dienst taten, gibt es noch 980 Mühlen, die unter Denkmalschutz stehen. Seit mehr als 400 Jahren kann mit Windkraft auch Holz gesägt werden. So unglaublich es klingt, aber diese Mechanisierung in der Holzbranche bedeutete damals eine Art industrieller Revolution, die mit der Erfindung der Dampfmaschine verglichen wird. Im Gegensatz zu den Kornmühlen, die übers ganze Land verteilt waren, standen die Holzmühlen nur in den damaligen Industriegebieten von Zaandam, IJ oder Hoorn. Sie waren vor allem Zulieferer für die Schiffswerften von Amsterdam, Edam oder Hoorn. Ohne diese Holzmühlen wäre der Schiffbau, Grundlage des Handels und des Wohlstands, nicht in diesem Ausmaß möglich gewesen. Das ›Goldene Jahrhundert‹ wird daher auch das ›Hölzerne Zeitalter‹ genannt. Nur drei Holzmühlen sind erhalten geblieben: *De Gekroonde Poelenburg* (Zaanse Schans), *Mijn Genoegen* (Nederlands Freilichtmuseum) und *De Eenhoorn* (Haarlem).

Andere Mühlen benutzte man zum Mahlen von Pfeffer- und Senfkörnern, Farbstoffen, Tabak, Gerste, Reis und natürlich zum Entwässern des Landes. Über einen ausge-

☐ Gouda – Zentrum des Käsehandels

Die Markt- und Käsestadt, gelegen im Poldergebiet zwischen Utrecht, Rotterdam und Den Haag, erhielt 1272 die Stadtrechte und spielte im 16. Jh. eine bedeutende Rolle. Die Stadt an der Gouwe, 65 000 Einwohner, erholte sich nach ihrem wirtschaftlichen Niedergang im 17. Jh., als sich die Bürger auf die Herstellung von Käse und irdener Pfeifen spezialisierten.

Mittelpunkt der Stadt ist der weiträumige, fast dreieckige *Marktplatz* mit dem Prunkstück niederländischer Architektur, dem spätgotischen **Rathaus** (1448–59), Baumeister

Mühlen bei Kinderdijk

klügelten Zahnmechanismus wird ein Schaufelrad angetrieben, das einen Pegel-stand von mehreren Metern überwinden kann. Es schöpft das Wasser aus einem nied-rigen Graben in höher gelegenes Land. Die Schaufelwinde, vergleichbar mit der Archi-medischen Schraube, wurde erstmals 1632 für den Mühlenbau übernommen.

Da die Mühlen die Landschaft so nachdrücklich bestimmen und schon von weitem zu sehen sind, wurden sie einst auch benutzt, um Nachrichten weiterzugeben. Aus dem Stand der bis zu 28 m großen Windflügelblätter konnte man sehen, ob in der Familie ein Trauerfall zu beklagen, eine Hochzeit oder Geburt zu feiern war. Auch wäh-rend des Zweiten Weltkriegs wurde die ›Mühlensprache‹ zur Übermittlung von Bot-schaften benutzt.

war Jan Keldermans. 1603 erhielt das Stadhuis die Renaissancefreitreppe. Die Giebelfront ist eine Rekonstruktion aus dem 19. Jh. Die **Waage** von 1668 schließt den Markt im Nord-osten ab, ein Relief über dem Eingang stellt das Wiegen von Käse dar. Unweit des Marktes erhebt sich die mit 123 m längste Kirche Hollands, **St. Janskerk.** Die spätgotische kreuz-förmige Basilika stammt aus dem 13. Jh.; sie wurde bei einem Feuer 1361 schwer beschä-digt und als Hallenkirche wieder aufgebaut. Besonders eindrucksvoll sind die farben-prächtigen Glasfenster mit biblischen und landesgeschichtlichen Motiven von 1555–71. Im Inneren sind das Holzgewölbe und die aus Marmor und Holz hergestellten Chor-

Gouda, Relief an der Waage

schranken sehenswert. Die Schatzkammer der Stadt, das **Catharina Gasthuis,** ein im 16. Jh. erbautes Hospiz, befindet sich hinter der Kirche und beherbergt heute das *Städtische Museum.* Im **Museum Moriaan** am Westhaven, einem Kaufmannshaus aus dem 17. Jh., wird die Geschichte der Goudaschen Tonpfeifen gezeigt. Weitere Sehenswürdigkeiten: *Vismarkt* aus dem 17. Jh., die zwölfeckige *Jerusalemkapelle* von 1496, *Patrizierhäuser* und das *Weeshuis* (1643) in der Spieringstraat.

Am Lek führt eine empfehlenswerte Ausflugsstrecke über *Haastrecht* nach *Schoonhoven.* Sehenswert auch **Oudewater** an der Hollandse IJssel, das bereits im 13. Jh. eine wohlhabende Handelsstadt war. Mittelpunkt sind die *Grote Kerk* mit ihrem rechteckigen Ziegelturm aus dem 14. Jh., das *Rathaus* im Renaissancestil, 1588 erbaut, und die *Heksenwaag,* auf dem im 16. und 17. Jh. der Hexerei verdächtige Frauen gewogen wurden – und meist für zu schwer befunden wurden. Im Zentrum der Kleinstadt, rund um den Markt und am Hafen, bestimmen noch zahlreiche Giebelhäuser aus dem frühen 17. Jh. den Charakter dieser altholländischen Stadt.

☐ Haarlem – Frans-Hals-Stadt

Haarlem zählt zu jenen altholländischen Städten, in deren Zentrum noch die Atmosphäre des 17. Jh. zu spüren ist. Dank des Wohlstands und des technischen Könnens waren im Jahre 1612 die damaligen Binnenseen trockengelegt worden, eine zusammenhängende Landschaft geformt und die Innenstadt zügig ausgebaut worden. Gemeinsam mit Delft, Leiden und Amsterdam bildete Haarlem die gerühmte holländische Stadt- und Kulturlandschaft, in denen die Menschen durch Handel und Kolonialismus zu Wohlstand gekommen waren.

Haarlem hatte 1245 die Stadtrechte von Graf Willem II. verliehen bekommen und zählte zu den sogenannten ›guten Städten‹, d. h. sie war keine ›heerlijke‹, die einem Herr gehörte, sondern dank ihrer wirtschaftlichen Macht unterstand sie dem Grafen. 1559 wurde Haarlem Bischofsstadt und war berühmt für seine Damast- und Leinenherstellung. Nach einer langen Belagerung durch die Spanier erfolgte die Übergabe am 12. 7. 1573; der Plünderung entging sie nur durch die Zahlung einer hohen Summe. Zu Zeiten der Republik gehörte Haarlem zu den sechs großen Städten, die in den ›Staten van Holland‹ Sitz hatten. Im 17. Jh. war die Stadt, die heute 150 000 Einwohner zählt, Zentrum des künstlerischen Schaffens und Wohnsitz vieler Maler, u. a. Jacob van Ruisdael, Adriaen van Ostade und Frans Hals. Zahlreiche Flüchtlinge aus Flandern sorgten ebenfalls für den kulturellen Aufschwung. Der flämische Maler Carel van Mander gründete gemeinsam mit Hendrick Goltzius und Cornelis Cornelisz. die ›Haarlemer Akademie‹, deren Schwerpunkt auf der Darstellung von mythologischen und allegorischen Szenen lag und deren Arbeiten wegbereitend für Frans Hals waren, der um 1582 in Antwerpen geboren wurde und 1620 seinen künstlerischen Durchbruch in Haarlem hatte.

Das ehemalige Altmännerstift (Groot Heiligland 62) ist seit 1913 als **Frans Hals Museum** zugänglich. Das Oudemannenhuis wurde 1608 von Stadtbaumeister Lieven de Key erbaut. Bis 1810 behielt es seine Bestimmung und gilt als intimstes Museum neben dem Mauritshuis in Den Haag. Höhepunkt der Sammlung bilden die Gemälde der bereits erwähnten Maler der ›Haarlemer Schule‹, die als Wegbereiter der holländischen Malerei

Frans Hals, Offiziere und Unteroffiziere der St. Hadrians-Schützengilde, 1633, Frans Hals Museum

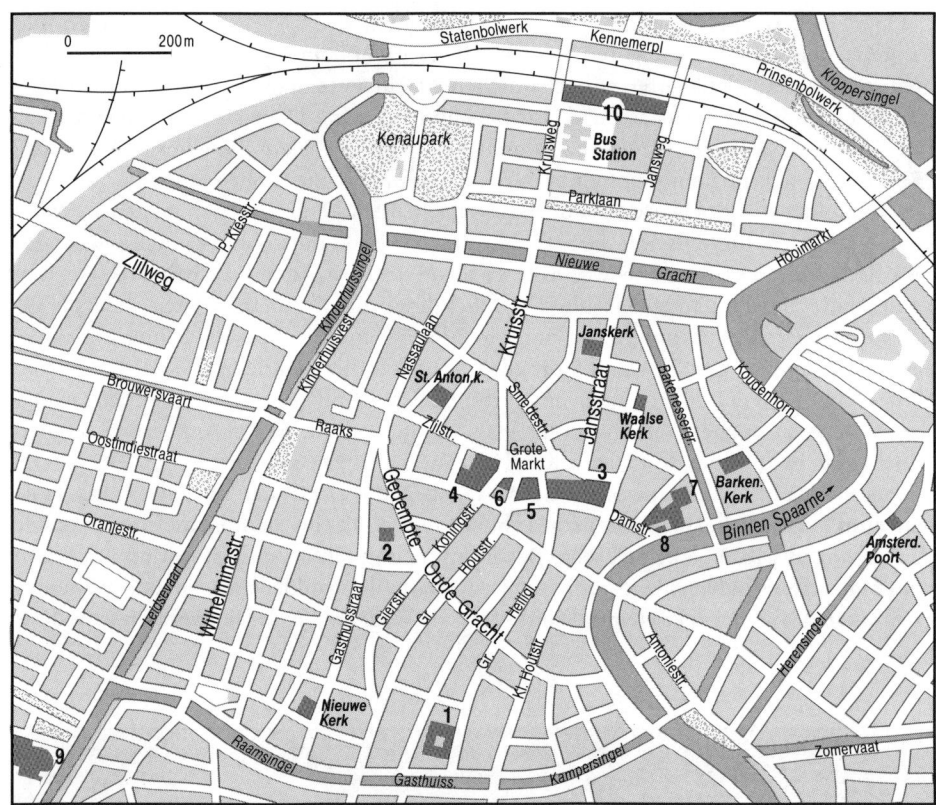

*Haarlem 1 Frans Hals Museum   2 Stads- oder Kloveniersdoelen   3 Grote Kerk (St. Bavo)
4 Stadhuis (Rathaus)   5 Vleeshal und Verweyhal   6 Vishuisje   7 Teylers Museum   8 Stadtwaage   9 Kathedrale St. Bavo   10 Bahnhof (Jugendstilwartesäle)*

des 17. Jh. gelten. In dem prächtigen Museum kann man die Entwicklung von der Landschaftsmalerei über das Stilleben bis hin zur Porträtkunst verfolgen; Glanzlichter setzen
die ›Schuttersstukke‹ von *Frans Hals*. Als das Frans Hals Museum eröffnet wurde, bekamen die ›Schützenarbeiten‹ von Frans Hals einen Ehrenplatz. Die gewaltigen Gruppenporträts, von 1616–39 entstanden, verdeutlichen den Stil des Haarlemer Malers am klar-
sten. Bekannt sind die ›Doelenstücke‹ als Festmahl ›der Sint Jorisschutterij‹ (1616) oder
die ›Offiziere und Unteroffiziere der Sint Jorisschutterij‹ (1639), die in ihrer Vitalität wie
Momentaufnahmen wirken. So eindrucksvoll seine bürgerlichen Porträts auch sind,
typisch für Frans Hals aber sind die ausgelassenen Figuren wie ›Der fröhliche Zecher‹,
›Singendes Mädchen‹, ›Singender Junge mit Flöte‹ u. a. Bei diesen Porträts, deren Modelle

er wohl auf den Märkten fand, zeigt sich der Flame Hals als ein Künstler, der große Sympathie für das einfache Volk hatte. Bei seinen Volksporträts muß man in erster Linie die Schnelligkeit des Pinselstrichs bewundern und die Anwendung der Hell-Dunkel-Effekte.

Auftraggeber von Frans Hals waren wohlhabende Brauer, Kaufleute, aber auch Priester wie Augustijn Bloemaert, der wohl 1649 an Hals den Auftrag erteilte, den Philosophen René Descartes zu porträtieren. Berühmt sind auch die Regentenstücke, etwa ›De Regenten van het Oudemannenhuis‹ und ›De Regentessen van het Oudemannenhuis‹, die er malte, als er um die 80 Jahre alt war. Frans Hals zeigt die Männer in ihrem äußeren Prunk, aber mit leeren Blicken. Als Hals im Alter Schulden hatte, bat er die Stadt um eine jährliche Rente. Die Regenten schätzten den Maler so hoch, daß sie ihm jährlich eine Pension von rund 200 Gulden gaben – ein Tischlermeister verdiente jährlich etwa 300 Gulden.

Das 400 Jahre alte, realistisch gemalte Bild vom ›Kindermord zu Bethlehem‹ ist eines jener großartigen Werke, das *Cornelis van Haarlem* 1591 im Auftrag der Stadt gemalt hatte. Gemeinsam mit *Maarten van Heemskerk* und *Frans Hals* wetteiferte er darum, wer von ihnen der begabteste der drei Haarlemer Maler sei, deren Werke im Frans Hals Museum zu bewundern sind. Cornelis, der gemeinsam mit Hendrick Goltzius und Karel van Mander zur Schule der Manieristen gehörte, die einen spanisch-niederländischen Wesenszug hatten, hatte das Bild für den Prinsenhof gemalt, die Residenz von Willem van Oranje. Der Katholik und Humanist *Goltzius* war ein feuriger Gegner der calvinistischen Ausschreitungen und der spanischen Exzesse. Im Jahr, als Willem van Oranje ermordet wurde, schuf Goltzius auch die eindrucksvollen zwölf Radierungen von dessen Beerdigung. Die Haarlemer Manieristen schufen nicht nur historische Darstellungen, sondern auch mythologische Bilder wie etwa ›De door tocht door de Rode Zee‹ von Cornelis van Haarlem. Mit dieser und anderen Darstellungen aus dem Alten Testament sollte gezeigt werden, daß die Vereinten Provinzen das neue Zion waren, die ›Nederkinder‹ das von Gott auserwählte Volk.

Zu den Malern, die ebenfalls in Haarlem arbeiteten, gehörte auch *Jan van Scorel* (1495–1562). Scorel der im nordholländischen Dorf Schoorl geboren wurde, war 1519 Schüler von Dürer und lernte in Venedig. Da er als Pilger im Heiligen Land war, wurde er in Haarlem in die exklusive Bruderschaft der Pilger nach Jerusalem aufgenommen. Scorel lebte nur von 1527–30 in Haarlem und zog dann nach Utrecht. Im Museum sind von ihm u. a. die Gemälde ›Die Taufe Christi im Jordaan‹ (1530) und ›Zwölf Mitglieder der Jerusalembruderschaft‹ (1628) zu sehen.

Zu den Schülern von Scorel gehörte auch *Maarten van Heemskerck* (1498–1574). Heemskerck wohnte mit einer kurzen Unterbrechung bis zu seinem Tod in Haarlem. Heemskerck, Mitglied der St. Lucasgilde und 22 Jahre Kirchenmeister von St. Bavo, zählt zu den produktivsten holländischen Malern. Rund 100 Gemälde, etwa 100 Zeichnungen, die er in Rom gemacht hat und mehr als 600 weitere Arbeiten sind von ihm erhalten geblieben. Heemskerck war der erste Niederländer, der seine Arbeiten professionell vervielfältigen ließ. Seine von der italienischen Schule beeinflußten Radierungen waren in ganz Europa zu kaufen. Ein bekanntes Bild, das er noch vor seiner Italienreise malte, ist ›Der heilige Lucas malt die Madonna‹. Auffallend die junge und lebensfrohe Madonna und der alte Maler, für den ein Bäcker Modell gestanden hatte.

Von Groot-Heilig-Land, dort wo das Frans Hals Museum liegt, läßt man sich durch die **Altstadt** treiben. Durch die Gasse Klein-Heilig-Land, durch den Corneliusteeg, vorbei am *Hofje van Guurtje* und *Brouwershofje,* intime Hinterhöfe aus der Zeit um 1585/86 mit hellen weißen Fensterläden. Weiter nördlich *Stads- oder Kloveniersdoelen* (Gasthuisstraat 32), von Lieven de Key 1612 erbaut, dort trafen sich die Schützen von St. Adriaens zu Schießübungen und zum Feiern. Vermutlich hingen hier einst die großen Schützenbilder des Frans Hals, die heute im gleichnamigen Museum zu sehen sind. Dann ein Blick in den *Prinsenhof,* Jacobijnenstraat, ehemaliges Kloster und spätere Residenz von Willem van Oranje, um schließlich am Grote Markt mit der Grote Kerk anzukommen.

Die **Grote Kerk, St. Bavo,** im Herzen der gemütlichen Stadt, war eines der beliebtesten Motive der Haarlemer Meistermaler. Eine der bekanntesten Stadtansichten mit der Grote Kerk malte Jacob van Ruisdael (heute Amsterdamer Rijksmuseum). Prunkstück der Grote Kerk ist die von Christian Müller gebaute Barockorgel (1735–38), an der schon der zehnjährige Mozart, Schubert, Liszt und Händel musiziert haben. Die gewaltige Orgel hat drei Manuale, 64 Register und 4295 Pfeifen. Die auffallende Kirche, eine spätgo-

tische Kreuzbasilika mit einem 80 m hohen Turm, wurde im 14. Jh. begonnen und um 1600 vollendet. Auffallend ist die kunstvoll gestaltete Decke aus Zedernholz, die auf 28 Pfeilern ruht. Die Kirchenausstattung stammt aus der Zeit vor der Reformation, etwa das Chorgestühl (1512) und das Chorgitter (1509–17). Auch das Grab von Frans Hals findet man hier. In der Kirche finden regelmäßig von Mitte Mai bis Oktober am Abend Orgelkonzerte statt.

Den *Marktplatz* der Blumenstadt – wie sich Haarlem heute werbewirksam wegen der zahllosen Tulpenfelder in seiner Umgebung nennt – wird von drei weiteren Gebäuden bestimmt: dem **Rathaus** mit seiner Renaissancefassade, der **Vleeshal** (Fleischhalle) aus dem 17. Jh. und der **Verweyhal** aus dem 19. Jh. Die Vleeshal, deren Eingang mit Kuhköpfen verziert ist, und die Verweyhal sind zwei Dependancen des Frans Hals Museums, in ihnen ist die zeitgenössische Malerei des Museums untergebracht und sind jährlich bis zu 15 Sonderausstellungen zu sehen. Das schmale Backsteinhaus mit dem Treppengiebel, das zwischen den zwei so unterschiedlichen Häusern steht, ist das **Vishuisje** (Fischhaus), im gleichen Jahr wie die Vleeshal, 1605, erbaut. Es ist der Eingang zu den zwei Museen.

Die ältesten Teile des **Stadhuis** an der Westseite des Marktplatzes stammen aus der Mitte des 14. Jh., der ursprüngliche gotische Turm wurde wegen Baufälligkeit 1772 abgebrochen, aber nach alten Ansichten 1913 wieder aufgebaut. Der flämische Einwanderer Lieven van Key erbaute die Außentreppen und den nördlichen Flügel. Von 1630–33 wurde die Fassade im klassizistischen Stil von Salomon van Bray erneuert. Im Innern des Rathauses, das während der Unabhängigkeitskriege stark beschädigt wurde, befindet sich u. a. der Ratssaal mit Gemälden und Gobelins (1629), die die Eroberung von Damiate und die Verleihung des Haarlemer Wappens darstellen.

Rund um den Grote Markt liegen zahlreiche Geschäfte, Terrassencafés und winzige Kneipen. Die originellsten Cafés sind *Proeflokal De Uiver*, Riviervishmarkt 13, ein ehemaliges Fischgeschäft, das plüschige *'t Stadscafé*, Zijlstraat 56, und *Café 1900*, Barteljorisstraat 10, ein früheres Kino mit Bistroatmosphäre.

◁ *Haarlem, Marktplatz mit Rathaus*

Haarlem, Grote Kerk am Marktplatz

283

Haarlem, St. Bavo-Kathedrale (1895–1906)

Zu den besonderen Sehenswürdigkeiten gehört **Teylers Museum,** östlich der Grote Kerk an dem Flüßchen *Binnen Spaarne* gelegen. Das traditionsreiche Museum, 1778 von Pieter Teyler van der Hulst, einem reichen Tuchhändler, gegründet, präsentiert neben wissenschaftlichen Geräten, Mineralien, zoologischen Stücken und Gemälden der holländischen Romantiker auch Werke von Raffael, Michelangelo und Rembrandt. Versäumen sollte man nicht, einen Blick in die immer noch benutzte Bibliothek mit ihren 125 000 wissenschaftlichen Werken zu werfen. Neben dem Museum steht die 1597/98 von Lieven de Key erbaute **Stadtwaage.**

Zu den eindrucksvollen Bauwerken gehört auch die von zahllosen Kuppeln gekrönte **St. Bavo-Kathedrale** am Stadtrand. Der Monumentalbau, mit byzantinischen und arabischen Stilelementen, wurde 1895–1906 von dem Architekten Cuypers erbaut und gehört zu den gewagtesten Sakralbauten des Landes und gilt als gelungenes Beispiel für den Übergang zur Moderne. Im Innern der katholische Bischofskirche, gekrönt von einer Kuppel von orientalischer Ausstrahlung, Jugendstil-Kachelbilder von Jan Toorop und die Schatzkammer mit goldenen und silbernen Sakralgegenständen und dem Reliquienschrein von St. Bavo.

Mehr noch als in Amsterdam findet man in der Altstadt von Haarlem zahlreiche Geschäfte, ›winkel‹ genannt, in denen die sogenannte ›gute alte Zeit‹ bewahrt geblieben ist. Historische Läden sind *Voet en Zonen* (Tabak), Kruisstraat 39; *Haarlemer Halletjes* (Schokolade), Kruisstraat 37 und *Van der Pigge* (Apotheke), Gierstraat 3. In der Kruisstraat, der Zijlstraat, der Gedempten Oude Gracht und in den Gassen rund um den Grote Markt gibt es eine Vielfalt an Antiquitäten- und Bücherläden. Neben der intakten Altstadt mit ihren historischen Bürgerhäusern verfügt die Stadt auch noch über ein Kleinod aus den Pioniertagen des Eisenbahnzeitalters. Der Haarlemer **Bahnhof**, 1908 in Jugendstilformen erbaut, überrascht durch seine prachtvollen Wartesäle.

☐ Leiden – älteste Universitätsstadt mit dem berühmten Hortus

In den Straßen und Gassen der ältesten Universitätsstadt (115 000 E.) pulsiert, wie kaum irgendwo sonst in der Provinz Südholland, das Leben. Leiden, umgeben von ausgedehnten Blumen- und Gartenbaubetrieben, blickt stolz auf eine große Tradition zurück. Und, in malerischem Kontrast zu all dem jugendlichen und studentischen Treiben, die Kulisse einer historischen Stadt, die mit ihren Grachtenhäusern, Plätzen und Kanälen, in denen Seerosen blühen, ein ungewöhnliches Ambiente präsentiert.

Durch das historische Zentrum fließt der Alte Rhein, der *Oude Rijn*, und verleiht der Stadt ihren malerischen Charakter. Leythen (»an den Wasserläufen«) erhielt 1266 die Stadtrechte von Graf Floris V., bis 1420 besaß sie einen Burggrafen (die restaurierte *Burcht* mit einer kreisrunden Ringmauer, die ihre heutige Form 1635 erhielt), wurde wohlhabend durch die Tuchweberei und während des 80jährigen Krieges (1573/74) zweimal von den Spaniern belagert. Willem van Oranje, Stammhalter des Königreichs, befreite die vom Hunger bedrohte Stadt, indem er die Deiche durchstechen ließ: Das Land wurde überflutet, und die Schiffe von Admiral Boisot konnten bis an die Stadtmauern heranfahren und die Spanier vertreiben – Wasser als strategisches und militärisches Mittel sollte noch oft in der Geschichte der Republik eine Rolle spielen. Als Dank für ihren Widerstand konnten die Einwohner wählen: Steuerfreiheit oder eine Universität. Die Bürger entschieden sich 1575 für die Hochschule.

Noch heute ist ein Studium an der Universität, der berühmtesten des Landes, an der Völkerrechtler Hugo Grotius und der Philosoph René Descartes, der Arzt Herman Boerhave und der Mathematiker Christaan Huygens lehrten, sehr gefragt; rund 30 000 Studenten sind hier eingeschrieben. Auch die Mitglieder des Königshauses, u. a. Königin Beatrix und Thronfolger Willem Alexander, studierten hier. Nicht nur als Ort der Wissenschaft und der Glaubensfreiheit – hier lebten die legendären Pilgerväter, bevor sie 1620 nach Amerika aufbrachen –, sondern auch als Hort der Kultur ist die Stadt bekannt.

Aus Leiden kommen so bekannte Maler wie Lucas van Leyden, Jan Steen, Gabriel Metsu, Frans van Mieris, die Brüder Van den Veld und Rembrandt van Rijn. Dem bekanntesten Sohn, am 15. Juli 1606 am Weddesteg geboren, widmet die Stadt eine Wanderung: ›Auf den Spuren des jungen Rembrandt‹.

Dieser Spaziergang (ausgeschildert) beginnt am Bahnhof und führt zum Rembrandtpark. Am *Kort Galgewater* wurde in einer ehemaligen Zimmermannswerkstatt (1612) das *Atelier von Rembrandt* rekonstruiert. Der Weg führt an der *Mühle De Put* über die hölzerne

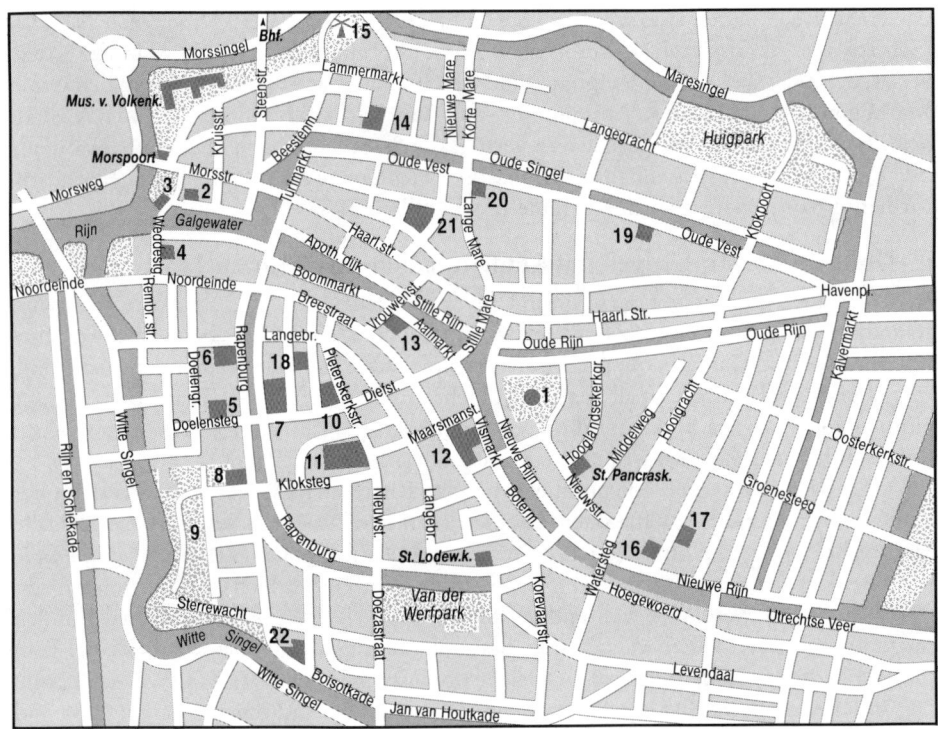

Leiden   1 Burcht   2 Rembrandts Atelier   3 Mühle De Put   4 Rembrandts Geburtshaus
5 Eva van Hoogeveenhofje   6 Bibliotheca Thysiana   7 Museum van Oudheden   8 Universität   9 Hortus Botanicus   10 Ehem. Lateinschule   11 St. Pieterskerk   12 Rathaus (Stadhuis)
13 Stadtwaage   14 Städtisches Museum De Lakenhal   15 Windmühle De Valk (Mühlenmuseum)
16 Sint Annahofje   17 Schachtenhofje   18 Hofje van Broekhoven   19 Meermansburg   20 Marekerk   21 Museum Boerhave   22 Pilgrim Collectie (Dokumentationszentrum der Pilgerväter)

Grachtenbrücke zum Weddesteg – an seinem *Geburtshaus* wurde eine Gedenktafel angebracht. Durch die Rembrandtstraat kommt man zum Doelensteg. Dort befindet sich
eines der schönsten Hofjes, des **Eva van Hoogeveenhofje** aus dem 17. Jh. Von den rund
30 Hofjes der Stadt gehört dieses zu den idyllischsten. An der *Gracht Rapenburg*, der
Kanal gehört zu den romantischsten Hollands, befindet sich die **Bibliotheca Thysiana**
(Nr. 8) in einem historischen Stadtpalast, der nach Plänen des Stadtbaumeisters Arent
van's Gravenzande 1655 erbaut wurde. Das archäologische **Museum van Oudheden**
(Nr. 28), 1818 gegründet, besitzt eine umfangreiche Sammlung griechischer, etruskischer
und römischer Skulpturen; eine Ausstellung, die den Themenkreis von der Prähistorie
bis zum Mittelalter in den Niederlanden umfaßt, im Innenhof steht der nubische *Tempel*

von Taffeh, ein Geschenk der ägyptischen Regierung als Dank für die Mitarbeit bei der Rettung von Altertümern am oberen Nil. Das Akademiegebäude an der Rapenburg, Kirche des Dominikanerklosters von 1516, ist Hauptgebäude der **Universität,** und dahinter erstreckt sich der bereits 1590 angelegte *Botanische Garten.*

Der **Hortus Botanicus** (Museum der lebenden Pflanzen), gilt als die ›Mutter aller Museen‹. Hier blühten 1594 nicht nur die ersten Tulpen in Holland, sondern in diesem Garten haben inzwischen rund zwei Drittel aller Pflanzen (u. a. Hortensien, Goldregen, Zwiebelgewächse), die heute in europäischen Gärten und Parkanlagen wachsen und blühen, ihren Ursprung, wie Biologe Leslie Tjon Sie Fat betont, der den historischen *Clusiusgarten* rekonstruiert hat. Wesentlichen Anteil daran hatte der Würzburger Arzt Philipp F. Balthasar von Siebold (1796–1866), der aus Japan zahlreiche Kulturpflanzen mitgebracht hatte. 1990 wurde der *Von Siebold-Gedächtnisgarten* als japanischer Landschaftsgarten angelegt – bevorzugte Pilgerstätte japanischer Touristen. Gleich rechts am Eingang zum Hortus steht der älteste ›Kunstschatz‹ Hollands: der knorrige Goldregen aus dem Jahre 1601. Entstanden ist die Anlage aus dem *Hortus Medicus,* in dem Heilkräuter gezüchtet wurden. In Pisa, Florenz, Bologna und Leipzig gab es bereits um 1550 derartige Gärten, und 1590 wurde der ›Cruyhof‹ in Leiden gegründet. Charles de l'Escluse, bekannt als Carolus Clusius (1526 in Arras geboren), wurde 1593 Leiter des Hortus in Leiden und pflanzte dort die ersten Zwiebelgewächse, Tulpen, Narzissen, Hyazinthen und Kaiserkronen an. 1576 erschien Clusius' ›Flora van Spanje‹, in dem er die Pflanzen erstmals nach Wachstum, Farbe, Geruch, Geschmack, ihre Volksnamen, ferner ihre industrielle und

Leiden, die besonders malerische Gracht Rapenburg

Leiden, Museum van Oudheden, ägyptische Skulpturen

medizinische Nutzung beschreibt. Der Clusiusgarten ist nach dem klassischen Harmoniegesetz der Renaissance angelegt. Eine *Orangerie*, der *Rosengarten* und die *Gewächshäuser* (Juli/August blühen dort die Riesen-Wasserlilien ›Victoria amazonica‹) runden den Bestand ab. Den Forschungen von Clusius verdankt der holländische Gartenbau, jährlicher Umsatz rund 11 Milliarden Gulden, seinen Erfolg. »Die botanische Schatzkammer des Landes«, so Clusius-Nachfolger Direktor Jan de Koning, »ist inzwischen zu einem Refugium aussterbender Pflanzen geworden.« Mit bis zu 100 000 Besuchern jährlich gehört der Hortus zu den Topattraktionen der Stadt. Der Garten (mo–sa 9–17 Uhr, so 10–17 Uhr) ist auch eine Fundgrube für Gärtner und Baumschulen, da ›alte Gewächse‹ modern geworden sind.

An der Schoolstraat/Ecke Lokhorststraat befand sich die **Lateinschule**, die Rembrandt von 1614–20 besuchte. Auffallend sind die typischen rot-weißen Fensterrahmen. Der Müllersohn muß damals auch den Pilgervätern begegnet sein, jenen englischen Puritanern, die im Viertel rund um das spätgotische **St. Pieterskerk** lebten, etwa im *Jean Pesijnshofje* oder im *Willem Brewster Steeg* (Gedenktafel), der vom Pieterskerk-Choor abgeht. In der weiten und hellen Basilika, deren Anfänge bis ins 13. Jh. zurückgehen und, deren 110 m hoher Turm 1512 einstürzte, befinden sich zahlreiche Wandgräber bekannter Professoren und Maler, u. a. das von Jan Steen und das Familiengrab der Rembrandts. Die Orgel wurde um 1640 gebaut, und die reich verzierte spätgotische Kanzel wurde um 1525 geschnitzt.

Der Spaziergang auf den Spuren des jungen Rembrandt führt vorbei am **Rathaus** mit der imposanten Renaissancefassade zum *Vismarkt*, am *Nieuwe* und *Stille Rijn* entlang zum *Aalmarkt* mit dem aus 1658 stammenden Gebäude der **Stadtwaage**. Hier und am *Stille Mare* findet man zahlreiche Terrassencafés und Restaurants.

Wir kommen zum **Städtischen Museum De Lakenhal**, Oude Singel 32. In dieser früheren Tuchhalle aus dem Jahre 1638 wird die Stadtgeschichte gezeigt, in der Gemäldegalerie zahlreiche Arbeiten der einheimischen Maler wie Rembrandt, Van Steen, Van Leyden und dem Rembrandt-Lehrern Jacob van Swanenburgh und Pieter Lastman. 1632 siedelte Rembrandt nach Amsterdam über. Von weitem erkennt man an der Binnenvestgracht l a die **Windmühle De Valk.** Die siebenstöckige Getreidemühle, in der zum erstenmal 1743 Korn gemahlen wurde, ist seit 1964 Museum (di–sa 10–17 Uhr).

Bekannt ist die Tuchmacherstadt auch für die große Anzahl idyllischer **Hofjes,** von denen das **Sint Annahofje** (1492–1507), Hooigracht 9, besonders sehenswert ist. Auffallend bei diesem abgeschlossenen Wohnkomplex ist, daß das Innere der Kapelle durch die ›Bilderstürmer‹ von 1566 nicht zerstört wurde, das Sandsteintor stammt von 1685. Seinen altertümlichen Charme hat auch das **Schachtenhofje** in derselben Gracht bewahrt. Besonders schön auch das 1640 gestiftete **Hofje van Broekhoven** (Papengracht 16) und das größte Stift der Stadt, **Meermansburg** (Oude Vest 159). Restauriert ist das Regentenzimmer, Amtsraum der Direktion, in dem sich ein Pfeifenkabinett und eine Sammlung historischer Porträts befindet.

Unweit der ersten reformierten Kirche, der achteckigen **Marekerk** (1638–48) mit dem auffallenden Sandsteinportal, erbaut von Arent van s'Gravenzande, befindet sich das **Museum Boerhave,** Lange Agnietenstraat 10 (di–sa 10–17 Uhr, so 12–17 Uhr). Das naturwissenschaftliche Museum, es wurde nach einer gründlichen Restaurierung 1991 im ehemaligen *Caeciliagasthuis* aus dem 16. Jh. eröffnet, präsentiert auf einer Ausstellungsfläche von 2000 qm rund 200 wissenschaftliche Instrumente und Gegenstände in chronologi-

Leiden, Rekonstruktion des Clusiusgartens im Hortus Botanicus

Leiden, St. Pieterskerk

scher Reihenfolge der vergangenen 500 Jahre. So sieht man hier u. a. eine Nachbildung des *Theatrum Anatomicum,* ein Seziersaal von 1593. Dabei handelt es sich um den ersten anatomischen Saal in Europa. Studenten, aber auch sensationshungrige Bürger konnten hier im Winter mit ansehen, wie Leichen seziert wurden. – Eine weitere Attraktion ist das nachgebaute *Planetarium* von Christaan Huygens aus dem Jahre 1682. Das Museum besitzt auch ein Quickthermometer von »Fahrenheyd auf einer Kupferplatte, 22 d. lang bis 600 Grad«. In seinem Amsterdamer Geschäft verkaufte Daniel Gabriel Fahrenheid Alkoholthermometer und entwickelte das Quickthermometer.

Amerikanische Touristen können in der **Pilgrim Collectie,** dem *Dokumentationszentrum der Pilgerväter,* Vliet 45, nach möglichen Vorfahren suchen lassen. Die aus England geflohenen Pilgerväter hatten in der Universitätsstadt Zuflucht gesucht. 1611 gründete John Robinson, er liegt in einer Seitenkapelle der Pieterskerk begraben, die erste Gemeinde der ›Independenten‹. Eine Gruppe jener Puritaner hatte sich 1620 zur Auswanderung in die ›Neue Welt‹ entschlossen, und als ›Pilgrim Fathers‹ gingen sie in die amerikanische Geschichte ein, die am Cape Code in Boston amerikanischen Boden betraten und als die Stammväter des protestantischen und puritanischen Establishments Nordamerikas gelten. Für Amerikaner schufen die Leidener Pilgerväter die Voraussetzung für den ›amerikanischen Traum‹. Ihre Ideen, Trennung von Kirche und Staat, der Glaube an eine Welt, in der Menschen auf demokratische Art miteinander leben können, glaubte man verwirklicht. Für einen Amerikaner, der nachweisen kann, daß seine Familie von den Pilgervätern abstammt, ist dies gleichbedeutend wie für einen Europäer, der zum Hochadel gehört.

Zwischen April und Mai ist ein Ausflug in die ›Bollenstreek‹, die Zwiebelblumen-Landschaft‹, zwischen Leiden und *Lisse (Keukenhof)* besonders empfehlenswert. Hinter der Dünenkette blühen auf weiten Feldern Hyazinthen, Krokusse, Narzissen, vor allem aber Tulpen – bis zum Horizont.

☐ Rotterdam – Stadt der Schiffahrt und Architektur

Die zweitgrößte Stadt des Landes strahlt mehr Urbanität und Optimismus aus als irgendein anderer Ort Hollands, trägt jedoch das unausrottbare, aber ungerechte Klischee, eine Stadt ohne Kultur zu sein. Rotterdam ist ebenso wie die Städte des Ruhrgebiets oder Mittelenglands eine typische Stadt des 19. Jh. – daher auch ist es unfair, sie etwa mit Amsterdam zu vergleichen, dessen historischer Kern aus dem 17. Jh. stammt. Rotterdam ist eine zukunftsorientierte Stadt, insbesondere im Städtebau, in der – nach der Zerstörung im Zweiten Weltkrieg – die Umsetzung neuer Leitbilder in eine Phase der zeitgenössischen Architektur und Städteplanung führten. Rotterdam gilt als der Prototyp einer modernen europäischen Nachkriegsstadt. Die Stadt gliedert sich in drei Teile: **Parklandschaften** mit dem Museumspark, das 50 Jahre junge **Stadtzentrum** mit Einkaufsvierteln, Theatern, Hotels, Wohnungen und schließlich die **Wasserstadt,** das innerstädtische Erholungs- und Ausflugsgebiet rund um die alten Hafenbecken und entlang der Maas. Die ›Waterstad‹ ist jener Bereich, der der Stadt ihren ganz speziellen Charakter verleiht.

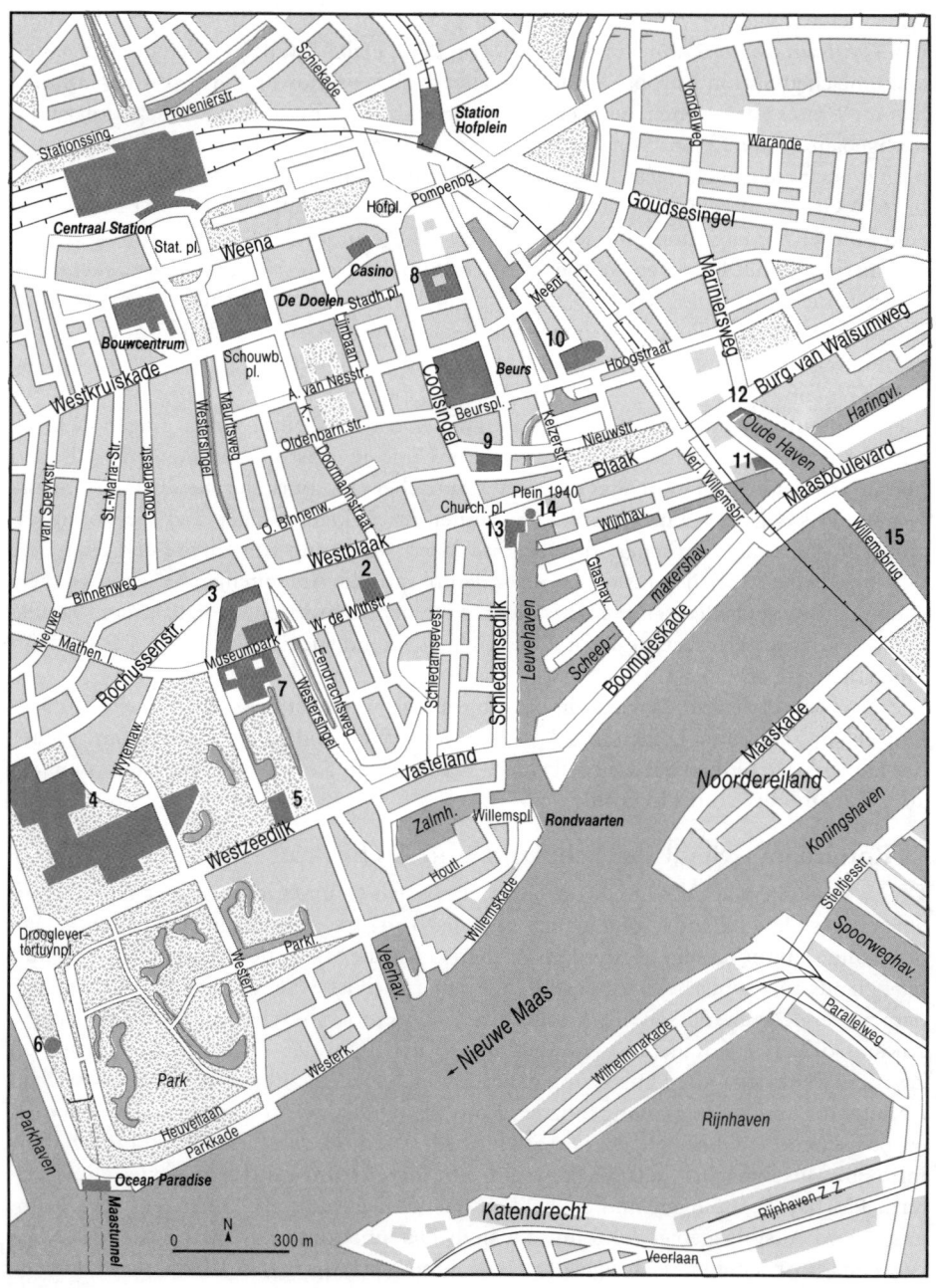

Der größte Hafen der Welt, der sich auch als größter Seehafen der Bundesrepublik betrachtet, nennt sich ›Manhattan an der Maas‹, und das läßt sich im Stadtbild auch erkennen. In keiner anderen niederländischen Stadt stehen mehr Hochhäuser, es ist die am deutlichsten ›amerikanisch‹ geprägte Stadt, gilt aber auch als die ›deutsche‹ Stadt des Königreichs. In der ›großen Werkstatt‹, so ein weiterer schmückender Beiname der 650 Jahre alten Stadt, wird das Geld verdient, was in Den Haag oder Amsterdam ausgegeben wird.

Rotterdams bekanntester Sohn wurde als Geert Geertsz. 1466 oder 1469 in dem Ort an der Rotte geboren. Berühmt wurde er unter dem Namen *Desiderius Erasmus von Rotterdam,* der große Humanist. Erasmus studierte in Paris, Oxford und Turin, war mit Thomas Morus befreundet, zog von England nach Löwen und später nach Basel, wo er am 12. Juli 1536 starb. Vor der wiederaufgebauten **Laurenskerk** steht sein *Denkmal,* das älteste Standbild Hollands (1622).

Zum ersten Mal wird Rotterdam 1283 erwähnt, 1340 erhielt der Ort das Stadtrecht und entwickelte sich rasch zum zweitgrößten Handels- und Hafenort Hollands. Rotterdam profitierte vom ›Fall von Antwerpen‹, 1585, der holländischen Blockade auf der Schelde. Anfang des 17. Jh. wurde die Stadt vom Geist der Remonstranten bestimmt, von 1781–87 dominierten die ›Patrioten‹, und während der französischen Besatzung (1795–1813) wurde sie wirtschaftlich schwer getroffen. Durch verschiedene Eingemeindungen wurde Rotterdam ständig größer: 1869 durch *IJsselmonde* und *Katendrecht,* 1886 durch *Delfshaven,* 1894 durch *Katendrecht* und *Charlois.* Der Anfang zum Welthafen wurde mit dem Durchstich durch die Dünenkette 1872, dem **Nieuwe Waterweg,** zur Nordsee gelegt und erreichte seine erste Blütezeit mit der Industrialisierung des Ruhrgebiets. Die Stadt, die heute knapp 600 000 Einwohner zählt, machte nach 1920 ein stürmisches Wachstum durch und ist seit 1962 der größte Hafen der Welt. In den ersten Tagen des Zweiten Weltkriegs wurde der größte Teil der Innenstadt durch einen deutschen Bombenangriff vernichtet: 25 000 Wohnungen und Häuser wurden zerstört, ferner 2400 Geschäfte, 1350 Fabriken und Handwerksbetriebe, 566 Hotels und Restaurants, 69 Schulen, 24 Kirchen, 20 Banken, zwölf Kinos und vier Krankenhäuser, rund 900 Kinder, Frauen und Männer kamen ums Leben und 77 000 Personen wurden obdachlos. Vier Tage brannte die Stadt, nur Rathaus, Hauptpostamt, Börse und die rote Laurenskirche erhoben sich nach Kriegsende aus dem planierten Bezirk. Die Trümmer hat man in Kanäle und Hafenbecken gekippt. Das historische Zentrum existierte nicht mehr.

◁ *Rotterdam   1 Remonstrantenkirche   2 Museum für heutige Kunst Witte de With   3 Architekturmuseum und -institut   4 Erasmus-Universität   5 Kunsthalle   6 Euromast   7 Museum Boymans-Van Beuningen mit Pavillon   8 Stadhuis   9 Schielandhuis (Historisches Museum)   10 St. Laurenskerk (Grote Kerk) und Erasmusdenkmal   11 Witte Huis   12 ›Baumhäuser‹ (Oudehaven)   13 Maritiem Museum ›Prins Hendrik‹ und Museumsschiff ›Buffel‹   14 Denkmal ›Verwüstete Stadt‹ (O. Zadkine)   15 Willemsbrug*

1940 wird das Stadtzentrum Rotterdams von der deutschen Luftwaffe zerstört

Der Wiederaufbau der Stadt erfolgte zügig. Zwei Voraussetzungen waren dafür entscheidend: Enteignung des gesamten Grundbesitzes und eine vollständige Planierung der zerstörten Fläche, einschließlich des Straßennetzes und der unterirdischen Leitungen. Die Stadtarchitekten hatten nun die Möglichkeit, ein neues Zentrum nach den Erkenntnissen des modernen Städtebaus zu verwirklichen. Pläne für die Neugestaltung der übervölkerten und dichtbebauten City hatte es bereits vor dem Krieg, 1924 von dem Städteplaner Witteveen, gegeben – einen schnelleren Verkehrsfluß, bessere Wohnungen und viel Grün. Dieser Plan wurde in abgewandelter Form übernommen. Bereits vor der Zerstörung hatte sich die Stadt geändert. Um die Jahrhundertwende und in den Jahren danach waren große Teile abgerissen worden, um Platz zu machen für die Börse, die Post und das Rathaus. Die *Coolsingel* wurde zur *Jonker Fransstraat* durchbrochen, dabei war bereits historische Bausubstanz vernichtet worden. Auch nach 1940 wurden Bauwerke, die den Bombenhagel überdauert hatten, abgebrochen.

Anders als in anderen Städten, etwa in Amsterdam, wo außerhalb des Zentrums die neuen Büro- und Wohnzentren erbaut wurden, wurde in Rotterdam vorgegangen. Geschäfte, Wohnungen, Büros und breite Straßen wurden im neuen Zentrum angelegt. Nach den Vorstellungen der damaligen Städteplaner und Architekten sollte Rotterdam zum Sinnbild einer hellen, modernen und zukunftsorientierten Stadt werden. Die kompakte Stadt, die dann gebaut wurde, hatte einen Schönheitsfehler: die Bewohner akzeptierten sie nicht und zogen weg. Der Exodus dauerte bis in die Mitte der 80er Jahre. Dann erfolgte die Kehrtwende und das Streben nach einer Architektur der ›gastlichen Räume‹, die Wiederbelebung des verödeten Zentrums. Wenn Rotterdam, und darin der Hafenstadt Hamburg nicht unähnlich, heute Wegbereiter für eine vorbildliche Architekturkultur geworden ist, dann liegt das auch an der topographischen Struktur. Eine Stadt am Wasser, mit Seen, Kanälen und einem Strom, ist ein Platz mit einer angenehmen, identitätsgebenden Erscheinung.

Tritt man aus dem Bahnhof, so fallen an der **Weena** sofort die gläsernen Türme und Symbole auf: Geld ist Macht. Die bis zu 150 m hohen Gebäude sind die höchsten der Niederlande, sie stehen alle auf Pfählen und tragen die Zeichen von Banken und Versicherungen. In der Stadt findet man zahlreiche Beispiele phantasievoller Architektur. Etwa die dörfliche Struktur, die ›Baumhäuser‹ am *Oude Haven,* eine Architektur, die den Fischersiedlungen an der alten Zuidersee nachempfunden ist, die Mietshäuser, ›Büroklammer‹ genannt, im Dockerviertel *Katendrecht* und das 1993 eröffnete *Nederlands Architectuurinstituut* (NAI) im Museumspark. Das *Museumsviertel* umschließt das Dreieck Westersingel, Rochusstraat und Westzeedijk. Dort befinden sich das *Museum Boymans-Van Beuningen,* das *Chabot-Museum* mit Werken des Rotterdamer Expressionisten Hendrik Chabot, und am anderen Ende des Parks stehen die *Kunsthalle* und das *Naturkundemuseum.* Das intime Chabot-Museum, eine Privatinitiative, befindet sich in einer weißen Villa, 1938 von Leonard Stokla erbaut. In der Verlängerung des Museumsparks, vorbei an der **Remonstrantenkirche** – sehenswert das Jugendstil-Interieur-, in der *Witte de Withstraat* – aus der Straße der Verlage und Redaktionen wurde eine Galeriestraße mit Zukunft – befindet sich das Künstlerzentrum und **Museum für heutige Kunst** ›Witte de With‹. Das Zentrum, in den oberen Stockwerken einer Schule, wurde 1990 von der ›Rotterdamer Kunststiftung‹ gegründet. Im ehemaligen Verlagsgebäude der Zeitung ›NRC‹ befindet sich seit Frühjahr 1994 das nationale *Foto Instituut en Foto Archief.* Enthusiastisch nennt man dieses gesamte Gebiet das ›Goldene Dreieck‹ der Architekturhauptstadt.

Der Limburger Architekt Jo Coenen (Jahrgang 1949), beeinflußt von der ›Amsterdamse School‹ und dem Bauhausstil, hat mit seinem **Architekturmuseum** (NAI) um und über einen künstlichen See die Visitenkarte für die städtische Architektur abgegeben. Drei Funktionen erfüllt die einheitlich gestaltete Anlage: Archiv, Museum und Informationszentrum. Jede der drei Abteilungen ist in einem eigenen Trakt untergebracht, ein vierter Raum ist für den Empfang des Publikums bestimmt. Das NAI soll zugleich Schatzkammer der nationalen Architektur und Festsaal in einem sein. In dem Institut haben drei Stiftungen Platz gefunden: das *Nederlands Dokumentatiecentrum voor de Bouwkunst,* die Stiftungen *Wohnen* und das *Architektur-Museum.* Die Kollektion des Museums umfaßt die Archive der Architekten Cuypers, Berlage, De Bazel, Duiker, Dudok, Van Eesteren, Granpré-Moliere, Oud und Rietveld. Eine umfangreiche Bibliothek nebst zahlreichen Modellen, Möbeln und Fotodokumenten ergänzt die Kollektion. Die Proportionen des Instituts (die ›Banane‹) sind klar und auf die anderen Bauwerke – mit ungewöhnlichen Durchblicken – im Park abgestimmt. Mittelpunkt des Instituts wurde ein gläserner Kubus für Bibliothek und Seminarräume, die rund 200 m lange schmucklose Galerie mit breiten Streben trägt Archiv und Dokumentationszentrum. Die Arkade ziert eine *Lichtskulptur* von Peter Struycken. Von der Bibliothek schaut man wie vom Deck eines Schiffes auf die 114 m hohe *Medizinische Fakultät der Erasmus-Universität,* davor erstreckt sich am Coolhaven die Front des *Kinderkrankenhauses* und dazwischen liegt der *Museumspark* (Entwurf Yves Brunier), an dessen anderem Ende die ›Kunsthal‹, entworfen von Rem Koolhaas, steht. Die **Kunsthalle,** die größte Halle im Land für wechselnde Kunstausstellungen, ist ein modernes helles Gebäude am Hang zum *Westzeedijk,* einer breiten Durchgangstraße. Das Grand-Café ›Domus Artis‹ mit Terrasse ist frei zugänglich.

Das **Museum Boymans-Van Beuningen** beherrscht in seiner geschlossenen Form weiterhin den Museumspark. Der Backsteinbau steht in Kontrast zu den hellen *Villen* von Sonneveld und Stokla schräg gegenüber. Mit einer umfangreichen Sammlung niederländischer, italienischer und zeitgenössischer Maler gehört das Boymans-Van Beuningen zu den bedeutendsten des Landes. In den hellen Räumen sind vor allem die altniederländischen Maler Hubert und Jan van Eyck (›Die drei Marien am Grab Christi‹), Hieronymus Bosch, Hans Memling, Pieter Brueghel (›Der Turmbau zu Babel‹) und Lucas van Leyden gut vertreten. Auch das ›Goldene Zeitalter‹ ist mit zahlreichen Werken von Rembrandt, Frans Hals, Jan Steen und Jacob van Ruisdael prominent dokumentiert. Von den zeitgenössischen Malern bzw. denen der klassischen Moderne findet man folgende Namen: James Ensor, Picasso, Matisse, Franz Marc, Constant Permeke, Marc Chagall. Das 1935 vollendete Museum beherbergt außerdem kunstgewerbliche Gegenstände (Porzellan, Majolika, Glas, Silber, Zinn, Möbel), Handzeichnungen und ein Kupferstichkabinett.

Hauptstraße des Stadtzentrums ist die breite **Coolsingel.** Im niederländischen Renaissancestil wurde das **Stadthuis,** das größte Rathaus des Landes, von 1914–20 erbaut. Im Turm hängt ein Glockenspiel,

Rotterdam, ›Baumhäuser‹ am Oude Haven

und vor dem Gebäude steht das *Denkmal* des Völkerrechtlers *Hugo Grotius,* der zehn Jahre Ratspensionär (1576–86) der Stadt war. Am Ende der Coolsingel, Eingang Korte Hoogstraat 31, befindet sich hinter den Mauern des im Stil des holländischen Klassizismus 1655 erbauten **Schielandhuis** das **Historische Museum.** Die Sammlung gibt einen guten Überblick über die historische und kulturgeschichtliche Entwicklung der Hafenstadt.

Am *Grote Kerkplein,* jenem Teil der Innenstadt, der im Krieg bis auf Rathaus und Laurenskirche vollkommen zerstört wurde, erhebt sich diese spätgotische Kirche. Die **Grote** oder **St. Laurenskerk** stammt aus dem 15. Jh., mit dem Turmbau wurde 1440 begonnen, die Kirche ist das älteste Gebäude der Stadt. Original sind noch die Treppentürmchen und die hohen Fensterrahmungen. Die Orgel baute der dänischen Orgelbauer Marcussen. Vor der Kirche steht das von Hendrick de Keyser 1622 gegossene *Erasmusstandbild.*

Über die *Blaak* gelangt man zum **Wijnhaven,** wo sich der Blickfang, das 45 m hohe **Witte Huis** erhebt, wegen seiner weißglasierten Steine ›weißes Haus‹ genannt. 1900 war es das erste Hochhaus Europas, die Fassade ist mit Blumenmotiven im Stil des Art Nouveau dekoriert, in den Nischen fünf Standbilder, die Handel, Landbau, Kunsthandwerk, Zukunft und Seefahrt symbolisieren. Bei den Bürgern war der erste europäische Wolkenkratzer beliebt, weil die Aussichtsplattform auf dem Dach frei zugänglich war – heute leider nicht mehr. Neben dem Gebäude stehen einige restaurierte historische Wohnhäuser.

Von dort, der Gelderskade, gelangt man zum **Oude Haven,** dem quirligen Mittelpunkt der ›Waterstad‹. Rund um den alten Hafen treffen Alt und Neu aufeinander. Vor dem Hintergrund der 38 futuristischen ›Baumhäuser‹, in denen Kubuswohnungen übereinander gestapelt sind, zwischen Spanjaardsbrug und Witte Huis, dümpeln im Kanalwasser restaurierte historische Binnenschiffe, die eines gemeinsam haben müssen – vor 1930 von Stapel gelaufen zu sein. Konservierte Nostalgie in Form von Dampfmaschinen und anderen Geräten kündet vom industriellen Eisenzeitalter. Auf der **Museumswerft,** sie stammt aus Groningen, werden wieder Schiffe repariert. Das Bewahren des ›schwimmenden Kulturbesitzes‹ ist nicht preiswert. Für ein Boot rechnet man etwa zwischen 200 000 bis 300 000 Mark, denn Subventionen – im

Gegensatz zu historischen Bauwerken – gibt es dafür nicht. Der Museumshafen wurde 1983 eingerichtet und ist Teil der Altstadt. Vom Ufer der Maas bis hin zur Kralingse Plaslaan wurde ein Viertel errichtet, das Besucher immer wieder in Erstaunen versetzt und Architekturliebhaber aus aller Welt anlockt. Von der *Spanischen Kaje* führen Stege auf Höfe und in enge Straßen, die entweder Entengang oder Kuhstraat heißen, Wohnterrassen in Blau und Rot und dazwischen die drei Stockwerke hohen Baumhäuser. Die Grundrisse der Wohnungen mit ihren stürzenden Wänden und Fenstern sind nicht geeignet, um Polstermöbellandschaften oder Schrankwände zu installieren. Am Ufer zahlreiche Terrassencafés, Kneipen und Restaurants. Längst ist das Nachkriegsgrau verschwunden, entstehen auf dem Coolsingel-Boulevard Alleen, bemalten Künstlerkollektive Lichtmasten, Fassaden, Fußgängerzonen, und Architekt Piet Blom, der diese ›Operettenstadt‹ mit all ihren Treppenfluchten, Erkern, Balustraden, Balkonen und Arkadenbögen entworfen hat, sagte über seinen Entwurf: »Städtebau habe der Volksbelustigung zu dienen, Wohnviertel in der Innenstadt sind nur dann human, wenn sie unterhaltsam wirken. Städtebau muß Zirkus sein.«

Den Leuvehaven dominiert der moderne Zweckbau **Maritiem Museum ›Prins Hendrik‹** mit dem **Museumsschiff ›Buffel‹**. Gegenüber auf dem Plein 1940 erinnert Ossip Zadkines *Denkmal ›Der Schrei‹*, auch › *Verwüstete Stadt‹* genannt, an die Bombardierung der Stadt. Der **Leuvehaven** mit seinem Dutzend *Museumsschiffen* und dem *Maritiem Buitenmuseum*, gläserne Hallen, in denen das Industriezeitalter hautnah zu erleben ist, gehört zu den Topattraktionen der Stadt. Vom Landungssteg gibt es an den Sonntagen im Sommer die Möglichkeit, mit einem von Kohle befeuerten Hafenschlepper (Baujahr 1942) Rundfahrten zu unternehmen. Wenn man an der *Leuvesluis* steht, so blickt man auf die große Baustelle am *Willemsplein*. Dort wird an der künftigen *Erasmusbrücke* gebaut, vom Volksmund bereits ›Die Zwaan‹ genannt, die das Zentrum mit dem künftigen Wohngebiet *Kop van Zuid* verbinden soll. Am Osttor der *Oude Haven-Kaje* kann man ein Foto sehen, wie der Bezirk vor der Zerstörung ausgesehen hat: das Hafenbecken hatte eine Verbindung zur Maas, wo einst die Passagierdampfer

Rotterdam, Museumsschiffe im Leuvehaven

der Holland-Amerika-Linie lagen. Es gab offene Galerien, das Hotel ›Weimar‹, zahlreiche Cafés, Kolonialwaren-
geschäfte, Droschken und Pferdefuhrwerke. Allein die alten
Straßennamen erinnern noch an jene Zeit. Nach dem Krieg
zeigte die Forschung die Zerstörung der Altstadt als militäri-
schen Irrtum auf.

Zwischen *Veerhaven* und *Het Park,* der Stadtpark wurde vom
Haarlemer Gartenarchitekten Zocher entworfen, verlaufen die
Boulevards Westerkade und *Parkkade,* von denen man eine herrliche Sicht auf den Fluß hat. Die auffallenden Gebäude zu beiden Seiten der Maas sind Belüftungstürme des **Maastunnels,**
im Stil der neuen Sachlichkeit ausgeführt. Durch den Tunnel
kann man auch spazieren oder radfahren, auf alten historischen Holztreppen gelangt man in die Tiefe. Im Stadtpark
gibt es drei gute Lokalitäten, in denen man Kaffee trinken
oder essen kann: ›Parkheuvel‹, ›Chalat Suisse‹ und das
Terrassencafé ›Zocher‹. – Vom **Euromast** (Aussichts-
plattformen auf 100 m und 185 m) am Parkhaven ein ein-
maliger Überblick über Stadt und Hafenanlagen.

An einer ›Stadt der Zukunft‹ wird indessen gearbeitet: **Kop van Zuid.** Der Plan ›Südkopf‹ für das andere
Ufer der Maas sieht neue Wohnungen, Einkaufszen-
tren, Büros und eine moderne Infrastruktur des bislang

*Ossip Zadkine (1890–1967), ›Der
Schrei‹ am Leuvehaven*

verwahrlosten Gebietes vor. Am *Binnenhaven* wurde von 1978–82 **De Peperklip** errichtet
– wegen der gewundenen Form ›Büroklammer‹, genannt. 1994 wurde das Gebäude zu den
geschmacklosesten Bauwerken des Landes gewählt.

Die **Willemsbrug,** zu erkennen an den karminroten Pylonen, führt vom *Maasboule-
vard* zur Flußinsel *Noordereiland* und nach *Feijenoord* und trennt den Hafen von der Fluß-
schiffahrt. Mehr als 200 000 Binnenschiffe passieren jährlich die Brücke. Von nüchterner
Geschäftigkeit ist der Hafen geprägt, kein buntes Bild, kein Hauch von Romantik. Den
traditionellen Vorstellungen von einem Hafen entspricht noch das Jugendstilpalais mit
den Kupferdächern, das einstige *Abfahrtsgebäude* der *Holland-Amerika-Linie* am Wilhel-
minakai (heute Hotel). Im älteren Teil des Hafens, fast alles ist mit den Rundfahrtbooten
erreichbar, die Lagerhallen und Speicherhäuser, die unter Denkmalschutz stehende
Hebebrücke, das Lagerhaus *De Werelddeelen.*

Das **Hafengelände** der Superlative erstreckt sich über 42 km weit bis zur Nordsee, bis
nach **Hoek van Holland,** wo der *Nieuwe Waterweg,* die mehr als 20 km lange Wasser-
straße, endet. Hoek (›die Ecke‹) ist Fährhafen nach England, und im Hinterland des
Ortes erstrecken sich kilometerweit die Treibhäuser von *Westland,* dem wichtigsten
Gemüseanbaugebiet. Kräne und Satellitenschüsseln überragen die Schornsteine, acht-
stöckige Tanker und Containerschiffe liegen in den Hafenbecken. Ein Labyrinth des Han-

dels, der Seefahrt und der Elektronik ist der Hafen, dem Besucher erschließt sich die alle Dimensionen sprengende Anlage vom Deck der Rundfahrtboote. Ein Gewirr von Brükken und Hafenbecken, Lagerhallen und Ölkesseln, von Kühlhäusern und Petroleumdepots. Menschen sieht man kaum. Es ist als ob alles von Geisterhand gesteuert und gelenkt wird. Rund 400 km lang ist allein das Schienennetz im Hafen, vier- und sechsspurige Autobahnen durchkreuzen das Gelände, das großflächig von Zäunen von der Außenwelt abgesperrt ist.

Der Rotterdamer Hafen überflügelte zuerst London, später die Häfen von New York und Kobe. Der Hafen ›Gateway to Europa‹ registriert rund 32 000 An- und Abfahrten jährlich von Seeschiffen, unterhält 514 feste Linien zu rund 100 Häfen in der Welt. Rund 300 Millionen Tonnen Kohle, Erz, Öl, Getreide, Obst, Nüsse, Papier werden jährlich umgeschlagen. Aus einer erhalten gebliebenen Zolliste von 1306/07 wissen wir, daß in jenem Jahr rund 2000 Schiffe an der deutsch-niederländischen Grenze registriert wurden. Heute sind es etwa 135 000 Schiffe. Die umgeschlagenen Güter, die zum Teil hier auch verarbeitet und veredelt werden, etwa Petroleum, belasten die Umwelt stark. Der Hafen und die damit zusammenhängende Industrie erwirtschaften rund elf Prozent des niederländischen Bruttosozialproduktes – rund 45 Milliarden Mark. Im Hafen arbeiten 70 000 Men-

schen, und außerhalb des Hafens sind 290 000 Arbeitsplätze direkt von ihm abhängig.

Container-, See- und Binnenschiffe werden heute nicht nur von der Kommandobrücke aus gesteuert. Eine unsichtbare Radarkette leitet die Binnenschiffe entlang von Maas oder Rhein, von der Nordsee aus steuern Leitsysteme die großen Pötte sicher nach Rotterdam. Mit *Intis,* dem International Transport Information System, wird der Transport und die Lieferung übernommen. So kann ständig überprüft werden, wo sich zur Zeit ein Schiff befindet, wann es Ladung löschen oder aufnehmen kann. So wird über Satellit etwa der Transport von Erz von der Maasvlakte bis zur Dillingerhütte (Saarland) überwacht. Und eigens trainierte Hunde suchen Container ab, um blinde Passagiere aufzuspüren. An Land leitet ein Computersystem die Fahrer der schätzungsweise 1,5 Millionen Lastwagen, die den Rotterdamer Hafen jährlich ansteuern. Je weiter man sich vom Hafen entfernt, der noch in Sichtweite der Stadt ist, desto aufgelockerter wird das Bild. Wohnsiedlungen und Grünanlagen wechseln mit Petroleumtürmen und Hallen ab. **Botlek-Europoort** ist die größte der neuen Industrieanlagen. Dort werden rund 45 000 Wohnungen gebaut, soll die Vorinsel *Voorne* Naturschutzgebiet werden. An der *Maasvlakte,* dem äußersten Ende des Stromes, schöpfen Bagger weiter Sand und Schlamm, werden Dämme und Kanäle gebaut, damit der Nieuwe Waterweg auch in Zukunft als Schlagader für Rotterdam offen bleibt. Draußen, in der Maasmündung, liegt der *Slufer,* eine überdimensionierte Wanne, in die Hafenschlamm und giftige Ablagerungen von Maas und Rhein deponiert werden. Die Belastung der Umwelt – 80 Prozent aller Anwohner im Mündungsgebiet beklagen sich über den Gestank –, Luftverschmutzung und Sommersmog bereiten nicht nur den Hafenbaronen Kopfzerbrechen, die jede Herausforderung nach dem Motto annehmen: ein Europa, ein Hafen.

Wie Rotterdam vor 300 Jahren ausgesehen hat, kann man noch in **Delfshaven,** dem früheren Hafen von Delft und heute ein historischer Stadtteil, erleben. In der *Oude Kerk* erinnert ein Gedenkstein und eine Bronzetafel an die Pilgrim Fathers, die Pilgerväter, die von hier aus ihre Seereise über England nach Nordamerika begannen. Neben zahlreichen

Wohn- und Packhäusern im altholländischen Stil sind Zeugnisse Rotterdamer Geschichte im **Museum De Dubbele Palmboom,** Voorhaven 12, untergebracht. In dem früheren Lagerhaus aus dem 18. Jh. erhält man einen guten Einblick in das Familienleben der Hafenarbeiter; ergänzt wird die Sammlung mit archäologischen Funden, Werkzeugen und Möbeln. Auch das daneben liegende Gebäude, das *Zakkendragershuisje,* eine ehem. Zinngießerei, bietet einen anregenden Blick in die Vergangenheit. Im Umkreis von De Dubbelde Palmboom haben sich Galerien und Künstlerkollektive niedergelassen.

Die Hafenstadt **Schiedam** (70 000 E.), sie erhielt wie Amsterdam 1275 die Stadtrechte, liegt an der Mündung der Schie und ist längst mit Rotterdam zusammengewachsen. Bekannt wurde der Ort im 18. und 19. Jh. durch seine Schnapsbrennereien. Um 1880 gab es hier 392 Fabriken, in denen Genever hergestellt wurde. Heute arbeiten noch fünf Brennereien. Das Stadtbild wird beherrscht von den fünf größten **Steinmühlen** der Welt, die das Getreide für die Brennereien mahlen; sie stehen am *Nieuwe Haven* und *Noordwest: De Drie Koornbloemen* (1770), *De Walvisch* (1794) und *de Vrijheid* (1785) mahlen Getreide, *De Noord* (1803) wird als Restaurant genutzt, und sehenswert, als *Mühlenmuseum,* ist *De Nieuwe Palmboom* (1781). In der historischen Innenstadt legen noch zahlreiche Fassaden im Louis-seize-Stil – etwa am Lange Haven, der Lange Nieuwstraat und an der Tuinlaan – Zeugnis von vergangenem Reichtum ab. Am Lange Haven 145 befinden sich die **Börse** (1786–92) und das **Gildehaus** (1725), der **Zakkendrager** (der Säcketräger) steht an der Oude Sluis. Im ehemaligen **St. Jacobs-Spital,** 1789 im neoklassizistischen Stil erbaut, sind das **Stedelijk Museum** (Hoogstraat 112; Werke der Cobra-Künstler) und das **Branntweinmuseum** untergebracht. Zu den ältesten Bauwerken gehört die **St. Janskerk** oder **Grote Kerk.** Die dreischiffige Hallenkirche stammt aus dem 14. Jh. In einer Kapelle an der Nordseite des 54 m hohen Turms befindet sich die Waage (1748).

Delfshaven, heute Stadtteil von Rotterdam

☐ Utrecht – Provinzhauptstadt und Bischofssitz

Vom 112 m hohen Turm des Doms aus hat der Besucher einen herrlichen Blick über die Altstadt von Utrecht, die von Singel, dem ehemaligen Wallgraben, umgeben wird. Die Altstadt – Utrecht ist Provinzhauptstadt, Bischofssitz, seit 1636 Universitätsstadt und Verkehrsknotenpunkt – durchschneiden die *Oude Gracht* und die *Nieuwe Gracht*. Die Oude Gracht ist Teil des Kromme Rijn und liegt so tief, daß unterhalb der Straßenfront Lagerhallen angelegt werden konnten, die heute zum großen Teil als Läden, Cafés und Restaurants genutzt werden, die davor liegenden Wege sind beliebte Promenaden – einmalig für die Niederlande. Außerhalb der Altstadt mit ihren zahlreichen historischen Gebäuden, winzigen Gassen und angenehmen Plätzen ist Utrecht ein planerisches Chaos. Im Gegensatz dazu steht das fast intime und geschlossene Zentrum, in dem alle Sehenswürdigkeiten bequem zu erreichen sind (zum Teil Fußgängerzone).

Im überschaubaren Zentrum stehen allein fünf Kirchen: *Dom,* die *Pieters-* und die *Buur-kerk,* die *Jans-* und die *Nicolaaskerk.* Durch die kirchliche Macht wird die wirtschaftliche, politische und kulturelle Bedeutung der Stadt sichtbar, in der die Bischöfe von Utrecht jahrhundertelang die Hauptvertreter der kaiserlichen Gewalt im Norden der Niederlande waren; ihre weltliche Herrschaft traten sie erst 1527 an Karl V. ab. 1580 wird der katholische Gottesdienst von den Calvinisten verboten, erst 1853 erhält die Stadt wieder einen Bischof. Utrecht liegt im östlichen Teil der Randstad und ist mit 240 000 Einwohnern die viertgrößte Stadt des Landes. Ihre zentrale Lage am Oude Rijn, an den Handelstraßen zwischen Skandinavien, Flandern und Deutschland war günstig für die Entwicklung.

Die Römer nannten sie Traiectum inferius und Traiectum ad Rhenum, bei den Friesen und Franken hieß sie Wiltaburg. Reste von vier römischen Kastellen, die zwischen 47 und 260 hier gestanden haben, wurden auf dem Domplatz entdeckt. Frankenkönig Dagobert I. gründete die erste Kirche, deren erster Bischof Willibrord 696 wurde. Ende des 8. Jh. umfaßte das Bistum Salland, Twenthe, große Gebiete von Friesland und die Betuwe. Im Vertrag zu Meersen 870 wurde das West- und Ostfränkische Reich aufgeteilt, und die Trennungslinie ist mit der Sprachgrenze weitgehend identisch. Utrecht, Aachen, Trier, Köln und Straßburg wurden Ostfranken zugeschlagen, für das sich der Name ›Germania‹ einbürgerte. Von Kaiser Otto III. erhielt die Stadt 999 Gerichtsbarkeit. Unter Gwijde van Hennegouwen kämpfte die Stadt im 14. Jh. auf der Seite von Flandern gegen Holland. Durch das Eindringen der holländischen, insbesondere der Amsterdamer Kaufleute in den Machtbereich der Hanse, die Ostsee, kam es immer wieder zu Auseinandersetzungen. Im Utrechter Frieden von 1474 wurden die bedrohten Rechte der Hansestädte garantiert, und die Hanse konnte sich in den folgenden Jahren noch gegen die holländische Union behaupten. Im Jahre 1459 wurde Adriaen, einer der gelehrtesten Männer seiner Zeit, in Utrecht geboren, war Lehrer von Karl V. und ging in die Geschichte als frommer Papst Hadrian VI. (1522/23) ein – das einzige niederländische katholische Kirchenoberhaupt. Im 15. Jh. kam das Bistum unter burgundischen Einfluß. 1672 wurde die Stadt von Söldnern unter Ludwig XIV. geplündert und war ein Jahr von den Franzosen besetzt. Im Jahre 1713 beendet der Utrechter Friede den Spanischen Erfolgskrieg. Der Vertrag zog

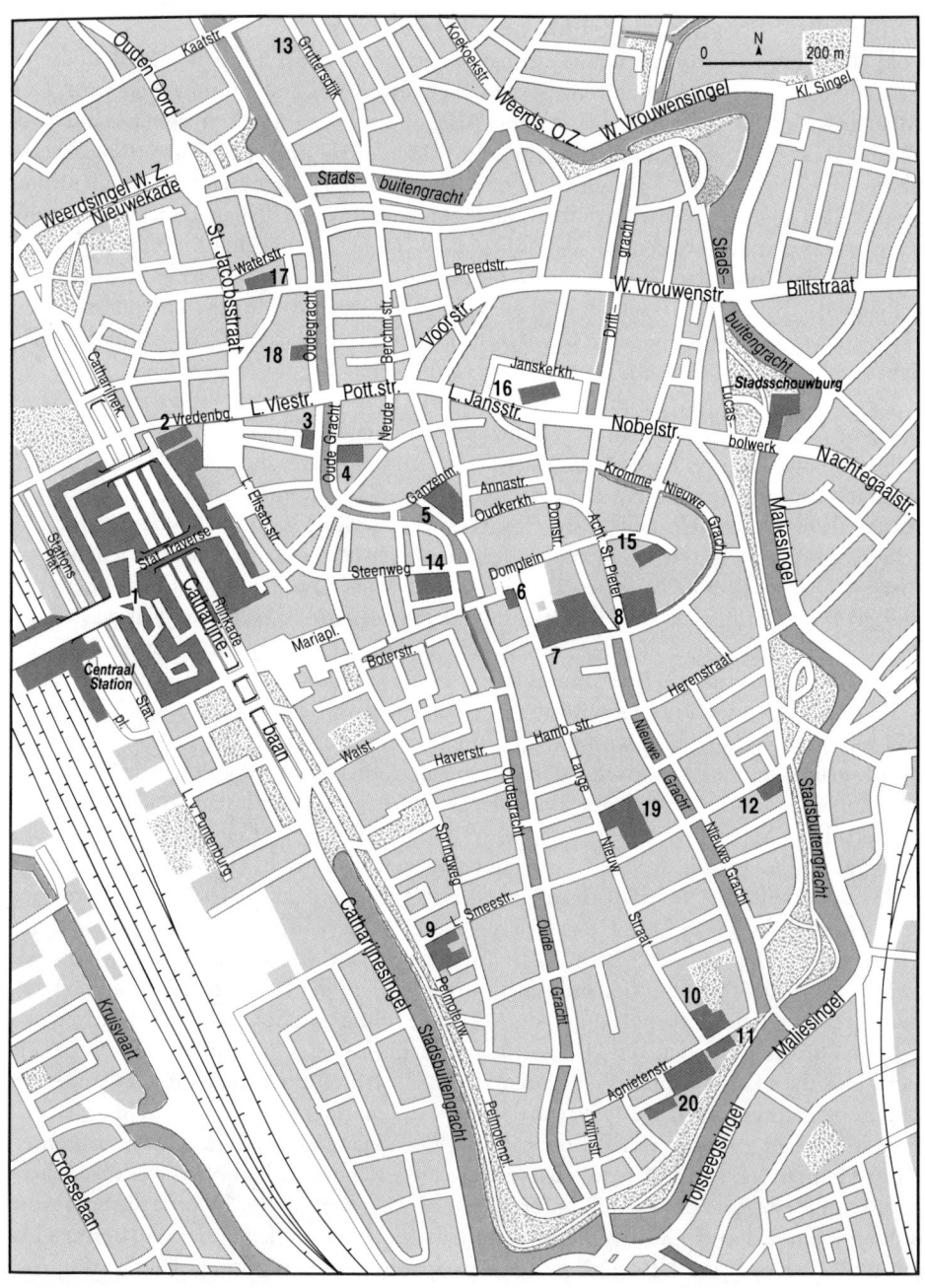

auch erstmals die überseeischen Gebiete mit ein, in dem es nun – niederländisches Wirtschafts- und Profitdenken hatten den Staatsmerkantilismus der katholischen Länder abgelöst – zu kollektiver Ausbeutung kam. Der Vertrag von 1713 beschleunigte aber auch das Vordringen der aufklärerisch-rationalen Denkweise in die Politik. Einmalig für Holland ist, daß sich Utrecht seit dem Bau der ersten Stadtmauer von 1130 bis ins 19. Jh. nicht ausdehnte. In der zweiten Hälfte des 18. Jh. war Utrecht das politische Zentrum der freiheitlich gesinnten Patriotten, in der Mitte des 19. Jh. erlebt die Stadt eine wirtschaftliche Wiederbelebung und ist heute bedeutende Industrie- und Messestadt.

Die Landschaft rund um Utrecht, die gleichnamige Provinz, erstreckt sich vom IJsselmeer bis zur Lek, zählt zahlreiche wunderschöne alte Herrensitze, gartenreiche Senken, viel Wald, Heide und historische Dörfer, etwa *Loenen, Breukelen, Oudewater, Bunschoten-Spakenburg*. Historisch interessant sind *Amersfoort, Palast Soetendijk*, ein Wohnsitz der Königsfamilie, und *Haus Doorn*, Exil des letzten deutschen Kaisers Wilhelm II.

Das historische Zentrum betritt man im allgemeinen von Platz Vredenburg aus, wo sich das moderne Bahnhofs-Geschäftszentrum **Hoog Catharijne** befindet, mit 250 000 m^2 und 180 Geschäften das größte, aber auch umstrittenste Einkaufszentrum des Landes. Dort steht auch das moderne **Musikzentrum Vredenburg** des Architekten Herman Hertzberger mit insgesamt 2100 Sitzplätzen. Die Drie Haringstraat führt zur **Oude Gracht**, an deren Ufer einige alte Gebäude stehen, etwa das ehemalige **Stadtschloß Oudaen** (Nr. 95) aus dem Jahre 1320. In dem burgartigen Backsteinhaus (heute Restaurant und Café) wurde der Vertrag von Utrecht (1713) unterzeichnet. Gegenüber steht das noch ältere, von 1280, **Huis Drakenborch** (Nr. 114), die Fassade wurde restauriert. Besonders auffallend sind die Konsolen und Giebelsteine an der Oude Gracht: u. a. *De oude bock* (Nr. 47), *De Eenhoorn* (Nr. 69), *Harfenspieler* (Nr. 122), *De basilisk* (Nr. 211), *De drie dorstige harten, (Nr. 278)*, *Sint Maarten* (Nr. 343), *De kikkerspuwer* (Nr. 356), *De lamme helpt de blinde* (Nr. 425).

Vom **Stadhuis** – ein Gebäudekomplex mit einer Sandsteinfassade in klassizistischem Stil – wendet man sich zum *Vismarkt*, dem ältesten Marktplatz der Stadt, um durch die Servetstraat zum Domturm zu gelangen. Mit dem Bau des **Domes** wurde 1254 begonnen, 1321 mit der Errichtung des 112 m hohen *Turmes*, und 1517 war Hollands großartigste Kirche vollendet. Am 1. August 1674 brachte ein Orkan das fünfschiffige Kirchenschiff zum Einsturz. Die Trümmer wurden erst 1826 weggeräumt, restauriert wurde das gesamte Bauwerk im Stil der französischen Kathedralgotik in den 90er Jahren. Obwohl das gewaltige Kirchenschiff fehlt, hinterläßt der gotische *Chor* einen Eindruck von der einstigen

Hollands Waterlinie

Im Jahre 1672 holten sich die Spanier und hundert Jahre später die Franzosen an der Waterlinie, der Wasserlinie, nicht nur nasse Füße, sondern wurden durch dieses einfache, aber wirkungsvolle Verteidigungssystem, das in weitem Bogen rund um Amsterdam gezogen wurde, in ihrem Vormarsch gestoppt. Mit dieser Strategie – das Land unter Wasser setzen – erwies die Waterlinie während des 80jährigen Krieges als militärisches Mittel erstmals ihren Nutzen. 1629 wurde die Waterlinie vergrößert und zog sich als **Utrechtse Waterlinie** östlich des *Vaartsche Rheins* und der *Vecht* nach *Schoonhoven, Woerden* und *Nieuwersluis.* Von 1874 an wurde eine neue Waterlinie gezogen, die am *IJsselmeer*, bei *Muiden* und *Naarden* begann und bis zur *Nieuwe Merwede* lief. Nach dem Ersten Weltkrieg wurde sie verstärkt und hieß ›Festung Holland‹. Vor dem Zweiten Weltkrieg wurde die Linie an die moderne Kriegstechnik angepaßt. Einige der Festungsanlagen rund um Utrecht, etwa *Fort Rhijnauwen, Fort Asperen* (Museum) und *Fort De Bilt* (Museum des Widerstands), sind erhalten geblieben.

In der Festungsstadt **Muiden**, strategisch günstig an der *Vecht* gelegen, erbaute Graf Floris V. um 1280 ein Kastell. *Muiderslot*, seit 1875 Rijksmuseum, ist in seinem ursprünglichen Zustand einschließlich der Inneneinrichtung, erhalten geblieben. Von 1609 bis 1674 war die Burg, auf Initiative des hier lebenden Schriftstellers P. C. Hooft, Treffpunkt des ›Muiderkring‹, einer Gruppe von Künstlern und Gelehrten. Gäste waren u. a. Constantijn Huygens und der Dichter Van den Vondel. – In der Umgebung von Muiden, einem sehr belebten Verkehrsknotenpunkt, liegt die Festungsstadt **Weesp.**

Zwischen Muiden und Hilversum stößt man auf **Naarden,** 1350 gegründet und als Festungsstadt fast unverändert erhalten geblieben. Die sternförmig angelegten Bastionen sind ein Werk des französischen Festungsarchitekten Sébastien Vauban, der sie von 1675 bis 1685 erbauen ließ. Das *Vestingsmuseum* (Westwalstraat) befindet sich in der *Bastion Turfpoort.* Außerdem sehenswert: das *Rathaus* im Stil der Renaissance von 1602 und die *Grote Kerk,* eine spätgotische Basilika mit einem massiven Turm. – Die Umgebung von Naarden, **'t Gooi,** ist beliebtes Naherholungsziel. Im ländlichen Gooiland zeigen noch einige Dörfer ihren altholländischen Charakter, etwa **Blaricum** – hier malten auch Piet Mondriaan und Jozef Israels –, **Bussum, Laren** und das ehemalige Fischerdorf **Huizen.** Das Vogel- und Naturschutzgebiet **Naardermeer,** ein sumpfiges Seengebiet, erstreckt sich hinter der A 1 am Südufer des IJsselmeeres.

Größe. An der Notwand zum Domplein wurde 1831 eine Orgel, erbaut von Jonathan Bäz, errichtet. Die Domkirche ist trotz des Fehlens des Mittelschiffs sehr beeindruckend und mit 32 m hat sie das höchste Kirchengewölbe der Niederlande. Die Spuren calvinistischer Bilderstürmer sind noch deutlich zu sehen, so das schwer beschädigte Altarretabel (um 1500) in der Jan von Arkel-Kapelle, an den zwölf Säulen fehlen die Apostel. Im Chorumgang befindet sich das Bildhauerwerk ›Heiliges Grab‹ (1501–06), die Kapelle von Avennes schmückt eine Wandmalerei aus der Zeit um 1430. Der *Kapitelsaal*, in dem der Vertrag zur Utrechter Union unterzeichnet wurde, ist *Aula* der 1636 gegründeten **Universität**, die etwa 22 000 Studenten zählt. Das repräsentative Akademiegebäude, Domplein, wurde 1894 erbaut (davor Standbild Graf Jan van Nassau). Der *Kreuzgang* mit dem *Pandhof* verbindet Kapitelsaal und Dom. Auf dem Domplatz geben dunkle Steine die ehemalige Form des Domes an, dessen **Turm** (1321–82) unabhängig von der Kirche erbaut wurde. Vom höchsten Kirchturm des Landes (465 Stufen) hat man einen herrlichen Weitblick über Stadt und bei guter Sicht auch über Teile der Provinz. Der Turm gliedert sich in drei Abschnitte: In 50 m Höhe befindet sich der sogenannte Glockenboden, auf dem 13 Glocken hängen, in 70 m Höhe hängt ein Glockenspiel, und der dritte Teil bildet die achteckige Laterne (April–Nov., mo–fr 10–17 Uhr, sa und so 12–17 Uhr).

Auch einige Jugendstilfassaden findet man, etwa an der Ecke Vredenburg/Driekoningenstraat das *Hotel Belluve;* Architekt Rijksen hat auch in der Vossenstraat (Nr. 6) das Geschäftshaus entworfen, die *Bäckerei De Tarwebol,* Zadelstraat 19. Am Pausdam steht das spätgotische **Paushuisje,** das sich Adriaen Florisz. erbauen ließ, der spätere Papst Hadrian (heute Provinzverwaltung). An der Lange Smeestraat 40 steht das **Bartolomei Gasthuis,** 1407 als Altersheim gegründet. Das Gebäude ist vor allem wegen seiner Regen-

Utrecht, Promenade am Wasser – die Oude Gracht

tenkammer bekannt, in der vier Gobelins des Delfter Wandteppichwebers Maximiliaan van der Gucht hängen. An Lichtegaard und an der Nieuwegracht stehen noch einige Grachtenhäuser; auch einige Altenstifte haben sich erhalten, so das langgestreckte Hofje **Beyerskameren** aus dem 16. Jh. an der Agnietenstraat (Nr. 4–30), die **Fundation van Renswoude** (Nr. 5), am Bruntenhof **Gasthuis Leeuwenberg,** ein Hospiz für Pestkranke aus dem 14. Jh. Von den ehemaligen mehr als ein Dutzend Stadtmühlen existiert noch die **Mühle Rijn en Zon,** Adellaarsstraat.

In der ältesten Kirche der Stadt, der **Buurkerk** (13. Jh.), ist das wunderschöne Museum für mechanische Musikinstrumente – *Nationalmuseum Van Speelklok tot Pierement* – untergebracht (Steenweg). U. a. wurde nach der Reformation der gesamte Chor abgebrochen; als die Chorstraat entstand, erhielt das dreischiffige Langhaus (1435–56) im 16. Jh. die zwei Seitenschiffe. Im Innern, auf der sogenannten ›Promenaden-Etage‹ Fresken aus der Zeit um 1500, ferner Säulen aus dem 13. Jh. und eine Kanzel aus der zweiten Hälfte des 16. Jh. Seit 1984 ist die Pfarrkirche Museum, und die Sammlung historischer und automatischer Musikinstrumente umfaßt den Zeitraum vom 18. Jh. bis zur Gegenwart. Das Besondere an der Ausstellung: Die 35 Musikinstrumente funktionieren noch, und während der Führungen scheppert und klingt es. Eine besondere Kostbarkeit ist das Orchestrion ›Phonoliszt Violina‹ der Firma Hupfeld, Leipzig.

Nördlich vom Dom am Pieterskerkhof steht eine der zwei romanischen Kirchen von Utrecht, die **Pieterskerk** (im Besitz der wallonischen Kirchengemeinde). Die frühromanische Basilika wurde 1048 geweiht. Das fast unverändert gebliebene Kirchenschiff wurde im 15. Jh. um den Chor erweitert. Im Inneren Fresken, gemalt um 1325. Der Auguststurm von 1674 zerstörte die Westfassade und die romanischen Türme. Bischof Bernoldus, der die Kirche stiftete und dessen Sarkophag in der Säulenkrypta steht, ließ auch die andere romanische Kirche, die **Janskerk,** erbauen. Im 16. Jh. wurde die Kapitelkirche im spätgotischen Stil umgebaut, ein Chor mit Seitenkapellen angebaut. Gut erhalten geblieben aus dem 13. Jh. ist das bemalte Tonnengewölbe. Zwischen Neubauten steht etwas verloren die **Jacobikerk,** eine der ehemaligen vier Pfarrkirchen, am Ende der Oude Gracht. Sie wurde 1173 gegründet und im 15. Jh. in eine gotische Hallenkirche umgewandelt. Im Inneren eine sehenswerte Renaissancekanzel aus der Zeit um 1600. Auch diese Kirche wurde vom Auguststurm 1674 schwer beschädigt, die Turmspitze brach ab, und 1953 wurde eine neue Spitze angebracht. Verziert ist sie mit einer goldenen Muschel, die an die Pilgerfahrer nach Santiago de Compostela erinnert, die sich in dieser Kirche zum Gottesdienst versammelten. 1974–78 wurde die Kirche gründlich renoviert.

Direkt an der Oude Gracht findet man die **Sint Augustinuskerk** (1840). Die katholische Kirche, im Gegensatz zur Jacobikirche regelmäßig geöffnet, ist eine sogenannte ›Waterstaatkerk‹. In der Mitte des letzten Jahrhunderts, als die Katholiken wieder öffentlich ihre Gottesdienste halten durften, benötigten sie Kirchen, da ihre Gebäude von den Calvini-

◁ *Utrecht, Blick vom Stadhuis über den Vismarkt zum Domturm*

sten beschlagnahmt worden waren. Ingenieure des Staates entwarfen die Kirchen im Stil des sogenannten ›Neoklassizismus‹ oder ›Barockklassizismus‹, deren Kennzeichen die tempelartige Säulenfront, helle Einrichtung, hohe Fenster und ein mehreckiges Türmchen auf dem Dach sind. Etwa 230 jener Waterstaatkirchen wurden bis 1868 allein in Nordbrabant erbaut.

Einen Überblick über die religiöse Kunst und die christliche Kulturgeschichte der Niederlande vermittelt das **Rijksmuseum Het Catharijne Convent** (Nieuwegracht 63). In dem früheren Johanniterkloster, 1978 als Reichsmuseum eröffnet, ist die größte Sammlung mittelalterlicher Kunstschätze zusammengetragen worden. Die Kollektion stammt aus dem Bischöflichen Museum von Haarlem, dem Erzbischöflichen Museum von Utrecht und dem Altkatholischen Museum. Schmale Gassen, etwa Reguliersstraat oder Koeivoel, führen zu den Wohnvierteln.

Eines der sehenswertesten Museen ist das **Centraal Museum** (Agnietenstraat) im früheren **Agnietenkloster** aus dem 16. Jh. Vom Kloster der Augustinerchorfrauen sind die Kapelle und der Küchen- und Refektoriumsflügel erhalten geblieben. Der Museumskomplex besteht aus dem *Städtischen Museum* (1838 gegründet und damit das älteste des Landes), dem *Provinciaal Oudheidkundig Museum* – mit archäologischen Funden der Provinz, u. a. ein restauriertes *Utrechter Schiff* aus dem 12. Jh. – und dem *Rietveld-Schröder-Haus* (Prins Hendriklaan 50), das nach einem Entwurf des in Utrecht geborenen Architekten

Utrecht, De Stijl-Gebäude von 1924 – das Rietveld-Schröder-Haus

Gerrit Rietveld 1924 in der Art der Stijl-Bewegung erbaut wurde. Es ist das einzige moderne Gebäude des Landes, das in das Weltkulturerbe der UNESCO aufgenommen worden ist (Besichtigung nur nach Absprache). Das Centraal Museum enthält eine umfangreiche Sammlung von Utrechtern Malern seit dem 15. Jh., die zum Teil von der italienischen Renaissance beeinflußt worden sind, deren Hauptvertreter Jan van Scorel und der Manierist Abraham Bloemaert waren. Van Scorel (1495–1562) reiste 1518 nach Nürnberg, wo er Dürer traf, besuchte Jerusalem, war 1522 unter dem ›holländischen‹ Papst Adrian Konservator in Belvedere, wo die Kunstschätze des Vatikan aufbewahrt wurden. Im Museum hängt eines seiner wichtigsten Arbeiten, ›Die Anbetung der Könige‹ (1530–35) sowie ›Einzug Christi in Jerusalem‹. Das Museum enthält ferner Werke der sogenannten niederländischen magischen Realisten wie Pyke Koch und Carl Willink (›Prediger‹, ›Landschaft‹), niederländische Impressionisten wie Willem Roelofs, Johan Jongkind, George Breitner (›Pferdetram am Abend‹, 1895) und Isaac Israels, außerdem Kunsthandwerk, ein Münz- und Kupferstichkabinett, Möbel, Folterwerkzeuge, eine Kostümsammlung des 18. Jh. und ein besonderes Kleinod, ein dreistöckiges *Puppenhaus* aus dem 18. Jh. In diesem Modell sind Möbel, Porzellan, Gemälde, Bücher und die Kleidung der Puppen aus jener Epoche bis ins Detail nachgebildet worden. Das Centraal Museum ist besonders berühmt wegen seiner zahlreichen Sonderausstellungen. In den *Stallungen der Artillerie* wurde eine Sammlung über die niederländische Kunst im 20. Jh. zusammengestellt. Die Klosteranlage und die romanische **Nicolaaskerk** (12. Jh.), deren Carillon von den berühmten Glockengießer-Brüdern Hemony stammt, umschließen den 1979 neuangelegten Klostergarten.

Praktische Reiseinformationen

☐ Vor Reiseantritt

Anreise

Mit dem Auto

Über die Autobahnen und Landstraßen sind Amsterdam und die Städte der Randstad (Utrecht, Den Haag, Rotterdam) gut zu erreichen: von Süden über die A 8/E 52, von Westen (Köln) über die A 57/E 31 bzw. A 3/E 35 (Ruhrgebiet), aus Richtung Hamburg/Berlin über die A 1/E 22.

Auf den Straßen gelten Geschwindigkeitsbegrenzungen: Autobahn 120, Landstraßen 100 und Ortschaften 50 bzw. 30 km/h. Die Polizei kontrolliert auf der Autobahn Utrecht–Amsterdam ständig.

Bei Pannen: ANWB-Straßenwacht, ✆ 06-08 88. Die Innenstadt von Amsterdam erreicht man über den Ring A 10 und folgt dann den S-Routen, die ins Zentrum führen. Es gibt wenig Parkraum und viele Einbahnstraßen. Die Innenstadt wird zur fast autofreien Zone ausgebaut.

Mit der Bahn

Die Niederlande verfügt über ein dichtes Bahnnetz. IC-Direktverbindungen zwischen Utrecht, Den Haag, Rotterdam, Amsterdam und Osnabrück/Berlin sowie Köln/Duisburg. Neunmal täglich Eurocity-Direktverbindungen von Köln über Arnhem, Utrecht nach Amsterdam, dreimal täglich Berlin und Osnabrück. An fast allen Stationen stehen ›Treintaxen‹. Will man zum Ortsziel (etwa Hotel) das Treintaxi (Bahntaxi, steht überall, außer in Amsterdam) benutzen, muß man ebenfalls gemeinsam mit der Fahrkarte ein Ticket für das Treintaxi kaufen, Einheitspreis 6 hfl. Die Niederländische Eisenbahn (NS) bietet günstige Tarife an, so Euro Domino, 3 Tage uneingeschränkt Reisen für 72 DM, Jugendliche bis 15 Jahre für 54 DM. 7tägige Netzkarte 139 hfl.

Auskunft in der Bundesrepublik: ✆ 02 21/9 25 45 80 und NS-Infozentrum, ✆ 06/92 92 (50 Cent die Minute).

Mit dem Flugzeug

Der internationale Flughafen **Schiphol** liegt 14 km südwestlich von Amsterdam entfernt. Täglich mehrere Flugverbindungen mit allen europäischen Städten. Von Schiphol fahren alle 15 Minuten Züge nach Amsterdam, Den Haag oder Rotterdam, die preiswerteste und schnellste Art, um in die Innenstädte zu kommen. Bahnhof Schiphol ist an das bundesdeutsche EC/IC-Netz angeschlossen. Mit dem Taxi zahlt man nach Amsterdam zwischen 55 und 60 hfl, mit dem KLM-Bus 15 hfl, nach Den Haag um 90 hfl. Terminal-Hotel (50 bis 125 hfl, ✆ 6 04 13 39).

Schiphol-Auskunft: ✆ 06/35 03 40 50; über diese Zentralnummer erhält man alle notwendigen Auskünfte (u. a. Parken, Flüge) in Deutsch oder Englisch. Telefongebühr: 50 Cent pro Minute.

Unterkunft

Amsterdam zählt knapp 30 000 Betten in 290 Hotels, von Luxussuiten bis zu Schlafsälen, eingeteilt in die Kategorien Luxus (ab 450 hfl), obere Preisklasse (ab 350 hfl), C/D mittlere Preisklasse (ab 180 hfl) und einfache Unterkünfte. Hotels der gehobenen Klasse räumen am Wochenende häufig Rabatt ein, Mittelklassehotels erheben dagegen oft einen Preisaufschlag bis zu 20 Prozent. Gewarnt sei vor den ›Hotelrunners‹, die am Bahnhof zum Teil recht zweifelhafte Unterkünfte anbieten. Im Frühjahr, zu Ostern, Pfingsten und Silvester rechtzeitig reservieren:

Nationaal Reservierungs Centrum (NRC)
Postbus 404
NL-2260 AK Leidschendam
℘ 00 31/70-3 20 25 00, Fax 32 02 61

Hotels
(Auswahl)

Luxushotels
Amstel
Prof. Tulpplein 1, ℘ 6 22 60 60
Erstes Haus am Platz, 1867 eröffnet, herrliche Lage an der Amstel; Restaurant und Terrasse (für jedermann zugänglich).

Amsterdamer Traditionshotel – das ›Amstel‹

Barbizon Palace
Prins Hendrikkade 59–72, ℘ 5 56 45 64
Elegantes Hotel, Diplomatenklasse; in Sichtweite des Hauptbahnhofs.

De l'Europe
Nw. Doelenstraat 2–8, ℘ 6 23 48 36
Liegt romantisch an der Amstel, gegenüber dem Münzturm, das Restaurant nimmt eine Spitzenposition ein.

The Grand
O. Z. Voorburgwal 197, ℘ 5 55 31 11
Im historischen Prinsenhof in der Altstadt, wer auf Luxus nicht verzichten kann, elegant; Hochzeitszimmer

Krasnapolsky
Dam 9, ℘ 5 54 91 11
Stadtzentrum, zeitgerecht eingerichtetes Luxushotel, das Frühstück wird im Wintergarten aus dem Jahre 1879 serviert.

Komforthotels
Ambassade
Herengracht 341, ℘ 6 26 23 33
Gehört zu den angenehmen Adressen, 46 Zimmer in historischer Umgebung, für Individualisten, freundlicher Service. Rechtzeitig reservieren.

Canal House
Keizersgracht 148, ℘ 6 22 51 82
Grachtenhaus mit kleinem Garten, alle Zimmer sind individuell, auch mit Antiquitäten eingerichtet. Intim und idyllisch, wie man sich ein Grachtenhotel vorstellt, englische Sprache.

Doelen Karena
Nw. Doelenstraat 24, ℘ 6 22 07 22
Modernisierter Altbau, man wohnt in gemütlicher Atmosphäre und zentral.

Jan Luyken
Jan Luykenstraat 58, ℘ 5 73 07 30
In einem Bürgerhaus aus dem 19. Jh. Ein Familienbetrieb mit Flair und Chic, ideal im Museumsviertel gelegen, Zimmer mit allem Komfort.

Novotel
Europaboulevard 10, ℘ 5 41 11 23
Moderner Hotelkomplex mit 600 Zimmern am Rande der Innenstadt, ideal für Autofahrer.

Toro
Koningslaan 62, ℘ 6 73 72 23
Englische Landhausatmosphäre, direkt am Vondelpark gelegen. Elegant.

Tulip Inn
Spuistraat 288–292, ℘ 4 20 45 45
1994 im Zentrum eröffnetes komfortables Stadthotel im Art-Deco-Stil. Angenehme Atmosphäre, moderne und freundliche Zimmer.

Park Lake
Provincialeweg 38, ℘ 6 91 12 29
Am Stadtrand, günstig für Autoreisende; Metrostation.

Einfache Häuser
Mercure
Noorderstraat 46, ℘ 6 22 03 28
Patrizierhaus, angenehme Atmosphäre.

Museumszicht
Jan Luykenstraat 22, ℘ 6 71 52 24
Einfaches, aber nettes Familienhotel; Museumsviertel.

Jugendherbergen und Sleep-In
Arena
Gravesandstraat 51, ℘ 6 94 74 44
Jugendhotel neuen Stils mit Disco, Restaurant, Schlafsälen und Zimmern (keine Sperrstunde).

Brinker
Kerkstraat 136–138, ℘ 6 22 06 87
Einfache und saubere Zimmer, preiswert, geeignet für Jugendliche, Stadtzentrum, Ü/F zw. 78 und 140 hfl.

Stadsdoelen
Kloveniersburgwal 97, ℘ 6 24 68 32
Saison-Jugendherberge, nur März–Oktober.

Vondelpark
Zandpad 5, ℘ 6 83 17 44
Direkt am Stadtpark gelegen, eine der besseren Jugendherbergen. Unbedingt reservieren.

Umgebung
Delft
De Ark
Koornmarkt 59–65, ℘ 015/15 79 99
Besteht aus drei historischen Häusern an idyllischer Gracht. Typ Familienhotel.

Central
Wijnhaven 4–8, ℘ 015/12 34 42
Im Zentrum mit Grand Café.

Dordrecht
Bellevue
Boomstraat 37, ℘ 078/13 79 00
Wunderschön am Fluß gelegen, helle Zimmer, empfehlenswertes Restaurant.

Haarlem
Haarlem
Vlietweg 20, ℘ 023/38 74 74
Die Raeckse
Raaks 1, ℘ 023/31 79 37
Günstig im Stadtzentrum, etwas altmodisch.

Jugendherberge Haarlem
Jan Gijzenpad 3, ℘ 023/37 37 93

Leiden
De Doelen
Rapenburg 2, ℘ 071/12 05 27
Angenehmes Stadthotel, Zentrum

Nieuw Minerva
Boommarkt 23, ℘ 071/12 63 58
Einfaches Haus, ruhig im Zentrum.

De Nachtegaal, Lisse
Heereweg 10, ℘ 0 25 21/1 44 47
Zwischen Stadt und Meer gelegen, stilvolle
Zimmer, ruhig.

Noordwijk
Camping de Carlton
Kraaierslaan 13, ℘ 0 25 23/7 27 83
Hütten und Zelte mit Komfort.

Rotterdam
New York
Koninginnenhoofd 1, ℘ 010/4 86 20 66
In historischem Ambiente; Terminal ehemaliger Passagierschiffe, eigener Wassertaxi-Pendeldienst zum Zentrum.

Emma
Nieuwe Binnenweg 6, ℘ 010/4 36 55 33
Modernes Haus im Zentrum, unweit der
Museen.

Inntel
Leuvehaven 8, ℘ 010/4 13 41 39
Futuristisches Komforthotel mit Blick auf den
Hafen.

Einfache Hotels
Home
Witte de Withstraat 38, ℘ 010/4 11 21 21
Moderenes Stadthotel im Museumsviertel.

Metropole
Nieuwe Binnenweg 13a, ℘ 010/4 36 03 19
Stadthaus.

Jugendherberge NJHC
Rochusstraat 107, ℘ 010/4 36 57 63.

Außerdem
Keuken von 1870
Spuistraat 4, ℘ 624 89 65
Herzhafte holl. Tellergerichte
Carel 3
Voetboogstraat 6, ℘ 622 20 80

Tägl. 17–1 Uhr, typisches Eetcafé, zentral

De Heeren van Aemstel
Thorbeckeplein 5, ℘ 620 21 73
Tägl. 16–1 Uhr, gut besuchtes Café,
Livemusik, Tagesgerichte, Terrasse.

Het Land von Walem
Keizersgracht 449, ℘ 625 35 44
Tägl. 9–1 Uhr, Trendlokal, ideal zum Lunch,
angenehme Atmosphäre.

Raden Mas
Stadhouderskade 6, ℘ 685 40 41
Elegant, indonesische Reistafel.

Shilla
van Breestraat 107, ℘ 671 16 70
Koreanische Küche.

Docksider
Entrepotdok 7–10, ℘ 626 93 49
Japanisch, rohe Fischspezialitäten.

Pfannkuchen-Restaurants
Pancake Bakery
Prinsengracht 191, ℘ 625 13 33
Upstairs, Grimburgwal 2, ℘ 626 56 03

Touristische Informationen

Bundesrepublik Deutschland
Niederländisches Büro für Tourismus (NBT)
Hohenzollernring 38–49, Postfach 27 05 80
50511 Köln
℘ 02 21/2 57 03 83, Fax 25 70 381

Österreich
NBT c/o KLM
Kupferschmiedgasse 2
A-1010 Wien 1
℘ 01/5 12 35 25 oder 5 12 16 04

Schweiz
NBT
Talstraße 70
CH-8023 Zürich
℘ 01/2 11 94 82

Amsterdam
Verkehrsverein VVV
P.O. Box 3901
NL 1001 AS Amsterdam
Stationsplein 10 (links gegenüber dem Haupt-
bahnhof, CS)
Informationen: ℘ 06/34 03 40 66 (mo–sa 9–17
Uhr, 50 Cent die Minute).

  Das VVV (erkennbar am blauen VVV-Zei-
chen) vermittelt gegen Gebühr Übernach-
tungsquartiere, reserviert Eintrittskarten. In
den Sommermonaten auch abends und sonntags geöffnet: 8–20.30 Uhr
Zweigstelle VVV
Leidseplein, täglich 9–21 Uhr

*Verkehrsverein VVV und Oud Holland's
Koffiehuis*

Zimmerreservierung
Nationales Reservierungszentrum
Postbus 404
NL 2260 AK Leidschendam
℘ 070/3 20 25 00, Fax 070/32 02 61
Vorwahl für die Niederlande: 0031.

AUB Ticketshop
Leidseplein/Ecke Marnixstraat (Stadttheater)

℘ 020/6 21 12 11, Auskunft für Behinderte
℘ 6 22 57 66. Mo–sa 10–18 Uhr, do bis 21 Uhr.
Informationen und Eintrittskarten zu den
kulturellen Veranstaltungen. Reservierungen
2 hfl. Kreditkarten werden akzeptiert.

Fluggesellschaften
Lufthansa, Wibaustraat 129, ℘ 6 68 58 51
Swissair, Strawinskylaan 701, ℘ 6 01 56 31
KLM, G. Metsustraat 2–6/Ecke Museums-
plein, ℘ 6 49 36 33, 4 74 77 47 (Reservierung)
Austrian Airlines, Schipholweg 1,
℘ 6 04 15 81, 6530050
British Airways, Neptunisstraat 33,
℘ 0 25 03/5 00 66
Air France, Strawinskylaan 813,
℘ 5 73 15 11, 6 75 48 81 (Reservierungen)
Iberia, Stadhouderskade 2,
℘ 6 85 04 01

Reisebüros
American Express, Damrak 66, ℘ 5 20 77 77
Budget Air, Rokin 34, ℘ 6 27 12 51
NBBS Reiswinkel, Rokin 38, ℘ 6 24 09 89
Neckermann, Kalverstraat 186–188,
℘ 6 26 24 33
Holland International, Dam 6,
℘ 6 76 38 63

Den Haag
VVV, Koningin Julianaplein (Babylon, neben
Centraal Station), ℘ 06/34 03 50 51, mo–sa
9–18 Uhr, so 10–17 Uhr

Rotterdam
VVV, Coolsingel 67, ℘ 06/34 03 40 65, mo–fr
9–21 Uhr, sa 9–17 Uhr, so 10–16 Uhr,
VVV-Zweigstelle im Bahnhof, mo–sa 9–22
Uhr, so 10–22 Uhr. Vermittelt Hotel- und
Theaterreservierungen, spezielle Architektur-
wanderungen

Utrecht
VVV, Vredenburg 90, ℘ 06-34 03 40 85, mo–fr
9–18 Uhr, sa 9–16 Uhr, so 10–16 Uhr

Vorschläge für Kurzaufenthalte

● Ein Tag in Amsterdam

Beginnen Sie den Tag mit einer **Grachten-rundfahrt** vom Hauptbahnhof aus. Praktisch ist eine Tour mit dem **Museumsboot.** Sie können dann beliebig ein- und aussteigen, einen Spaziergang machen und das eine oder andere Museum (**Rijksmuseum** oder **Van-Gogh-Museum**) aufsuchen. Kleiner Lunch in einer Snackbar, etwa ›Broodje van Kootje‹, Hering am ›Haringstal‹ (Utrechtsestraat), die besten Sandwichs (warm und kalt) gibt's bei ›Dobben‹ (Korte Reguliersdwarsstraat 5–9). Am Nachmittag **Stedelijk Museum.**

● Zweiter Tag in Amsterdam

Am Morgen sollten Sie das **Historische Museum** besuchen. Eine Wanderung durch die Altstadt zum Oosterdok mit dem **Scheepvaart Museum** und der ›Amsterdam‹. Am Nachmittag **Oude Schans** (Montelbaanstoren), **Waterlooplein** (Rembrandthuis) und **Rembrandtplein.** Zahlreiche Terrassencafés und Gaststuben. Restaurants in der Utrechtsestraat. Oder: Spaziergang entlang der Grachten zur Brouwersgracht und von dort zum malerischen Hafengebiet **Prinseneiland.** Am Abend Essen in einem chinesischen oder japanischen Restaurant.

● Drei Tage Amsterdam und Umgebung

Ausflug (vom Bahnhof mit dem Zug in 15 Min.) nach **Haarlem.** Besuch der historischen Innenstadt, des Frans-Hals-Museums und des Teyler-Museums. Am Markt nette Cafés. Am Nachmittag mit dem Zug entweder nach Amsterdam zurück oder nach Leiden.

● Vier Tage Amsterdam und Randstad

Mit der Bahn nach Delft (Tageskarte). Erster Stopp in **Leiden,** Wanderung auf den Spuren

Rembrandts. Dann **Delft,** historische Innenstadt, und **Den Haag,** der Regierungssitz mit seinem Nordseebad **Scheveningen.** In Den Haag gibt es die besten indonesischen Restaurants (Reistafel) (›Djawa‹, Mallemollen 12 a, ✆ 070/3 63 57 63; ›Raden Mas‹, Gevers Deynootplein 125, ✆ 3 54 54 32; Tampat Senang, Laan van Meerdervoort 6, ✆ 3 63 67 87). Alternative: Fahrt mit der Straßenbahn Linie 3 – Marnixstraat bis zum Oosterpark, das alltägliche Amsterdam mit verfallenen Vierteln und vornehmen Quartieren.

Amsterdamer Lebensart

Die Amsterdamer gelten bei ihren Landsleuten als arrogant, altklug und frech, sind aber auch für ihre Toleranz bekannt. Mit Ausländern, einschließlich Angehörigen von Minderheiten, geht man pragmatisch um. Auch Touristen sind willkommen, wenn Sie sich nicht zu laut und aufdringlich aufführen; das gilt vor allem in Bars, Kneipen und Cafés. Zu Schwierigkeiten kann es mit deutschsprachigen Besuchern kommen, da diese als laut und aggressiv gelten. Auch sollte man nicht voraussetzen, daß jeder Niederländer deutsch spricht. Deutsch ist nicht mehr die erste Fremdsprache der Jugendlichen, Kontaktaufnahme sollte immer in Englisch geschehen. Um das negative Image ›jung, wild, ordinär und Drogen‹ zu verbessern, fördert das Verkehrsamt seit 1994 die Kunst- und Kulturszene.

Straßenorgel am Damrak

☐ Kurzinformationen von A–Z

Amsterdam in Zahlen

Alle Gebäude in der Innenstadt stehen auf Holzpfählen, seit 1945 werden Betonpfeiler bis zu 60 m tief in den Schwemmboden gerammt. Wie die übrigen westlichen Niederlande liegt auch Amsterdam zum großen Teil unter dem Meeresspiegel – der Flughafen Schiphol bis zu 4,5 m.

Durch die Stadt führen 160 Grachten mit einer Gesamtlänge von 75 km und einer Grundfläche von 175 ha, über die sich 1281 Brücken spannen, darunter acht hölzerne Zugbrücken. Am Abend werden ab 19 Uhr die Schleusen geschlossen und rund 600 000 m^3 Wasser aus dem IJsselmeer in die Grachten gepumpt. Innerhalb von drei Tagen wird das gesamte Wasser erneuert. Durch die Grachten fahren 70 Rundfahrtboote, am Ufer liegen etwa 2500 Wohnboote. Die rund 720 000 Einwohner stammen aus 152 Nationen. Jährlich kommen in den 60 Theatern und Konzertsälen rund 16 000 Vorstellungen zur Aufführung. Es gibt 10 334 Geschäfte, 165 Antiquitätenläden, 755 Restaurants, 1400 Cafés und Bars, 36 Diskotheken, 24 Diamantenschleifereien (von 900 000 Personen besucht), zehn Märkte und 28 Parkanlagen. Im Zoo ›Artis‹ leben 6100 Tiere.

Durch die Straßen fahren 270 Straßenbahnen, und neun Glockenspiele erklingen täglich. Jährlich besuchen 10,5 Mill. Menschen die Stadt an der Amstel, rund 3,7 Mill. sind Ausländer, die 1,75 Milliarden hfl ausgeben. Damit ist der Tourismus der wichtigste Wirtschaftszweig.

Aussichtspunkte

Oude Kerk
Ouderkerksplein 23
Turmbesteigung Juni–Sept., mi–sa 14–16 Uhr

Westerkerk
Prinsengracht/Ecke Westermarkt
Turm: Juni–Okt. mo–sa 10–16 Uhr,
April–30. Sept. mo–sa 10–16 Uhr

Zuiderkerk
Zandstraat
Turm: Juni–Okt. mi–sa 14–16 Uhr

Kaufhaus Metz
Vom Café in der Kuppel des im Monumentalstil 1891 erbauten Kaufhauses (Leidsestraat/Ecke Keizersgracht) Panoramablick bis zu den Türmen des Rijksmuseums.

Diebstähle

Dort, wo zahlreiche Touristen auftreten, wird professionell gestohlen, Schwerpunkte sind der Bahnhof, alle Märkte und Einkaufsstraßen, Anne-Frank-Haus, die Bahn zum/vom Flughafen. An vielen Stellen, wo Diebstahl stark zugenommen hat, warnen Hinweisschilder vor Taschendieben (zakkenrollers).

VVV gibt die Hinweise: Lassen Sie keine wertvollen Gegenstände im Auto zurück, bewahren Sie Geld und Schmuck im Hotelsafe.

Diplomatische Vertretungen

Deutsche Botschaft
NL-2517 EG Den Haag
✆ 070/3 42 06 00

Deutsche Konsulate
1075 HM Amsterdam
De Lairessestraat 172
✆ 020/6 73 62 45
3016 BC Rotterdam
Parklaan 36
✆ 010/4 36 51 33

Botschaft der Republik Österreich
2597 AS Den Haag
Van Alkemadelaan 342
✆ 070/3 24 54 70

Österreichisches Konsulat
1017 XS Amsterdam
Weteringschans 106
✆ 020/6 26 80 33

Schweizer Botschaft
2514 EE Den Haag
Lange Voorhout 42
✆ 070/3 64 28 31

Schweizer Konsulat
1071 DR Amsterdam
Johannes Vermeerstraat 16
✆ 020/6 64 42 31

Drogen (Drugs)

In den Niederlanden gibt es schätzungsweise 1500 sogenannte **Coffeeshops,** in denen Haschisch und Marihuana in kleinen Mengen gekauft werden können. Der jährliche Umsatz beträgt rund 600 Millionen Mark. Die Zahl der ›Coffeeshops‹ in Amsterdam wird auf rund 250 geschätzt. Der Verkauf jener Softdrugs wird toleriert, ist aber verboten. Mit einer Legalisierung wird auch in den nächsten Jahren nicht gerechnet. Ausländische ›Drogentouristen‹ müssen nach Auskunft des Justizministeriums damit rechnen, kontrolliert zu werden; ihnen droht außer der üblichen Strafverfolgung die Abschiebung sowie die Registrierung ihrer Personalien. Auf die Ein- und Ausfuhr von Opiaten steht eine Gefängnisstrafe von bis zu 12 Jahren, auf den Besitz und den Verkauf von weniger als 30 Gramm Softdrugs ein Monat Gefängnis oder 4500 Mark Geldstrafe. Bei der Strafverfolgung gilt das Opportunitätsprinzip, eines der Grundprinzipien des niederländischen Strafrechts. Die Statistik hat bewiesen, daß im Gegensatz zu anderen europäischen Ländern die Liberalisierung der Drogen nicht gleichbedeutend mit höherem Konsum ist.

Pralinen und Kuchen, die in den ›Coffeeshops‹ angeboten werden, sind mit Cannabisprodukten gebacken. ›Spacecake‹ steht auf der Karte, und manche Besucher dachten, es handele sich um eine Spezialität. Mehr als 120 Fälle an Überdosis registriert das Gesundheitsamt jährlich (Hilfe und Auskunft: Jellinek Prevention, ✆ 5 70 23 55).

Einkaufen

Zahlreiche Geschäfte, ›winkel‹, haben noch ihren eigenen Charakter bewahrt. Etwa **Jacob Hooy** (Drogerie), **Hajenus** (Tabakwaren), **Wijs en Zonen** (Kaffee, Tee). Die bekannteste Warenhauskette ist **De Bijenkorf,** einen Hauch des Fin de siècle spürt man in Maison de Bonneterie (Amsterdam, Den Haag), chic sind **Metz** und **Magna Plaza.** Groß ist die Auswahl an Antiquitäten und Büchern. Rund 150 **Antikläden** gibt es allein in Amsterdam,

Zentrum ist die **Nieuwe Spiegelstraat. Einkaufsstraßen:** populär sind **Kalverstraat** und **Nieuwendijk,** vornehmer **P. C. Hoofd-, Beethoven-** und **Van Baerlestraat.**

Besonders beliebt als Souvenirs: Blumen, Blumenzwiebeln und Pflanzen. **Delft** ist bekannt für seine handgemalten Fayencen. Neben dem klassischen ›Delfter Blau‹ gibt es Fayencen der grünen, roten oder polychromen Familie. Der weitaus größte Teil des ›Delfter Blau‹ ist nachgemachte preiswerte Souvenirware, das gilt aber auch für ›holländische Kacheln‹, ›Art deco-Artikel‹ und Gemälde. Beliebt als Mitbringsel sind ›Haagse Hopjes‹ (kandierter Kaffee-Ersatz), Mandelbrot, Honigkuchen, Sandplätzchen und Spekulatius.

Essen und Trinken
(Eten en drinken)

Die Küche zeichnet sich durch Vielfalt und Variationsreichtum, selten durch Qualität aus. Ein absolutes Must für Gourmet ist Amsterdam nicht. Eine Besonderheit sind die zahlreichen ›borrelhappjes‹, Happen, die man zwischendurch ißt: Bitterballen (mit Senf), poffertjes (in Fett gebackene Pfannküchlein), Bamiballen, Frikandellen, belegte Brötchen und natürlich Fritten. Spitzenreiter sind die warmen Kroketten, die man in den Imbißstuben aus Wandautomaten zieht. »Essen aus der Mauer« nennt man das hier. Diese Happen haben den Vorteil, daß sie preiswert sind und man kein Besteck nötig hat. Holländer sind gute Esser, aber nicht unbedingt Feinschmekker. Beeindruckend ist die Auswahl an Küchen aus dem asiatischen und dem mediterranen Raum, bescheiden hingegen die Auswahl an Fischrestaurants. Die größte Konzentration (Vorsicht bei der Auswahl ist dort geboten) an Restaurants und Snackbars findet man rund um den Rembrandt- und Leidseplein und im ›Redlight-Distrikt‹. Bei allen Restaurants empfiehlt sich Reservierung.

Restaurants

Beddington's
Roelof Hartstraat 6–8, ℘ 6 76 52 01
Französische Küche mit fernöstlichem Schuß.

De Brakke Grond
Nes 43, ℘ 6 26 00 40
Theaterlokal, flämische Küche.

Heertje
Herenstraat 16, ℘ 6 25 81 27,
di und mi geschl.
Kleines Restaurant mit vorzüglichen Gerichten von gleichbleibender Qualität,
tägl. frischer Fisch.

Hoi Tin
Zeedijk 122, ℘ 6 25 64 51
Dim-Sum-Gerichte zur Lunchzeit.

Kantjil & Tijger
Spuistraat 291–293, ℘ 6 20 09 94
Eines der wenigen ›echten‹ indonesischen Restaurants, immer voll, Stimmung wie im Ausflugslokal.

Keyzer Bodega
Van Baerlestraat 96, ℘ 61 14 41
Traditionsreiches Lokal, in dem man gerne gesehen wird. Spezialität Sole à la Meunier.

Kushi-tei of Tokyo
Oude Hoogstraat 20, ℘ 6 23 19 47
Japanisches Restaurant im klassischen Stil. Auswahl aus 26 Satés vom Holzkohlengrill.

Nam Kee
Geldersekade 117, ℘ 6 39 28 48
Eine der besseren Chinaküchen, empfehlenswert alle frischen Fischgerichte.

De Luwte
Leliegracht 26–28, ✆ 6 25 85 48
An der Gracht, französisch inspirierte Küche,
angenehmes Ambiente.

De Gouden Real
Zandhoek 14, ✆ 6 23 38 83
Museales Haus, regionale Gerichte aus Süd-
frankreich.

De Roode Leeuw
Damrak 93–94, ✆ 5 55 06 66
Traditionsreiches Restaurant/Hotel. Stilvolle
Brasserie, bekannt für holländische Küchen-
spezialitäten.

Salad Garden
Weteringschans 75, ✆ 6 23 40 17
Phantasiereiche vegetarische Kost.

Sluizer
Utrechtstraat 45, ✆ 6 26 35 57
(Fisch) und 6 22 63 76 (Bistro)
Fischrestaurant (Bouillabaisse) im
Art-deco-Stil und Bistroküche,
Spezialität Spareribs

Außerdem
Avenue
N.Z. Vorburgwal 27, ✆ 623 83 07
Nettes Stadthotel.
Ibis
Stationsplein 49, ✆ 638 99 99
Zweckmäßig, günstig am Bahnhof
Estherá
Singel 303, ✆ 624 51 46
Komfortables Kanalhotel
New York
Herengracht 13, ✆ 624 30 66
Gay Hotel
ITC
Prinsengracht 1051, ✆ 623 17 11
Gay-Hotel
Rho
Nes 11–23, ✆ 620 73 71
Im Zentrum, Art-deco-Stil

Cafés und Probierstuben

De Beiaard
Herengracht 90
Belgische Bierspezialitäten, angenehme At-
mosphäre, Terrasse an der Gracht.

Hoppe
Spui 18–20
Traditionsreiche Bierstube aus dem Jahre 1670,
typisch Amsterdamer Stil.

In de Wildeman
Nieuwe Zijdskolk 5
Wunderschöne historische Bierkneipe.

Wijnand Fockinck
Pijsteg 3 (hinter Hotel Krasnapolsky)
Eine der ältesten Probierstuben (tägl. 16–20
Uhr)

't Smalle
Egelantiersgracht 12
Gasthaus im historischen Stil, Terrasse.

In de Olofspoort
Nieuwe Brugsteg 13
Typische Amsterdamer Kneipe von 1619.

Restaurants in Rotterdam

Toko Djaja
Lijnbaan 12
Beste indonesische Küche.

De With
Witte de Withstraat 16, mo–fr ab 9 Uhr, sa/so
ab 11 Uhr
Bistro, große Auswahl an leckeren Teller-
gerichten.

Dudok
Meent 88, ✆ 4 33 31 02, tägl. 8–23 Uhr
Im Stil eines Pariser Bistro, Café und
Restaurant.

Zochers
Baden Powellaan 87, ✆ 4 36 42 49,
Landhaus, Café und raffinierte Küche.

De Pijp
Gaffelstraat 90, ✆ 4 36 68 96
Angenehmes Traditionslokal.

Eine Vielzahl von Restaurants und Terrassencafés rund um den **Oude Haven**, u. a. **Cam-
brinus**, Blaak 4, deftige flämische Küche;
Villa Kakelbout, Spaans Poort 73, Studenten-
Eetcafé.

Restaurants in Delft
Le Vieux Jean
H. G. Kerkhof 3, ✆ 015/130 433, so und mo
geschl.
Elegant, holländisch, französisch
abgeschmeckt.

Verderop
Westvest 9, tägl. 17.30–22 Uhr (Küche)
Grand Café im Stil der 20er, brunchen, lun-
chen, jugendl. Publikum, Livemusik.

De Sjees
Markt 5, tägl. 10–1 Uhr
Großzügig, flott und das Essen schmeckt
Do-Abends Jazz.

Stadspannekoeckhuys
Oude Delft 113
Bekannt für schmackhafte Pfannkuchen und
kleinere Gerichte.

Den Blaeuwe Snoek
Verwersdijk 14, ✆ 138850,
Fischspezialitäten.

Restaurants in Leiden
Babbels
Boisotkade 1, tägl. 10–0.30 Uhr
Eetcafé mit Terrasse, Tagesgerichte, im Winter
Eintöpfe.

Malle Jan
Nieuwsteeg 9, tägl. 18–24 Uhr
typisches Studentencafé, Spezialität Fisch und
Spareribs.

De Illegale
Hooigracht 72, tägl. 17–24 Uhr
Holl. Gerichte wie Eintöpfe und biefstuk.

Surakarta
Noordeinde 51, ✆ 071/123 524
Indonesische Küche, Spez. Reistafel.

Restaurants in Utrecht
Entlang der **Oudegracht** findet man zahlreiche Eetcafés und Restaurants, u. a. mit Terrassen am Wasser.

De Baas
Lijnmarkt 8, Küche tägl. von 17.30–20.30 Uhr
Traditionsreiches Eetcafé, vegetar. Gerichte.

De Dikke Dom
Nobelstraat 207, Küche mo–sa 17–22 Uhr,
Günstige Tagesgerichte.

Cosmopole
Zakkendraggersteg 25, ✆ 030/31 15 40, di–so
ab 18.00 Uhr
Französische Spezialitäten, u. a. Bretonische
Paté, vegetarische Menüs.

Selamat Makan
Voorstraat 100, ✆ 030/36 89 17, di, mi geschl.
Indonesische Reistafel.

Café Pinter
Lucas Bolwerk 1, ✆ 030/30 22 49, tägl. 10–22
Uhr
Snacks, Pastas und Menüs.

De Vingerhoed
Donkere Gaard 11, ✆ 030/31 96 59, tägl.
10–1.30 Uhr, Küche ab 17 Uhr
Preisgünstige und phantasievolle Tagesgerichte

Feiertage und Feste (Feestdagen)

Offizielle Feiertage sind: 1. Januar (Neujahr), Oster- und Pfingstmontag, 30. April (Königinnentag), 5. Mai (Befreiungstag), 1. und 2. Weihnachtstag.

Dazu kommen noch folgende Gedenktage, die aber keine Feiertage sind: 25. Februar (Februarstreik, Gedenkfeier am ›Dokwerker‹), 15. März (Stille Ommegang, nächtliche Wallfahrt durch Amsterdam), 4. Mai (Dodenherdenking, abendliche Gedenkfeier am Nationaal Monument, Dam, im Beisein der Königin), Juni (Holland-Festival), Juni–August (Vondelparkfest, Openair-Konzerte, Theater- und Filmvorführungen), Ende August (Uitmarkt, Übersicht über die neue Kultursaison), September (Jordaanfestival, Straßenfeste im Stadtteil Jordaan).

Fernsehen (Televisie)

Mehr als zwei Dutzend Fernsehsender können empfangen werden, u.a. auch die deutschen Programme von ARD, ZDF, WDR 3 und RTL.

Neben den niederländischen TV-Sendern, die in Hilversum stationiert sind, hat Amsterdam eine eigene TV-Station: AT 4.

Fundsachen

Police Lost Property
Zentralstelle für allgemeine Fundsachen
Waterlooplein 11
Mo–fr 11-15.30 Uhr,
✆ 020/5 59 80 05

GVB
Fundstücke aus Tram, Metro, Bus
Prins Hendrikkade 108–114
Mo–fr 8.30–15.30 Uhr, ✆ 5 51 49 11

Centraal Station
Zuständig für Bahnhof und Bahnen
7–22 Uhr, ✆ 5 57 85 44

Schiphol
Fundstücke am Flughafen
✆ 6 49 14 33 oder 06/35 03 40 50

Gay Scene

Amsterdam ist ›Gay Capital of the world‹. Jede Gruppe hat ihre eigenen Hotels, Bars, Discotheken u. a. Informationen und Adressen in den englischsprachigen Fremdenführern, u. a. ›The best guide to Amsterdam‹. Auskunft für Gay & Lesbian ✆ 623 65 65.

Geld

Die Währungseinheit ist der niederländische **Gulden** (hfl, NLG oder Dfl., abgeleitet vom ursprünglichen Namen Florin), unterteilt in 100 Cents. Im Umlauf sind Banknoten von 10, 25, 50, 100, 250 und 1000 Gulden sowie Münzen von fünf Cent *(Stuiver)*, zehn Cent *(Dubbeltje)*, 25 Cent *(Kwartje)*, einem Gulden, 2,50 Gulden *(Rijksdaaler)* und fünf Gulden.

Nachdrücklich wird vor den zahlreichen ›chequepoint‹ oder ›changestuben‹ gewarnt, in denen rund um die Uhr Geld getauscht werden kann. Die Provisionen (Kommission) liegen bei zehn und mehr Prozent.

Seriös wird man in den **Banken** bedient (mo–fr 9–16 Uhr) oder aber bei den **Grenz-**

wechselstuben (GWK), mit Filialen im Hauptbahnhof (24-Stunden-Service) oder am Leidseplein.

Geschäftszeiten (openingstijden)

Die Öffnungszeiten sind in der Regel 8.30/9 Uhr bis 18/18.30 Uhr, samstags bis 17 Uhr und montags ab 13 Uhr. Donnerstags haben zahlreiche Geschäfte bis 21 Uhr geöffnet. Bei einigen Antik- oder Schmuckläden muß man klingeln, um eingelassen zu werden (Schutz vor Überfällen).

Banken von mo–fr 9–16 Uhr. Die Restaurants schließen in der Regel um 23 Uhr, die Kneipen und Bars zwischen 1 oder 2 Uhr morgens, am Wochenende eine Stunde später. Discotheken und Nachtcafés öffnen erst gegen 20 oder 22 Uhr.

Seit dem 1. 9. 1994 gibt es in allen größeren Orten sogenannte *Avondwinkel,* Geschäfte, die von 16–24 Uhr bzw. von 18–1 Uhr geöffnet haben. Amsterdam hat etwa 50 solcher ›Abendläden‹.

Grachtengärten

Mit dem Bau der Stadtpaläste, vor allem an der Heren- und der Keizersgracht, wurden auch Gärten angelegt. Obwohl viele von ihnen inzwischen verschwunden sind, gibt es sie doch noch zahlreich.

Keine Schwierigkeiten bereitet es, sie u. a. im *Museum van Loon* (Keizersgracht 672) oder im *Museum Willet Holthuysen* (Herengracht 605) zu betreten. Weitere Anlagen befinden sich hinter dem *Pulitzer-Hotel* (Prinsengracht 315–331) oder beim *Altersheim Amstelhof* (Amstel 51).

Auch einige Restaurants verfügen über Gärten. Die Nederlandse Tuinstichting, die rund 7000 Mitglieder zählt, kämpft um den Erhalt der Gartenkultur. Auskunft: Herengracht 476.

Kirchen und Glockenspiele

Amsterdam besitzt neun Carillons, wöchentliche Glockenspielkonzerte:
Westertoren: di 12–13 Uhr
Zuiderkerk: do 12–13 Uhr
Munttoren: fr 12–13 Uhr
Oudekerkstoren: sa 16–17 Uhr
Darüber hinaus ertönen täglich Glockenspiele von den Kirchtürmen.

Kulturelle Veranstaltungen

Im kostenlosen ›Uitkrant‹ und im englischsprachigen ›What's on‹ (3,50 hfl) sind alle Ausstellungen, Galerien, Museen u. a. aufgeführt.

Theater-, Konzert- und Eintrittskarten können entweder beim VVV-Büro am Hauptbahnhof oder beim ›Amsterdamse Uitburo‹ (AUB) gekauft werden: Leidseplein 26 (Stadttheater), mo–sa 10–18 Uhr, do bis 18 Uhr, telefonische Reservierung: 6 21 12 11 (mo–sa 9–21 Uhr), Kreditkarten werden akzeptiert.

Märkte

In der Stadt finden zahlreiche Tages- und Wochenmärkte statt. Wenn nicht anders angegeben, sind die Märkte von mo–sa zwischen 9 und 17 Uhr geöffnet.

Art-Market
Spui
Kunst und Kunsthandwerk, März bis Dezember, sa 10–18 Uhr.

Albert Cuypmarkt
Albert Cuyp Straat
Der größte und exotischste Markt des Landes. Täglich kaufen und bummeln bis zu 50 000 Menschen über den Straßenmarkt.

Blumenmarkt
Singel
Schwimmender Markt, große Auswahl an heimischen und exotischen Pflanzen und Blumen, Kunstblumen, Trockenfrüchten u. a.

Boerenmarkt
Noordermarkt
Obst, Gemüse, Käse und Brot aus zum Teil alternativen Betrieben.
Sa 9.30–16 Uhr.

Thorbecke Art Markt
Thorbeckeplein
Zeitgenössische Kunst und Kunsthandwerk. März bis Dezember, so 10.30–18 Uhr.

Waterloo-Flohmarkt
Waterlooplein
Jede Menge Trödel und Ramsch, Kleider, Bücher, Hausrat, hin und wieder eine Rarität. Mo–fr 10–17 Uhr, sa 8.30–17.30 Uhr.

Mietwagen

Avis, Nassaukade 380, ✆ 6 83 60 61
Budget, Overtoom 121, ✆ 6 12 60 66
City Lease, De Clercqstraat 89,
✆ 6 89 35 28
Europcar, interrent, Overtoom 51,
✆ 6 83 21 23
Hertz, Obertoom 333, ✆ 6 12 24 41
Die international bekannten Autovermieter haben auch ein Büro am Flughafen Schiphol. Wenn Sie im Stadtbüro mieten, fragen Sie nach den günstigeren Stadttarifen.

Museen

Die rund 40 städtischen, nationalen und privaten Museen Amsterdams gehören zu den interessantesten des Landes. Wenn nicht anders angegeben, sind die Museen von montags bis samstags in der Regel zwischen 10 und 17 Uhr geöffnet. Sonntags ab 13 Uhr und montags haben die meisten Häuser geschlossen.

Die Eintrittspreise liegen zwischen 6 und 17 Gulden. Bei mehrmaligem Museumsbesuch lohnt der Kauf einer *Museumsjahreskarte*. Sie kostet 45 Gulden und gilt ein ganzes Jahr. Personen bis 19 Jahren zahlen 15 Gulden. Die Karte berechtigt zum kostenlosen und uneingeschränkten Besuch von rund 400 Museen in ganz Holland. Die Karte erhält man bei den Verkehrsämtern, in den Museen, beim Amsterdam Uitburo (AUB, Leidseplein 26) oder bei der ›Stichting Museumjaarkaart‹, Groenhazengracht 2 c, NL-2311 VT Leiden, ✆ 071/13 32 65. Paßphoto nicht vergessen. Ein Museumsführer, in dem rund 800 Museen des Landes aufgeführt sind, kostet 12,75 hfl.

Museen, die unter dem Kapitel ›Amsterdamer Museen‹ keine Erwähnung fanden, ist hier eine kurze Darstellung beigefügt.

Agnietenkapell

Oudezijds Voorburgwal 231, ℘ 5 25 33 39
Sa/so geschl., Eintritt 2,50 hfl.
Das Museum der Universität befindet sich in der aus dem Jahre 1470 stammenden Kapelle eines ehemaligen Klosters. 350 Jahre Amsterdamer Universitätsgeschichte und Studentenleben werden dokumentiert.

Allard Pierson Museum

Oude Turfmarkt 127, ℘ 5 25 25 56, Eintritt 5 hfl
Umfangreiche und gut sortierte archäologische Kollektion westasiatischer, nahöstlicher und ägyptischer Kulturen, Grabfunde aus Ägypten (Mumien und Sarkophage), Gegenstände aus dem antiken Griechenland und dem Römischen Reich.

Amstelkring Museum

O. Z. Voorburgwal 40, ℘ 6 24 66 04
Ehemalige katholische ›Schutzkirche‹ ›On's Lieve Heer op Solder‹ (Unser lieber Herrgott unterm Dach) in einem Kaufmannshaus von 1663. Zu sehen sind der Barockaltar, Kirchensilber und die Orgel.

Amsterdams Historisch Museum

Kalverstraat 92, ℘ 5 23 18 22
Tägl. 11–17 Uhr, Eintritt 6,50 hfl.
Museum zur Stadtgeschichte.

Anne Frank Huis

Prinsengracht 263, ℘ 6 26 45 33
Mo–sa 9–17 Uhr, 1. Juni–1. Sept. bis 19 Uhr, so 10–17 Uhr, Eintritt 7 hfl, Kinder 3,50 hfl.

Bijbels-Museum

Herengracht 366, ℘ 6 24 24 36
In dem Herrenhaus von 1622 ist seit 1975 eine Sammlung zu Themen des Alten Testaments untergebracht. Historische Fundstücke aus Ägypten und dem Nahen Osten dokumentie-

ren das Leben in biblischer Zeit. Eindrucksvoll auch das Treppenhaus mit den mythologischen Motiven. Die Deckenmalerei wurde 1717 von Jacob de Wit im Auftrag des Eigentümers angefertigt.

Bibliotheca Philosophica Hermetica

Bloemgracht 15–19, ℘ 6 25 80 79
Mo und di 9.30–17 Uhr, nach vorheriger Anmeldung
Die größte Sammlung esoterischer Schriften auf der Welt. Den Grundstock legte der Multimillionär Joost Ritman, der sein Vermögen in Tausenden von Schriften und Büchern anlegte. Dabei handelt es sich um Quellen aus der panchristlichen Mystik und des hermetischen Wissens. Besuchern steht eine Handbibliothek, eine umfangreiche Zeitschriftensammlung und die bibliographische Datensammlung zur Verfügung.

Filmmuseum

Vondelpark 3, ℘ 5 89 14 00
Tägl. 14–20.30 Uhr; Filmvorführungen 16, 19 und 21.30 Uhr
Eine Dauerausstellung vermittelt eine Übersicht über die technische Entwicklung des Films. Das Museum enthält außerdem ein internationales Film- und Plakatarchiv sowie eine Kollektion historischer Kameras und Projektoren. In den renovierten alten Kinosälen werden regelmäßig historische oder künstlerisch wertvolle Filme im Original gezeigt.

Gemeentearchief Amsterdam

Amsteldijk 67, ℘ 6 64 90 16
Mo–sa 10–16 Uhr, Eintritt frei.
Das städtische Archiv befindet sich seit 1914 im ehemaligen Rathaus (erbaut 1892 im Stil der Neorenaissance) von Nieuwer-Amstel. Regelmäßig Sonderausstellungen zur Stadtgeschichte. In den Studiensälen können Originale eingesehen und Abschriften gemacht werden. Ferner der ›Historisch-Topografische

Atlas‹, eine Abteilung mit Hunderttausenden von Zeichnungen, Fotos, Karten und Kupferstichen zum Thema Amsterdam.

Hollands Schouwburg
Plantage Middenlaan 24, ✆ 6 26 99 45
Tägl. 11–16 Uhr, Eintritt frei
Gedenkstätte. Das Theater war Sammelplatz für Juden, die auf ihren Transport ins Durchgangslager Westerbork warteten.

Hortus Botanicus
Plantage Middenlaan 2, ✆ 6 25 84 11
Mo–fr 9–17 Uhr, sa und so 11–17 Uhr
Der erste *Botanische Garten* der Stadt wurde 1682 an seine heutige Stelle verlegt. Die Pflanzensammlung, die heute aus mehr als 7000 Arten besteht, diente einst Ärzten und Apothekern zur Weiterbildung. Der Garten war wegen seiner Vielfalt in ganz Europa bekannt. Kaufleute und Kolonialbeamte der V.O.C. (Vereinigde Oostindische Compagnie) schenkten dem Garten exotische Pflanzen aus aller Welt.

Von hier kommt auch die Kaffeepflanze, die heute als Urahn der Kaffeeplantagen von Brasilien und Lateinamerika gilt. Im Botanischen Garten befinden sich ein *Palmengewächshaus*, eine *Orangerie* und ein *Kräutergarten*. Stolz ist man auch, daß hier die älteste Topfpflanze der Welt steht, die Cycas-Palme aus dem Jahre 1680.

Informatiecentrum Zuiderkerk
Zuiderkerkhof 72, ✆ 6 22 29 62
Mo–fr 12–17 Uhr, do bis 20 Uhr
Ständige Ausstellung zum Thema Stadtentwicklung.

Institut voor Sociale Geschiedenis
Crupuiusweg 31, ✆ 6 68 58 66
Mo–fr 9.30–17 Uhr, sa 9.30–13 Uhr
Eine Fundgrube für all jene, die sich für die Geschichte der Sozialdemokraten und der europäischen Linken interessieren. In dem Archiv liegt der Nachlaß von Karl Marx, der u. a. aus acht Regalmetern handschriftlichem Material besteht, darunter auch der Briefwechsel mit Friedrich Engels und der große Teil des SPD-Archivs, das 1938 nach Amsterdam verkauft wurde. Ferner enthält die Sammlung 1000 Einzelarchive der sozialistischen Bewegung. Auch die vollständige Sammlung der deutschen APO ist im Besitz des Hauses.

Internationales Info-Zentrum und Archiv für die Frauenbewegung (IIAV)
Obiplein 4, ✆ 6 65 08 20
In der restaurierten Gerardus Majella-Kirche befindet sich seit Frühjahr 1994 das 1935 gegründete IIAV. Das Dokumentationszentrum besitzt eine Kollektion von 54 000 Büchern und 650 Zeitschriften zum Thema Frauenbewegung.

Joods Historisch Museum
Jonas Daniël Meijerplein 2–4, ✆ 6 26 99 45
Mo–so 11–17 Uhr, Eintritt 7 hfl
Ständige und wechselnde Ausstellungen zum Judentum, Mediathek, Museumsladen und Café mit koscheren Spezialitäten.

Kattenkabinett
Herengracht 497, ✆ 6 26 53 78
Di–sa 11–17 Uhr, so 12–17 Uhr, Eintritt 10 hfl
Fundgrube für alle Liebhaber von Katzen. Das Katzenmuseum wurde zu Ehren des roten Katers John Pierpont Morgan, der 1984 starb, eingerichtet.

Rund 5000 Exponate, darunter allein 300 Katzen-Exlibris, die alle das Thema Katze zum Inhalt haben, gibt es in dem Patrizierhaus aus dem 17. Jh. zu sehen.

Koninklijke Paleis
Dam, ✆ 6 24 86 98
Vom 9. Juni bis 28. Aug. tägl. 12.30–17 Uhr, sonst während der Oster- und Herbstferien, Eintritt 7,50 hfl

Multatuli Museum

Korsjespoortsteeg 20, ☎ 6 38 19 38
Nur di 10–17 Uhr, Eintritt frei
In diesem schmalen Giebelhaus wird der
Nachlaß des Schriftstellers Eduard Douwes
Dekker (1820–87) verwaltet. Der Amsterda-
mer hatte unter dem Pseudonym Multatuli im
Jahr 1860 den Roman ›Max Havelaar oder
Die Kaffeeversteigerung der Niederländi-
schen Handelsgesellschaft‹ geschrieben. Der
Roman, in dem zum ersten Mal Kritik an der
unmoralischen holländischen Kolonialpolitik
geübt wurde, löste bei seiner Veröffentlichung
einen Skandal aus. Führungen in Deutsch und
Englisch.

Madame Tussauds Scenerama

Dam 20, ☎ 6 22 92 39
Tägl. 10–17.30 Uhr, Eintritt 17 hfl
Wachsfigurenkabinett der Madame Tussaud
im Zeitalter der neuen Technik. Die Figuren
bewegen sich und sagen Verse auf, u. a. Gas-
senszene aus dem 17. Jh., Souvenirladen.

Museum van Loon

Keizersgracht 672, ☎ 6 24 52 55
So 13–17 Uhr, mo 10–17 Uhr, Patrizierhaus aus
dem 17. Jh., originale Einrichtung mit Garten
im französischen Stil.

Nieuwe Kerk

Dam, ☎ 6 26 81 68
In der gotischen Kirche regelmäßig Ausstellungen, Konzerte u. a.

Portugees-Israëlietische Synagoge

Mr. Visserplein 3, ☎ 6 24 53 51
Mo–sa 10–16 Uhr, von Nov. bis April auch so
10–12 Uhr

Rembrandthuis

Jodenbreestraat 4–6, ☎ 6 24 94 86
Mo–so 10–16 Uhr, Eintritt 4 hfl.
Wohnhaus und Werkstatt, in dem der Meister
die ›Nachtwache‹ malte.

Rijksmuseum

Stadhouderskade 42, ☎ 6 73 21 21
Di–sa 10–17 Uhr, so 13–17 Uhr
(ab 1. 1. 1995 tägl. 10–17 Uhr),
Eintritt 10 hfl.

Rijksmuseum Vincent van Gogh

Paulus Potterstraat 7, ☎ 5 70 52 00
Tägl. 10–17 Uhr,
Eintritt 10 hfl

Scheepvaartmuseum

Kattenburgerplein 1, ☎ 5 23 23 11
Di–sa 10–17 Uhr, so 12–17 Uhr,
Eintritt 12,30 hfl, incl. VOC-Schiff ›Amster-
dam‹
Umfangreiche Sammlung zur Geschichte der
niederländischen Seefahrt. Auf der ›Amster-
dam‹ wird das Bordleben nachgespielt: 14 Uhr
Seemannsbegräbnis, 11.15 und 14.45 Uhr
Schießen mit der Kanone.

Six Collection

Amstel 218
Mo, mi und fr 10 und 11 Uhr. Die Besucher-
zahl ist auf zehn Personen begrenzt. Die Ein-
trittskarten erhält man nur am Informations-
schalter (gegen Ausweis) des Rijksmuseums.
In diesem Patrizierhaus aus dem 18. Jh., noch
heute im Besitz der Familie Six, sind u. a. ein
Gemälde Rembrandts zu sehen, das Porträt
Jan Six, und zwei Miniaturen von Lucas van
Leyden.

Stedelijk Museum

Paulus Potterstraat 13, ☎ 5 73 29 11
Tägl. 11–17 Uhr,
Eintritt 7,50 hfl

Technologie Museum NINT

Tolstraat 129, ☎ 5 70 81 70; Eintritt 7,50 hfl
Dauerausstellungen über Holografie, Auto
technik und Computer. Im ›Exploratorium‹
Beispiele zu den Themen optische Täuschung,
Naturphänomene, Energie.

Theatermuseum

Herengracht 168, ✆ 6 23 51 04
Di–so 11–17 Uhr, Eintritt 5 hfl
Im *Bartolotti-Haus,* jenem großartigen Renaissancegebäude aus dem Jahre 1617, und dem benachbarten Halsgiebelhaus, 1638 von Philip Vingboons erbaut, befindet sich das **Nederlands Theater Institut.** In den Räumen beider Patrizierhäuser ist die Sammlung des Theatermuseums, die bis ins 17. Jh. zurückreicht, untergebracht. Zu sehen sind neben einem Miniaturtheater aus dem Jahre 1781 Kostüm- und Kulissenentwürfe, Porträts von Schauspielern, Requisiten, Masken und Puppen. Die Innenausstattung ist im Louis-XIV-Stil der 30er Jahre des 18. Jh., die Eingangshalle ziert eine freischwebende Wendeltreppe, die Stuckarbeiten sind von Jan van Logteren und Malereien von Isaac de Moucheron.

Tropenmuseum

Linnaeusstraat 2, ✆ 5 68 82 00; Eintritt 7,50 hfl
Das Tropenmuseum entstand aus dem 1910 gegründeten ›Institut voor de Tropen‹, dessen ursprüngliche Aufgabe es war, über die Geschichte und Hintergründe der niederländischen Kolonien aufzuklären. Die Ausstellungen sind in fünf Sektionen aufgeteilt: Lateinamerika, Südasien, Südost-Asien, Mittlerer Osten und Afrika – auch der Inselwelt des Pazifik und Ozeanien wird Raum gewidmet. Das Tropenmuseum – es besitzt auch eine Abteilung für Kinder, TM Junior – vermittelt Dank seiner guten Übersicht und Anordnung einen Eindruck vom Alltag in jenen Schwerpunktländern. Nachgebaut wurden u. a. ein afrikanischer Markt, eine Gasse aus Nordafrika, Häuser aus Java und ein indisches Dorf. Ergänzt wird die Sammlung durch wertvolle und seltene Objekte wie Totempfähle, Masken, Kultinstrumente und Gegenstände aus der Kolonialzeit.

Das Museum veranstaltet regelmäßig Konzerte. Errichtet wurde das Haus 1916–26 im Stil der Renaissance mit gotischen Dächern.

Ziel des ›Indisch Institut‹ war es, über die kulturellen und wirtschaftlichen Hintergründe in den Kolonien Surinam, Indonesien und den Niederländischen Antillen zu informieren. Besonders eindrucksvoll ist die Eingangshalle mit Arkaden und Majolikafresken. Bibliothek und Café.

Verzetmuseum

Lekstraat 63, ✆ 6 44 97 97
In einer ehemaligen Synagoge befindet sich das Widerstandsmuseum der Stadt; es will einen Eindruck vom Widerstand der Bewohner gegen die deutsche Besatzung während des Zweiten Weltkriegs vermitteln.

Werft 't Kromhout

Hoogte Kadijk 147, ✆ 6 27 67 77
Mo–fr 10–16 Uhr
Historische Werft. Typisch sind die zwei gußeisernen Dächer aus dem Jahr 1890. In der Werft, die unter Denkmalschutz steht, werden noch heute Reparaturen an Schiffen ausgeführt.

Willet-Holthuysen-Museum

Herengracht 605, ✆ 5 23 18 22
Bürgermeister Hendrick Hooft ließ das Patrizierhaus um 1672 erbauen, 1895 erhielt es die Stadt. Das Innere des Hauses vermittelt einen authentischen Eindruck (es wird auch ein Videofilm über die Geschichte des Hauses gezeigt) von der Lebensart des großstädtischen Amsterdamer Bürgertums.

Die mit exotischen Kacheln verzierte Küche im Souterrain strahlt mit dem Kupfergerät eine Gastlichkeit aus, die man in den anderen Räumen vermißt. Beeindruckend jedoch das ›blaue Zimmer‹ zur Gracht. Hinter dem Haus erstreckt sich ein im französischen Landbaustil angelegter Garten.

Den Haag
Gemeentemuseum

Stadhouderslaan 41, ✆ 3 51 28 73

Di–so 11–17 Uhr, Eintritt 8 hfl
Mondriaan, Haagse Schule, moderne Kunst

Mauritshuis

Korte Vijverberg 8, ✆ 3 46 92 44
Di–sa 10–17 Uhr, so 11–17 Uhr, Eintritt 7,50 hfl
Niederländische Malerei des 17. Jh.

Panorama Mesdag

Zeestraat 65 B, ✆ 3 64 25 63
Mo–sa 10–17 Uhr, so 12–17 Uhr, Eintritt 4 hfl
Beeindruckendes Rundgemälde in realistischer Manier des alten Scheveningen um 1880.

Prins Willem V.

Buitenhof 35, ✆ 3 18 24 87
Di–so 11–16 Uhr, Eintritt 5 hfl
Gemäldesammlung von Willem V.

Rotterdam

Die Museen sind di–sa von 10–17 Uhr und so und feiertags ab 11 Uhr geöffnet.

Architectuurinstituut

Museumspark 25, ✆ 4 40 12 00, Eintritt 6 hfl
Niederländische Architektur, Bibliothek, Wechselausstellungen.

Chabot-Museum

Museumspark 21, Eintritt 6 hfl
Intimes Museum in einer Stadtvilla im ›Stijl-Stil‹; Wechselausstellungen und Werke von Chabot.

De dubbele Palmboom

Voorhaven 12, ✆ 4 76 15 33, Eintritt 6 hfl
Historisches Lagerhaus, zur Geschichte rund um die Maas.

Kunsthal

Westzeedijk 345, ✆ 4 40 03 00, Eintritt 10 hfl
Architektur und bildende Kunst in eigenwilligem Gebäude.

Maritiem Museum

Leuvehaven 1, ✆ 4 13 26 80, Eintritt 6 hfl
Rund um die Seefahrt und den Hafen Rotterdam, kostenloser Besuch des ›Buitenmuseums‹, mehr als ein Dutzend historischer Schiffe. In den Sommermonaten sonntags Rundfahrten mit kohlebefeuertem Dampfschlepper.

Museum Boymans-Van Beuningen

Museumspark 18, ✆ 4 41 94 00, Eintritt 6 hfl
Vielseitige Kollektion von moderner und alter Kunst, niederländische Malerei.

Utrecht

Catharijneconvent

Nieuwegracht 63, ✆ 31 72 96
Di–fr 10–17 Uhr, so 11–17 Uhr, Eintritt 5 hfl
Religiöse Kunst der Niederlande.

Centraal Museum

Agnietenstraat 1, ✆ 36 22 62
Di–sa 10–17 Uhr, so 12–17 Uhr, Eintritt 5 hfl

Van Speelklok tot Pierement

Buurkerkhof 10, ✆ 31 27 89
Di–sa 10–17 Uhr, so 13–17 Uhr, Eintritt 5 hfl
Automatische Musikinstrumente

Notfälle

Landesweiter Notruf: ✆ 06-11
Unfall: ✆ 5 55 55 55/6 22 22 22
Polizeipräsidium: ✆ 5 59 91 11
(Elandsgracht 117)
Arztbereitschaft: ✆ 9 94 22 11
Zahnarzt: ✆ 06-35 03 20 42 oder
✆ 6 16 12 34 (W. G. Plein 167)
Autohilfe (ANWB): ✆ 06-0888
Erste Hilfe: ✆ 6 24 90 31 (O. Z. Voorburgwal 129, tägl. 17–24 Uhr)

Krankenhaus AMC: ℘ 5 66 91 11 (Meiberg-dreef 9)
Lucas Krankenhaus: ℘ 5 10 89 11 (Toorop-strat 164)
Amoc: ℘ 6 22 95 23 (mo–fr 12–17 Uhr), hilft deutschsprachigen Drogenkranken weiter

Den Haag
Arzt: ℘ 3 45 53 00, 3 46 96 69 (Nacht)
Polizei: ℘ 3 10 49 11

Rotterdam
Arzt: ℘ 4 11 55 04
Polizei (Doelwater 5): ℘ 4 24 22 20
Gesundheitsdienst: ℘ 4 33 99 33

Utrecht
Polizei (Kroonstraat 25): ℘ 32 59 11
Verlorene Kreditkarten:
American Express: ℘ 6 42 44 88
Diners Club: ℘ 6 27 93 10
Mastercard/Eurocard: ℘ 010/4 57 08 87
Visa: ℘ 5 20 55 34

Öffentliche Verkehrsmittel (Tram, Bus, Metro)

Die wichtigsten öffentlichen Verkehrsmittel sind die bunt bemalten Straßenbahnen (Tram) und die Busse. Amsterdam und Rotterdam haben eine Metrolinie. Für die Fahrten benutzt man die im ganzen Land einheitlichen Streifenkarten, die *strippenkaart*. Einzelfahr-schein 3 hfl, preiswerter sind die übertragbaren strippenkaarten. Es gibt auch Tages- oder Mehrtageskarten, die man nur einmal entwer-ten muß.

Erhältlich sind Fahrausweise bei Zeitungs- und Tabakhändlern, beim VVV, bei den Fahr-kartenschaltern der Bahn oder beim GVB-Verkehrsbetrieb: Stationsplein 15 (schräg gegenüber vom Bahnhof), mo–fr 7–22.30 Uhr,

sa–so 8–22.30 Uhr. Telefonische Auskünfte: ℘ 06-92 92.

Parken/Parkhäuser

Alle **Parkplätze** in der Innenstadt sind gebüh-renpflichtig. Den Berechtigungsschein zieht man aus einem gelben Parkautomaten. Eine Stunde kostet rund vier Gulden (Ein-Gulden-Münzen), auch samstags! Tagesparkkarte 24 hfl, drei Tage rund 50 hfl (Parkeerbeheer). Das Bußgeld für eine Radklemme (wielklem) kostet mindestens 170 hfl. Wird nicht sofort bezahlt, so steigen die Strafgebühren rasch auf 250 hfl und das Auto wird abgeschleppt. Die Strafe summiert sich rasch auf mehrere hun-dert Gulden. Alle Bußgelder sind sofort zahl-bar. Kreditkarten und Schecks werden akzep-tiert. Auskunft: ℘ 6 39 24 69, 5 23 31 11 oder 5 55 98 00.

Parkhäuser befinden sich im *Warenhaus Bijenkorf*, *Byzantium* an der Stadhouderskade, *Europarking* an der Marnixstraat 250, *Parking Plus*, Prins Hendrikkade 20 a, im *Muziekthea-ter*, Waterlooplein. Tagesmiete etwa 30 hfl.

Post und Telefon (PTT)

Postämter sind mit der grünen Aufschrift *PTT (Post-Telegraaf-Telefoon)* gekennzeichnet. Das **Hauptpostamt** befindet sich hinter dem Königlichen Palast: Singel 250–256, ℘ 5 56 33 11, mo–fr 9–17.30 Uhr, sa 9–13 Uhr. Alle Post- und Geldsachen. Anschrift für post-lagernde Sendungen: PTT, Singel 250, NL-1012 SJ Amsterdam. In Bahnhöfen gibt es keine Post! Briefkästen werden *nur mo–fr* täglich einmal bis 18 Uhr geleert.

Für Telefon, Fax und Telegramme: *PTT Tele-house*, Raadhuisstraat 46–50, ℘ 6 74 36 54, tägl. 8–2 Uhr morgens. *PTT Rotterdam*, Coolsingel 42, ☎ 4 54 22 20. *Utrecht: PTT,* Hoog Catharijne, mo 11–18 Uhr, di–fr 9–18 Uhr, sa 10–14 Uhr. Die sogenannten ›Telephon-Center‹ berechnen wesentlich höhere Preise als die Post.

Vorwahl: in die Bundesrepublik: 00-49.
in die Schweiz: 00-41
nach Österreich: 00-43

Inlands-Auskunft: 06-80 08
Internationale Auskunft: 06-04 18

Sprache (Taal)

Das Niederländische ist eine eigenständige Sprache, älter als das Hochdeutsche und kein deutscher Dialekt, wie manche vermuten. Rund 21 Millionen Menschen in Europa sprechen Niederländisch (ca. 15 Mill. in den Niederlanden, ca. 6 Mill. in Flandern). Die Umgangssprache gegenüber ausländischen Besuchern ist zumeist Englisch. Deutsch sollte man nicht voraussetzen, es wird selten, oft ungern gesprochen. Einige Sätze in Niederländisch helfen ungemein.

Ausspracheregeln

eu	wie ›ö‹, etwa in beurs = Börse
ie	wie im Deutschen, getrennt gesprochen wird der Doppellaut nur als Ausnahme, z. B. Odiliënburg
ieuw	wie ›i‹ in fliehen mit Auslaut ›w‹ in Etui, eta nieuw = neu
ij	wie ›ei‹, etwa in Overijssel
g	wie ›ch‹, etwa in nog = noch
oe	wie ›u‹, aber kurz, etwa in hoek = Ecke
ou	wie ›au‹, etwa in oud = alt
sch	s und ch werden getrennt gesprochen (›ßch‹), etwa in Scheveningen, am Wortende fällt ch ganz weg
sj	wie deutsches ›sch‹, etwa in pilsje = Bier

ui	wie ›öüi‹, etwa in zuid = Süden
uu/u	wie ›ü‹, etwa in duren = dauern
z	wie das stimmhafte deutsche ›s‹, etwa in Tot ziens = Auf Wiedersehen

In der Regel wird das Endungs-n weggelassen, wie etwa in Keulen (Köle) = Köln.

Allgemeine Redewendungen

Guten Tag	Goeden dag
Guten Morgen	Goeden morgen
Guten Abend	Goeden avond
Auf Wiedersehen	Tot ziens oder dag
Bis bald	Tot gauw
Bitte	Alsjeblieft
Danke	Dank U wel/Vriendelijk bedankt
Entschuldigung	Sorry
Gibt es hier …?	Is er een?
Haben Sie …?	Heeft U …?
Ich weiß nicht	Ik weet het niet
Wieviel kostet das …?	Hoeveel kost het …?
Sprechen Sie Deutsch?	Spreekt Du duits?
Kann ich bezahlen?	Mag ik betalen?
Wo ist …?	Waar ist …?
Können Sie mir sagen, … was, wo?	Kunt U mij misschien zeggen … wat, waar?
Wie heißen die …?	Hoe heten die …?
Das ist teuer/billig	Dat is duur/goedkoop
telefonieren	bellen
mieten	huren
Ausflug	uitstapje
Ich liebe, ich mag …	ik hou van …
anständig	netjes
Mir ist das recht …	Mij best …
Ich habe keine Lust mehr	Ik heb geen zin
Ich suche	ik zoek
Zahlen, bitte	De rekening, astublieft

Restaurant

Vorspeise	voorgerecht
Hauptspeise	hoofdgerecht
Dessert	nagerecht oder toetje
Fleisch	vlees
Fisch	vis
vom Rind	van het rind
vom Schwein	van het varken
Kuchen	Gebak
Geflügel	Gevogelte
Gemüse	Groenten
Huhn	kip
Seezunge	tong
Auster	oester
Steinbutt	tarbot
Scholle	schol
Lachs	zalm
Aal	paling
Blumenkohl	bloemkool
Spinat	spinazie
Chicoree	lof
Rosenkohl	spruitjes
Zwiebeln	uien
Spargel	asperges
Apfel	appel
Birne	peer
Apfelsine	sinasappel
Kartoffeln	aardappels
Eintopfgericht	stampot
Suppe, Brühe	bouillon, soep
Milch	melk
Kaffee	koffie
Zucker	suiker
Wasser	water
Bier	bier, pilsje
Faßbier	bier van het vat
Wein	wijn
Weißwein	witte wijn
Rotwein	rode wijn
trocken	droog
süss	zoet
Schnaps, Genever	genever
Salz	zout
belegte Brötchen	broodje
Strammer Max	uitsmijter

Grundwörter

ja	ja
nein	nee
und	en
gut	goed
schlecht	slecht
sehr	zeer, erg
alle	alle
links	links
rechts	rechts
geradeaus	rechtdoor
geöffnet	open
geschlossen	gesloten
heute	vandaag
morgen	morgen
gestern	gisteren
jetzt	nu
später	later
schön	mooi
dort	daar
hier	hier
warm	warm
kalt	koud
oben	boven
unten	beneden
viel	veel
wenig	weinig
teuer	duur
sofort	dadelijk

Hinweisschilder/Verkehr

Bushaltestelle	Bushalte
Brücke	brug
Straße	straat
Avenue	laan
Platz	plein
Bahnhof	station
Eingang	ingang
Ausgang	uitgang
Geldwechsel	wisselkantoor
Notausgang	nooduitgang
Postamt	postkantoor
Apotheke	apotheek
Krankenhaus	ziekenhuis
Feuerwehr	brandweer

Polizei	politie
Ausfahrt	uit
Fußgänger	voetganger
Durchgangsverkehr	doorgaand verkeer
langsam fahren	langzaam rijden
Moped	bromfiets
Fahrrad	fiets
Fahrradweg	fietspad
Parkplatz	parkeerplaats
Umleitung	omleiding
Geschwindigkeit	snelheid
Parken verboten	niet parkeeren
bleifreies Benzin	loodvrije benzine
Randstreifen unbefestigt	zachte berm
Übergang	oversteken
Achtung	pas op/let op!
Kein Zugang	geen toegang
Ausfahrt freihalten	uitrit vrijhouden

Wochentage

Montag	Maandag
Dienstag	Dinsdag
Mittwoch	Woensdag
Donnerstag	Donderdag
Freitag	Vrijdag
Samstag	Zaterdag
Sonntag	Zondag

Zahlen

1	een	16	zestien
2	twee	17	zeventien
3	drie	18	achtien
4	vier	19	negentien
5	vijf	20	twintig
6	zes	21	eenentwintig
7	zeven	30	dertig
8	acht	40	veertig
9	negen	50	vijftig
10	tien	60	zestig
11	elf	70	zeventig
12	twalf	80	tachtig
13	dertien	90	negentig
14	veertien	100	honderd
15	vijftien	1000	duizend

Staat und Verwaltung

Das Königreich der Niederlande umfaßt fünf Landesteile und zwölf Provinzen, hinzu kommen die überseeischen Gebiete, die Karibischen Inseln. Staatsoberhaupt ist Königin Beatrix, Hauptstadt Amsterdam und Regierungssitz Den Haag, dort befindet sich auch der Internationale Gerichtshof. Die politische Gewalt, die Generalstaten, bestehen aus zwei Kammern. Die Erste Kammer, der Senat, besteht aus 75 Mitgliedern, die indirekt über die Provinzialstaten für sechs Jahre gewählt werden. Die Zweite Kammer setzt sich aus 150 Abgeordneten zusammen, die direkt vom Volk für vier Jahre gewählt werden. Eine 5-Prozent-Klausel gibt es nicht, Ausländer, die mindestens fünf Jahre legal im Land wohnen, sind bei Kommunalwahlen stimmberechtigt. Die Bürgermeister in den etwa 850 Städten und Gemeinden werden von der Krone ernannt. Jede Regierung setzt sich aus einer Koalition zusammen.

Verfassungsgemäß haben sich die Minister dem Parlament zu verantworten, nicht aber die Königin. Königin und die von ihr ernannten Minister bilden die Krone. Am dritten Dienstag im September, *Prinsjesdag,* eröffnet die Königin die Sitzungsperiode des Parlaments. Sie fährt mit der Goldenen Kutsche durch Den Haag – ein Festtag für Königstreue.

Stadtrundfahrten

Artis-Express (vor Centraal Station)
Mit dem Grachtenboot zum Zoo und Schiffahrtsmuseum. Abfahrt am Bahnhof. Tägl. ab 9.30 Uhr halbstündlich.

Canalbus
Liniendienst in einfachen Booten zwischen

Centraal Station (CS) und Rijksmuseum.
℘ 6 23 98 86.
Holland International (gegenüber CS)
Prins Hendrikkade, ℘ 6 22 77 88
Rederij Lovers
Prins Hendrikkade (rechts gegenüber CS)
℘ 6 22 21 81
Meyers Rondvaarten
Damrak, Kai 4–5, ℘ 6 23 42 08

Grachtenrundfahrten
Die Rundfahrten dauern etwa eine Stunde, die Erklärungen kommen entweder vom Band oder ein Guide ist an Bord. Tägl. zwischen 9 und 22 Uhr. Abendrundfahrten ab 21 Uhr. Abfahrt: *Centralbahnhof, Damrak, Rokin, Prins Hendrikkade, Stadhouderskade, Amstel.*

Museumsboot
Abfahrt am Bahnhof, beim Verkehrsamt VVV.
Reederei Lovers, ℘ 6 22 21 81
Das Museumsboot ist die wohl angenehmste Art, Stadtspaziergänge mit Museumsbesuchen und einer Grachtenfahrt zu kombinieren. Bei schönem Wetter werden die Schiffsdächer zurückgezogen. Die Boote fahren nach Fahrplan. Es gibt die einfache Tageskarte oder eine Kombikarte, in der drei Museumsbesuche im Preis enthalten sind.

Fahrrad
Für Amsterdamer gehört das Fahrrad (fiets) noch stets zu den bevorzugten Fortbewegungsmitteln. Auch Besucher wollen gerne die Stadt auf diese Art und Weise kennenlernen; wer jedoch ein Rad stunden- oder tageweise mieten will, sollte großstadterfahren sein, denn Amsterdam ist kein Freizeitpark, und die seit einigen Jahren steigenden Unfallzahlen der Radfahrer verdeutlichen, daß auch in dieser Stadt ›fietsen‹ nicht mehr ungefährlich ist.

Fahrradverleih
NS am Bahnhof, Stationsplein 6, tägl. 8–2 Uhr, ℘ 6 24 83 91 (Tagesmiete 8 hfl, Kaution 100 hfl)
Mac Bike, Nieuwe Uilenburgerstraat 116, ℘ 6 20 09 85 (Tagesmiete 10 hfl, 50 hfl Kaution und Paß)

Tretboote
Singelgracht (gegenüber American-Hotel), Prinsengracht (Westerkerk), Mauritskade 1, Lijnbaansgracht/Spiegelgracht, ℘ 6 92 91 24 und 6 26 55 74

Wassertaxi
Wassertaxen stehen den Individualisten zur Verfügung. Die Boote kann man allein oder zu mehreren mieten, Getränke an Bord. Reederei Lovers, ℘ 6 22 21 81

Hafenrundfahrt Rotterdam
Spido, Leuvehooft, ℘ 4 13 54 00, Fahrt 12 hfl, Kinder 6 hfl

Grachtenrundfahrt Utrecht
Wassertaxi, Rederij Lovers, Nieuwekade 1, ℘ 31 64 68

Taxi

Standplätze am Bahnhof, Leidseplein, Westerkerk (Prinsengracht), am Dam (vor dem

Königlichen Palast) und vor allen größeren Hotels. Taxis auf der Straße anhalten ist unüblich. Taxifahren ist teuer, und die Fahrer sind alles andere als Kavaliere.
Taxi-Ruf: ℘ 6 77 77 77,
Wasser-Taxi: ℘ 6 22 21 81

Theater, Konzert, Kino

Beurs van Berlage
Damrak 243, ℘ 6 27 04 66
Konzerte, Ausstellungen, Café

De Brakke Grond
Nes 45, ℘ 6 24 03 94, 6 22 90 14
Theater, Ausstellungen, Café, Restautant

Concertgebouw
Concertgebouwplein 2–6, ℘ 6 71 83 45, tägl. 10–17 Uhr, 24-Stunden-Info-Tel. für unverkaufte Karten ℘ 6 75 44 11).
Bekannt für seine Akustik, Konzerte, 2100 Plätze im Großen Saal; jeden Mi 12.30 Uhr kostenlose Lunch-Konzerte.

De Ijsbreker
Weesperzijde 23, ℘ 6 68 18 05
Experimentelle Musik, Jazz, Café

Kleine Komedie
Amstel 56, ℘ 6 24 05 34
Ehemaliges *Französisches Theater* (1785)
Kabarett, Schauspiel, Transvestitenshows

Koninklijke Theater Carré
Amstel 115–125, ℘ 6 22 52 25
Ehemaliges Zirkustheater (1887), Shows, Revuen, Musicals

Muziektheater
Amstel 3, ℘ 6 25 54 55
Nationalballett, Ballettorchester, Nederlandse

Opera, 1600 Plätze, ›Lunchkonzerte‹ (Okt–Juni, di 12.30–13.00 Uhr)

Stadsschouwburg
Leidseplein 1, ℘ 6 24 23 11
Stadttheater, modernes und klassisches Schauspiel, internationale Theatergruppen

Kino (bioscop)
Neben den großen kommerziellen Filmtheatern gibt es noch einige Programmkinos, die nicht nur besondere Filme zeigen, sondern auch wegen ihrer Architektur sehenswert sind. Alle Filme in der Originalsprache mit niederländischen Untertiteln.

Cinecenter
Lijnbaansgracht 236, ℘ 6 23 66 15
Vier Säle für Liebhaber des französischen Films

Desmet
Plantage Middenlaan 4 a, ℘ 6 27 34 34
Plüschiges Filmtheater von 1946, experimentelle Filme, ›Late Night Movie‹ (Filme zum Thema Homosexualität), sonntagmittags Dokumentarfilme

De Uitkijk
Prinsengracht 452, ℘ 6 23 74 60
Filmtheater von 1913

Movies
Haarlemerdijk 161, ℘ 6 24 57 90/6 38 60 16
Vier Säle, wunderschöne Art-deco-Einrichtung, anspruchsvolle Filme, Café, Restaurant

Tuschinski
Reguliersbreestraat 26, ℘ 6 26 26 33
Filmpalast im Art-deco-Stil von 1909, sechs Säle, populäre Kinohits

Rotterdam hält günstige Hotel-Theater-Arrangements bereit. Auskunft: Verkehrsamt VVV, ℘ 06/34 03 40 65

Trinkgelder (Tip)

Die Bedienung erhofft sich zehn Prozent, mehr als zehn Gulden gilt als übertrieben. Auch der Taxifahrer, das Zimmermädchen, die Toilettenfrau (50 Cent) und vor allem die Türsteher an der Discothek oder dem Club erwarten ein Trinkgeld.

Wirtschaft und Tourismus

Das Bruttosozialprodukt beträgt 571 Milliarden Gulden. Das Durchschnittsvermögen pro Einwohner betrug 1994 90 000 Gulden, das totale Sparvermögen 130 Milliarden hfl, die Staatsschuld pro Einwohner 40 000. Die Arbeitslosigkeit liegt bei 7,5%. Rotterdam ist der größte Seehafen der Welt, Amsterdam-Schiphol der viertgrößte Flughafen Europas. Rund 65% des Einkommens erwirtschaftet das Güter- und Dienstleistungsgewerbe, außerdem spielen Landwirtschaft, Gartenbau und Fischerei eine bedeutende Rolle.

Die Bundesrepublik Deutschland ist der wichtigste Außenhandelspartner der Niederlande, der bilaterale Handelsstrom beträgt jährlich 116 Milliarden Mark. Rund 61% aller Einfuhren kommen aus den EU-Ländern, 76% der Ausfuhren gehen in die EU.

Das mit Abstand beliebteste Getränk ist Kaffee, es folgen Tee, Bier, Erfrischungsgetränke, Milch und abgeschlagen Wein.

Im Tourismus werden jährlich rund 35 Milliarden Gulden umgesetzt, 9 Milliarden hfl geben Ausländer aus. Rund 260 000 Arbeitsplätze – ebensoviel wie im Baugewerbe – sind direkt vom Tourismus abhängig. Die meisten ausländischen Touristen kommen aus der Bundesrepublik – 2,2 Millionen Deutsche, die durchschnittlich vier Nächte bleiben. Rund

86% aller Ausländer reisen mit dem Auto an, beliebt sind in erster Linie die Nordseeküste, die Inseln, Friesland, Limburg und Amsterdam.

Die rund 800 Museen besuchen jährlich 22 Millionen Menschen. 400 Verkehrsvereine, die ›Vereiniging voor Vreemdelingenverkeer‹ (VVV), vermitteln gegen Gebühr Übernachtungen, Arrangements u. a.

Zeitungen/Bücher (Kranten, Boeken)

Niederländer sind begeisterte Zeitungs- und Zeitschriftenleser. In fast allen Cafés und Kneipen liegen die Tageszeitungen aus. Die größte Zeitung des Landes ist *De Telegraaf*, *Volkskrant* und *NRC Handelsblad* (Abendzeitung) sind die liberalen meinungsbildenden Blätter. Die Amsterdamer Mittagszeitung *Het Parool* wurde als Untergrundzeitung während des Krieges gegründet. Auch die deutschsprachigen Zeitungen wie ›Die Zeit‹, ›Die Woche‹, die ›Süddeutsche Zeitung‹, ›Neue Zürcher Zeitung‹, ›Frankfurter Allgemeine‹ und ›Bild‹ sind fast überall erhältlich.

Das größte Angebot: *Athenaeum* (Spui), *Scheltema* (Koningsplein), *Bijenkorf* und die Kioske im Bahnhof. *W. H. Smith*, englische Buchhandlung, Kalverstraat 48–52. Theaterbuchhandlung *Theaterbookshop*, Leidseplein 26. Landkarten und Reiseführer *Pied a Terre*, Singel 393 und *Allert de Lange*, Damrak 60/62. Kunstbuchhandlung *Premsela*, Van Baerlestraat 78. Modernes Antiquariat *De Slegte*, Kalverstraat 48–52. Comics in allen Sprachen, auch Antiquariat *Lambiek*, Kerkstraat 78, und *Castafiore*, 1e Looiersdwarsstraat 12. Die einzige deutschprachige Buchhandlung ist *Die weiße Rose* in der Rozengracht 166.

Erläuterung der Fachbegriffe

Alteratie Der Übertritt der spanisch gesinnten Stadtregierung auf die Seite der Calvinisten. Nach der Alteratie an 26. 5. 1578 wurde die katholische Geistlichkeit aus der Stadt verbannt.

Amsterdamer Schule
Zu Beginn dieses Jahrhunderts entstand in Amsterdam unter dem Einfluß von Hendrik P. Berlage die ›Amsterdamer Schule‹; eine Gruppe sozialistisch ausgerichteter Architekten entwickelte einen formenreichen expressionistischen Baustil.

De Stijl Geometrisch-rationale und funktionsgerechte Bauweise der niederländischen Architektur im ersten Drittel des 20. Jh., Beton, Stahl und Glas sind die bestimmenden Materialien

Doelens Gebäude, in denen sich die Schützenbrüder der Stadt trafen. Hinter den Schützenhäusern befanden sich die Schieß- und Übungsplätze, wo sie auf die doele, die Ziele, schießen konnten.

Fayence Tonwaren, die nach dem Brennen mit einer Zinn- oder Bleiglasur überzogen werden und im noch feuchten Zustand bemalt werden.

Fries Waagerechter Mauerstreifen, Gliederung oder Abschluß einer Fassade. Mit ornamentalen oder figürlichen Darstellungen geschmückt.

Gasthuis Krankenhäuser, Herbergen für Pilger, die von wohlhabenden Bürgern gestiftet wurden. In Amsterdam war das Binnengasthuis das bekannteste, in Utrecht das St. Catharijnegasthuis.

Giebel Herausragendes Zeichen der historischen Gebäude sind die Giebel. Folgende Giebel (gevel) unterscheidet man: *Treppengiebel* (trapgevel, um 1600–1655) in Stufenform; *Halsgiebel* (um 1640–1750) mit hohem Mittelteil; *Glockengiebel* (klokgevel, um 1660–1790), Spitze weist eine Glockenform auf; *Schnabelgiebel* (Tuitgevel, 17. Jh.), vor allem an Speicherhäusern; Giebel mit erhöhter *Kronenleiste* (kroonlijsten, 18. Jh.), reich verzierter horizontaler Abschluß; *Leistengiebel* (lijstgevel, 19. Jh.), einfache Fassadenabschlüsse.

Gilden Die Handwerker einer Stadt waren in Gilden, den Zünften, zusammengeschlossen. Die Mitglieder unterlagen strengen Regeln, im 17. Jh. verloren sie an Einfluß, und 1798 wurden sie von den Franzosen aufgelöst.

Grachten Der Stadtgraben, der Kanal, im Norddeutschen auch Fleet genannt. Der Amsterdamer Grachtengürtel wurde zu Beginn des 17. Jh. angelegt.

Hauptstadt Um 1500 war Amsterdam eine der sechs Hauptstädte in der Grafschaft Holland. 1810–13 war sie die dritte Hauptstadt im Französischen Kaiserreich. 1814 wird Amsterdam zur Hauptstadt erhoben, 1840 wird festgelegt, daß der König bzw. die Königin in der Hauptstadt inthronisiert werden muß. Den Haag ist Sitz der Regierung.

Hofjes Vom 14. bis 17. Jh. wurden von wohlhabenden Bürgern die Hofjes gegründet, zumeist Wohnanlagen für Bedürftige und Ältere. Utrecht und Amsterdam zählen noch rund 80 Hofjes.

Holland Mittelalterliche Grafschaft und während des Aufstands gegen Spanien eine der sieben Provinzen der Republik. Während der französischen Herrschaft (1806–10) Königreich Holland, deren Vorgänger die Bataafse Republik (1795–1806) war. Holland wird auch heute noch häufig als Synonym für das gesamte Gebiet der Niederlande benutzt.

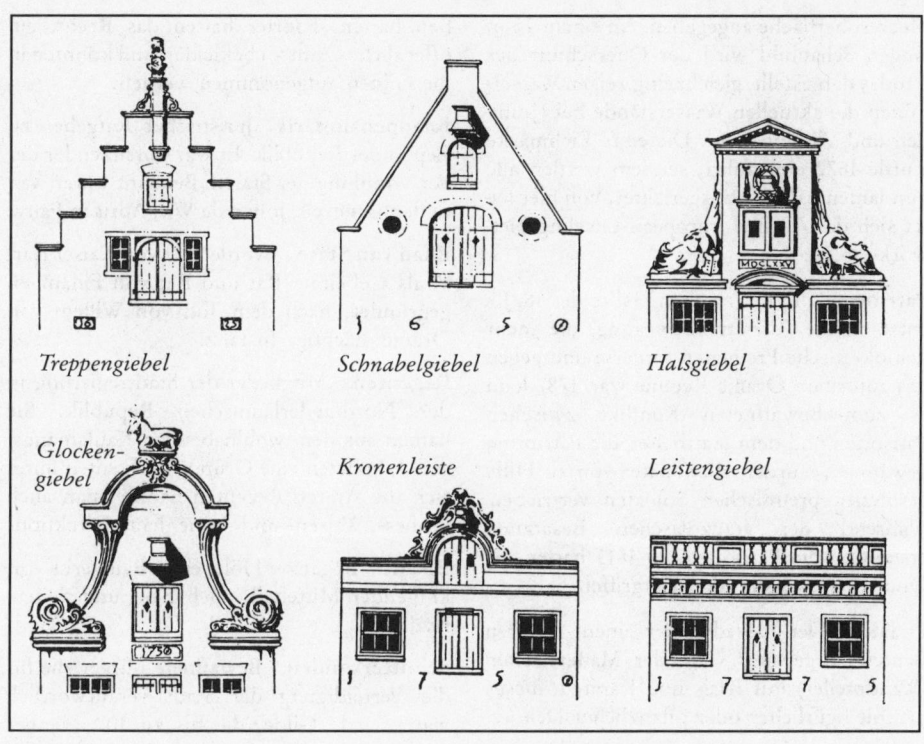

Treppengiebel Schnabelgiebel Halsgiebel

Glocken-
giebel Kronenleiste Leistengiebel

Hollandse Oorlog Krieg der Republik gegen Frankreich, Münster und Köln (1672–78). 1672 wird auch das Rampenjaar, das Katastrophenjahr genannt.

Kapitell Oberer Abschluß von Säule, Pfeiler oder Pilaster mit ornamentaler, figürlicher oder pflanzlicher Dekoration.

Keizerskroon Maximilian von Habsburg, deutscher Kaiser, verlieh der Stadt 1489 das Privileg, seine Krone oberhalb im Stadtwappen zu führen. Die Kaiserkrone schmückt den Turm der Westerkerk.

Monumentenzorg Denkmalschutz, unter den alle kulturhistorischen Bauwerke fallen, die mindestens 50 Jahre alt sind. Amsterdam zählt rund 6850 geschützte Gebäude.

Nederland Im Mittelalter war mit diesem Begriff die gesamte Norddeutsche Tiefebene gemeint. Der Begriff beschränkte sich rasch auf die ›lage landen‹, Belgien und Niederlande. Die Republik der sieben vereinigten Provinzen Niederlande entstand während des 80jährigen Krieges (1548–1648). 1814 wurde das Königreich der Niederlande gegründet, es umfaßte Luxemburg, Belgien und die heutigen Niederlande. 1839 wurde Belgien unabhängig, 1890 die Personalunion mit Luxemburg aufgelöst.

Normalnull Der abstrakte Begriff Normalnull geht auf ›Normaal Amsterdams Peil‹ (NAP) zurück. Mit der Meßmarke, sie ist im Amsterdamer Rathaus zu sehen, wird eichamtlich die Höhe aller festen Dinge über der

341

Meeresoberfläche angegeben. An einem 25 m langen Schaubild wird der Querschnitt des Landes dargestellt, gleichzeitig zeigen Wassersäulen die aktuellen Wasserstände bei IJmuiden und Vlissingen an. Die erste Eichmarke wurde 1672 eingeführt, seitdem werden alle Fundamente darauf ausgerichtet. Von hier leitet sich das ›United European Leveling Network‹ ab.

Patriotten In der zweiten Hälfte des 18. Jh. entstand die Patriottenbewegung, die mehr demokratische Freiheiten forderte und gegen das autoritäre Oranje-Regime war. 1787 kam es zum bewaffneten Konflikt zwischen Patriotten und dem Statthalter, die Patriotten gewannen, wurden aber später von zu Hilfe gerufenen preußischen Soldaten vertrieben. Während der französischen Besatzung erstarkten die Patriotten, ab 1813 hatten die Oranjes wieder die Macht ergriffen.

Pilaster Der Fassade oder einem anderen Bauteil vorgelegter vertikaler Mauerstreifen (Wandpfeiler) mit Basis und Kapitell, dieses oft mit figürlicher oder pflanzlicher Dekoration.

Plantage Nach der Stadterweiterung von 1658 wurde im Osten der Amstel ein neues Wohngebiet angelegt. Ein Teil davon wurde als Park gestaltet.

Polder Flaches eingedeichtes und tiefer als der Meeresspiegel liegendes Marschland. Im ursprünglichen Zustand liegt es saisonbedingt unter Wasser. Erst mit Einführung der Windmühlen, die das Wasser emporpumpten, konnte Polder besiedelt und bebaut werden. Die Entwässerung erfolgt heute durch Schöpfwerke und Motorpumpen. Die öffentlich-rechtlichen Verwaltungsorgane ›Waterschappen‹ tragen die Verantwortung, daß sie nicht versumpfen.

Poorter Bürger, die das Stadt- und Bürgerrecht durch Heirat, Einkauf oder Erbe erwor-

ben hatten. Poorter hatten das Recht, ein öffentliches Amt zu bekleiden und konnten in die Gilden aufgenommen werden.

Raadpensionaris Juristischer Ratgeber zu Zeiten der Republik. Er war Vorsitzender der Versammlung der Staten. Bekannt waren Van Oldenbarnevelt, Johan de Wit, Adriaan Pauw.

Raad van State Wurde 1531 von Kaiser Karl V. als Geheimer Rat und Rat von Finanzien gegründet; nach dem Tod von Willem van Oranje mächtige Instanz.

Regenten Mitglieder der Stadtregierung in der Nordniederländischen Republik. Sie kamen aus dem wohlhabenden Kaufmannsstand, bildeten eine Gruppe und teilten unter sich die Ämter. Regenten nannte man auch Hofjes-, Waisen- und Armenhaus-Direktion.

Risalit In ganzer Höhe eines Bauwerks vorkragender Mittelteil; auch Eck- und Seitenrisalite.

Schuttersgilden Bewaffnete Bürger, die für die Verteidigung der Stadt verantwortlich waren. Jede Gilde, die bis zu 100 Männer umfaßte, war für einen Teil der Stadtmauer verantwortlich. Bekannt geworden sind die Gilden durch ihre Festgelage und die Schützengemälde von Rembrandt, Frans Hals u. a. Napoleon ersetzte die Stadtschützen durch die Nationalgarde.

Stadhouder Ursprünglich war damit der Stellvertreter eines Fürsten oder Königs gemeint. Während des 80jährigen Krieges, als sich die Staten-Generaal von Spanien lossagten, ernannten sie einen eigenen Stadhouder. Die Stadhouder setzten Beamte ein und hatten den Oberbefehl im Krieg. Willem van Oranje (1533–84), Stammvater des Königshauses und ›Vater des Vaterlandes‹, war erster Stadhouder.

Staten-Generaal Abgesandte aus den Provinzen bildeten Staten-Generaal, die über

Krieg und Frieden, über Steuern und Politik entschieden, für die Handelsgesellschaften V.O.C. und W.I.C., die überseeischen Gebiete und Kolonien verantwortlich waren.

Tachtigjarige Oorlog Der 80 Jahre dauernde Aufstand der Niederländer gegen die Spanier. Der Krieg begann 1568 und endete 1648 mit dem Frieden von Münster durch die Anerkennung der Republik durch Spanien.

Literatur (Auswahl)

ABC van Amsterdam: Van Münster's Uitgevers, Amsterdam 1952

Alpers, Svetlana: Rembrandt als Unternehmer, DuMont, Köln 1989

Beek, Marijke u. Ernest Kurpershoek: De Nieuwe Kerk, Amsterdam 1983

Bevers, Holm u. Peter Schatborn, Barbara Welzel: Rembrandt, der Meister und seine Werkstatt (Zeichnungen u. Radierungen), Berlin, London 1991

Boheemen P. van: Het boek in de 16de eeuw, 's Gravenhage 1986

Brugmans, Dr. H.: Geschiedenis van Amsterdam, Teile 3 u. 4. Het Spectrum, Utrecht 1973

Brown, Christopher u. Jan Kelch, Pieter van Thiel: Rembrandt, der Meister und seine Werkstatt (Gemälde), Schirmer-Mosel, Berlin, London 1991

Bunning, Caroline: Een Eeuw apart (Niederländische Malerei im 19. Jh.). Rijksmuseum-Stichting, Amsterdam 1993

Carasso, Dedalo: Helden van het Vaderland, Van Soeren & Co, Amsterdam 1991

Casciato, Maristella: De Amsterdamse School, Uitgeverij o1o, Rotterdam 1991

Cleef-Hiegenthlich, Frédérique van, Joël Cahen: Vier eeuwen Waterlooplein, Gemeente Amsterdam 1987

Cotterell, Geoffrey: Amsterdam, The life of an City, Little, Brown & Co., Canada 1972

De Gouden Eeuw in Perspectief, Sun/Ou, Heerlen 1992

Dittrich, Kathinka und Hans Würzner: Nederland en het Duitse Exil 1933–1940, Van Gennep, Amsterdam 1982

Gaastra, F. S.: De geschiedenis van de VOC. Fibula-Van Dishoeck, Haarlem 1982

Gelder, Roefof van, Renee Kistenmaker: Amsterdam 1275–1795, Meulenhof, Amsterdam 1983

Hosfeld, Rolf: Die Welt als Füllhorn: Heine, Oberbaum Verlag, Berlin 1984

Huizinga, J.: Nederlands beschaving in de 17e eeuw, Wolters-Noordhoff 1984

Janse, H.: Amsterdam gebouwd op palen, De Brink, Amsterdam 1993

Mens en Monument, 25 jaar Stadsherstel, Bosch & Keuning 1981

Multatuli: Mainzer Beobachter, Joh. Enschedé, Haarlem 1987

Multatuli: Max Havelaar, Amsterdam 1976

Napel, Els ten: Amsterdamse sinjoren, Bas Lubberhuizen, Amsterdam 1993

Nash, John: Vermeer, Scala Books, London 1991

Nijhoffs Geschiedenislexicon Nederland en Belgie, Martinus Nijhoff, 's Gravenhage – Antwerpen 1981

Petri, Franz; Ivo Schöffer; Jan Juliaan Woltjer: Geschichte der Niederlande, dtv, München 1991

Renders, Hans: Verijdelde Dromen, Joh. Enschede, Haarlem 1989

Roegholt, Richter: Amsterdam na 1990, Sdu Amsterdam 1993

Schama, Simon: Overvloed en Onbehagen, Contact, Amsterdam 1989

Stoutenbeek, Jan und Paul Vigeveno: Wandelingen door Joods Amsterdam, De Haan, Weesp 1985

Tilborgh, Louis van: Monet in Holland, Waanders, Zwolle 1986

Vier eeuwen Herengracht, Stadsdrukerij van Amsterdam, 1976

Wijnne, J. A.: Geschiedenis van het Vaderland, Wolters, Groningen 1879

Zahn, Ernest: Das unbekannte Holland, Siedler Verlag, Berlin 1984

Dank

Es gibt noch weitere Schriften und Broschüren, Zeitungsartikel und Geschichtswerke, die ich nicht angeführt habe, aber denen ich Hinweise, Anregungen und Deutungen zu verdanken habe. Ich möchte mich bei den Mitarbeitern von Instituten, Museen, jenen vom Gemeendearchief in Amsterdam bedanken. Mein Dank gilt insbesondere Francis Verdonk, Geurt Brinkgreve, Lothar Peters, Hans Renders, Dirk Schümer, Dr. Rolf Hosfeld und Dr. Bernd Müller, von denen ich vielerlei Anregungen erhalten habe; ebenso sei allen Mitarbeitern des DuMont Buchverlags gedankt.

Abbildungsnachweis

Amsterdams Historisch Museum
Abb. Seite 11, 12, 24, 61, 112

Archiv für Kunst und Geschichte, Berlin
Abb. S. 21, 33, 37, 39, 66, 214

Pieter Beursma, Amsterdam   Abb. S. 101

Maarten Brinkgreve, Amsterdam   Farbabb. 12; Abb. S. 3, 23, 45, 46, 51, 54, 77, 81, 82 re. o., 104, 110, 132/33, 138, 142, 176, 179, 180, 184, 185, 187, 188, 196, 201, 202, 206, 213, 215, 222, 241, 315

De Tulp Pers, Hilversum   Abb. S. 235

Europa-Farbbildarchiv Klammet, Ohlstadt
Farbabb. 14, 15

Fridmar Damm, Köln   Farbabb. 29

Frans Hals Museum, Haarlem   Abb. S. 279

Gemeentearchief Amsterdam   Abb. S. 26/27, 34, 50, 53, 68, 72, 79, 98, 115, 120, 122

Haags Gemeentemuseum, Den Haag   Abb. S. 67 li.

Georg Henke, Bremen   Farbabb. 7, 26, 27, 28; Abb. S. 2, 82 li., re. u., 126/27, 132, 134, 135, 139, 170 li., 173, 177, 186, 198, 207, 232, 248, 252, 264, 265, 272, 273, 282, 283, 284, 287, 288, 289, 290, 296/97, 302, 307, 308, 310/11

Historisch Museum Rotterdam, Het Schielandshuis   Abb. S. 294

IMAGO, Leiden / Mick Palarczyk   Farbabb. 3, 4, 11, Umschlagklappe hinten; Paul Smit   Farbabb. 16, 18

International Licensing Partners, Amsterdam   Abb. S. 67 li., 236

Jochen Keute, Frankfurt a. M.   Farbabb. 8, 9, 20, 22, 23

Willi Kleinfeld, Ettlingen   Abb. S. 124, 245, 274, 277, 278, 298, 300/301

Koninklijk Kabinet van Schilderijen Maurits-huis, Den Haag   Farbabb. 25 (Zustand vor der Restaurierung, die bei Drucklegung des Buches noch andauerte)

laenderpress Bildagentur, Düsseldorf   Farbabb. Umschlagvorderseite

Cas Oorthuys, Amsterdam   Abb. S. 50

Werner Preuß, Köln   Farbabb. 30; Abb. S. 337

Rembrandthuis, Amsterdam   Abb. S. 223

Rijksmuseum-Stichting, Amsterdam   Farbabb. 24; Abb. S. 88, 91, 93, 103, 226, 228, 229

Geert van Rooij / KNAW, Amsterdam   Abb. S. 170 re.

Stadsdrukkerij van Amsterdam   Abb. S. 80, 84/85

Stedelijk Museum, Amsterdam   Abb. S. 235, 236, 240

Susanne Tschirner, Bonn   Abb. S. 117, 141 li.

Erika van der Meulen, Hürth   Farbabb. 17, 19, Umschlagklappe vorn; Abb. S. 86, 141, 199, 211, 220, 246, 247, 251, 258, 266, 267, 268, 269, 299, 318, 327

Vincent van Gogh Museum, Amsterdam   Abb. S. 238, 240

Siggi Weidemann, Amsterdam   Farbabb. 1, Umschlagrückseite; Abb. S. 41, 56, 174, 249

Kurt-Michael Westermann, Hamburg-Wien   Farbabb. 2, 5, 6, 10, 13, 21

Fulvio Zanettini, Köln   Abb. S. 67, 74, 118/19, 190, 191, 193, 225, 319

Nicht eigens aufgeführte Abbildungen: Archiv DuMont Buchverlag, Köln

Karten und Pläne: DuMont Buchverlag, Köln

Quellennachweis

Klaus Mann, Der Wendepunkt, © 1989 by Rowohlt Verlag GmbH, Reinbek   Zitat S. 10

Register

Personen

347

Orte

DUMONT

KUNST-REISEFÜHRER

»Die Kunst-Reiseführer des Kölner Verlages werden von Jahr zu Jahr, von Band zu Band perfekter: immer detailliertere Pläne begleiten die Erklärungen, immer noch typischere Illustrationen erläutern den Text.«   *Basler Nachrichten*

»Die Kunst-Reiseführer aus dem Kölner DUMONT Verlag verbinden in vorbildlicher Weise allgemeine kunstgeschichtliche Orientierung und konkrete Verwertbarkeit des Geschriebenen am Urlaubsort. Sie zeigen, daß wissenschaftlich exakt nicht langweilig heißen muß.«
Süddeutscher Rundfunk

»Für Menschen, denen Land, Leute und Denkmäler mehr Anreiz sind als die geebneten Pfade des institutionalisierten Tourismus, die sich in das Abenteuer einlassen, sich die Begegnungen selbst zu gestalten, erfüllen die DUMONT Kunst-Reiseführer ein Maximum an Voraussetzungen.«
Salzburger Nachrichten

Weitere Informationen über die Titel der Reihe DUMONT Kunst-Reiseführer erhalten Sie bei Ihrem Buchhändler oder bei DUMONT Buchverlag • Postfach 10 10 45 • 50450 Köln.

DUMONT

DUMONT